高等学校心理学专业课教材

团体心理辅导

GROUP GUIDANCE

樊富珉　何　瑾/编　著

（第二版）

华东师范大学出版社
·上海·

图书在版编目（CIP）数据

团体心理辅导/樊富珉,何瑾编著.—2版.—上海:华东师
范大学出版社,2022

ISBN 978 - 7 - 5760 - 2940 - 6

Ⅰ.①团… Ⅱ.①樊…②何… Ⅲ.①集体心理学—心理
辅导 Ⅳ.①C912.2

中国版本图书馆 CIP 数据核字(2022)第 107220 号

团体心理辅导(第二版)

编　　著	樊富珉　何　瑾	
责任编辑	范美琳	
责任校对	邱红穗　时东明	
装帧设计	俞　越　庄玉侠	

出版发行　华东师范大学出版社
社　　址　上海市中山北路 3663 号　邮编 200062
网　　址　www.ecnupress.com.cn
电　　话　021-60821666　行政传真 021-62572105
客服电话　021-62865537　门市(邮购)电话 021-62869887
地　　址　上海市中山北路 3663 号华东师范大学校内先锋路口
网　　店　http://hdsdcbs.tmall.com

印 刷 者　杭州日报报业集团盛元印务有限公司
开　　本　787 毫米×1092 毫米　1/16
印　　张　24
字　　数　537 千字
版　　次　2022 年 7 月第 2 版
印　　次　2025 年 6 月第 10 次
书　　号　ISBN 978 - 7 - 5760 - 2940 - 6
定　　价　59.00 元

出 版 人　王　焰

(如发现本版图书有印订质量问题,请寄回本社客服中心调换或电话 021 - 62865537 联系)

十二年前,也就是 2010 年 7 月,我和何瑾博士编著的《团体心理辅导》教材由华东师范大学出版社出版,当时编写的初衷是为初入团体心理辅导学习领域的专业人员提供一本通俗易懂、操作性强的专业教材。没想到的是,这本教材问世之后,得到了广大读者的认可与好评,陆续被上海、北京、浙江、江苏、安徽、福建、广东、广西、贵州、海南、河北、河南、湖北、湖南、江西、山东、山西、陕西、四川、新疆、云南、青海、黑龙江、吉林、甘肃、内蒙古等 26 个省市自治区等地的共计 370 余所高等院校选为教学用书。截至 2021 年 8 月,本教材共印刷 25 次,累计发行十万余册。看到这么多团体心理辅导的初学者受益于这本教材,我们感到非常荣幸和欣慰,同时也更激发了我们进一步开展团体心理辅导教学和研究的使命感和责任感,迫不及待地想要将我们这十多年里在团体心理辅导教学、科研、实践和培训领域取得的最新成果与大家分享,为我国团体心理辅导事业的蓬勃发展再加一块砖,再添一把火。

近年来,党和国家对人民大众的心理健康越来越重视。党的二十大报告指出:"人民健康是民族昌盛和国家强盛的重要标志。把保障人民健康放在优先发展的战略位置""重视心理健康和精神卫生。"随着我国心理健康教育与心理健康服务事业受到重视的推展,团体心理辅导作为一种心理健康教育与服务的有效方法,越来越受到关注,也逐步在社会生活的各个领域得到推广和实施。2011 年 10 月,国内成立了第一个团体工作相关的学术组织——中国心理卫生协会团体心理辅导与治疗专业委员会(以下简称"团体专委会"),其宗旨是促进团体心理辅导、咨询与治疗的推广、发展和提高,并通过对团体心理辅导与治疗的研究、教学、培训和临床实践,发展出各种类型的团体辅导与团体治疗形式,为国内团体工作的专业人员提供同伴支持和互助,并开展团体咨询与治疗领域的国际学术交流和合作。我作为团体专委会第一届和第二届的主任委员,不仅带领自己的研究团队开展了一系列团体心理辅导相关研究,取得了丰硕的成果,而且带领国内同行,大力推进团体心理辅导在各个领域的应用,在心理健康服务、青少年成长发展、学校教育、社区工作、心理疾患治疗等方面以及社会各个领域发挥着越来越积极的作用。从 2012 年至今,团体专委会共召开了五届中国团体咨询与团体治疗大会,累计覆盖参会人员超过万人。

2019 年,教育部应用心理专业硕士教学指导委员会组织专家评审通过了"心理健康教育方向"专业硕士和"临床与咨询心理学方向"专业硕士的培养方案,明确了"团体心理辅导"和"团体心理咨询"是专业必修课。国内几百所大学的应用心理学专业也将"团体心理辅导"作为必修课或选修课。因为,从专业的心理健康工作者具备的胜任力而言,团体辅导与团体咨询应该是每一位心理健康教师和心理咨询师不可或缺的、必备的专业核心能力。尤其目前国内心理健康服务的需求极其强烈且广泛,涉及各行各业、各个年龄阶段的人群，而能够提供专业帮助的人力资源短缺，更需要掌握团体辅导技能的心理健康工作者为更多有需要的民众和青少年提供及时而有效的服务。

1996 年，我撰写了国内第一本团体心理咨询的著作，由清华大学出版社出版，距今已经有 26 年了。我和我的团队陆续出版了十余本团体辅导、团体咨询和团体治疗的教材和专著，包括《团体心理辅导》《团体心理咨询》《身心灵全人健康模式——中国文化与团体心理辅导》《团体心理咨询的理论、技术与设计》《结构式团体辅导与咨询应用实例》《品格与责任：儿童和青少年学校团体辅导教师实践手册》《团体辅导与危机心理干预》《辅导员团体辅导工作技能》等，并翻译介绍了近十册国外有影响力的团体相关著作，为国内专业团体工作的发展提供了重要的参考。

团体心理辅导是专业团体工作中非常重要的一种类型，也是应用最广泛的，属于心理教育性质，为普通人的自我了解增进、人际关系改善、团队凝聚力促进、心理问题预防、心理潜能开发提供了机会，在社会心理服务和心理健康教育中最受青睐。团体辅导的目标是通过团体来陪伴成员在人生的某一个阶段去克服一些难题和困扰，帮助团体成员能够发挥其自身的潜能，能够拥有更健康、更丰盛、更蓬勃、更绽放、更幸福的人生，所以它是一个很积极取向的专业心理健康工作，能帮助人更好地去面对问题、解决问题、提升自信、适应生活。

团体心理辅导是一个专业的助人方法，与组织和带领团体活动、团体游戏不同，需要经过专业的、专门的培养和训练。习近平总书记在全国卫生与健康大会上对心理健康服务做出重要指示，指出三大任务："要加大心理健康问题基础性研究，做好心理健康知识和心理疾病科普工作，规范发展心理治疗、心理咨询等心理健康服务。"

团体心理辅导也是学习和规范发展团体心理咨询与团体心理治疗的基础。在修订过程中，我们希望能在保留第一版优势与特色的基础上，尽可能多地将国内团体心理辅导发展的最新成果分享给大家。因此，在单元章节的编排顺序上，我们延续了第一版的特色，保留了使学习者将阅读全书的过程想象成身临其境参与团体辅导课的过程、会经历团体辅导的几个阶段的学习效果；而每个单元的学习仍然涵盖团体练习导入、技术点拨、知识学习、参考练习、单元作业等几个部分。让学习者在阅读教材的同时，跟着我们开始一段自我成长的团体辅导之旅。

此外，第二版补充了许多新内容，篇幅也更大了。在新增的内容上，我们修改了定义，补充了理论，增加了一些新的章节，增添了一些新的团体练习，更换了新的图片，调整了新的应用实例。让这本书的学习者更有时代感、新鲜感和共鸣感。比如在团体心理辅导发展阶段理论章节增加了我近些年关于团体辅导三阶段及领导者带领任务的思考，在团体辅导的方案设计和效果评估章节介绍了更多实用性强的方法和图表，在团体领导者的专业成长与训练章节分享了清华大学在团体领导者胜任力评估与培养模式方面的探索，在团体辅导方案范例以及每个单元的参考练习部分也分享了更丰富的团体辅导练习与方案。

第二版最大的创新之处是增加了第七单元，即积极心理团体辅导。积极心理学是近些年心理学实践领域的发展热点，也是清华大学心理学系的特色发展方向，更是基于中国文化和传统基础发展出来的具有本土特色的心理健康服务。积极心理学团体辅导是指以积极心理学的理论为依据，以团体辅导为干预方法，以培育积极品格优势为途径，以提升团体成员心理健康与幸福感为目标的积极心理健康促进工作。近二十年来，我依托清华大学心理学系和积极心理学研究中心以及我的研究生团队，开展了许多丰富的实践，并发现积极心理团体辅导无论是在学校、企业、事业、医疗机构还是在社区都有广泛的应用前景，尤其是在疫情肆虐的几年里，积极心理团体辅导在帮助广大民众减压赋能、心理抗疫，提升积极品质，促进积极心理健康，培育自尊自信、理性平和、积极向上的社会心态方面发挥了巨大作用。我们在第七单元系统地从理论和实践层面介绍了积极心理团体辅导的应用方法。

希望《团体心理辅导（第二版）》的出版能够继续发挥引领作用，让更多愿意投身团体心理辅导助人事业的学习者在学习和实践团体心理辅导的道路上有参考，有指引，有方向，有动力，有激情，一起幸福前行！

樊富珉教授

北京师范大学心理学部临床与咨询心理学院院长

2023 年 6 月于北京清华园

目　录

第一单元　团体辅导之准备篇

••• 板块1：团体练习导入 •••

📖 教师寄语 ▮▮

亲爱的同学，当你走进团体辅导课的教室时，一定感到很新奇、很新鲜吧？团体心理辅导，是一门很有意思的课。在这里，你们能学到许多知识和技术，能尽情地放松和练习，能结识到许多朋友，还能在体验中获得成长……相信上完这门课后，你一定会惊喜地发现自己的积极变化。现在，就请你选择一间自己喜欢的团体辅导室，开始这门全新的课程吧！

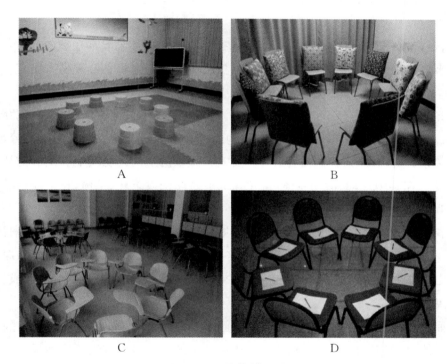

图1-1　团体辅导室

从图1-1可以发现，团体辅导室和我们平时上课的普通教室不大一样，那么，开展团体心理辅导的场所通常需要满足哪些条件呢？

准备知识一：开展团体辅导的场所

团体辅导在何处进行？对环境有什么具体要求？这是开展团体辅导前需要考虑的重要因素。在团体辅导中，不管是心理的还是物理的环境，都会影响到团体的动力。虽然团体的动力是人和人之间关系的一种呈现，但是物理的环境一样会影响，所以要特别精心地去挑选和安排适合团体辅导的场所。这包括场地的大小，环境的整洁度、隔音的程度、空间的私密性、椅子的舒适度、室温的高低、灯光的亮度等。一般场地要宽敞，要能让人活动得开，但是也不能太大，太空旷会让人感到不那么安全，太狭窄会让人感到有些压抑。在团体辅导进行的过程中，如果团体成员能够集中注意力，在没有干扰的情况下互动，团体辅导效果会更好。因此，布置理想的团体辅导场所应从以下几个方面来考虑。

第一，舒适性：团体辅导场所应通风，房间的温度、亮度要适合，布置要整洁，最好有地毯和抱枕，座椅要能够使团体成员感到舒服，团体场所的色彩和背景应舒适、温馨、优雅，使人情绪稳定和放松。

第二，功能性：场地的安排和布置，道具的选择和应用都需要配合团体辅导的性质和功能来设计，如录像、录音设施，各种规格的纸、笔、白板等。有人认为在团体辅导休息时准备点心茶水有治疗性功能。

第三，保密性：除了一些特别的团体辅导之外，一般的团体辅导都在室内进行，团体辅导室的门窗玻璃最好是透光不透明的材料，以保护团体成员的隐私不会被别人偷窥和监视，使成员有安全感，并能集中精力投入到团体过程中。

第四，互动性：团体成员的座位排成圆形为宜，这有利于彼此交流和互动，相互看得见，也能听见彼此说话，方便和每一位成员直接沟通。圆形也体现出成员之间的平等地位与和谐融洽的关系。所以，团体辅导场所最好不要安排狭长的房间。房间要有足够的活动空间，成员可以随意在其中走动、活动身体，避免在成员之间摆设茶几、桌椅、花木等物品，妨碍成员之间的互动和目光交流。

第五，非干扰性：团体辅导进行时应该尽量免受外界的干扰，使团体成员集中精神投入团体活动。例如，房间不要邻近厕所或图书馆等公共区域，要有窗帘遮蔽外人的探视，关闭房间里的电话和个人手机，保障房间的隔音效果，因为场地隔音效果不好会影响成员的参与和开放程度。

一般而言，一间宽敞、清洁、整齐、空气流通、温度适当的房间，并且有较好的隔音条件，没有固定桌椅，是理想的团体辅导场所。团体活动中的成员可以在地毯或地板上席地而坐，也可以每人一把椅子围圈而坐，使团体成员都有面对面谈话的机会，彼此视线也都能接触，使沟通更加通畅和有效。

如果没有理想的场所，只有会议室、教室形式的摆满桌椅的房间可用时，团体领导者可动员团体成员齐动手，挪动桌椅，尽量整理出一块空间。实在有困难时，环桌而坐亦可，但要注意尽量不坐在拐角上，以免沟通受阻。团体辅导场所要方便成员来往，不要太偏僻，交通要方便，还要尽可能地距离团体成员的居住地近一些。

实施集中式团体活动时，比如两天一夜的团体辅导，常常会选择远离闹市、风景优美、依山傍水的地方，如海边、山里、湖旁。良好的自然环境可以调整成员的情绪，远离闹市可以使成员集中精力，不被日常的工作和事务所打扰。

亲爱的同学,当你放下手中的课本,离开书桌、教室,走进团体辅导室,是否会有些疑惑和陌生感? 当你和其他同学面对面围坐成一圈,是否感到拘谨和不自在? 如果有,也没有关系,这些感受都是正常的。所以,在正式上课之前,先让我们一起来做一个有趣的练习! (教师可以根据需要,从"参考练习"板块中选择更多的练习让学生体验一下团体的感觉。)

准备知识二:团体暖身活动

团体练习 1-1　刮大风(所需时间约 10 分钟)

操作　成员围坐成一个圆圈,椅子的数目比人数少一个,先选取一名成员作为带领人,站在圈中说:"大风吹,大风吹",其他人回应:"吹什么",带领人说出在座的人的某项特征,如:"吹到所有戴眼镜的人",此时具有该特征的人应立刻起立,交换位置,同时带领人也要找一个空位坐下,一个环节结束,必有一人没有座位,此人即作为下一轮的带领人,重复上述过程。一般进行 6—7 轮左右,到团体气氛活跃、成员彼此了解增加的时候停止。

点评　这个活动通常会让学生很兴奋,在练习中学生可以打破最初的沉默,消减陌生感,活跃气氛,温暖团体,增加成员之间的互动,同时还可以随机调整座位,让更多的陌生人有接触的机会。领导者也可以通过该练习了解学生(团体成员)的基本信息,如年级、专业、来源地、爱好等。根据自己想获得的信息给出不同的指令,可以是可观察到的外显特点,如戴眼镜、穿球鞋等,也可以是内隐的特征,如年级、专业、爱好、来源地等。这个练习也可以增加成员之间的了解和熟悉程度。

在本门课程开始前,我们需要先了解一下这门课的教授方式和大致内容,这将是一门新颖有趣的课程,因为我们会以团体辅导的形式进行,全班同学组成一个团体,一学期的课程就是一次团体辅导历程的体验。随着大家熟悉程度的增加,团体会进入不同的阶段,大家会体验到不同阶段团体发展变化的特点,并学习到相应阶段的知识和辅导技巧,等到课程结束时,大家既能收获丰富的知识,又能学到带领团体的具体技巧,更能促进个人的成长。此外,还能结交一帮好友,收获友谊,融入一个温暖的集体,这真是一个诱人和令人向往的结果。那么,这样的一门课程将会如何展开呢?

准备知识三：本课程目标介绍

在开始团体心理辅导课程之前，我们需要先了解一些基本内容：第一，我们要了解团体心理辅导是什么，以及这本书的总体框架，因为本课程是按照团体的发展阶段而展开的，知道团体发展大致会经历哪几个阶段很重要；第二，让我们给这个框架添上枝叶，进一步明确每个单元课程将学习的具体内容和目标。

一、什么是团体心理辅导

团体心理辅导（Group Guidance），简称团体辅导，是一门以心理学理论和技术为基础，在团体情境中提供心理教育的专业助人方法。具体而言，团体辅导是在团体领导者的带领下，团体成员围绕一个或者几个共同关心的主题，通过练习、分享、讨论、反馈等人际互动，使团体成员获得新的知识、接纳自己、了解他人，形成新的态度和行为方式，增进心理健康及提升生活适应能力的过程。由于团体心理辅导是一个专业的助人方法，与组织和带领团体活动、团体游戏不同，需要专业的、专门的训练。团体辅导也是一种体验式的、互动式的、参与式的、合作式的有效学习方法。

二、团体心理辅导发展的阶段

目前有关团体心理辅导发展阶段的最经典理论是科瑞（Corey）于1982年提出的"团体发展四阶段"说，即认为一个完整的团体发展会经历初期阶段、转换阶段、工作阶段、结束阶段，每个阶段都有明显的特点和不同任务。

在初期阶段，接纳和安全很重要，团体成员进入团体时既带着希望和好奇，也带着担心和恐惧。他们关心的问题有：我能够信任这些陌生人吗？我能被他们接受吗？我可以在多大程度上开放自己？此时，团体的安全是最重要的。否则，团体的互动是表面的、肤浅的。团体领导者通过示范，帮助成员明确目标，建立规范，清楚领导者和成员的责任和权益，以协助成员顺利进入下个阶段。

转换阶段又叫过渡阶段，是团体发展的关键期。成员在这个阶段会有许多矛盾和冲突，会产生一些焦虑和不安，他们会担心别人是否真心关心自己，自己表达自己的问题是否会受到伤害。在这一阶段中，团体领导者要主动介入，鼓励成员认识并表达他们的焦虑，增加彼此的信任，创造支持性的团体气氛，协助成员逐步开放，愿意分享自己的经验，使成员在安全的氛围里愿意投入团体。

在工作阶段，团体有很强的凝聚力，沟通顺畅，成员自由坦诚地交流，积极互动地开放自己。团体领导者通过鼓励、示范、面质、解释等技巧协助成员面对问题、解决问题，帮助他们学习和实践新的态度和行为。

最后的阶段是结束阶段。这是最具决定性的时期，成员们总结团体经验，将零散的收获整合起来，看到自己在团体中的成长，团体领导者鼓励成员将他们在团体中学习到的内容运用到团体以外的日常生活中，改善他们的适应能力，使他们更加积极健康地生活。

三、本课程的七个单元

第一单元是准备阶段，帮助大家在开始团体辅导前了解一些基础知识，了解团体领导者的概念和特点，并学习准备阶段的团体操作办法。

第二单元是创始阶段，将学习团体在创始阶段的领导技巧和常用练习，学习团体辅导的概念、特点、类型、功能等基本知识。

第三单元是过渡阶段，将学习团体在过渡阶段的特点、领导技巧和常用练习，并掌握与团体辅导相关的心理学理论。

第四单元是工作阶段，将学习团体在工作阶段的特点，掌握相应的领导技巧和常用练习，并学习团体辅导方案设计和团体辅导研究等专业技术。

第五单元是结束阶段，将学习团体在结束阶段的带领方法和常用练习，并了解团体领导者的专业成长和训练方法。

第六单元是团体心理辅导的应用，将了解团体辅导在班级活动中的应用，学习班级团体辅导的概念和特点，并通过实例体验班级团体辅导的方案设计、效果评估、活动开展。

第七单元也是团体心理辅导的应用，主要介绍积极心理团体辅导，讲授以积极心理学理论为依据，以提升积极心理品质和幸福感为目标的团体辅导的新发展。

四、每个单元的结构与功能

为了方便同学们学习、理解、体验和掌握团体心理辅导这一有效的专业的助人工作，我们在每个单元安排了五个板块：板块一是团体练习导入，板块二是技术点拨，板块三是知识学习，板块四是参考练习或活动应用，板块五是单元作业。希望能够让同学们从团体活动体验进入学习过程，将理论知识与实务技能相结合，并提供多个在不同阶段可以使用的练习和活动，最后有总结和作业，以巩固学习的成效。这种学习的框架更符合同学们的学习习惯，更具有可操作性。

同学们，当你了解了这门课的目标和内容之后，你是不是已经迫不及待地想要开始学习了呢？那么请你投入地参与每一次辅导课吧！相信你最后收获的不仅有丰富的知识、娴熟的技能、真挚的友谊，还有情感的体验和人格的成长。

··· 板块 2：技术点拨——团体辅导准备阶段的相关技术 ···

教师寄语

　　各位同学，在一项团体辅导正式开始前，我们还需要做一些准备工作，比如团体成员的选择、团体目标的确定以及团体过程的安排等。所谓磨刀不误砍柴工，良好的开始是成功的一半。在开始一项团体辅导之前都需要做哪些详实的准备工作呢？让我们在这个板块中寻找答案吧。

学习目标

1. 了解团体辅导准备阶段的特点和任务。
2. 了解招募和甄选团体成员的过程与方法。
3. 参与团体辅导准备工作的实践。
4. 了解并掌握团体辅导常用技术。

　　团体形成前，团体领导者需考虑清楚要带什么性质的团体，是同质性团体还是异质性团体？是结构性团体还是非结构性团体？是成长性团体、训练性团体还是治疗性团体？团体的目的是什么？自己有没有带领过同类型团体的经验？团体组成是成员的需要还是特殊的安排，是学校教育管理的要求还是辅导教师的考虑？是否有足够的资料和活动可参考？领导者能否撰写团体计划？招募的成员是否有特别的规定或要求？成员是否需要交费？在团体形成之前，针对诸如此类的问题，领导者都要妥善拟定对策，这样才能有助于团体辅导活动的开展和团体辅导实际的运作，以便达成团体辅导的目标。

第一节　团体准备阶段的特点和工作

　　带领团体辅导首先要做好准备，充分的准备能为成功奠定基础。如果仓促上阵，没有做好准备，在带领团体辅导的过程中，不清楚自己到底要把这个团体往哪里带，缺乏方向和目标，也不知道团体会给成员带来哪些改变，就失去了带领团体辅导的意义。所以，正式开始带领团体辅导之前的准备阶段很重要。

一、团体辅导准备的必要性

　　任何团体辅导的成功都与开始前的精心准备密不可分。一般而言，即使是经过严格专业训练的团体领导者，仍有可能实战经验不足。所以，领导者在带领团体之前，须收集足够的团体辅导信息、参考文献资料，设计出恰当的团体辅导计划书，慎重评估该计划的实施成效。因此,在团体形成之前,领导者要有详细的思考和计划,要花大量的时间来做准备工作,领导者应根据团体目标、成员特征、领导者和成员各自的责任、团体活动与过程、预期成效等几个方面撰写好计划书,同时必须对团体大小、聚会次数、时间和场所、甄选成员等,都有妥善的安排和考虑。如果领导者在团体辅导之前没有充分的准备,考虑得不周到,缺乏设计,在实际团体辅导过程中就很有可能发生领导者难以处理的情形,妨碍团体发展,导致成员不能从团体辅导中获益。图1-2是团体辅导前的准备工作流程。

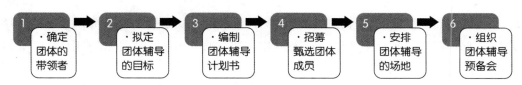

图1-2　团体辅导前的准备工作流程

二、团体准备阶段的具体工作

(一) 了解服务对象的潜在需要

要实施团体辅导,必须先了解服务对象(如中小学生、大学生、企业员工、教师、公务员、心理疾病患者等)对团体的需求有哪些? 辅导人员可以通过所接个案的困扰问题,或各类服务对象常见的比较普遍的问题,看看是否有组织团体辅导的必要。例如:对那些人际关系欠佳的人,通过团体辅导进行社交技巧训练,为他们提供更丰富的人际互动和模仿、演练有效沟通的机会,较易获得显著的辅导成效。

最有效的需求了解方式是直接对相关人群进行访谈、观察或评估。例如:中学生在青春期面临哪些困扰? 大学生新生环境适应有哪些课题? 儿童是否经常出现某些不适应行为? 企业员工工作压力过度会给其带来哪些身心症状? 通过访谈、观察、问卷调查、心理测验等方法都可以有效辨识出心理辅导的需求。还有一种了解心理需求的方法是对服务对象的间接调查,例如:通过学校心理辅导人员与教师和家长接触的过程,企业心理辅导人员与管理者接触的过程,了解学生或员工的需求和适应问题。此外,在短时间内重复听到多人对同一问题表达关切,也表示该问题有较大的服务需求,值得进一步探讨。这样组织团体心理辅导,就能为更多的人提供帮助。

(二) 确定团体的性质、主题与目标

针对服务对象,了解与评估他们的需要,然后再决定你所要设计的团体是针对什么人? 他们的年龄、职业、性别以及存在哪些问题? 要解决什么问题? 希望达到什么目标? 哪种类型的团体心理辅导适合你要帮助的对象? 团体属于发展性的、训练性的还是预防性的? 组织同质团体有利还是异质团体有利? 一般情况下,团体的目标大致可以分成三大类。

1. 成长性团体的目标

成长性团体是以开发心理潜能，促进人格成长，增进心理健康为目标的团体辅导。这种团体辅导主要由教育机构（如各级各类学校）的辅导人员组织，也可称为发展性团体辅导。参加的对象多为正常的、健康的、处在成长过程中的学生。通过团体内的讨论，形式多样的、有趣的练习及活动，团体成员探讨成长发展中共同关心的问题，加深对自我的认识、对他人的认识，开发身心潜能、促进人格成熟。

团体是一个探索自我的地方，参与者将被邀请检视自己的价值、行为、与其他人的人际关系，以及坦诚而严肃地了解自己的生活状况。成员可以决定要与别人分享自己的哪些部分、分享到哪种程度和何时才要拿出来分享，以及决定自己改变的性质和范围。以下是以青少年成长性团体为例给出的参考目标。

> （1）发展足够的团体信任，使大家能坦诚地分享感情与思想，以及学习如何将这份信任带到日常生活中。
>
> （2）发展自我接纳和自我尊重。
>
> （3）宽容别人、尊重别人的个性。
>
> （4）学习做决定和接受选择的结果。
>
> （5）发现团体中也有人与自己有类似的困扰，以减少孤独感。
>
> （6）澄清自己的价值观及发展自己的人生哲学。
>
> （7）增加关怀别人的能力。
>
> （8）能敏锐觉察他人的需求。
>
> （9）学习把团体中的成果应用到日常生活中。

通常，当团体辅导目标确定后，团体领导者需要为团体取一个名称。在成长性团体中，团体名称尤为重要，它对参加者要有吸引力，采用新颖的、独特的、易理解的、积极向上的名称，同时要体谅成员的心理认同与接纳的习惯，一般人会对心理辅导有顾虑和担心，所以，用大家能够接受的名称，如"完善人际关系研讨会""自我理解小组""自我探索训练营""你我同行'人际交往团体""提升领导能力团体""情绪管理小组营""网络伴我健康成长""亲亲一家人：亲子沟通训练""恩爱夫妻成长小组""家庭事业平衡工作坊"等，团体名称应点明活动的主题，目标清晰明确。

2. 训练性团体目标

训练性团体是以敏感性训练为主要活动方式的团体辅导，目的是训练如何有效地处理人际关系，训练生活技能，增进社会适应。这类团体辅导在欧美十分盛行，主要面向企业、政府机关，训练管理人员、经营人员，立足于人际关系的学习、理解和协调。学校也常常用此类团体来训练学生，协助他们有效地掌握社交技能，提升沟通能力，建立良好的人际关系，学会处理冲突与应用双赢策略。对于成长中的青少年来说，参加人际沟通与交往训练团体是他们学习生活技能最有效的途径之一。

3. 治疗性团体目标

治疗性团体重视人格修复和重建,关注成员潜意识方面的探讨。由于参加者必须面对的是层次较深的心理冲突和困扰,一般需要花费较多时间才能达到目标。此类团体一般是医疗机构、教育矫治机构的辅导人员面向那些心理不太健康、有心理疾患的人而组织的,目标是缓解症状,减轻痛苦,恢复心理平衡,增进心理健康。

(三) 搜集相关文献资料

当团体性质和目标确定后,辅导教师就要通过查找相关资料,阅读书籍和杂志,为团体设计提供理论支持。例如,生涯发展团体辅导需要参考舒伯(D. E. Super)的生涯发展阶段理论,亲密关系探索团体辅导可以参考斯滕伯格(R. J. Sternberg)的爱情三角形理论等。同时,也要了解和搜集同类团体是否有人带领过,有哪些可以借鉴的前人经验,有哪些需要注意避免的问题。

(四) 编制团体辅导计划书

资料准备充分后,设计者就要思考和讨论解决问题所涉及的各类因素。例如:明确带领团体心理辅导的人员及其助手的要求及条件,领导者与助手如何分工? 团体心理辅导以何种形式进行? 什么时候组织团体心理辅导为宜? 团体心理辅导进行的地点在哪里? 环境条件如何? 有无后备场地? 团体成员招募采用哪些方法? 是否实施甄选? 团体心理辅导效果采用什么方法进行评估? 所选团体辅导效果评估的量表是否容易获得? 需要哪些花销? 有无财政预算? 团体活动各种道具是否具备? 在此基础上,完成团体辅导计划书的编制。包括一共多少次、每次多长时间、总目标和单元目标等。

(五) 规划团体辅导整体框架及流程

通过完成团体辅导总体设计表和团体活动单元计划表,编制出团体辅导详细过程,认真安排每次聚会活动,即进行辅导方式及练习的设计。练习的设计是为了引导成员在团体中经历经验学习的四个步骤(如图 1-3 所示)。

第一步:个人的经验(参与练习而带来觉察和感悟);

第二步:经由与他人分享自己经验的过程,个人回顾与整理自己的感受、看法;

第三步:个人分析、归纳出一些概念、原则或新的自我了解;

第四步:尝试将新的自我发现或前面所习得的概念、原则,应用到团体之外的生活情境中,因为参加团体辅导而让生活产生积极改变。

由于领导者的带领、成员的反应、练习引发及累积的效果均自然而然地影响团体辅导的过程,所以同样的设计实施于不同团体时,可能会有不同的情况及效果出现。因此领导者需要准备一些备用的练习和活动,并视团体成员、团体目标、团体发展的状况来弹性调整原先的计划。同时,还要准备每一个练习或活动进行的大纲及必需的材料。

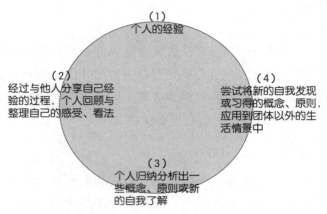

（1）
个人的经验

（2）
经过与他人分享自己经
验的过程，个人回顾与
整理自己的感受、看法

（4）
尝试将新的自我发现
或习得的概念、原则，
应用到团体以外的生
活情景中

（3）
个人归纳分析出一
些概念、原则或新
的自我了解

图1-3　团体中个人的学习过程

（六）设计团体辅导招募广告

团体辅导计划书完成后，就要开始设计团体成员招募广告。一般情况下，发展性、教育性、预防性的团体针对人格健全者，团体目标也是成员比较共性的主题，可以进行广告招募。例如，增强自信心、提高社交技巧、学习沟通方法、提升生活适应能力、生涯发展探索等团体，可以通过设计精美的广告（包括有吸引力的广告词、有视觉效果的画面等）来招募团体成员。而对于治疗性的团体，除了公开招贴广告外，可以通过专业人员的介绍、团体领导者的面试进行招募。而学校中针对学生共同发展议题组织的班级团体辅导不需要设计招募广告，可以在班会上实施。目前，由于网络的普及，很多团体招募都是发布在网络上，通过扫描二维码报名的。图1-4是大学生亲密关系成长互助团体训练营的招募广告。

图1-4　大学生亲密关系成长互助团体训练营招募广告

（七）对团体辅导计划书进行讨论或修订

将设计好的团体辅导计划书在同行之间先行组成试验性小团体试用一次，与同行、督导讨论试用的效果，再加以修改完善。

三、团体领导者与团体成员各自的准备

（一）团体领导者的准备

团体成员的特性会深刻地影响团体的互动关系、团体的结构以及团体的运作。因此，团体形成前，团体领导者要考虑：成员的需要和背景如何？如何招募和筛选成员？团体需要多少成员？团体是否包括协同领导者？团体是否需要设置观察员？哪些成员适合参加团体？特殊成员该如何处理？选择团体成员的标准是什么？团体领导者以前是否带领过这类团体？团体总共有多少人？每次团体活动要花多少时间？共几次？

团体领导者在开始进行团体辅导之前，最好通过进入团体之前的成员访谈，或者团体正式开始前的预备会，说明以下事项。

（1）团体的性质和目的；

（2）团体活动的过程和方法；

（3）团体领导者带领团体的实务经验和专业背景；

（4）团体成员须配合的事项（包括成员写团体辅导心得及完成效果评估）；

（5）团体费用（免费还是收费）；

（6）团体记录（是否录音、录像或摄影等）的运用等。

团体形成前，在筛选成员时，团体领导者应协助成员了解团体导向与结构内容，最好呈现真实的团体计划，避免给予任何不实的承诺或夸大团体辅导的功效，如"参加我们这个团体之后，一定可以增加你的交往能力，解决所有的人际冲突，使你成为最受欢迎的人"。

在个别面谈时，团体领导者应化解成员对团体不切实际的期待和参加动机，促进双方的沟通，使他们更了解团体的性质，做好投入团体的准备。

（二）成员的准备

团体辅导进行前，除了团体领导者和成员个别会谈之外，成员可在接到通知面谈前，事先整理自己参加团体的期望以及想要解决的问题，以便在会谈时可以和领导者沟通。成员需准备的问题有：自己参加团体的目的是什么，有哪些期望？如果在团体中感到不适应，甚至出现问题时，是否可以退出？以前是否有参加团体的经验？效果如何？打算为参加团体做哪些努力？等等。

团体领导者在团体辅导进行前和成员交换意见，有助于团体动力的发展，理清成员对团体的期待，同时有助于领导者初步了解成员的参加动机、人格特质、过去经历和参加意愿，进一步建立良好的互动关系，并据此来设计或修正团体活动的内容和方向。特别是非志愿的团体，成员被迫参加时可能会产生抗拒、冷漠的行为，领导者可以事先加以疏导，也可适时表达自己的期待与团体规范，必要时也可让成员决定自己是否参加团体。

第二节　招募与甄选团体成员

甄选团体成员是否必要？大部分学者认为，团体辅导的效果往往与团体成员是否乐意参与、是否积极投入有关，团体与成员要互相配合得宜，才能产生积极的效果，因此需要慎重甄选。甄选团体成员的流程可以包括招募、评估、甄选等几个部分，这是团体领导者与成员发生互动的最初环节。如何确定团体成员的甄选标准，如何成功地招募并评估成员，如何甄选合适的成员并引导其以积极的态度准备参加团体辅导，都是团体领导者在准备阶段不容忽视的问题。

一、招募成员

（一）团体成员的招募途径

团体成员的招募途径主要有三种：一是通过宣传手段，成员自愿报名参加；二是辅导人员根据平时的咨询情况，选择有共同困扰的人，建议他们报名参加；三是由其他渠道，如学校中由班主任介绍或其他辅导人员转介而来。发展性团体辅导主要是通过广告、通知来招募成员。

团体辅导招募宣传的方法也有几种：一是辅导人员向公众（或其他人）直接口头宣传，吸引他们参加。如学校可以利用学生集会、课堂等途径，讲解团体辅导的目的。这种方法比较直接，有问有答，反馈及时，是一种好的宣传方式。二是辅导机构贴海报、广告，散发小册子。在一些公众出入的地方张贴广告、海报吸引有意者参加。三是利用大众传播媒介，如网络、电视、报纸、广播等形式，广泛宣传。学校则可以通过校刊、广播台、学生刊物等方式，扩大团体辅导的影响。至于用哪种方法更好，要看团体辅导的目标和成员的需要。一般，学校里旨在促进学生成长、发展的团体辅导，受到广大成才欲望强烈的青年学生的广泛欢迎，可以同时通过多种途径宣传。

目前，国内心理辅导虽然有了一定发展，但仍处于发展初期，许多人对心理辅导存有误解疑虑，了解团体辅导的人就更少了。在这种社会背景下，开展团体辅导，招募团体成员时更应该注意用词要恰当。比如，大学生中有相当一部分学生由于自信心不足而倾向于害羞退缩，不敢面对他人，不愿主动交往。在招募这类对象时应避免使用负面取向的形容词，而采用"欢迎对人际关系有兴趣、愿意探索有效的社交方法和技巧的人参加"这样的话语，对于求成心切、渴望发展的任何人都会有吸引力。再比如在校园中，面对一些失恋、情感受挫的人而组织的团体辅导，意在帮助他们尽早走出情绪的低谷，重新鼓起生活的勇气和希望，这类团体可以用"情感支持团体""亲密关系探索团体"等词语来命名。招募成员时也不宜公开张榜，可采用班主任、同学、辅导教师推荐的方式形成团体。

（二）宣传材料必须包含的内容

无论是哪种宣传方式，宣传材料必须包括以下内容。

（1）主办机构的名称，如某大学心理中心；

（2）团体辅导的目的和目标，如培养乐观的解释风格；

（3）团体聚会的日期、时间、地点、次数和期限；

（4）适合参加的对象，如希望提升自己的乐观水平的人；

（5）参加团体所需费用及相关开支，如免费；

（6）团体领导者的姓名、联系方式、学历、专业训练及资格；

（7）报名的地点、时间、联系方式，如联系电话、二维码等；

（8）其他，如团体辅导室所在地点地图、交通方式等。

需要注意的是，宣传团体辅导的目标要恰如其分、实事求是、清楚具体，不能用过分夸张的语言，措词要慎重，既要富有吸引力，切合参加者的需要，但又不过分。文字方面要选择正面的、积极的词语，少用消极的、敏感的词语。此外，团体辅导活动的时间、地点、内容、经费、报名截止时间等都要一清二楚，以便读者选择时做参考。以下分别是父母效能团体辅导以及职场新人压力管理团体辅导的招募广告。

图 1-5　父母效能团体辅导广告　　图 1-6　职场新人压力管理团体辅导招募

二、评估和甄选成员

并非每个人都适合参加团体心理辅导，因为不同性质的团体所招收的对象有它的资格限制。通常团体领导者在筹划团体辅导时，都会明确服务对象是为一般人而设立的，还是为有特殊需要的人而设立。如果是一般任务团体，只要评估成员的参与兴趣、专长、权利等因素，普通人都可以参加。如果是特殊需要的团体，如减轻考试焦虑的团体，特别是为那些因考试焦虑不能正常发挥的学生而组织的，则需要评估报名者是否存在考试焦虑的表现。

（一）甄选团体成员的考虑因素

团体领导者在甄选成员前应仔细思考以下问题。

（1）如果成员有特殊的身心疾病，是否允许其加入团体？

（2）人际关系差的成员是否可以加入团体？

（3）表示无法全程参与（请假几次）的成员是否适合加入团体？

（4）参加团体的动机和团体目标不一致（成员只是对团体好奇，或因无聊来交友）的成员是否适合加入团体？

（5）是否接受那些以观望的态度想先参加一次或两次再决定是否加入团体的成员？

（6）对领导者或团体很质疑的成员是否可以加入团体？

具体需要考虑以下因素。

1. 性别

成员的性别是考虑的首要因素。一般情况下，团体内不同性别的成员可以互相了解和互相学习。理想的情况是团体成员不同性别的人数应平均，如果是 10 人的团体，那么 5 男 5 女是最佳的，4 女 6 男与 6 女 4 男，3 男 7 女与 7 男 3 女是一般结构，2 男 8 女与 8 男 2 女是不适宜的结构。但也有专门针对女性或者男性的团体。如"职场女性成长团体""妇女自强训练团体""男兵新兵入伍训练营"等。

2. 成员背景

成员背景须考虑他们在加入团体之前彼此熟悉的程度。凡成员加入团体之前，只要有成员对其他成员不熟悉，则团体其他成员以非来自同一组织为好。以彼此不熟悉的人数须多于原本相识人数为基本原则，以利于团体动力的开展，避免出现亚团体而干扰整个团体的发展。最不理想的情况是团体中有些成员是同学、同事、朋友、邻居等，各自形成团体内的小团体，导致熟悉者彼此相互依赖，出现团体内私下交谈、形成对抗等现象，或孤立其他成员，阻碍团体动力发展。如果是班级团体辅导，全班人人都参加，不存在招募和甄选成员的过程。

3. 知识能力水平

须考虑团体成员的受教育程度、学习能力和领悟能力等因素，避免因成员学习能力差异太大，造成团体动力停止，从而使领导者花太多时间和精力去带领和催化团体动力。

4. 行为表现

如果成员中有行为偏差者、不良记录背景者等，其人数的多少也会影响其他成员的自我形象、参与心态及周围人对该团体的看法。例如，如果将迟到的学生、吸烟的学生、成绩不好的学生、违反校纪的学生组成一个团体，成员的行为一致，特定行为相同，不但会让别人认为他们是"差生团体"或"问题团体"，造成错误的标签效应，也很影响成员的参与动机。

团体辅导是通过成员与成员、成员与领导者的互动沟通，以达到促进个人适应和成长的发展目标，因此，团体中行为偏差的成员人数比例不能太大，正向力量应大于负向力量，才能增加有效的团体动力，减少团体的负面影响。

5. 同质性程度

团体成员的同质性是指成员之间的相似性，相似越多越同质，相反就是异质。参加团体辅导的成员可以是背景、问题相似的人，也可以是背景不同的人。比如参加者都是大学生中希望改善人际关系的人，或是想改善考试心态的人。同样背景的人可以使参加者相互认同，产生"同病相怜，克病相助"的关系，共同积极地、投入地探讨解决共有问题的办法；但不同背景、不同问题的人在一起有利于了解不同人的心理与行为，差异越大，复杂程度越高，成员越有充分的机会去学习和改变自己。

（二）甄选团体成员的常用标准

甄选团体成员需要从成员的人格特点、心理健康状况、过往经历、动机等多方面考虑，以下列出一些甄选成员的常用标准。

1. 优先参加团体的条件

基于团体动力、咨询伦理与团体功能的因素，具备以下条件的成员可优先要求加入团体：第一，志愿报名参加者；第二，成长动机强烈者；第三，与他人相处自在者；第四，无明显身心疾病者；第五，参加动机与团体性质符合者；第六，过去未曾参与同类型的团体者；第七，具有一般表达和沟通能力者；第八，未有明显与其他成员差异之独特特质（如团体中唯一异性的成员、唯一已婚的成员、唯一的学生）。如果成员异质性太高，对于成员的互动与团体初期动力的开展就会有相当程度的限制。

2. 不适合参加团体的成员

不适合参加团体，即不能通过团体受益，反而会给团体带来不良影响的成员有：极端自我中心者、自恋狂、有攻击性、做事霸道的、有仇视心等的人。有脑伤、妄想症、酒瘾、药瘾、精神疾病、社会功能障碍、极度躁狂症或忧郁症、自杀倾向等心理不健全者，以及处于危机状况中的人也不适合加入一般团体。具体而言，有六种人不适合参加团体：丧失对现实知觉的精神病患者、严重程度的精神官能症者、明显情绪不稳定的人、面对压力会有身心症的人、正处在危机状态中的人、无法有效沟通者。

（三）甄选团体成员的常用方法

甄选团体成员的方法有许多种，但最常用的有个别面谈法、心理测验法和书面报告法三种方法。

1. 个别面谈法

甄选的主要方法是团体领导者与申请者一对一的面谈。尽管个别的面谈相当耗费时间，但却非常必要，原因如下。

（1）面谈有助于评估参加者的适宜性。团体领导者可以通过面谈做出有效的评估，看看申请人是否适合参加团体辅导。面谈可以了解申请者的背景、个性、参加动机、问题类型等，并不是所有的人都适合参加团体。此外，有的团体辅导有明确的对象与明确的目的，比如增强自信心团体是针对自卑感重的人而设计的。招募广告贴出后，当报名的人数大大超过团体可容纳的数量时，可以用心理测验的方法，如采用"自我评估"量表，甄选出自卑感重的人参加团体。说服那些自我形象比较健康的学生不参加或以后参加其他更适合他们的团体。

（2）面谈有助于增进双方了解。通过个别面谈使团体领导者与成员增进了解，建立信任感，可以缓和成员的担忧等心理。团体辅导的效果与团体成员对团体领导者的信任有重要关系。甄选是成员了解领导者、选择领导者的过程。如果成员对领导者难以信任或对团体的具体活动不感兴趣，可以做出不参加的选择。也就是说，团体领导者和申请者可以相互选择对方。申请者有权自己做出抉择。

（3）面谈有助于成员正确抉择。团体领导者通过面谈可以预先向申请者详细说明团体的规则、内容、运作及对参加者的要求、期望等，如需要全程参加、遵守保密的原则等，使申请者对团体的潜在价值有所了解。在招募成员的过程中，可能成为团体成员的人有权知道团体的目标、进行的基本程序、领导者对他的期望，以及在参与团体过程中可能会有哪些遭遇和收获，以便做出正确的选择。

2. 心理测验法

早在 20 世纪 50 年代后期，舒茨（Schutz）针对团体工作制定了一套基本人际关系指标，让领导者预知个别成员在团体中可能出现的性格或行为。这套指标主要测试以下三个层面。

（1）成员与其他人能否建立深入而良好的关系，包括他是否有被人喜欢的倾向、自己喜欢或关心朋友与否等；

（2）个人对权力的态度，包括自己如何接受权力或使用权力、对领导的看法和服从的程度等；

（3）个人坚持自己原则的程度，包括在公开场合如团体聚会时能否坚持己见等。

利用测试结果，不仅可以评价申请者是否适合参加团体，而且可决定是将有同类型倾向的人组成团体还是不同类型的人组成团体。

3. 书面报告法

甄选还可以采用书面报告的形式。领导者要求申请者书面回答一些问题，作为甄选的依据。常见的问题有：你为什么想参加这个团体？你对团体有什么期望？你有什么问题希望在团体中得到解决？你认为自己可以对团体做出哪些贡献？请写一篇简单的自传，说明你生活中重要的事件与人物（如表 1-1 所示）。

作为团体策划者，在甄选成员时，无论采取哪种甄选方法，都要认真考虑以下问题。

（1）为何他要参加团体辅导？他的困扰是什么？

（2）他的自我形象如何？他是否考虑改变？

（3）他想从团体中获得些什么？团体是否能帮助他达成目标？

（4）他希望知道领导者或团体的哪些事情？

（5）他是否了解团体的目的与性质？

（6）他的受教育程度及智能水平怎样？

（7）他以前是否有过团体经验？

（8）他的性格特征及精神、身体健康状况如何？

表 1-1　团体成员报名资料

姓名		性别	
年龄	年　月　日出生，　岁	教育背景	
婚姻状况		现职	
住址		电话	
团体经验	（主要为个人过去参加团体的经验：包括团体名称、参加日期、带领者、地点、个人感受等）		
自我评量	（请根据个人状况，于下列问题中填入 1—7 的点数，7 代表非常同意，1 代表非常不同意） 1. 我想参加团体。 2. 与人相处我感到自在、自然。 3. 我喜欢通过别人的经验来促使自我成长。 4. 我会全程参与各次团体活动。 5. 我会配合遵守团体的有关规定（例如：完成作业）。 6. 在团体中，我愿意用心参与，适当自我开放，分享经验。		
自我介绍	（请简要描述个人的个性、兴趣、专长、人际关系、成长经验、参加动机……）		
备注	（其他对本团体或团体领导者的意见）		

团体成员的甄选工作费时，但却十分重要，因为它可以减少冒险，对整个团体辅导的发展都有帮助。而且参加者心理有了准备，对领导者有了基本的信任，对团体有了适当的期望，有利于其在团体辅导中积极配合。

第三节　准备进入团体

在团体辅导开始前引导成员准备投入团体的方法主要有五种：阅读有关文件、观看有关影视资料、甄选面谈时的承诺与建议、召开预备会。

一、阅读有关文件

在团体辅导开始前，有些团体领导者会为已确定参加团体辅导的成员准备一些与团体辅导有关的文件、资料，要求成员参加团体活动前必须阅读这些资料，这些资料一般包括：团体辅导目标的解释与说明；团体辅导所用的技巧与程序；领导者的教育背景、训练资历；在团体中成员的责任；如何去面对团体辅导，主要包括如何去接受和做出反馈、如何分享分担正面和负面的感受、如何告诉别人你对他们的感受等。同时，也要了解个人在团体中应该如何投入，例如，注意力集中于此时此地、承担个人的责任、避免推卸责任、避免依赖、学习倾听、尝试进行新行为的实验等。

二、观看有关影视资料

有些团体领导者在团体辅导开始前，组织成员观看与团体活动有关的录像、电影。通过观看，使成员了解团体活动的实况，做到心中有数。有时，可以边观看边解说，以便增进成员的了解。国外学者研究表明，团体辅导开始前用认知方法为团体成员做准备是有效的。有准备的和没准备的团体相比，有准备的团体成员对团体更有信心，团体辅导开始后人际间互动积极，成员表达情绪多，承担个人责任多，出勤率高，团体辅导效果更好。

三、甄选面谈时的承诺与建议

甄选面谈是团体领导者与申请者双向选择的过程。有些申请者一方面对团体抱有期望，渴望参加并使自己改变，另一方面又担心忧虑。特别是一些人担心参加团体活动会被认为是心理或精神有问题；在他人面前表露个人的隐私会被别人鄙视；是否要完全地敞开自己；别人会不会歧视自己、排斥自己等。带着这些担忧参加团体的人，往往难以与他人轻松地交往。因此，团体领导者必须向他说明保密的原则，做出保密的承诺。同时，在面谈时，当成员明确表示参加的意愿，领导者又认为合适时，可以给他提一些建议。

（一）把目标放在成长上

团体是建立在一个假设上的，即不论你目前的生活情况如何，团体可以使你有机会探索自己的感受、价值、信仰、态度、思想，并考虑可能的改变，使你的精神内涵变得更丰富，使你得到成长。如果你认为这种探索方式只适合有严重问题的人，就会减少你很多改变的机会。即使你目前没有什么压力，没有多少问题，但你未来可能会碰到的问题，也值得去探索。活到老，完善到老，人的成长是无止境的。

（二）做个积极的参与者

如果你在团体中扮演积极主动的角色，你可以给自己更多的帮助。这就是所谓"投入越多，收获越大"。一个沉默的旁观者，其收获是有限的，而且会被别人认为具有批判性。如果你不主动、不热心地参与团体，会不利于团体的发展，也会剥夺别人从你这里学习的机会。

（三）把团体当作实验室

团体情境相当于一个微型的社会。把团体当成你的生活实验室，可以用各种方法表达你自己的不同侧面而不会使你产生不安全和不自在的感觉。当你这么做时，可以在团体中对自己有新的了解，并可以寻找实践新行为的机会。

（四）给予和接受反馈

当别人表达一些与你有关的事情时，你可以让他知道你的感受与反应，不管是正面的或是负面的。你直接坦诚地给予反馈，可以增加团体成员彼此间的信任。当别人给予你反馈的时候，你应该认真去听、去思考，直到你了解其中的意思。

（五）表达你的真实感受

参加团体的主要目的之一是想学习如何以直接的态度表达感受，包括正面的或负面的感受。在平时，我们常常会压抑自己的思想与感情，害怕表达不当、过于夸大或保留太多。从经验来看，在脑子里想和把想的东西说出来是有很大差别的。团体是一个探索表达的安全场所，把你想的说出来，直截了当，不要拐弯抹角，看看他人会怎样反应。

（六）不要期望过高

虽然你有些困扰或问题希望在团体中探讨，以得到帮助，但不可能所有的事都会如你所愿。比如：你想在生活上有些改变，但这种改变无法一蹴而成；你期望他人都了解你，但他们也许只看到你的某些侧面。相信自己，努力去尝试，团体辅导不能解决全部问题，但它会给你带来全新的体验和感受。

四、召开预备会

在甄选面谈后，可挑选一些可能成为团体成员的人开一次团体辅导预备会议。大家聚在一起认识一下。在预备会议中，首先，团体领导者要让每个成员谈谈参加团体的目的、期望，想象团体在他们心中有怎样的功能；然后，更详细地说明团体的目标，回答成员的问题，澄清不正确的观念，建立基本的团体规则。召开预备会议可以尽快使团体成员明确目标并投入团体的运作。如果在预备会议上，有的成员发觉团体与他原来的期望有很大的不同，可以提出要求，取消参加团体的申请，以免进入团体后再决定退出，既占用了团体有限的资源，也影响了其他成员的参与效果。

第四节　团体辅导常用技术

在团体辅导开始前，应该确保团体领导者接受过专业训练，掌握各种团体辅导技术。要对团体辅导技术下一个明确的定义并不容易，因为团体领导者在团体中的一切所作所为，包括引导、沉默、与成员目光交流、位置的选择、对成员的解释等，都可以称为技术。使用技术只是手段不是目的，技术可以用来更进一步深入探索成员的个人感受，引发谈话，促进讨论，达成成员个人和团体的目标。在团体形成初期，团体技术有助于增进成员之间的沟通，营造良好的团体氛围，为团体的发展起到积极的作用。无论团体发展到何种阶段，团体辅导技术对于保证团体成员良性互动，促进团体健康发展都至关重要。本节将介绍一些在团体辅导中最常用的技术，分别是团体辅导一般技术、促进团体互动技术、施加积极影响的技术。

一、团体辅导技术概述

（一）团体辅导技术及其作用

团体领导者为了发展团体动力，促进团体成员互动，实现团体目标，应适时适当地采用某些技术。但是，团体辅导进行过程中，技术、策略、方法和团体领导者的态度是难以区分的。团体领导者使用技术的目的是促进成员积极参与，相互交流，最大限度地发挥团体的功能。任何技术的运用都是为了更有效地协助团体成员不断成长。所以，使用团体辅导技术的关注点应是：对团体发展和成员成长有什么影响；技术的使用时机是否恰当；技术使用是否符合领导者的个人特质和领导风格。

（二）团体辅导技术分类

团体辅导过程中有许多技术，既有个别辅导技术，也有团体特有的技术。与个别辅导相似的团体辅导技术有：倾听、同感、复述、反映、澄清、总结、解释、支持、询问、面质与自我表露。团体辅导与个别辅导最大的不同是团体内所自然呈现的人际互动。团体辅导成功的关键也在于团体成员之间的互动。促进团体成员互动的技术较注重从整个团体层面与人际层面考虑有必要地介入，并促进团体动力的发展。

团体辅导的基本技术也有不同的分类方法。例如，可以分为初级领导技术（同感、积极倾听、澄清、支持、解释、总结、反映、提问、反馈、非语言行为和促进）和高级领导技术（保护、目标设定、建议、面质、立即性、沉默、自我表露、阻止、联结、折中、评估、设限、调律、整合；也可以按照技术的性质分为反应技术（倾听、真诚、同感、澄清、尊重等）、互动技术（感受、认知、解释、支持、鼓励等）和行动技术（解释、面质、自我开放和提问等）。表1-2列举了团体中常用的基本技术。

表1-2　团体中使用的基本技术列表

名称	定义说明	目标或预期结果
倾听 （Active Listening）	专注于沟通有关的语言或非语言行为，且不做判断及评价	增强团体成员的信任、自我开放及自我探索
复述 （Retelling）	以稍稍不同的措词，重复团体成员的话，以澄清其意思	确定团体领导者是否正确了解团体成员的意思，提供支持及澄清
澄清 （Clarifying）	简化团体成员的叙述，澄清的重点包括讯息的感受与想法	帮助团体成员弄清楚冲突及混淆不清的感受及想法，导向更有意义的沟通
摘要 （Summarizing）	将咨询互动中的重要信息，简要地综合归纳	澄清并避免误解团体成员的意思，并引导以继续会谈

名称	定义说明	目标或预期结果
提问 （Questioning）	提问，以此引发成员自我探索问题的内容及如何解决的方法	引导更深层的讨论；收集资料；刺激思考；增加澄清及汇聚焦点；提供成员更深度的自我探索
解释 （Interpreting）	对团体中某些行为、想法、感受提供适切的解释	鼓励深度的自我探索；对于团体中的现象提供新的观点
面质 （Confronting）	对成员在团体中的言语、行动中困惑或矛盾之处加以挑战检视	鼓励成员真诚地自我检核；提升潜能发挥；引发对自我矛盾的反思
情感反映 （Reflecting）	沟通了解成员感受的内涵	让团体成员了解团体咨询员，真正地听并且了解他的感受
支持 （Supporting）	提供鼓励及增强	建立团体良好气氛；鼓励成员；促进信任感；催化成员向困难挑战
同理心 （Empathizing）	能站在团体成员的立场，将心比心体谅其感受及想法	培养信任的治疗关系；促进沟通及了解；鼓励团体成员深层的自我探索
催化 （Facilitating）	团体中以开放性或引导性的方法，清楚地协助成员朝向有助于团体目标探讨	提升团体有效的沟通；促进团体达成团体目标
引发 （Initiating）	团体中引发行动，促使团体参与或介绍团体新的方向	防止团体不必要的探索；增进团体过程之催化
设定目标 （Setting）	团体过程中，引发团体参与，并具体确定团体特定且有意义的目标	引导团体活动的方向；帮助成员选择及澄清团体目标
评估 （Evaluating）	评估团体进行过程及团体中成员及其相互间的动力	提升深层的自我觉察及帮助成员对于团体方向更加了解
给予反馈 （Feedback）	对于成员专注观察后给予真诚且具体的反馈	对于成员在团体中具体行为提出反馈，以帮助团体成员自我觉察
建议 （Suggesting）	提出团体目标有关行为的信息、方向、意见及报告	帮助成员发展取代性的思考及行动
保护 （Protecting）	保护成员在团体中不必过早地心理冒险	提醒成员在团体中适度的心理探索，以避免受到伤害
开放自我 （Opening）	对于团体发生的事件，个人开放此时此刻的感受或想法	催化团体更深层的互动，建立信任，示范使他人了解自己的方法
示范 （Modeling）	通过行动，示范对团体适合的行为	对有利于团体的行为提供示范，激发团体成员发挥其潜能
处理沉默 （Silent）	通过对语言与非语言沟通的观察，对于团体沉默现象进行干预，促进团体的发展	允许团体成员反映其感受；凸显其焦点；整合与情绪有关事件；帮助团体运用其有利的资源

（续表）

名称	定义说明	目标或预期结果
阻断 （Blocking）	对于团体中无建设性的行为，以适当的方法加以阻止	保护成员；推动团体进行过程
联结 （Linking）	连接成员之间问题或议题的相似性、相关性	使成员之间彼此亲近，以促进团体凝聚力
结束 （Terminating）	以适当的方法，准备团体结束	准备让成员整理其团体心得；引导成员将团体所得应用于现实生活中

（引自吴武典等编著：《团体辅导》，台湾空中大学 2002 年版，第 106—107 页。）

二、团体辅导一般技术

（一）积极倾听

倾听是最基本的反应技术，是团体领导者的基本功。倾听不仅仅是用耳朵听成员讲话，更重要的是用心理解团体成员语言里的真实含义，并能设身处地地体会他们的感受。也就是说，团体领导者不仅要听懂成员通过语言、行为所表达出来的信息，还要听出他们在交谈中没有明确表达的、隐含的内容。倾听的技术是需要团体领导者经过训练才能真正掌握的。团体领导者使用倾听技术是为了让成员充分被理解，促进成员继续自我探索。

> 成员 A：我每次回家都会和爸爸吵架，我不知道为什么。我知道他是关心我的，但是我们一见面就要吵，咳！（目光看向团体领导者）
>
> 团体领导者：哦，你对此感到苦恼。（亲切的表情，关注的神态，鼓励成员继续的眼神）
>
> 成员 A：我在想，我是不是和别人不同，我怎么会是这样的，其他人不会这样吧？对吗？
>
> 团体领导者：嗯。（用关切的目光注视他，点头，并将目光环顾其他成员，鼓励他们讲话）
>
> 成员 B：我和你差不多，也经常会无缘无故地和父母吵架，尤其是考得不好的时候，只要他们一问我的成绩，我就会发火。

（二）复述

复述不是简单重复成员说过的话，而是在倾听之后，以更清晰、更明确和更恰当的语言重新描述对方所传递的信息。它包括把信息加以浓缩、精简，突出重点，以准确的字眼表达给对方。复述包含了团体领导者的分析、理解、判断和概括能力，有助于对方更清楚地了解自己的感觉和观点。

> 成员 A：今天真倒霉，上班时公共汽车太挤，迟到了，赶到公司门口被老板撞见了，被他狠狠地批评了一通。在办公室发现我昨天写好的材料不见了，我又要花时间重写，部门经理接着要我去拿和某个公司的合同。咳，没有哪件事情顺心。
>
> 团体领导者：今天你遇到了好几件烦心的事情。
>
> 成员 A：对，更气人的是我老婆还打电话来公司查我行踪，我被她弄得不得安宁。

（三）反映

团体领导者用心去关注团体成员的感觉，包括面部表情、姿态、语调、动作等非语言行为，并通过自己的语言、动作和表情反映团体成员的信息，让成员体会到领导者能够理解他的处境，体会他的感受，接纳他的行为。反映有镜子般的功能，使成员更清楚地了解自己。反映技术包括内容反映和情感反映。内容反映是表达对方表达信息中的主要含义；情感反映是表达对方表达信息中的情绪成分。

> 成员：我不想做这个推销工作，每天都在外面跑来跑去，非常辛苦。还要和那么多人打交道，动不动就看那些人的冷眼，真让人受不了。
>
> 团体领导者：你觉得做销售工作是既费力又累心的事情。（情感反映）
>
> 团体领导者：你认为销售工作没有多大意思。（内容反映）

（四）澄清

针对成员表达不清楚的或混淆的地方，团体领导者澄清那些重要但被混淆的信息，使成员重新整理或进一步表达信息，使意思更清楚和准确。因为一般人表达时经常会笼统含糊，不仅不能使团体领导者和其他成员准确地了解他的意思，而且他自己也因表达不清而夸大或混淆了一些事情。团体领导者澄清成员所表达的内容，使之具体清晰，可以促使他更深入地自我探索。

> 成员 A：我最近晚上经常失眠，上课没精神，干什么事情都提不起劲来。
>
> 成员 B：你该早点睡觉，上课就有精神了。
>
> 团体领导者：（对成员 B）谢谢你对 A 的关心。（对 A）发生了什么事情让你心事重重？

（五）提问

领导者需要对成员表达的一些重要信息提出询问，以了解更清楚的信息，促使成员进一步表达。提问有开放式提问和封闭式提问。一般以开放式提问为好，因为这种提问可以获得更多的信息，而封闭式提问得到的信息则要少得多。

> 成员：我觉得自己太笨了，他们都瞧不起我，没有人愿意和我交朋友，我也恨自己不争气。
>
> 团体领导者：你从什么时候开始有了这种感觉？（开放式）
>
> 团体领导者：你的心情是不是很郁闷？（封闭式）

（六）总结

在团体完成某个主题的讨论，或者团体即将结束时，团体领导者用简要的叙述概括团体辅导过程中发生的事情，从而使成员加深认识，或对本次团体活动有个整体的印象。

> 团体领导者：刚才我们讨论了学习兴趣的问题，有几个同学很苦恼自己对专业不感兴趣，也有同学提出了他们的看法，经过讨论，大部分同学对学习有了新的态度。
>
> 团体领导者：今天的活动就要结束了，在这次活动中，有3个成员谈到了他们过去曾经碰到的问题，有两个成员也说到他们听别人的事情时自己的感受和启发，我和大家一样，在今天的团体活动中有很深的体会。

三、促进团体互动技术

（一）共情

共情是互动技术的基础。团体领导者设身处地地站在成员的立场上，对成员所表达的信息给予正确的理解，体会成员的感受、需要、经验、想法，然后成员感觉到领导者明白自己。

> 成员A：我对自己的未来生涯发展与选择毫无头绪，很乱很烦，不知道该怎么走？
>
> 成员B：我也是。每次做了决定后又会犹豫，真不知道该不该做。
>
> 团体领导者：A，你好像很困扰，不知道未来怎么办？B，你和A有同样的困扰和感受，很担忧。
>
> 成员A：是的，我就像你说的这样。
>
> 成员B：对，对，我……

（二）联结

团体领导者将成员之间所表达的观念、行为或情绪的相似之处衔接起来，使之产生关联，或把成员未觉察到的一些有关联的片段资料予以串联，以帮助成员了解彼此的异同之处，增加彼此的认同感，提供重新检视个人的机会，使其有所领悟，并引导其行为发生改变；或者更进一步找出团体中产生的主要问题，予以联结，以促进团体讨论共同关心的问题，提升团体效能和凝聚力。运用联结技术时，同时可以鼓励成员直接自由地沟通，促进团体内互动。

> 成员 A：我谈恋爱是很认真的，不是只在乎一时拥有，而是希望能够和女朋友天长地久。
>
> 成员 B：如果我知道我的男朋友只是把恋爱作为一种游戏，我会很愤怒的，觉得这太不尊重自己了。
>
> 成员 C：我和女朋友交往了几年了，感情是越来越好，我们准备国庆节就结婚。
>
> 团体领导者：你们几个人对爱情的看法是很接近的，都觉得要严肃认真地对待恋爱，请你们再多讲些各自的考虑和感受吧。

（三）催化

催化也称促进，是协助成员增加有意义对话的互动技术，也是贯穿团体辅导整个过程的技术。团体领导者采取行动促使成员参与团体，如热身、介绍资料等。团体领导者可以用以下方式来催化团体。

> （1）营造安全和接纳的氛围，使成员彼此信任；
>
> （2）邀请团体成员参加活动；
>
> （3）鼓励成员积极地自我开放；
>
> （4）当成员分享时给予支持；
>
> （5）适当运用结构式练习。

（四）阻止

阻止是团体领导者为了防止团体或部分成员出现不适当行为所采取的措施，它针对的是事情而不是成员个人。在这个过程中，要尽量避免给成员贴标签，因为使用阻止技术时会令人感到不快，所以，团体领导者的语气要温和，态度要真诚。

当团体中某个成员经常打断别人讲话时，领导者 A："某某，你可以等他们把话讲完之后，再发表自己的看法。"领导者 B："某某，每次他们一说话你就会打断，你太不尊重别人了。"第一个领导者是用阻止技术来让成员学习尊重别人的行为；而第二个领导者对成员的行为进行了批评，可能会让成员不愿意反思自己的行为，也就不能够学习新行为了。

> 成员A：今天我经过图书馆的时候，看到有两个学生在借来的书上做笔记，我觉得现在大学生的素质实在太差了，为了自己方便，一点也不爱惜公共物品，他们就没有想到其他同学还要看这些书，只顾自己……
>
> 团体领导者：A同学，看得出你对他们的行为很不满。不过那些同学没有在我们这个团体里，他们的问题我们可以暂时不去讨论，我们还是集中时间谈上次大家都感兴趣的话题吧。

（五）调停

当团体发展得太快、成员不习惯或难以忍受团体气氛、团体讨论偏题的时候，团体领导者需采取调停技术保障团体正常发展。

使用调停技术的情况有：大部分成员的意见不正确时、成员被迫接受团体的决定、团体制造过分的紧张或顺从的压力等。团体领导者用调停技术的目的是把团体辅导的焦点集中到与团体活动有关的内容上。在团体辅导过程中，如果有人漫无边际地聊天、高谈阔论，或者束手旁观、漫不经心等，领导者需采取行动集中焦点，使团体讨论回到有意义的内容上。

> 团体领导者：刚才小民在谈他和父母的关系时，小强有很强烈的情绪，大家都关注到小强了，我非常感谢大家能够彼此关心。不过，小民还没有把他的事情说完，我们还是请小民继续讲完吧。

（六）反馈

反馈指团体领导者在了解团体成员的行为原因的基础上，表达对成员具体的反应，这有利于成员利用这些信息改变自己的行为。反馈的时机很重要，领导者要尽量用评价式的语言。反馈可以是团体领导者给予成员的，也可以是成员之间自发地给予的。

> 成员A：我现在能够坚持上课了，有时还会举手发言。
>
> 成员B：小A，我要向你学习，也要改变自己一些不好的习惯。
>
> 成员C：我也是，我经常是看得到自己的问题，但就是不能坚持去改正它们。我也要着手去做才行。
>
> 团体领导者：小A，看到你的进步我感到很高兴！我相信你会做得越来越好。

团体领导者和成员 B、C 对成员 A 进行了积极的反馈。

（七）团体聚焦

领导者要能判断此时团体发展的焦点是什么，了解此时此刻的重点是什么，应用聚焦技术使团体有明确的发展方向，不会转移话题。

> 成员 A：我小时候和妈妈单独生活，妈妈管我很严，我很少和男孩子交往，现在有些男同学和我打招呼我都感到很不自在。咳！
>
> 成员 B：上周我的好朋友和老师吵架了，他很想不通，我劝了他很久还是没有什么效果。
>
> 成员 C：我的数学老师是个很严格的人，对那些成绩不好的人动不动就批评，我很看不惯这样的老师。
>
> 团体领导者：A 同学谈了她在异性交往中所碰到的困难，我希望大家就她的问题进行讨论，这样对她会有所帮助。

四、施加积极影响的技术

（一）解释

解释是团体领导者为团体成员语言行为或非语言行为赋予意义的过程，其目的在于帮助成员自我了解，引导他们改变自己的行为。当成员对自己的行为有所曲解时，解释是非常必要的。不过，解释不是说服，而是让成员从另外的角度思考。领导者须用清晰、准确、简洁的语言，让成员能够明白。

> 团体领导者：今天的团体活动进行了半个多小时，大家说了许多这个星期的所见所闻，刚才谈的大部分内容和我们的团体没有多少关系。我想是否有些人觉得谈自己的事情比说些公共的话题要难得多。

（二）保护

保护指为了确保团体成员在团体中免于不必要的伤害或冒险而采取的反应。因为在人数较多的团体里，经常可能出现冲突和矛盾，甚至是负向行为，领导者要及时觉察，并做安全疏导。

> 成员 A：我上周又去参加招聘会了，没有收到一份面试通知，我感到自己好失败，担心找不到工作。
>
> 成员 B：招聘会有哪些单位？他们要人的标准是什么呢？

成员 C：我觉得找一个工作一点都不难，我上个月去应聘时，只投了一个单位就签了合同，不是什么大不了的事情。

成员 D：如果你一直找不到工作该怎么办呢？

当团体领导者观察到成员 A 听了这几个人的反应后更沮丧时，应及时保护成员 A，使他不再受到伤害。

团体领导者：我知道你们几个对 A 同学都很关心，但我觉得你们的话可能会给他更大的负担。

（三）支持

支持指团体领导者给予团体成员鼓励，增强其信心，有助于提高团体凝聚力。成员在面对自己的心理问题时，经常会表现出抗拒或不愿意坦率地表达。团体领导者的鼓励和支持，肯定他们的优点和已有的进步，能让他们感到安全，也有面对问题的信心。

团体领导者：刚才小强讲了他小时候的一些事情，让我很感慨，我很感谢他对我们团体的信任，能把埋在心底多年的事情讲出来。我也很感谢其他同学，你们听得那么认真，真诚地说出了自己的看法，我很高兴我们大家在团体里能相互信任。

（四）自我表露

自我表露也称自我开放，指团体领导者在适当的时候有意识地、建设性地分享个人经验、感受和观点，以促进团体成员自我认识或促进其更深入地探索自我。团体领导者自我表露的内容须与团体的主题有关，与此时此刻成员关注的问题有关，而且团体领导者的表露是一个促进的技术，其目的不是满足自己的需要，而是帮助成员进一步表达，有助于团体关系的建设，营造良好的团体气氛，增强成员示范性学习的效果。

团体领导者：刚才，有 4 位同学都谈到了考试的焦虑，我当初上学时也有这样的情况，越是重要的考试我越紧张，后来，好朋友教我做些放松活动，让我不要有太高的目标，我的心情慢慢得到放松，考试紧张的情况也有所好转。

（五）询问

团体领导者帮助成员进一步了解与自己目前生活有关的内容，使其更加具体、深入地了解自己的问题,并愿意承担改变的责任。团体领导者询问的问题需与成员当前状况有关,不要因个人好奇而问那些与成员当前状况无关的问题。

　　询问有两种形式,即开放式询问和封闭式询问。开放式询问常常会用到几个"W",如谁(Who)、什么时间(When)、与谁(Whom)、在哪里(Where)、为什么(Why)、做什么(What)、怎样做(How)。一般情况下,开放式询问可以引导成员对自己行为的原因进行具体的探索,增进自我了解。封闭式询问常常会用"是否""对不对"来提问,只需回答单一的答案,限制了成员的自我表露。

　　开放式询问:

> 　　成员 A:我最近心情很不好,做什么事情都没有兴趣。
>
> 　　团体领导者:你能不能说说是从什么时候开始有这种情况的? 当时发生了什么事情呢?

　　两种询问的对比:

> 　　成员 A:我退休后很不习惯一个人待在家里,觉得很无聊。
>
> 　　团体领导者:你退休后有没有什么计划?(封闭式询问)
>
> 　　团体领导者:你退休后有哪些计划呢?(开放式询问)

(六) 面质

　　面质也称对质。当团体关系良好时,团体领导者可以明确指出成员在思想、感觉、行为几个方面存在矛盾和不一致的地方,使其认识到自己的问题。团体领导者采用面质时要善用实际的资料,以接纳和尊重的态度,让成员愿意自我思考,勇敢面对现实,这有助于成员的成长。如果面质使用不当,成员会感到被攻击和被威胁,反而会妨碍他的表达。所以,团体领导者在应用面质时的态度和语气是非常重要的,应让成员体会到团体领导者的真诚和接纳,而不是指责和批评。

　　一般在以下几种情况中可以用面质技术:成员当前所说的与所做的不一致;成员所说的和所感受的不一致;成员现在所说的与过去所说的不一致;成员所说的和团体领导者观察到的不一致。

　　成员当前所说的与所做的不一致:

> 　　成员 A:现在研究生教育的水平很差,那些学生简直是在混日子。老师也只顾自己的事情,从来不关心学生,我觉得自己就是在浪费时间。
>
> 　　团体领导者:你觉得现在研究生教育水平不行,读研究生是浪费时间,我看到你读书还很认真,你可以告诉我们这是为什么吗?

　　成员所说的和所感受的不一致：

> 　　成员 B：我才不和那些人来往，他们有什么了不起的，不就是城市人嘛。
>
> 　　团体领导者：你说不在乎和他们交往，但你对他们不理你还是感到很生气，你能解释一下吗？

（七）示范

　　示范是通过电影、录像、团体领导者和同龄人的适当行为，为团体成员提供仿效的榜样，以矫正不适应行为。在团体辅导中，团体领导者无论是否愿意，他的言行都会为成员起到示范作用。有些团体领导者专门邀请与成员有类似背景的、适应良好的志愿者为成员提供一个好的学习和模仿榜样，经常会产生出人意料的效果。

···　板块 3：　知识学习——团体辅导和团体领导者　···

教师寄语

　　各位同学，在开始团体辅导之前，我们首先要学习两个概念：一是团体辅导，二是团体领导者。什么是团体？什么是团体辅导？它和传统的个体心理辅导有什么区别？一名优秀的团体领导者应该是怎样的？他应该具备什么能力和品质？他在团体中的角色和任务是什么？怎样才能成为合格的团体领导者呢？让我们在本节课程中寻找答案吧。

学习目标

1. 了解团体辅导的基本概念。
2. 了解团体领导者的角色。
3. 了解团体领导者需要具备的条件和素质。
4. 了解团体领导者在团体辅导过程中的基本任务。

第一节　团体辅导的基本概念

　　美国心理辅导教育家格拉丁（Gladding）曾说："在帮助那些有着类似问题和困扰的人时，团体是一种经济而有效的方法。咨询师如果把自己可以胜任的工作仅仅局限于个别工作的话，他也就限制了自己可以提供服务的范围。"那么到底什么是团体？什么是辅导？什么是团体辅导？

一、团体辅导及相关概念

(一) 团体和辅导

俗话说,一是"个",俩是"对",仨是"伙"。"众"字说明,团体三人以上成群。团体(Group)是指三个人以上的集合体;如果三人以上,但彼此间没有任何互动关系,就不能称之为团体。从团体动力的观点来看,团体是由两个以上成员组成的,成员彼此之间产生交互作用,而且有统一的目标。所以,构成团体的主要条件有四个:(1)有一定规模,即成员在三人以上;(2)彼此有相互的影响;(3)有一致性的共识;(4)成员有共同目标。

辅导(Guidance)有指导、建议、劝告等多种含义。在我国,辅导与咨询(Counseling)常常相互为用。对"Counseling"主要有三种翻译:咨询、辅导或咨商;但内涵没有歧义,是由受过专门训练的辅导者运用心理学的理论和技术,给来访者以帮助、启发和教育,使来访者改变其认识、情感和态度,解决其在生活、学习、工作等方面出现的问题,促进来访者人格的发展和社会适应能力的改善。

(二) 团体辅导

1. 团体辅导基本概念解析

团体辅导是从英文"Group Guidance"翻译而来的,"Group"可译为小组、团体、群体、集体等,而"Guidance"可译为辅导,"Counseling"可译为咨询、辅导和咨商。从使用习惯上讲,我国台湾地区多用团体咨商或团体辅导;我国香港地区多用小组辅导;我国多用团体辅导。本书按照约定俗成,使用"团体辅导"这一概念,是指运用团体动力学的知识和技能,由受过专业训练的团体领导者,通过专业的技巧和方法,协助团体成员获得有关的信息,以建立正确的认知观念与健康的态度和行为的专业工作。

2. 团体辅导与心理教育团体

美国团体工作专业者协会(Association for Specialists in Group Work,简称 ASGW)将团体的类型分为任务团体、心理教育团体、咨询团体,治疗团体四种。其中,心理教育团体是针对正常人的,目标是发展团体成员的技能,预防教育缺失和心理问题,通常以较结构化的团体进行方式和特定主题为主,团体领导者提供信息以引发成员反应或提出建议,学习新的知识与技能,让成员在团体过程中体验并获得成长。团体主题主要有人际技巧训练、压力管理、增进心理健康、解决问题等。心理教育团体与团体心理辅导非常相似。

(三) 团体辅导与团体咨询的区别

尽管在心理健康教育工作中,团体辅导与团体咨询的概念常常交替使用,都是针对正常人群工作,都具有教育、发展、预防的功能,运用的理论和使用的技术很相似,但两者还是有一定的区别的。从共性上讲,二者都是在团体情境下进行的一种心理教育形式,通过团体内人际交互作用，成员在共同的活动中彼此进行交往、相互作用，使成员能通过一系列心理互动的过程，探讨自我，尝试改变行为，学习新的行为方式，改善人际关系，解决生活中的问题。所以，许多人在参与团体辅导的过程中能够得到成长、改善适应和加快发展。从特殊性来讲，团体辅导、团体咨询有各自的特色。

1. 团体辅导的目的是预防、教育和成长

团体辅导针对的对象是普通的正常人。一般团体成员可以根据团体辅导主题经过筛选形成，也可以不进行特别的筛选，如班级团体辅导，所有成员都参加，它和咨询团体是不一样的。团体成员人数可多可少，少则五六人，多则几十个人，所以它是很灵活的。团体进行的次数很多的时候是单次，约90分钟到180分钟不等，但是也可以根据需要进行多次，1—4次是比较多见的。如果利用班会时间进行班级团体辅导，可以一周一次，每次有特定的主题，贯穿在整个学期里。团体进行的方式一般是高度结构化的，有明确的主题和计划，有达成目标的练习，有固定的时间限制等。比如，沟通技能训练、自信心提升、人际关系改善、有效的压力管理等。工作特点会很重视信息的提供，包括知识和技能。一般在教育机构实施为多。比如说在各级各类学校，由学校的心理辅导老师或受过团体辅导训练的班主任、辅导员对学生开展团体辅导。团体辅导也可以在企业、社区、医院、部队、监狱等地开展，具有广泛的适用性。几乎有人群的地方就可以运用团体辅导开展工作。但医疗机构不管是辅导性的团体还是治疗性的、咨询性的团体，一般都称为治疗。在学校里一般我们都叫辅导，以更好地体现它的教育性。

2. 团体咨询的目的以问题解决为导向

团体咨询的目的是问题解决，针对的对象是正常但有困扰的人，这些困扰对其生活已经造成了一些影响。团体咨询是以问题解决为导向的。通过团体促进个人深入的自我探索来达成问题的解决。团体咨询一般以小团体方式进行，大概8到12人，最常见的就是8人。团体成员每个人带着自己的个人议题进入团体并面对和解决它。一般需要花费的时间会长一些，以一次120分钟的团体为例，需要8次左右。可以采取分散式的每周1—2次，持续4—8周，也可以以集中的方式，周末两整天完成。团体咨询的结构化程度比较灵活，可以结构，也可以非结构，比较多见的是半结构，因为时间有限，它需要通过一些练习，让大家能够尽快地形成团体的氛围，以便可以尽快地进入工作和问题解决的过程。它的工作的特点是比较重视咨询关系，会在认知、情感、行为多个层面去工作，在学校社区实施得比较多。

（四）团体辅导与团体治疗的区别

团体辅导与团体心理治疗的区别也是学习者常常会提出的问题。一般在学校、社区、企业等组织中提供团体形式的心理服务多称为团体辅导，而在医疗机构开展的团体形式的心理服务多称为团体心理治疗。两者形式类似，但究其内涵，仍有澄清和探讨的必要。

1. 团体治疗的目的是修复和重建人格

团体心理治疗（Group Psychotherapy）是以一系列心理治疗理论模式为基础，对心理障碍进行矫治、治疗和人格重建。团体治疗工作者通常是临床心理学家、精神病学家或临床社会工作者。团体治疗的对象一般是达到诊断标准的那些心理疾病的患者,他们可能是严重情绪障碍者、神经症患者或是处于精神异常状态,有些人可能表现出社会性偏差行为,他们需要的是矫治性治疗,而不是发展性和预防性的帮助。比如说强迫症、焦虑症、抑郁症或者精神疾病康复期的病人,还有人格障碍,一般人数会比较少,大概5—8人小团体,它是一个矫治性的团体,花费的时间会比较长,有些动力性的团体治疗甚至需要做几年。大部分情况下,团体治疗是非结构的,比较重视对过去经验和创伤的探讨。但也不是绝对的。现在医院临床心理科有很多的团体也是结构式的。非结构团体的目的是要修复人格,会花时间探讨过去经历了什么,过去的哪些创伤怎么影响今天的生活。按照2013年5月开始实施的《中华人民共和国精神卫生法》的要求,这种治疗型的团体一般应该是在医疗机构进行的。

团体心理治疗的主要技巧是让患者再度体验过去痛苦的情境或创伤性事件,帮助他们领悟并了解干扰其现在功能的过去抉择,使他们能够形成正确的情绪体验,针对现实世界的情况、他人和主见做出新的选择,疏通根植于潜意识之中的未完成经验。团体心理治疗强调过去经验、潜意识动力、人格重建,以及基于深入领悟而发展出来的新的行为方式,因此,团体心理治疗是一个长期性的治疗过程。

2. 团体辅导、团体咨询和团体治疗的联系与区别

在心理辅导与咨询实践中,团体辅导、团体咨询与团体治疗这三者的界限也不是那么明显和绝对。如果从参加团体的对象来看,团体辅导与团体咨询都是针对正常人和正常有烦恼的人,怎么去解决他们共有的烦恼和困惑,或者个人发展过程中一些特别的困扰,相对短程化。总之,团体辅导和团体咨询有很多相似的地方。如果从人数和工作重点来讲,团体咨询和团体治疗有很多相似的地方,因为它们都是小团体,大概在10人左右,工作重点是针对团体中每一个人的独特的问题,利用团体来协助解决,相对工作层面比较深,会向纵深垂直方向走,比较长程化。表1-3清楚地列出了三种团体工作的区别。

表1-3 团体辅导、团体咨询与团体治疗三者的区别

	团体辅导	团体咨询	团体治疗
目的	教育成长	问题解决	人格修复与重建
功能	预防性/教育性	发展性/问题解决导向	补救性/矫治性
特点	重视信息提供、强调认知与环境因素	重视咨询关系,强调认知、情感、行为	重视对过去经验的探讨
结构化程度	高结构化/有主题	半结构化/常以热身练习促进成员互动	非结构化/依据当时情景而引发
对象	普通正常人	正常但有困扰的人	心理障碍患者
人数	8—40人	6—12人	5—8人
次数	单次或多次	6—12次	12—24次(甚至数年)
实施机构	教育机构为多	学校/社区	医疗机构

二、团体辅导的特点与类型

（一）团体辅导的主要特点

为了使大家更准确地理解团体心理辅导，我们通过 30 年的对团体工作的研究、教学和实践，总结出了团体辅导的特点，简述如下。

1. 主题性

团体辅导常常会根据成员共有的议题或困扰，确定辅导的主题，比如新生入学，无论是小升初，还是初中升高中、高中升大学，新生入学都会有一些共同的困扰，包括人际关系的重建，对新环境的认识，对新生活的规划等。常见的团体辅导主题可以分为个人的和人际的两类。个人的主题包括：自我认识、情绪管理、压力管理、生涯探索等；人际的主题包括：有效沟通、关系经营、团队合作、冲突管理等。

2. 指导性

团体辅导中，团体领导者的指导性和它的角色是很鲜明的。团体领导者编制团体辅导计划书，根据计划书来带领和引导团体，成员通过练习的分享和讨论来互动，在这个过程中，团体领导者会讲授一些新的知识，让成员学习一些新的技能来应对生活的适应。团体领导者会用一些主动干预的技巧和方法来促进、推动团体往前走。成员的自发性、主动性相对非结构来讲是比较少的。团体辅导主要在认知层面工作。

3. 结构式

结构式团体是指事先做好充分的计划和准备，有明确的预定目标，有明确要达成目标的练习，有固定程序的活动和练习实施团体，有明确的评估等来达成团体目标。团体领导者会根据辅导主题和目标设计一些结构式的练习，经由个人经验的分享和交流，促进成员去思考、去整理，去提炼，去觉悟。

4. 发展性

团体辅导的参加者主要是人格健康的人，他们在人际关系、学习工作等方面存在一些苦恼或困惑，通过团体活动，帮助他们深入认识自己，学习新态度、新技能，改善人际关系和适应能力，促进人格成长，提高生活质量，开发心理潜能。不同于团体治疗针对的是达到诊断标准的心理疾病患者。团体辅导更关心参加者经由团体过程所学习到的新知识、新态度、新行为如何迁移到生活中，以及给日常生活带来哪些积极改变。团体辅导具有预防的功能。比如，提升抗逆力的团体辅导，对于团体成员而言，可以在逆境来到时，更有能力应对，更快得到恢复。

5. 短程性

团体辅导的持续时间相对较短，因为团体辅导有明确的特定的目标，在一定时间内是可以达成的，团体过程关注的是对成员共有、现在面临的那些困扰和问题的探讨。可以是一次性团体，也可以是多次的连续团体。根据具体情况，可以灵活安排。比如压力管理团体辅导可以是两个小时，也可以是连续八次，每周一次两小时的设计。

（二）团体辅导的类型

在实践应用中，团体辅导是个大家庭。根据不同的分类方法（如图1－7所示），团体辅导可以分成很多类型。

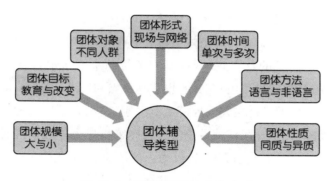

图1－7　团体辅导的分类方法

根据团体辅导参加人数可以分为大型团体（40人以上）、中型团体（15—40人）、小型团体（15人以下）；根据团体目标可以分为生涯探索团体、压力管理团体等；根据团体参加的对象可以按照年龄分为儿童团体、青少年团体、成年人团体、老年人团体，也可以按照参加者的职业分为警察团体、军人团体、大学生团体、教师团体、医护人员团体等；根据团体实施的形式可以分为线下团体和线上团体，尤其在疫情流行期间为避免传染而不能聚集，网络团体辅导成为最有可能在有限时间里帮助更多有心理疏导需要人群的可行方法；根据团体辅导的时间可以分为单次团体或多次连续团体；根据团体辅导所使用的方法可以分为绘画团体、舞动团体、沙盘团体等；根据团体辅导的性质可以分成教育性团体、预防性团体、训练性团体等；此外，还可以根据成员背景分为同质团体或异质团体；根据团体的开放程度分为开放式团体或封闭式团体等。可见，团体辅导类型丰富多样，每一个团体领导者在准备带领团体辅导前，需要好好思考和斟酌，认真规划和设计，以便为自己的辅导对象提供最适合的专业服务。

（三）团体辅导应用趋势

随着生活节奏越来越快，人们所承受的心理压力也越来越大，各行各业的人、各年龄阶段的人都有不同程度的心理压力。心理困扰是现代社会的一个很突出且普遍存在的问题，包含：学生的学业发展，异常行为，情绪障碍，人际关系，竞争问题，中年人的职业枯竭，家庭问题（亲子关系、夫妻关系、代际关系），成瘾行为（毒品、药物和网络），突发事件的危机管理，以及种种的老年问题（孤独、临终、疾病）。由于现代人有很多心理困扰与行为问题，因此社会对心理辅导的需要日渐增多。目前我国心理辅导领域中的专业人员非常有限，人手不足，而且主要集中在医院、学校和一些专业机构中，工作方式以个别辅导为主。于是，产生了社会需要广泛和心理服务提供不足的矛盾。在这种情况下，开展团体辅导非常必要且紧迫，团体辅导可以在有限的时间内为更多的人提供服务，更好地满足人们对心理帮助的需要，也可以弥补个别辅导的一些不足。

三、团体辅导与个别辅导的异同

一般而言，心理辅导的形式可分为团体辅导（Group guidance & counseling）和个别辅导（Individual guidance & counseling）。团体辅导与个别辅导尽管形式不同，但并非互相排斥，而是相辅相成的。它们的目的是一致的，都是为了帮助个人认识自我、自我指导和适应社会。但是，它们各自有其独特的作用和功能，也有其缺点和局限。

团体辅导与个别辅导不只是在人数规模上有区别，它们有不同的理论基础和技术，两者各有其特征、范围和作用机制。团体辅导是通过团体来指导个人，通过团体互助协助参加者发展个人潜能，学习解决问题及克服情绪、行为上的困难。运用团体辅导时，心理辅导教师会根据当事人问题的相似性，组成小组，通过共同商讨、训练、引导，解决成员共同的发展困扰或共有的心理问题。一般情况是由一位或两位心理辅导者（称为团体领导者）主持，多个当事人（称为团体成员）参加。团体的规模因辅导目标和对象的不同而不等，少则3—5人，多则十几人，甚至几十人。通过几次或十几次团体聚会、活动，团体成员互相交往，共同讨论大家关心的问题，彼此启发，相互鼓励，使成员了解自己的心理和行为，也了解他人的心理，达到改善人际关系、增加社会适应性、促进人格成长的目的。团体辅导与个别辅导最大的不同在于当事人对自己问题的认识、解决是在团体中通过成员间的交流、相互作用、相互影响来实现的。实践证明，团体辅导既是一种有效的心理治疗，更是一种有效的教育活动。

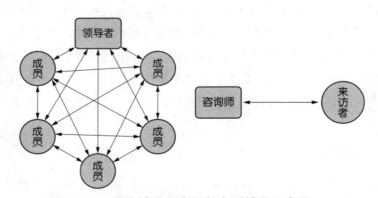

图1-8 团体辅导示意图与个别辅导示意图

（一）团体辅导与个别辅导的相同点

团体辅导与个别辅导的相同点主要有以下五点。

1. 目标相似

它们都是为了帮助来访者了解自我，增强自我接纳和自信，促进自我发展，达到自我统合和自我实现的目的。

2. 原则相似

两者都强调提供接纳的、自由宽容的气氛,消除来访者的紧张和顾虑,促使其自由表达自己的感情和经验,培养自我发现的能力,学会自我选择和自我决定。

3. 技术相似

两者都需要心理辅导者熟练掌握接纳、同感、澄清、反馈、面质等技术,从而使来访者能够更加深入地观察自己和他人,增加了解自己和他人的能力。

4. 对象相似

两者的对象都是以正常人为主,他们在生活中遇到了一些发展的困难,需要通过一些专业方式帮助他们解决人生中的问题。

5. 伦理准则相同

两者都强调辅导过程中的伦理道德和专业守则,尊重来访者的权利和利益,遵守保密原则,认识到心理辅导教师的个人局限性和辅导方式的局限性。

(二) 团体辅导与个别辅导的不同点

团体辅导与个别辅导的区别有以下五个方面。

1. 互动程度不同

个别辅导是一对一的人际沟通,是一种有深度的心理互动,因人数原因其心理互动的广度有限。而团体辅导能为成员提供更多的交往机会,能满足成员社会性的心理需要,使他们可以得到多个角度的交流回馈,所以成员之间的人际互动是丰富的,不过,团体互动的深度没有个别辅导那么深。

2. 助人氛围不同

在团体辅导中可以形成"我助人人,人人助我"的心理氛围,团体成员不仅可以得到他人的接纳、援助,并且他对别人也能够给予援助,这种合作的、参与的关系既利于成员增进亲近感,促进互相教育,也能增强成员的自我价值感和成就感。而在个别辅导中,来访者主要是被帮助的对象,不容易体现出他对别人的帮助作用。

3. 问题类型不同

比较而言,个别辅导更适合心理困扰较大的个人,而团体辅导在针对人际关系的心理问题调适方面更有优势。

4. 辅导技术不同

在团体辅导中,人际互动丰富而多变,领导者面临的问题比个别辅导中的要复杂得多,要求领导者有较好的敏感力和观察力,不仅具有个别辅导的基本技术,还要有团体辅导特有的技术,以促进团体动力的形成和发展,使成员在团体中获得成长。

5. 工作场所不同

个别辅导需要的空间在 10 多平方米左右,有两把舒适的椅子或沙发、一个小茶几,房间布置得安静舒服即可。团体辅导的空间则要大得多，根据团体类型的不同，还有特别的一些设施和布置（如图1-9所示）。

图1-9   个别辅导室和团体辅导室

（三）使用个别辅导和团体辅导的建议

个别辅导和团体辅导既有联系，也有区别。那么，在什么情况下使用团体辅导，在什么情况下使用个别辅导呢？台湾师范大学吴武典教授等人从两者适应的情况，以及各自的功能出发，给出了一些使用个别辅导和团体辅导适合的建议，可以供学习者参考（如表1-4所示）。

表1-4   使用个别辅导和团体辅导的建议

个别辅导适用情况	团体辅导适用情况
1. 原因和解决办法都很复杂的危急情况	1. 对于他人及他人对事物的感受想获得更多了解者
2. 为了当事人及他人的安全，需要保密的情况	2. 需要学习对异于自己的人有更深尊重者
3. 解释有关个人自我的测试资料时	3. 需要学习社交技巧(与人谈话、交往等)者
4. 对于在团体中讲话有极大恐惧的个人	4. 需要与他人分享归属感者
5. 因为怯于与人交往，而可能为团体其他成员所拒绝的个人	5. 有能力谈及自己的忧虑、问题及价值观者
6. 自我觉察力狭隘的个人	6. 需要他人对于自己的问题、忧虑有反应者
7. 涉及性行为(特别是不正常的性行为)的情况	7. 认为朋辈的帮助有益者
8. 有强迫性需要被注意及被认可的个人	8. 喜欢缓慢地接受辅导，当感到威胁时能有后路可退者

（摘自吴武典等编著：《团体辅导》，台湾空中大学2002年版，作者有删改。）

第二节   团体领导者与领导行为

团体辅导中的辅导教师常常被称为组长、领导者、组织者、工作员、训练员、负责人等。尽管不同形式、不同目标的团体辅导对辅导教师的要求有所不同，但从总体看，辅导教师在团体辅导中始终起着组织与引导的作用，团体领导者是团体辅导成败的关键因素。他的素质、知识、技术、能力、经验等直接成为团体辅导的主要影响因素。而且领导者在团体中具有多种角色，他既是领导，也是成员，还是协调者、仲裁者、促进者，因此，必须了解团体辅导对领导者的要求,以及领导者的任务、职责、必要的专业训练。

一、团体领导者

从团体动力学来看,领导是指有一定权力和地位的个人或集团,通过自身的作用,引导和影响他人或组织,在一定条件下实现某种目标的行为过程,所以,领导是一种影响团体的能力。而领导者是领导过程中的关键,他通过权力的影响力和非权力的影响力带领团体朝向一定目标发展。一个有效能的领导者必须了解团体的目标,应以团体目标为引导方向;了解团体成员的特性、能力和特长,激励成员参与,增加团体凝聚力。团体领导是一个相互交换、转变的过程,在过程中,有人被允许去影响、激励其他人,以促进团体及个人目标的达成。

团体领导者是指在团体发展过程中负责带领和指引团体走向的人,是对于团体成员和团体具有影响力的人。虽然成员互动或团体运作不一定要靠一个好的领导者,但是,除非有人在团体中引导、整合成员的各种活动、行为,否则有效的团体行动就很难产生,因此任何一个团体都要有一个胜任的领导者。团体辅导过程中有效能的领导者必须具备特有的人格特质,应是一个受过专业训练的、有充分临床经验的带领者。

二、领导行为

领导者所采取的领导行为直接影响团体效能。美国密歇根大学和俄亥俄州立大学的学者将领导行为分为工作导向和关系导向两类。工作导向的领导行为强调工作规范的制定,关注工作任务的落实,重视工作目标的实现,一般而言生产单位适用工作导向的领导行为。关系导向的领导行为注重人际关系,了解成员的需要,接受成员的个别差异,重视成员的参与和自主,与参与者关系融洽,相互信任,一般来说,非生产单位适合关系导向的领导行为(如表1-5所示)。

表1-5　领导行为的两种导向

	概念层次	定义	领导行为举例
工作导向领导	任务或目标导向 生产力导向 促进工作的能力 行政管理的技巧	包括引发任务完成,制定规范,督导沟通及减除目标迷糊的行为	指定任务 表示明确的态度 批评不良的工作表现 重视团体的工作能力 协调
关系导向领导	重视人际关系 社会性情绪 支持的 关系的技巧 团体维持	包括能在团体中维持正向人际关系的行为,如互相信任、友谊、开放性及解释动机的意愿等	倾听别人倾诉的行为 友善的,可接近的 公平对待别人 愿意做出改变

在团体辅导过程中领导者经常出现如下领导行为。

1. 介入指导型行为

此类领导行为包括使用面质、劝诫、解释、询问等技术,间接地要求成员反应,或者领导者以具体明确的语言,直接要求成员按照其希望的方式来反应。

2. 契约管理型行为

此类领导行为注重在团体开始时形成一定的契约,明确团体活动的规范、原则,成员会按照预定的契约行事。

3. 支持同理型行为

此类领导行为指领导者采取关怀、鼓励、接纳、赞赏、尊重的态度和行为来运作团体,使成员在开放的、安全的、积极的、正面的氛围中,主动投入团体,积极与他人互动。在团体辅导过程中领导者使用最多的就是此类行为。

4. 澄清引导型行为

此类领导行为包括澄清问题、引导讨论等。在团体中表现为领导给予成员较大的空间,让其自行决定团体导向、个人参与度、团体目标、活动内容、咨询地点等,领导者只是协助。采用此类领导行为的领导者一般具有客观判断、精确分析、清晰思考、反应敏捷等特点。

5. 认知教育型行为

这类领导行为表现为领导者运用讲解、说明等传统式教学方法来指导成员。领导者的角色就像老师。这在一些专业性的学习团体中较为多见。

三、领导风格对团体的影响

如果团体领导者没有具备良好的领导能力,即使具有较高的学历并取得了执照证书,也会引起成员的反感、冷漠、愤怒和抗拒,领导者的行为主要靠平时的训练和经验来获得。领导者在带领团体时,因团体性质、个人习惯、人格特质以及自己所认同的辅导理念的不同,领导形态可分为权威型、民主型和放任型三种,这三种形态的领导模式有各自不同的人性观、领导行为和沟通形态(如表1-6所示)。

表1-6　三种领导风格的比较

内容	权威型	民主型	放任型
意义内涵	1. 所有的事由领导者决定 2. 所有的步骤、方法完全由领导者指挥,所有成员总是不知道下一步该如何做 3. 每人的工作任务和工作伙伴由领导者决定 4. 以领导者个人的观点赞美或批评成员的工作,在团体活动过程中对人保持冷淡态度	1. 领导者鼓励并协助成员完成所有事务的讨论和决定 2. 目标和步骤在讨论中达成一致,如果需要技术指导,领导者会提供参考性的建议 3. 成员自由地与任何人共事,工作分配由团体共同决定 4. 对于成员的工作,领导者客观地赞美或批评;在团体中尽量和一般成员一样,不做过多的介入工作	1. 领导者避免参与决定,完全由成员决定 2. 领导者只在应成员要求时,提供各种有关信息,但不参与讨论 3. 领导者完全不参与工作分配、人员配对 4. 除非被问到,对成员的活动才会有非常性、自发的意见,不想去评价或调整团体过程

（续表）

内容	权威型	民主型	放任型
对人的假设	怀疑人的独立判断力，认为人无成熟的鉴别力，从事任何工作都必须要请示专家或权威的领导者	拒绝接受一个固定责任来引导团体。认为团体的成长，并不是领导者全然要负责，而是每个成员都要负责	团体成员自己要负责整个团体的发展。领导者相信成员的角色与自己不同，拒绝接受任何的功能、关系、责任。认为人是无法加以约束的
方法	对成员的行为会做许多分析、解释，以帮助成员解决困难。如果是带领小团体，趋向做心理分析（对人的诊断）、判断与评价	希望能了解团体成员的能力、需要，适当地以团体关系来帮助其发挥作用，协助成员了解团体的目标，不拒绝成员的依赖，而是有技巧、有方向地协助个体消减其焦虑。用澄清、反应、反馈等技巧来帮助成员了解团体，创造良好的气氛并提供所需资源	对成员的一切问题不给予引导，全取决于大家的讨论，将团体模糊不清的认识、争论抛给成员去解决，不做指导
沟通形态	"射型沟通" 成员彼此较少互动，大多与领导者交流，此亦为一般团体初期发展的情况	"全通道型沟通" 沟通有系统，并不完全集中在领导者身上	"混乱型沟通" 团体沟通混乱，无目标，没有脉络，成员私下互动，影响整个团体动力

（摘自徐西森著：《团体动力与团体辅导》，广东世界图书出版公司2003年版，作者有删改。）

第三节　团体领导者的条件、角色与任务

团体领导者是团体辅导过程中的核心人物，一个有效能的领导者需要有良好的人格特征，在知识、技术和经验等方面能达到专业要求。许多心理学家都认为领导者个人的素质远远比他们的理论、知识和经验重要，正如艾鲍（Appell）指出，"在辅导过程中辅导教师能带进辅导关系中最有意义的资源就是他自己"。林孟平也指出，"在整个辅导过程中最重要的并不是一个人的学位、资历、理论和技术的纯熟，而是辅导教师本身的修养"。伯卓（Berger）认为，"领导者要有能力善用自己来促进小组治疗的进程，其中包括了强而有力地、不断改变地和完整地运用自己整个人，即适用自己的行为、观感、情绪状态、对自己和他人的反应、智性的知觉，以及在感受、思想、认知上的种种直觉"。

作为团体领导者，他是一个什么样的人对团体辅导的效果影响很大，和个别辅导比较，团体辅导的动力要复杂得多，团体中各种因素丰富得多，领导者在团体中经常会面临许多课题，如成员的怀疑、依赖、移情以及小团体的出现、成员之间的对抗等，这需要团体领导者更有能力去运作团体，能够关心成员的个性、处事方式、表达方法，对不同意见持开放态度，理解成员的感受，能协调成员的矛盾冲突，团体对领导者的要求是很高的，所以，团体领导者个人的修养和素质非常重要。

一、团体领导者的条件

（一）团体领导者的人格特质

团体领导者是专业的助人者，他必须了解团体辅导的理论，掌握团体辅导的方法与技术，有丰富的经验。但是学者们一致认为，在整个团体辅导过程中，最重要的并不是领导者的学位、资历、理论和技巧的纯熟，而是领导者本身的人格特征和修养，这些会直接对团体的形成产生影响。

1. 科里（Coreys）和卡拉南（Callanan）关于成功领导者的十项特征

（1）良好的意愿，对他人有真诚的兴趣，与人相处时处处尊重、信任他人；

（2）有能力与人分忧共乐，以开放的态度对团体成员充满感情；

（3）认识并接纳个人的能力，致力于帮助当事人发现个人的能力和学习自立；

（4）一种个人独特的辅导风格，向不同治疗学派学习理论和技巧，综合发展而成自己的风格；

（5）愿意开放和冒险，乐意与他人分享自己的感受和看法；

（6）自我尊重和自我欣赏，对自己的价值十分肯定，以自己的长处和别人建立关系；

（7）愿意作当事人的典范，发挥示范作用；

（8）愿意冒可能出错的险，并承认曾经犯过错；

（9）具有成长的取向，不断拓展自己的视野，不断探索自我；

（10）具有幽默感。

2. 斯拉夫森（Slavson）和雅各布斯（Jacobs）等人对领导者人格的描述

斯拉夫森指出团体领导者的个人特质包括"精神健康、泰然自若、成熟、有判断力、有认同感、具想象力、懂得避免先入为主的偏见、想帮助人、对沮丧有容忍能力"等。

雅各布斯、哈维尔（Harvill）和马森（Masson）提出成功的团体领导者的人格因素：关心、开放、弹性、温暖、客观、可信任、诚实、有力量、忍耐、敏感、自觉、喜欢人，无论与己还是与人相处都自如而安全，身处权威亦安然，对自己的领导能力有信心，有能力洞察别人的心理健康。

3. 林孟平关于成功的团体领导者应具有十一项特征

（1）认识自己、接纳自己、自爱自信；

（2）敏锐的自觉，知觉自己，把握环境；

（3）具有自我的肯定，清楚并欣赏自己；

（4）投入并参与，身体力行，以身作则；

（5）个人的协调和表里一致，心口如一；

（6）愿意作典范，严于律己；

（7）愿意接触和面对个人的需要；

（8）清楚了解个人的价值观；

（9）信任团体活动过程的功能；

（10）保证自己不断更新成员；

（11）个人力量与勇敢，勇于创新。

4. 吴秀碧关于领导者人格特质对团体影响的观点

台湾著名团体心理咨询专家吴秀碧总结了团体领导者的不同人格特质对团体形态的影响作用，如表 1－7 所示。

表 1－7 团体领导者的人格特质对团体形态的影响作用

团体领导者的人格特质	对团体形态的影响作用
成就动机	正向影响
适应性	正向影响
敏捷	正向影响
专业权威	正向影响
有吸引力	正向影响
外向	正向影响
自信心	正向影响
善与人相处	正向影响
情绪平衡	不确定
有朝气	不确定
能照顾人	不确定
反应快	不确定
支配性	负向影响

（引自吴秀碧著：《团体辅导的理论与实务》，品高图书出版社 2000 年版，第 243 页。）

（二）有效团体领导者的条件

1. 健康的自我形象

一个有效能的领导者最基本的条件之一是认识自己、了解自己、接纳自己、肯定自己、欣赏自己和完善自己。当领导者有自爱自信时，他才能信任成员和爱护他们，当领导者接纳自己的局限和不完善时，他才能宽容成员的各种行为和不足。

2. 建立良好关系的能力

团体成员有不同的个性、能力和特征，团体领导者能否和多个成员协调好人际关系，做到尊重、接纳每个成员，是团体辅导的基础，这要求领导者有建立人际关系的能力，在团体中营造出理解、温暖、支持、鼓励和信任的心理氛围，促进成员的积极参与和投入。

3. 敏锐的自我觉察

在团体辅导过程中，团体领导者的自觉能力非常重要，团体领导者只有对自己的身体、心理、感受和精神等层面有清晰敏感的知觉，才能对成员的状态有准确的判断和把握，才能给予恰当的回应和适时的分享。

4. 善于学习不断成长

团体辅导是一个需要全身心投入的工作,它需要团体领导者有良好的心理素质和健康水平。而团体领导者在现实中也会有种种压力和矛盾,面对人生困惑,团体领导者自己需积极面对,不断完善自己,保持良好的状态,努力学习新的知识和方法,充实自己,一个身心健康、言行一致、表里如一、开放自我的领导者在团体中会起到积极的示范作用,成为成员改善自己行为的模范。

(三) 团体领导者应具备的经验

1. 与人交往的经验

有效的领导者会花费大量的时间与各种类型的人进行交谈,而不仅仅是与和自己相似的人交谈。团体领导者的生活经历越广阔,他理解团体中各色人等的机会就越大,因为在团体中的成员有许多不同的文化背景,领导者应做好这种准备。领导者有与人交往的经验还不够,他还需具备个别辅导的经验,团体领导者个别辅导的经验越多,他就越容易同时针对个人和团体实施辅导,如果团体领导者没有个别辅导的经验,他是很难带领一个团体的。

2. 计划和组织才能

有效的领导者有很好的制定计划的能力,他们会以一种团体感兴趣并会从中有所收益的方式来计划团体活动。团体领导者应投入大量时间思考团体的主题和与主题有关的活动及练习。同时,团体领导者要能自然地转换各种主题内容。

3. 和团体一起工作的经验

初级领导者应以团体成员的身份参加一些团体,体验团体发展过程中成员的感受和经验,观察其他领导者带领团体的技巧。初级领导者带领一些人数较少的发展性的团体,随着经验的增加而逐步增加成员人数,当感到能自如地带领成长性的团体之后,他可以和其他领导者协同带领辅导或治疗团体,然后独立带领团体。

4. 关于主题的知识

在任何类型的团体中,知识丰富的领导者会比知识贫乏的领导者更出色。领导者可以用许多知识刺激讨论,澄清问题和交流观点。

5. 关于基本人性冲突和两难问题

领导者必须准备好处理大量的人性方面的问题和多元文化带来的问题。在成长性团体、辅导性团体中都是如此。在团体中,经常会出现诸如罪恶感、对失败的恐惧、自我价值的怀疑、对父母爱恨交加的情感、爱与性的挣扎、死亡问题等,有效的领导者对这些问题应有良好的理解,而且有一些方法帮助那些为之探索的成员。

6. 对辅导理论有良好理解和掌握

了解辅导理论是理解人以及我们所生活的世界的关键,各种辅导理论能够帮助领导者理解人们在生活中和在团体中的行为,理论为领导者提供了各种方式来领悟人们的所言所行。

因此,从事团体辅导的领导者必须不断充实团体辅导的专业知识,掌握团体辅导的技巧,了解团体发展的过程,这样才能组织和实施有效的团体活动,协助成员真正解决问题,促进他们的身心发展和生活适应。

二、团体领导者的角色

在团体辅导过程中,领导者的角色是什么? 对于这个问题,不同类别的团体辅导、不同目标的团体辅导有不同的回答。在团体辅导中,团体领导者扮演着多种角色,如领导人、专家、成员、朋友、老师、医生、桥梁等。在团体辅导过程中,这些角色有时会是相互矛盾的,团体领导者应有能力敏锐地觉察团体所传递的各种信息,恰当地发挥团体领导者角色的功能,并要避免多种角色可能产生的问题,在创造团体氛围和团体活力的过程中,团体领导者应根据具体情境扮演不同的角色。

(一) 团体领导者应有的角色

团体领导者在团体辅导中扮演的角色是多样的,需要根据团体的性质,因时、因地、因环境以及团体活动做出灵活的选择,扮演最适宜的角色,以有助于团体发展。

1. 创造者的角色

领导者在团体中,必须先开启团体讨论和互动的话题,催化团体气氛,以促使成员进行自我探索。尤其在团体开始阶段,领导者直接影响到团体形成的模式、成员参与的意愿,以及团体发展的走向。

2. 领导者的角色

领导者的角色指的是团体领导者必须利用自己的知识和技巧使团体成员发挥他们的能力,实现他们的个人目标,他要设计一套团体辅导的计划,提供适当的学习机会,调控整个团体的情境和节奏,为团体成员树立行为模式,促进成员交流意见,让成员自由地表达他们的思想、情感和看法。在团体辅导过程中,团体领导者始终是个舵手,把握团体发展的方向。其工作包括了活动前的策划和准备,活动中的启发、鼓励和引导,活动结束时的总结和事后的效果追踪、反馈等。

3. 教育者的角色

团体辅导中领导者常常担当教育者的角色。在必要的时候,像老师一样为团体成员讲授新概念、新理论与新方法,提供新信息、介绍新价值。同时,他还要以身作则为团体成员作示范,以适当的行为为团体成员提供模仿的榜样。一般而言,凡是主动要求参加团体辅导的人都希望在团体中学到一些社交技巧和社会生活能力,通过学习找出自己的问题,改变自己的形象。

4. 协调者的角色

团体辅导过程中的沟通是相当复杂的,不同的人有不同的期望、想法、态度、价值观以及各自独特的经验,他们对团体也有各自的贡献。既然团体中存在差异,协调就是领导者重要的工作之一,领导者要主动探索成员之间的关系和不同的意见、需要和经验等。例如,在团体中,两个成员在沟通上产生了矛盾,引发出人际冲突,团体领导者可以将他们的差异指出来以集中整个团体的焦点,协助调解这些矛盾与纷争。只有处理好这些矛盾,团体才可能发展。

5. 朋友的角色

团体辅导中成员之间的互相依赖非常重要,而这种依赖感的产生,要依靠团体领导者自身在团体中的表现。团体领导者切记自己并不是一个控制者,也不是团体的主角和团体所有动力的来源。虽然他承担指导任务,但同时他也是团体的一个成员,应该与其他人一样积极地参与互动。因此,常常需要团体领导者把自己当作团体内的一个普通成员,感情投入地专心聆听他人的表达,专心地观察成员的一举一动,全身心地接受,不妄加判断。在必要的时候,做真诚的自我剖析,让成员了解自己。在这种互动中,团体领导者是团体成员的知心朋友,这种平等的、依赖的、尊重的、亲密的、融洽的气氛,能使团体成员减轻自我防卫心理,真实地表现自己,安全地探索自己。

6. 促进者的角色

在团体互动中会出现语意不清、迷糊不具体的状况,在这种情况下领导者可以协助沟通,帮助成员确定对方说的话的含义,使沟通更清楚、具体。

7. 鼓励者的角色

每个人都希望得到别人的肯定,团体领导者的鼓励行为能提高成员的自尊、希望和信心,改善团体的氛围,增进团体和谐与团体效能。当团体领导者观察到某个成员有所改进时,给予及时的鼓励,不仅能带给该成员信心,也会激发其他成员改变自己。当然,团体领导者的鼓励要实事求是,不能为了鼓励而说些空洞的大话。

8. 评估者的角色

团体辅导的主题、计划拟定与选择成员,每次团体辅导后的成员反馈、团体辅导过程的检讨,以及整个团体辅导结束后成员的跟踪和团体总结,从计划、执行到反思,都需要团体领导者仔细地分析、评估,才能真实地掌握团体辅导成效和发展动力。团体领导者可以通过自我检讨、成员反馈、他人观察(督导者、观察员、协同领导者等),以及评估问卷来评估团体辅导的过程与效果。

(二) 团体领导者应避免的角色

值得注意的是,由于团体领导者个性、专长、价值观及团体带领经验不足等原因,有时候其角色和行为非但不能给团体进程带来正向影响,反而可能造成团体动力涣散,引发成员的抗拒和退缩行为,特别是越权威的领导者或新手领导者,越容易表现出阻碍团体发展的反团体角色行为。

(1) 攻击者。团体领导者对团体产生非理性批判,导致成员或团体受伤。

(2) 嬉戏者。团体领导者在团体中随性地嬉笑怒骂,或者使用了过多的娱乐性活动,没有起到催化团体的作用。

（3）阻扰者。团体领导者不能接纳成员的想法或团体发展结果，非理性地干预团体进程。

（4）支配者。团体领导者在团体中高度掌控，即使到团体后期，仍然较少给予成员自主空间。

（5）自我告白者。团体领导者出于个人需要（如满足个人虚荣），自我表露太多而"喧宾夺主"。

（6）寻求认同者。当团体领导者受到某些成员的质疑而感到威胁时，试图拉拢成员来巩固领导地位，这样容易导致小团体的产生，破坏团体凝聚力。

（7）自以为是的道德评判者。团体领导者在团体中忽略成员的感受和团体动力，提出较多意见或资讯，甚至是道德评判。

（8）退缩者。团体领导者在团体中表现出退缩和不参与，导致团体"群龙无首"。

三、团体领导者的任务

影响团体成功的因素甚多，就团体内而言，领导者所言所行是决定团体成效的重要因素。团体领导者本身的人格特质、熟练技巧、策略运用和其领导风格都会影响团体辅导的过程和动力的发展。作为一个团体领导者，应清楚了解自己的职责，同时还要熟悉团体辅导发展的各个阶段的特征，知道自己在不同阶段的主要任务是什么，以便自如地引导团体发展。

（一）团体领导者的基本职责

1. 调动团体成员参与的积极性

团体领导者应积极关注团体内每一个成员，认真观察他们的心态变化，激发成员大胆表达自己的意见、看法，鼓励成员相互交流、开放自我、积极讨论，引起大家对团体辅导活动的兴趣。

2. 适度参与并引导

团体领导者应根据团体的实际情况，把握自己的角色，发挥领导者的作用。在团体形成初期，成员相互尚不了解，团体气氛尚未形成，团体领导者要以一个成员的身份参与活动，为其他成员做出榜样。当引导成员开始讨论共同关心的问题时，团体领导者应注意谈话的中心及方向，随时适当引导。对不善于表达的成员给予适当的鼓励，对过分活跃的成员适当制止，始终把握引导团体活动朝向团体辅导目标方向发展。

3. 提供恰当的解释

团体辅导过程中，当成员对某些现象难以把握或对某个问题分歧过大而影响活动顺利进行时，团体领导者需要提供意见、解释。解释的时机和方式根据团体活动形式的不同而不同。比如，在以演讲、讨论、总结为活动形式的团体内，团体领导者可以在开始时就成员的共同问题进行系统讲授。在提供解释时应注意表达简洁、通俗易懂、联系实际、深入浅出，避免长篇大论，避免专业性过强。同时，在整个辅导活动中应避免解释过多而影响成员的独立思考。

4. 创造融洽的气氛

团体辅导过程中，团体领导者最主要的职责之一是创造团体的气氛，使成员之间相互尊重、互相关心，使团体充满温暖、理解、同情、安全的气氛。在这种气氛中，团体成员可以真实地、毫无顾忌地、坦率地开放自己，在成员彼此接纳的气氛中获得成长。

（二）团体辅导中团体领导者应注意的问题

团体辅导过程复杂，对团体领导者要求很高。成功地带领团体，获得满意的效果并不容易。特别是一些团体领导者由于受个人种种因素局限，在团体辅导过程中，常常会出现一些过错，而这些过错常常会影响团体辅导的进行。

1. 事无巨细、包办代替

有些团体领导者对团体成员和团体活动进行过程总放不下心，事事都要亲自过问，忙于应对，而忽略了冷静观察、细心体会、适当参与。事事包办代替不利于发挥团体成员的积极性，包办得太多会影响他们的发展。

2. 权威自居、说教过多

团体领导者是团体辅导的领导，是专家，但不能以专家自居，处处按自己的意愿干预团体活动、施加长官意志。不需要解释、评价的地方尽量不解释、不评价，多听听团体成员的看法、意见，发扬民主作风，引导团体成员自我教育、自我启发。说教过多会影响团体成员参与的积极性。

3. 过度自我开放、角色混淆

在团体辅导过程中，为了表现领导者的真诚、坦率，为团体成员作示范，团体领导者有时需要适当自我暴露。但有的团体领导者没有经验，过分投入，角色混淆，本末倒置，过多自我暴露，结果使团体成员成了听众，占用了团体活动的时间，损害了自身的形象。

第四节　团体过程与发展阶段

团体辅导的运作是动态的、复杂的变化过程，大多数团体都处在一种持续改变的状态中，但一般来讲，任何一个团体辅导都会经历开始、过渡、成熟、结束的发展过程。在整个团体辅导过程中，每个阶段都是连续的，相互影响的。一个有效的团体领导者，必须对团体的发展阶段及特征有清晰的了解，采取适合不同阶段的团体策略，才能把握住团体的发展方向，有效地引导团体健康地向既定目标前进，不至于使团体出现混乱的状况甚至解体。

一、团体过程及目标

团体过程作为团体在时间维度上的一个要素，赋予了每个团体独特性。尽管所有团体的发展过程都会遵循一般性规律，但每个团体的发展过程都蕴含着丰富和独特的信息，通过观察和分析团体过程，我们可以更好地了解和预测团体凝聚力的现状和发展方向，并能促进团体效能的发挥。对于团体领导者来说，了解团体辅导的发展过程，一方面，可以协助初入团体的成员了解团体发展中的各种现象，以便及早调适，从而发挥个人潜力；另一方面，可以协助团体领导者在熟悉团体发展的各个阶段尽快掌握团体，扩大团体内的助力，减少阻力，以达成团体的最佳绩效。

（一）团体过程五个阶段

一个完整的团体过程通常会经历五个阶段：准备阶段（Preparation Stage）、初始阶段（Initial Stage）、过渡阶段（Transition Stage）、工作阶段（Working Stage）、结束阶段（End Stage）。图 1-10 展示了这五个不同的阶段。每个阶段因其所处的时期不同，表现出不同的特点，并且在团体凝聚力状况、成员心理特点、团体目标、领导者任务等方面表现出一定的差异。

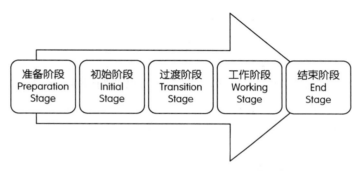

图 1-10 团体过程经历的五个阶段

（二）团体过程的目标

作为团体领导者，要带领好团体，就需要明确和把握团体过程的目标。关于团体过程的目标，许多专家都给出了自己的意见。

1. 伊根提出的团体过程的目标

美国心理咨询与团体辅导专家伊根（Egan）在 1976 年提出团体过程的目标有以下几条。

（1）个人探索；

（2）实验；

（3）逗留在此时此地；

（4）让别人认识自己；

（5）挑战自己也挑战他人；

（6）勇于冒险；

（7）给予和接受反馈；

（8）聆听别人说话；

（9）准确而诚实地回应别人；

（10）处理冲突和矛盾。

2. 柯瑞提出的团体过程一般目标

柯瑞在1991年指出团体的一般性目标有以下几点。

（1）学习信任自己、信任他人；

（2）增加自我认识，提升认同感；

（3）认同成员之间普遍的问题与心情；

（4）增进自我接纳、自尊、自信，对自己有新观点；

（5）找到处理正常发展问题的方法和解决冲突的方法；

（6）为改变行为订立计划并实行；

（7）学习有效的社会技能；

（8）增强对他人需要及感觉的敏感性和对他人的责任感；

（9）学习如何以关心、诚实、直接的方式去面质他人；

（10）澄清个人价值或对其进行修正；

（11）远离只是符合他人期望的生活，学习按照自己的期望生活；

（12）增强自主、自我决定及自我负责；

（13）觉察个人的选择及更广泛的选择。

二、团体过程中的团体气氛

团体气氛是团体内情感的表现，这种情感的流露在团体中被感觉出来就形成了一定气氛。1976年，日本的山口穗积提出了团体过程中气氛变化的模式图（如图1-11所示），描述了在团体过程中，团体凝聚力、成员的自我防卫心理、成员之间相互接纳与排斥的倾向、个体内心的变化的倾向。他认为团体气氛会经历从困惑、探索，到逐步接近了解，建立亲密感和信任感，形成良好融洽的气氛和深入的相互关系。这样的氛围能让团体成员坦然面对自身问题，努力改变自己，适应环境。

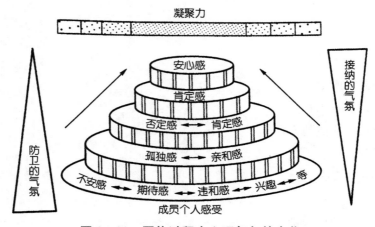

图1-11　团体过程中心理气氛的变化

团体过程中的气氛是一个连续变化的过程,从强烈防卫到接纳和支持他人,团体过程中也存在着防卫的和接纳的两种气氛。当成员进入一个陌生团体,往往感到焦虑、害怕和疑惑,自我防卫心理较强,接纳自己和他人的心理较弱;随着团体进程的发展,相互信任的气氛逐渐增强,成员的防卫心理减少,接纳气氛增强。关注和研究团体气氛,可以探究引发这些气氛的原因,了解团体气氛对成员行为的影响(如表1-8所示),运用专业知识和领导技巧去创造更适当的氛围,引发更多积极行为,增强接纳气氛。

表1-8　防卫与接纳气氛的特征

	引发气氛的行为	气氛导致的行为
接纳的气氛	主动聆听别人	自发的行为
	表示关心别人	和谐的行为
	主动接纳别人	真实的知觉
	对团体发生兴趣	坦诚相待
防卫的气氛	衡量别人的行为	反应
	批评别人的行为	分裂的行为
	控制别人的行为	人际沟通混乱
	利用团体谋私	自我防卫

吉布(J. R Gibb)曾研究了团体内的防卫和接纳气氛,认为某些团体行为与气氛和有效沟通有关,他归纳出了六对,每一对都包含着防卫和接纳的行为(如表1-9所示)。

表1-9　防卫与接纳气氛的特征

防卫的气氛	接纳的气氛
1. 评价	1. 描述
2. 控制	2. 启发
3. 用计谋	3. 自然
4. 中立	4. 共情
5. 优越感	5. 平等
6. 确定	6. 可商计

评论或判断他人的话语会引起防卫心理,因为被评论者常处于不利地位,为避免与己不利,就会产生防卫心理;控制往往表现为命令、劝导等形式,让他人处于被动地位,从而引发防卫心理;"中立"容易被人看成不关心的态度,优越感也容易激发对方保护自我价值,这些都容易引发防卫。可见,为了创造支持和接纳的团体气氛,团体领导者必须从细节上注意自

己在团体中的言行。

三、团体过程发展阶段

团体辅导的开展是一个动态的、复杂的变化过程，大多数团体都处在一种持续改变的状态中。对于团体过程的发展阶段，许多学者都提出过自己的观点，由于不同学者在研究团体过程时，可能注重的是不同层面的现象描述和特征说明，因此产生了对团体发展阶段的不同观点。

（一）团体过程三阶段说

1. 日本咨询心理学家长尾博通的观点

长尾博通通过对团体咨询过程的多年研究，将团体过程的变化特点与团体领导者应该采取的对应态度以表格的形式简单清晰地表达出来，具体如表1-10所示。

表1-10   团体发展特征及领导者的应对

发展阶段	团体的特征	领导者的应对
依存期	紧张与焦虑感强，沉默不语，冷场，不舒服，偶有个别人发言	• 缓和各成员的紧张感 • 把对咨询师的依赖欲求引向对其他成员 • 保护易被欺负的人
矛盾期	出现了"说者"与"听者"，"积极"与"消极"群的分化	• 发现问题的线索 • 将问题明确化 • 洞察和处理"反移情"
凝聚期	团体集中，充满和谐感，表达直率，尊重他人的个性	• 支持整个团体 • 协助成员解决问题 • 归纳总结团体的发展过程 • 做好团体结束的准备

2. 樊富珉的三阶段观点

樊富珉认为团体辅导的过程可以概括为三个阶段，包括团体初创阶段、团体工作阶段以及团体结束阶段（如图1-12所示）。

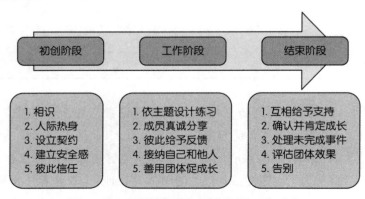

图1-12   团体辅导发展阶段及工作重点

　　团体刚开始时,成员彼此不认识或不熟悉,表面上看起来很安静、彬彬有礼,客客气气,但内心会局促不安且有很多担心,想认识别人,又担心自己到底能不能被他人接受,还是会被他人排斥,有的时候甚至会出现一些沉默尴尬的时刻,会有忐忑和充满矛盾的心情,对团体既有怀疑,但也有好奇和期待。由于成员对团体缺乏了解,做事说话会小心翼翼,比较依赖于团体领导者,谈论的内容也比较表层和浅显,较少开放自己。这个阶段,安全感与信任感的建立最重要。团体领导者需要介绍团体的目标,通过运用练习让成员尽快相识,制定团体规范、促进成员互动,建立起信任,为团体的工作阶段打好基础。

　　工作阶段是团体辅导的关键时期。团体发展到这个阶段,团体凝聚力和信任感形成。团体成员最主要的需求是利用团体的情境,讨论共同关心的问题和解决自己的困扰。在个别辅导和咨询中,特别强调要形成一个具有治疗功能的关系,来访者的改变才可能发生。在团体辅导中,这种具有治疗功能的关系就是团体的氛围。在工作阶段,团体氛围是温暖的、尊重的、接纳的、自由的、安全的、支持的、合作的、真诚的。在这个过程中,团体领导者可以根据团体辅导的主题来设计一些练习,在带领练习的过程中让成员能够说说自己的故事增进自我觉察,听听别人的故事给自己启发;可以鼓励大家彼此给予回应和反馈,在这个过程中更加接纳自己、更加接纳别人,更好地去解决自己的一些困扰,用团体来获得个人的成长。

　　到了团体辅导的结束阶段,成员都会有一些不舍的情绪。团体领导者最重要的几项任务是:让成员总结在团体中自己的收获,彼此要给予支持,肯定成员在团体中的进步和成长,要处理一些未完成的事项,处理分离的情绪。还要选用科学的、客观的方法或主客观结合的方法来评估团体的效果。

(二) 团体过程四阶段说

1. 柯瑞的四阶段说

　　柯瑞在1982年提出了团体咨询四阶段论,将团体咨询发展模式分为初期阶段、转换阶段、工作阶段与结束阶段,这一观点是人们较为熟知的。在初期阶段,接纳与认同很重要,团体成员进入团体时既带着希望,也带着恐惧和担心,领导者通过示范、帮助确立目标、建立规范、帮助成员表达情绪、澄清责任分工等方法协助成员顺利进入第二阶段。转换阶段是团体发展的关键期,随着成员内心焦虑和防卫的不断增加,成员内心会有许多矛盾与冲突,此时团体领导者需要采用示范、主动介入、鼓励成员认识和表达焦虑、创造支持的气氛等方法协助成员顺利进入工作阶段。在工作阶段,团体的凝聚力强,沟通顺畅,成员自由坦诚,积极互动,是解决问题行为的阶段。在结束阶段,团体领导者要和成员一起总结经验,将零碎的收获组合在一起,整合和解释团体经验(如表1-11所示)。

表 1-11 柯瑞的四阶段论

阶段	特性	成员的功能	可能出现的问题	领导者的功能
初期阶段	1. 彼此认识、试探、试验 2. 团体基本规范建立 3. 成员会担心被拒、少有冒险行为 4. 学习互助,建立信任感	1. 主动态度 2. 学习表达自己 3. 参与团体规范之建立 4. 确立个人之特定目标 5. 学习团体的基本过程	1. 有的成员会有看戏心理,等待别人表达 2. 有的成员会害怕,难以信任别人 3. 有的成员会表现抗拒 4. 有的成员会很快提供建议	1. 教导成员团体的基本规则 2. 鼓励成员表达内心的感受 3. 示范自我开放 4. 帮成员建立个人的具体目标
转换阶段	1. 自我察觉提升,开始有矛盾心理,想安全地躲着,又想冒险地说出 2. 抗拒、焦虑、自我防卫强 3. 会经历权力的争夺 4. 会向领导者挑战,看能否适当地处理问题	1. 承认不舒服的情绪并表达出来 2. 处理抗拒及独立和依赖的冲突 3. 学习用建设性的方法来面质别人	1. 可能会将别人归类,也可能给自己加上标签从而限制自己 2. 可能不愿表达负向情绪而造成彼此间的不信任 3. 面质处理不当,而使防卫更强 4. 可能形成小团体而彼此冲突	1. 教导成员了解及处理冲突的情境 2. 协助成员了解其自我防卫之行为方式 3. 示范直接且机智地应对各种挑战 4. 鼓励成员谈论与此时此地有关之事情
工作阶段	1. 凝聚力、信任感高 2. 彼此互为领导者,坦诚自由地表达及给予回馈 3. 较愿冒险,让别人更深入了解自己,并改变自己 4. 成员间的冲突较能直接且有效地处理 5. 较适时地面质及支持、鼓励别人	1. 要将有意义的主题带入团体 2. 彼此轮流担任领导的功能 3. 开放的接受反馈及给予回馈 4. 在生活中实行其由团体中所学的技巧 5. 面质别人,也支持鼓励别人	1. 彼此熟练,为了情面有时难以面质别人 2. 会有领悟、但却做不到 3. 面质及情感融洽而带来较大的压力	1. 示范面质与支持二者之间如何取得平衡 2. 鼓励成员把领悟化为行动,尝试新的行为 3. 有共同的主题,让成员能共同参与
结束阶段	1. 有分离的离愁 2. 成员会担心没有团体的支持是否能继续实行其所学及决定 3. 对整个团体历程做回顾及统整	1. 尽量将所学带到日常生活中 2. 未完成的主题,或还没解决的问题,要加以处理 3. 回顾团体的历程,将所学加以吸收,以成为自己认知的一部分	1. 因要分离,成员难以面对、又要封闭自己 2. 成员未回顾并做统整 3. 有的未将结束视为成长的一个阶梯,而为此打住	1. 处理成员面对分离的情绪 2. 给予成员时间、机会处理团体中的未完成事件 3. 要让成员彼此间给予及接受建设性的回馈 4. 帮助成员统整团体中其所决定之事 5. 与成员定下家庭作业,使成员能继续实行其决定的事

2. 林孟平的四阶段说

香港中文大学教育学院林孟平教授针对团体的发展阶段也提出了自己的观点。她将团体过程分为创始阶段、过渡阶段、工作阶段、结束阶段这四个阶段,这是从团体成员的感受来描述各个阶段的。创始阶段的成员通常安静、有礼,局促不安,感到不安全、不信任,对团体存在怀疑、困惑、依赖,是小心谨慎的;过渡阶段的成员感受到焦虑与竞争,成员之间存在矛盾和面质,大家都在寻找个人在团体中的定位,有的努力表现自己,有的自我防卫,有的会做出挑战性行为,成员容易体验到负面感受;到了工作阶段,成员之间彼此接纳和支持,感到尊重、信任、理解和彼此体谅,成员的互动是共情、坦诚和关心的,能够自由分享,体验到亲密;到了结束阶段,成员会体验到丧失和失落,从而感到沉重害怕,同时又无奈和沮丧,对团体依恋,体验到离愁别绪、孤独甚至愤怒。

(三) 团体过程五阶段说

美国团体咨询专家特罗泽(James P. Trotzer)曾任美国团体工作专业者协会前任主席。他在撰写的《咨询师与团体》一书中将团体过程分为五个阶段,包括安全阶段、接纳阶段、责任阶段、工作阶段、结束阶段。表1-12列举了每个阶段的特点和需要解决的问题,尤其指出了团体过程与人的需要及团体关系的关联。

表1-12　团体过程和问题解决

过程(团体动力)	内容(问题解决)
1. 安全阶段:创建心理上安全的环境,每个成员能感到安全,能随心所欲地谈论自己和自己的问题	1. 找到一个令自己感到安全的人或地方,能够承认和讨论问题
个人需要:安全感 关系特征:信任	
2. 接纳阶段:形成一种氛围,无论他们的问题或要处理的议题是什么,成员都能体验到归属感和接纳	2. 接纳问题是自己的一部分
个人需要:爱和归属感 关系特征:接纳	
3. 责任阶段:在团体中建立一种强调个人化的氛围,建立为自己和自己的问题负责的规范	3. 为自己的问题承担责任,并致力于解决问题
个人需要:自尊 关系特征:分化和责任	
4. 工作阶段:形成合作的氛围,成员能一起工作,互相帮助,处理议题和解决问题	4. 识别、澄清、理解问题,并努力解决,如制定聚焦于解决的计划、练习、实施和评估
个人需要:自我实现 关系特征:合作	
5. 结束阶段:进行结束,强调学习的迁移,内化改变,肯定和确认	5. 问题得以解决,学会问题解决的过程

综上可见，不同学者由于其理论流派或者实践体验的不同，对团体发展阶段的划分是有所差异的。我们认为，无论是什么形式的团体，团体从开始形成到最终结束，一般都要经历几个发展变化的阶段，每一阶段都是前一阶段的延伸，又是后一阶段发展的基础。处于不同发展阶段的团体具有不同的特征，比如团体气氛和团体凝聚力有所不同（如图 1-13 所示），领导者的任务也有所不同（如表 1-13 所示）。

图 1-13　团体发展的阶段

表 1-13　团体发展阶段与领导者的任务

发展阶段	团体的特征	领导者的任务
准备阶段	团体还未正式开始	撰写团体辅导计划书；招募并甄选合适的成员；筹备开展团体心理咨询所需的材料和资源
初始阶段	客气；有礼；试探；怀疑；小心	相识；营造良好关系；订立团体规范；建立彼此信任
过渡阶段	内心冲突；不满的情绪；攻击；抗拒	鼓励成员分享内心感受；鼓励成员给他人反馈；建立团结和凝聚力；指导成员学习接纳自己和他人
工作阶段	亲密感；彼此接纳；有凝聚力；自主，主动；具有治疗功能；充分互动	指导成员进行自我评估；帮助成员认识个人行为主权；使成员体验和建立责任感；帮助成员学会互相尊重，愿意分享；解决问题；运用团体资源尝试新行为
结束阶段	舍不得离别；担心缺少支持	支持；肯定成长；巩固改变成果；处理离别情绪；追踪

••• 板块 4：　参考练习 •••

练习 1-2：社会测量（所需时间约 10 分钟）

操作　提前准备好几块彩色布（根据团体人数）。全体参加者围成大圈，团体领导者在圆圈中的地上分散着放几块布，将每一块界定为地图上的东南西北中，邀请成员根据自己家乡的地理位置，选择站到一个合适的位置上，并与家乡相近的成员交流相识。接着，重新将每一块彩色布界定为出生季节（春夏秋冬）或月份，让出生时间相近的成员站在一起，交流相识。还可以根据成员的兴趣、专业、工作领域等重新组合。成员在此过程中很自然地就认识了很多成员,减少了陌生感,放松了心情,进而很快融入团体。

点评　这个练习是用行动的方式让成员之间增加互动而拉近心理距离,快速相识,增加在团体中的融入感,非常适合比较大的团体,如 30—40 人的团体。几个回合下来,基本上团体成员就都认识了。

练习 1-3：松鼠大树（所需时间约 10 分钟）

操作　三人一组,两个人双手拉成圈,将另一个人包围起来,圈中的人扮演松鼠,围圈的两个人扮演大树。当团体领导者喊"松鼠"时,所有大树不动,松鼠换位到别的大树中;当领导者喊"大树"时,所有松鼠不动,两棵大树解体,重新和别的大树组合,包围新的松鼠;当领导者喊"地震"时,所有松鼠和大树变换角色,重新组合。这时候会多出来一些"松鼠"无家可归,团体领导者可以随机应变安排一些惩罚措施,或者让其分享感受。

点评　该活动可以让成员在欢笑声中快乐地进行,一方面感受竞争的压力和残酷,另一方面也体验合作的温馨和快乐。同时,频繁的互动可以拉近成员之间的距离,活跃团体气氛,减轻团体初期的紧张和焦虑。

练习 1-4：相识接龙（所需时间约 10 分钟）

操作　全体成员先围成圈站立,待团体领导者示范后开始游戏。成员可以去结识团体中的任何一个人,步骤是：两人同时伸出右手,拇指相对,旋转之后握手,嘴里说道："以前不认识,今天见到你,握手问个好,我叫××(说出姓名),你可以叫我××(说出希望别人称呼你的昵称、小名或其他名称)。"如果两人以前认识,则可以说："以前就认识,今天又见到,衷心祝福你。"然后二人猜拳,输了的人站到赢家身后,双手搭在其肩上,跟随赢家再去找新的人相识。依此类推,成员之间彼此接龙,会一个搭一个地形成一条长龙。最后,龙头接龙尾,成为一个彼此连接的大圈。

点评　该活动带有竞争性质,很容易调动起成员的兴趣,同时活动中的自我介绍和身体接触能够减少成员之间的陌生感,增加彼此的连接感。

练习 1-5：无家可归（所需时间约 10 分钟）

操作　开始时让全体成员手拉手围成大圈,充分体会大家在一起的踏实、温暖、归属和力量感。然后,团体领导者说"变,四个人一组",成员必须按照要求重新组成四人组,形成新的"家"，或者团体领导者再说别的数字，成员按规定数字再组成新的"家"……如果有人找不到家，落单了，团体领导者可以询问其此刻的感受，让成员了解团体的功能和力量。

点评　请那些没有找到家的人谈谈游离在团体之外的感受，大多数人会谈到"孤独、孤单、被抛弃、没依靠、失落"等，也可以请团体成员分享和大家在一起的感觉，大多数人会表达"温暖、有力量、安全、踏实……"等，团体领导者可以多次变换人数，让成员有机会改变自己的行为，积极融入团体，体验有家的感觉，体验团体的支持，从而更加愿意与团体在一起。

练习1-6：圆圈按摩（所需时间约8分钟）

操作　全体成员站立，围成一圈，每个人都将双手搭在前方同学的背上，当主持人说"开始"时，所有人开始敲打前面同学的背部，或者按摩其肩部，尽可能地让其放松和舒服；约一分钟后，主持人说"停，向后转"，大家一齐向后转，双手搭在前方同学的肩上，并用同样的方法为其按摩敲打肩部，约一分钟。

点评　人际互动的过程是有趣的，即使是无声的互动，也可以给人们带来美好的感受，比如这个简单的活动，就可以让所有成员在肢体接触中感受亲密和温暖，在放松的状态下开始团体活动。

练习1-7　相似圈（所需时间约十分钟）

操作　将团体成员分成8—10人一组，组内通过手心手背的随机方式决定出第一个开始的人。团体领导者先做示范，对小组成员说"我很想知道，在我们的小组里有谁和我一样，不是独生子女（或者家在东北，或者喜欢睡前刷手机一个小时等）"，问毕，小组内具有此特征的人一起跨一大步往圈内走，提问者就知道谁和自己一样。接着，顺时针方向第二位成员提问，找和自己相似的人。依此类推，可以转两圈，也就是每人有两次提问机会。

点评　在团体开始时进行这个行动式的练习，可以很快增加成员对彼此的了解，拉近心理距离，找到和自己相似的人会有一种共鸣和认同，过程有趣，气氛融洽，有许多意想不到的收获。

••• 板块5：单元作业 •••

🗂 忆一忆 ▌▌▌

1. 什么是团体辅导？

2. 团体辅导和个体辅导的区别是什么？

3. 一名合格的团体领导者应该符合哪些条件？

4. 开始一项团体辅导时，需要做哪些准备工作？

5. 在团体辅导中，团体领导者的常用技术有哪些？

6. 团体辅导经历哪几个阶段？每个阶段团体领导者的工作任务是什么？

练一练

1. 请根据你学到的知识，结合自身情况写一篇自我分析，分析自己作为团体领导者的优势和局限，并为自己量身定制一套团体领导者成长培养计划。

2. 请选择一个你要开展的团体辅导活动的主题，根据你在本单元学到的知识，设想团体成员的甄选条件，并设计相应的招募广告、甄选方式等。

3. 通过角色扮演，演练团体领导者在团体辅导中常用技术的运用。

第二单元　团体辅导之创始篇

••• 板块1：团体练习导入 •••

🔲 **教师寄语** ┃┃┃

　　同学们，当你们初次进入一个陌生的团体时，多少会有些紧张、焦虑吧？因为你们不知道周围是些什么人，他们会对你产生什么影响，是伤害的还是帮助的。下面，就让我们通过一个轻松的活动，让大家相互认识。在以后的活动中，你们将有更多的机会互相配合、支持和协作。

团体练习：2-1 连环自我介绍（名字串联）

　　1. 目的：彼此相识，引发个人参与团体的兴趣，在合作和互助中增强团体凝聚力。

　　2. 时间：30—50 分钟左右。

　　3. 准备材料：无（适合 10 人以内）。

　　4. 操作程序：

　　（1）团体围成圆圈坐。团体领导者（第一号）先报自己的姓名（如，大家好，我是王晓晓），然后按照顺时针的顺序，让左手边的成员（第二号）报自己的姓名，并重复第一号的姓名（如，我是王晓晓旁边的张达达）。

　　（2）第二号的左手边的成员（第三号）重复第一号和第二号的姓名后报自己的姓名（我是张晓晓旁边的张达达旁边的高伶伶），依此类推，按顺序进行，也就是每个成员都要从第一号的姓名开始，最后一个成员要重复所有成员的姓名。

　　（3）第二圈，增加新的信息，介绍一个自己的特征，如爱好、专业，第二个成员同样介绍并重复第一号成员的内容，最后一个成员要重复所有成员的特征。

　　（4）第三圈可以再加上其他资料，如个性、班级，操作如上。

　　5. 注意事项：

　　（1）第二次介绍开始时，可换其他成员担任第一号，如果要做四次，最好四次由四个不同成员开始。

　　（2）此活动在成员原先不认识的团体中做效果更好。

　　（3）活动结束后，可将彼此有关的兴趣、特征等归类，也可讨论过程中的体验（如，为什么可以做到？精力集中、刻意记忆、他人提醒、团队合作等）。

••• 板块 2：技术点拨——团体创始阶段的辅导技术 •••

教师寄语

在第一单元的准备知识中我们了解到，任何一个团体辅导都会经历一个创始、过渡、工作、结束的发展过程。在整个团体过程中，每一个阶段都是连续的、相互影响的。一个有效的团体领导者，必须对团体的发展阶段及特征有清晰的了解，采取适合不同阶段的团体策略，才能把握住团体的发展方向，有效地引导团体健康地向既定目标前进，而不至于出现混乱和解体。

同学们，创始阶段是团体辅导的开始，在这个板块中，你们需要了解创始阶段的任务，明确哪些因素会影响团体气氛的形成，学会巧妙地利用积极因素，引导成员投入团体，从而为团体成员的改变与成长创造良好、适宜的团体环境。

学习目标

1. 了解团体创始阶段的特点。
2. 明确团体领导者在团体创始阶段的主要任务。
3. 掌握团体创始阶段的团体领导技巧。
4. 学习并实践团体创始阶段的常用练习。

第一节　团体创始阶段的特点和主要任务

团体的创始阶段是一个定向和探索的时期，需要确定团体的结构、促进成员相互熟悉、建立和了解团体的规范、建立信任感、探讨成员的期望、形成团体的规范等。在这一阶段，成员们要了解该团体如何发挥作用，确定他们自己的目标，明确他们自己的期望，并寻找他们在团体中的位置。团体领导者在开始阶段的一个主要任务是帮助成员充分参与到团体中，促进、鼓励和鞭策成员从团体中获得最大收益。

一、团体创始阶段的特征

万事开头难。团体刚开始时，成员彼此不认识或不熟悉，表面上看起来很安静、彬彬有礼，客客气气，但内心会局促不安且有很多担心。团体领导者要关注团体安全感和信任感的建立，必须了解团体初期有哪些特征。

（一）团体结构松散

团体开始时，团体成员都不了解团体要做什么，他们能够做什么，哪些行为是团体不允许的。成员在未知中摸索，他们寻找结构，会很紧张地笑，小声礼貌地讲话，初次聚会的开始充满了犹豫和小心翼翼的姿势，成员被他们的自我所占据，无法关心团体，他们与成员的接触是很有限的，团体尚未形成结构。

（二）人际沟通表面化

这一阶段的特色是接近与逃避。成员开始接触、互相认识，但同时也不想太亲密，还要保持距离以保护自己。成员初次进入团体时往往保持一种"公众形象"，他们会表现出社会接受的行为和观点。同时，他们在一定程度上对团体结构又感到不安和焦虑，他们以尝试性的态度探索和检查团体的局限性；大多数成员对团体有许多误解和好奇，领导者要清楚成员的感受和担心，去除团体的神秘性。有学者将团体初期比喻为一个人在异国他乡度过的最初几天，必须学习某种新语言的基本内容及其不同的表达方式。

（三）成员有复杂的情绪体验

对于从来没有参加团体的人，许多团体规范、期望和练习都是陌生又新鲜的，他们也有许多不确定的焦虑和期待。一方面，成员对于将对他们有影响的团体经历充满期待；另一方面，他们也经历过害怕和未知的焦虑。

成员有许多的疑问，如：团体领导者是否喜欢我？我在团体中所说的话是否会被人笑话？我在团体中是被攻击还是得到保护呢？是被人支持还是被人威胁呢？他们理解我的意思吗？其他人会怎样看我的问题，我可以信任他们吗？他们真的可以帮助我解决问题吗？此时此刻成员的情绪是多种多样的，也是矛盾的。

二、创始阶段团体领导者的任务

创始阶段作为一个团体的开端，其重要性不言而喻，它直接决定着团体能否稳定下来，并顺利进入更深入的发展阶段。团体领导者在这一阶段有许多要做的工作：如确定团体的结构、促进成员相互熟悉、建立和了解团体的规范、建立信任感、探讨成员的期望、形成团体的规范等。主要任务是帮助成员充分参与到团体中，促进、鼓励和鞭策成员从团体中获得最大收益。无论是何种流派、何种目标的团体，其在创始阶段的任务都十分相似，台湾学者许育光教授总结的团体领导者在团体咨询初次会面中的带领过程，非常具体，也很结构化，以一次 90 分钟的团体为例（如表 2-1 所示），对于团体辅导的领导者有重要的参考。

表 2-1　团体领导者在团体咨询初次会面中的带领过程

步骤	内容	带领团体的原则	时间分配（分钟）
1	团体领导者自我介绍并说明团体框架	团体领导者的自我介绍可以结合团体主题，包括自己的专业背景等。介绍团体整个框架让成员理解团体	10

（续表）

步骤	内容	带领团体的原则	时间分配（分钟）
2	引导成员进行自我介绍并彼此认识	为增进成员之间的彼此熟悉以及比较深入地了解更多层面的信息，可以开展一些结构式团体练习和活动	30
3	提出、讨论和订立团体规范	邀请成员共同对团体规范提出见解以及对规范执行中可能出现的问题进行讨论，并在成员中形成共识，使成员能够自觉遵守	20
4	邀请成员表达与讨论参加团体的动机与期待	团体领导者可以运用开放式询问、对话、具体化等技术，协助每一个成员明确和澄清自己的个人目标	20
5	初次团体经验分享与结束	运用观察、聆听和澄清等技术，回应和引导成员参与分享。结束总结要简洁，并预告或提醒第二次团体聚会的时间	10

（引自许育光著：《团体咨商与心理治疗：多元场域应用实务》，五南图书出版股份有限公司 2012 年版，第 178 页。）

（一）建立信任感

在团体开始阶段，有些成员常因担心自己的言行不被他人接受而小心翼翼。有的成员会故意表现出令人不快的言行，以此体验团体的气氛是否安全，考验团体是否能接受他所有的行为和情绪。有时团体还可能会出现一阵沉默和尴尬的情形，因此，团体领导者尽可能地建立信任对团体发展是至关重要的。

1. 团体领导者自我介绍

首先，团体领导者自我介绍的方式会对团体的气氛产生一种深远的影响，因此，团体领导者对成员的影响应是精力充沛、坦率的、有亲和力，在心理上给人以亲近感。

2. 团体领导者的态度

团体领导者的态度直接影响信任感的建立。如果团体领导者是热忱的，成员参加团体的积极性就会被调动起来，团体领导者对团体的热忱表现在他对团体有很大的兴趣和兴奋度。否则，团体就可能是沉闷、散漫和无聊的。

3. 说明团体规范

团体领导者要为团体发展做好完善的准备，需要清楚、明确、简洁地说明团体的基本规范和要求。团体规范也是团体成员参与团体的行为常模。也就是说在团体中可以做什么、不可以做什么；让每一个人清楚，参加到团体中可以怎样去表达、怎样去参与。有了规范，行为就有了方向。一般团体规范包括：守时、投入、真诚、不批评不指责、尊重、保密。

4. 鼓励成员表达

团体领导者要鼓励成员表达他们的感受，表达出自己在团体里的担心、困惑和不安等情绪，使成员了解到：接纳自己和别人的感受是正常的。如果成员看到表达消极或负性的情绪是可以接受的，他们就会更努力地探索对自己有意义的事情，更容易表达在团体中此时此地的感受和看法。

随着团体成员向别人更多地表露自己，团体会变得越来越有凝聚力，而这种不断滋生的力量加强了团体的信任，并为成员可以在团体中尝试新的行为方式提供了恰当的气氛。当成员感到安全和相互信任时，他们也会相信自己所接受的反馈。

（二）团体领导者的示范作用

在团体初期，大部分成员相当依赖团体领导者。因此，团体领导者应时刻意识到自己被团体成员视为一个权威人物和行为的榜样，以保持对团体的良好控制。团体领导者带领团体时，不仅是一个技术专家，也是一个树立榜样的参与者，为团体确定步调和形成规范。团体领导者在第一次活动中，应向团体公开说明自己的期望，示范人际互动的诚恳和自发性。让成员体会到团体领导者真诚的关心，看到团体领导者对团体的投入和热忱，激励成员尽快地加入到团体中来。

（三）确定团体目标和个人目标

团体领导者向成员阐明团体的目标，并帮助成员确定、澄清和建立有意义的个人目标。让成员认识到团体的目标是自我探索、自我尝试，通过参与此时此刻的活动，使自己被别人了解，激励自己和别人沟通，勇于冒险，给予并接受反馈，倾听别人的见解，对别人做出真诚、具体的回应，应对各种矛盾冲突，处理在团体中产生的各种情绪，实践新的领悟，把新的行为应用到团体之外。

除此之外，团体领导者需要帮助每个成员建立真实的、可以达到的个人目标，使成员有努力的方向。在初期阶段，成员对自己要从团体中得到什么收获的期望是模糊和笼统的，因此帮助成员确立个人目标有以下功能：（1）可以强调成员的关注点和行动，并且提供成员努力的方向；（2）激发成员的能量和努力；（3）增加成员的持续性，使成员的努力可以持久；（4）使成员有足够的动机采取行动。

团体领导者帮助成员确立目标时要注意以下问题。

1. 目标要具体明确

成员的个人目标应是明确的而不是模糊的，如一个成员的个人目标应是"我要和团体内三个陌生人建立友谊关系"，而不是"我要改变自己的人际交往"；再比如"我要在下个月写出四份工作申请"，而不是"我要改变自己目前的状况"。目标越清晰，成员就越容易改变。

2. 目标要具体并可实现

目标必须具体，并在团体期间可以实现。团体领导者要帮助成员认识他自己的努力，帮助他取得目标可用的资源和处理可能阻碍他实现目标的限制。

3. 目标可以验证

成员的个人目标是可验证的，团体领导者要鼓励成员回答"我通过什么验证我是否已经达到自己的目标?"这个问题,鼓励成员在团体中分享,让成员更深入地检查实际的结果,以便可以及时修正过于远大、抽象的目标。

(四) 形成团体基本规范

形成团体规范是团体领导者在团体创始阶段的任务之一。在团体的第一次集会中,团体领导者要帮助成员明确团体中的基本规范,如:出席和缺席的情况、集会时是否可以吸烟或吃东西、成员的权力和责任、保密问题和限制等。团体领导者以自己的行为严格遵守这些规范,有些规范如有需要,可以反复提出,如某个成员在团体中表达了他的个人问题,团体结束时团体领导者可以提醒每个成员遵守保密的规定,不要因好奇或热心而破坏了规定;当成员迟到的时候,团体领导者除了询问原因之外,还可以再次重申准时出席的规定。当团体领导者对团体的规范做出清楚详细的规定并加以确定(如使之成文)之后,团体成员将会适应这些规范,并肩负起自己的责任。具体的规范保障了团体的发展,也保护了成员的利益。

(五) 明晰团体中的责任

在团体中,领导者和成员都要承担团体发展的责任。团体领导者不要以为只是自己在对团体方向和效果承担责任,只是自己在采取策略使团体向计划书确认的方向发展。因为这种看法实际上剥夺了成员的责任。如果成员被认为是没有能力的,他们很快就会依赖团体领导者,放弃自己的责任。更多时候是成员不知道自己在团体中要担当哪些事情,需要团体领导者来明确地告诉他们,团体中的每个人对团体发展都有积极作用,团体需要每个人的积极参与和投入。

(六) 提供适度的指导

在团体辅导初期,因为成员通常不清楚哪些行为是团体所期望的,所以,他们会产生焦虑。指导性的行为既可能促进也可能抑制团体的发展。过多或过少的指导都会损害团体的自主性和团体成员的发展。过少的指导会导致团体的盲从,使成员变得过分焦虑,抑制他们的自发性;而过多的指导会限制成员的发展,会助长成员的依赖态度和行为,成员们可能会等待团体领导者来安排一切,而不是自己承担起寻找自己发展方向的责任。所以,团体领导者在团体辅导初期要对成员进行一般性的指导,同时也要警惕此举是否会助长成员对领导者的依赖。随着团体凝聚力的增加,成员逐渐会对有意义地表达自己、做出反馈,对他人提出支持和鼓励等方面感到安全。

(七) 签订团体契约

契约也称协约、合约,是指团体成员与团体领导者的协议,主要是为了引导团体成员达到团体目标,也可以称成员知情同意书。协约的签订可以是口头的,也可以是书面的,视团体成员的习惯、团体领导者的要求而定,书面的形式比较正规。契约的内容应包括成员的权利和责任,在团体内应遵守的规范等。签订契约是一个协商的过程,通过这个过程能够加强成员与领导者、成员与成员之间的沟通，协商体现了团体中所有人的平等参与，使成员在团体领导者的鼓励下，增强自信心和对团体的兴趣，并使他们了解在团体中的具体行为，清楚团体的真正运作方式及团体对他们的要求，以降低成员紧张、不知所措的情绪。

契约的内容一般包括以下九个方面。

（1）清楚说明团体的目的和团体是因什么目标而设；

（2）个别成员的目标和希望在团体获得的一些东西，这些都要与团体的整体目标相配合；

（3）团体运作的方式（例如讨论、练习）以及成员是否有权随时放弃参与不喜欢的活动；

（4）团体的聚会时间、地点和次数；

（5）有关守则、奖励与惩罚细则；

（6）要求成员对团体有投入感，包括准时到会、不无故缺席、帮助其他成员等；

（7）要求保密，若由于特殊情况要将团体内资料向外呈报，要指出原因及所涉及的范围；

（8）确认个别成员若有需要时，能否独自约见团体领导者；

（9）清楚说明团体与机构的关系（如学校、社会服务机构等），团体成员的参与与机构期望需要配合的范围等。

以下是两份"团体契约书"，一份由台湾洪志美等人编译，用于"自我肯定训练"团体辅导契约；另一份是清华大学"研究生成功心理训练团体"的契约。契约书将团体的目标、对团体成员的要求、团体成员享有的权利写得非常清楚，可以给我们提供参考。

团体契约书

理念

本团体的目的是希望你能表现真正的自我。经过练习和鼓励，任何人都能学会以更令人满意的方式表达自己，本团体强调以"角色扮演"作为训练自我肯定及接受反馈的方式。

目标

1. 能区分和辨识自我肯定和非自我肯定的行为。

2. 学习把自己的需要、希望、感觉和意见以诚实而有效的方式表达出来。

出席

请务必每次都出席，团体需要你提供意见和技巧示范。而且只有每位成员都参与，团体才能有效地进行。如果你不能参加，请和团体领导者联系。任何成员都有权利在任何时刻退出本团体。但是，如果你考虑退出，请事先和团体领导者沟通，这样做对你是有帮助的。

（续表）

准时

请务必准时，避免错过聚会中发生的重要事件，同时也让团体能因你的参与而获益。如果你预计可能会迟到，请事先通知团体领导者。本团体将于_____年_____月_____日开始，_____年_____月_____日结束。

作业

每位成员在下次聚会前，均须在团体以外的时间练习某些作业，你可以不同意团体领导者建议的作业。但是，一旦同意，请务必完成。

保密

任何一位成员在团体中所说的话都是绝对保密的，也就是说，在团体中呈现的任何资料都不能在外面讨论。每个人都有隐私权，你也可以不透露任何你不想和别人分享的事。如果团体进行时有录音，这份合约即是你允许录音带仅能作训练用的书面同意书。如果另有用途我们会再征求你的书面同意。

研究

每位成员都要参加团体前及团体后的自我肯定练习，这些练习可用来帮助领导者为成员设计个别训练计划，同时也可以评估本训练的成果。并且，成员都要填写自我肯定量表、参加角色扮演测验。同时，会有观察者在督导下记录团体的互动。团体结束后，所有资料都会和每位参与的成员分享。

聚会时间

每个星期聚会1次，时间是_____

本人已仔细阅读并充分了解本合约的内容。本合约在领导者和本人彼此同意下亦可修正。

成员签名　_____　日期　_____　电话　_____

领导者签名　_____　日期　_____　电话　_____

领导者签名　_____　日期　_____　电话　_____

以下是清华大学"研究生成功心理训练团体"的契约书。

清华大学"研究生成功心理训练团体"契约书

我愿意参加自_____年_____月至_____月期间由樊富珉老师主持带领的"研究生成功心理训练团体"，保证积极参与所有活动，遵守以下团体契约。

1. 准时参加每次团体训练，不迟到，不无故缺席。

2. 如果遇到个人无法控制的意外情况不能到课，做到事前请假。

（续表）

> 3. 上课期间不开手机，保证注意力集中在团体中。
>
> 4. 全身心投入，真诚、坦率，直言不讳，真实开放自己，愿意不断成长。
>
> 5. 坦诚对待团体中的每一位成员，互相尊重，学会倾听、经验分享，相互信赖。
>
> 6. 课后承诺严格遵守保密原则，尊重每一位成员个人的经历和隐私权。
>
> 组员签字：
>
> 组长签字：樊富珉
>
> 日期：_____年_____月_____日

三、团体成员的功能

在团体创始阶段，成员会有许多担心和疑惑，以致或多或少地存有戒心，出现客客气气、抗拒，互动表面化的情况，这会影响到团体内的交流深入发展。成员常有的担心如下：我是否会被他人接纳？我是否应该直接讲出我的感受？我会不会暴露自己太多？我担心会被伤害。别人知道我的问题后会不会看不起我？我担心自己一旦触及内心的痛苦会无法控制情绪。我的问题很多，团体真的能帮助我吗？其他成员真能做到保守秘密吗？在团体早期，团体成员的这些特殊感受对于团体的形成是至关重要的。为了形成安全的团体氛围，团体成员需要发挥以下功能。

（一）用行动创造一种信任的气氛

有部分团体成员对团体充满了好奇和希望，他们会在开始阶段积极参与到团体练习中，采取积极的步骤以创造一种信任的气氛，带动团体发展。例如，有些成员会表达自己真实的感受和期望，给其他成员一个示范和榜样，由此打破团体辅导的僵局。领导者要鼓励和肯定这些成员的行为，以此在团体中逐步建立信任的气氛。

（二）学习表达个人的感受和想法

在团体初期，成员会有担心、害怕、恐惧、焦虑、期待等内心感受。有些成员通过观察或与人互动，学习如何讲述自己的真实情感和想法，因为团体是一个特别营造的社会环境，与日常社交情景有所不同，成员感受到接纳和安全时，他们会表达出平时难以启齿的愿望和情感，而当他们有了自我表达的突破之后，会加强他们与团体的连结，以促进团体的凝聚力。

（三）愿意表达与团体有关的期望

无论成员在团体中的感受是怎样的，只要他们愿意表达就会促进团体的发展，如当他们在团体中感到无聊或失望，或者他们认为团体的规范对自己是很大的约束，或者感到在团体中非常孤立无助、感到压抑等，对团体的改变有许多期望时，愿意表达出来。当团体领导者接纳并促使成员表达任何感受和想法时,成员会更愿意参与到团体练习中。

(四) 参与团体规范的建立

团体规范的制定不只是团体领导者的事情,如果成员参与规范的制定,会增强他们对团体的责任和热情。因此团体第一次聚会时,团体领导者都会安排时间让成员自己制定团体规范,这种方式更有利于成员自觉遵守规范。

柯瑞在《团体技术》一书中列出的"团体基本规范"如表2-2所示。

表2-2　团体基本规范

1	成员不在团体会谈期间服用药物或酗酒,也不在药力的影响下参加团体
2	要求成员出席每次的团体会谈,因为缺席会影响这个团体
3	成员不可在团体练习期间与其他成员有性方面的牵连
4	成员不可在团体中使用暴力或以言词伤害其他成员
5	加入团体之前必须先让成员知道他们的权利与责任,以及团体对他们的期望
6	成员必须对团体内其他成员所做及所说的内容承诺保密

(五) 了解团体的基本历程及参与方式

在团体辅导初期,成员常常会主动向团体领导者了解团体辅导的内容和过程,确认团体如何运作、进展,熟悉自己的责任和权利,明白如何参与到团体互动中去。

四、团体初期可能产生的问题

(一) 成员可能被动等待

团体成员在团体辅导开始阶段不知道该做些什么,会有许多的顾虑和担心,他们经常会以观察者的身份被动地等待团体练习。如果等待的成员较多的话,会影响团体的发展。例如,情绪体验非常复杂,会好奇、不知所措、犹豫、拘束、焦虑、担心和多疑,不知道其他成员是些什么人,他们会给自己带来什么影响,这些影响是伤害的还是帮助的。在团体辅导初期,成员能否尽快相识,直接影响到团体凝聚力的形成。同时团体领导者也有一定的压力,他在运用同感、支持、倾听、澄清等技术之外,还可以采用一些轻松有趣的相识练习,使成员在第一次聚会时能尽快相识,促进成员参与到团体中,在以后的活动中互相配合、支持、协作。

(二) 成员对团体不信任或恐惧,表现出抗拒

当团体尚未出现信任的气氛时,团体成员会因缺乏安全感而导致对团体的不信任或担心,他们会以多种方式表现出对团体的抗拒,如长久的沉默、不开口说话、谈论社交话题或故

意转移重要的主题。此时，如果团体领导者对成员的抗拒报以接纳和理解的态度，会减轻他们的不安和猜疑。

（三）成员对团体模糊的认识和误解

有些成员以为在团体中自己只是一个听众，听从团体领导者的教导和安排就行了；有些成员以为团体可以解决自己所有的问题，对团体抱有过高的、不切实际的期望；有些成员以为团体就是一群人开展一些好玩的活动，打发时间等。在团体开始阶段，成员可能对团体的规范、内容或目标不甚了解，团体领导者需要说明团体的宗旨以消除成员的误会。随着活动的逐渐深入，成员之间的关系也开始由表及里，由浅入深，变得愿意表达情感，开放自己，对团体的目标表示认同，团体凝聚力和信任感慢慢形成。

第二节　团体创始阶段常用技术

在团体形成初期，成员彼此还不熟悉，团体领导者需要在团体中做较多的引导和示范，使用团体技术增进成员之间的沟通，营造良好的团体氛围，促进团体健康发展。

一、促进成员相识的技术

相识技术也称开启技术，是指为了尽快地、轻松地、有效地使团体成员相识，建立对团体的信任所采取的方式与技术。采用这种技术可以激发成员的参与感，并将其转化为积极的团体动力。例如，以结构式"柔软体操"的方式进行，使大家拉近距离，减轻焦虑和不安感，增进彼此了解。相识技术有语言的和非语言的两种类型，练习也有多种。采取哪种最合适，要根据团体的结构、成员的特征而定，如不同形式的自我介绍、互相介绍等。例如，领导者说："昨天大家期中考试才结束，从你们的脸上看得出很疲倦，好，现在让我们都站起来，围成圆圈，相互拍打手臂，或伸伸腰，帮助伙伴放松一下身体。让我们一起来做！"

二、团体中分组的技术

在团体辅导过程中常常需要将较大的团体（如 30 人）分成 6—8 人一组，如何分组看似简单，其实并不易，适当的组合方法不仅会形成适合谈话的小团体，而且也会产生积极的功能。例如，在新生适应团体中，如果按照生源地分组，如北京、上海，或东北地区、西北地区等，团体成员会惊讶地发现，原来自己的周围竟然有老乡，马上会增添几分亲切感，少了几分孤独寂寞感，更容易融入团体。下面介绍几种分组方法。

（一）报数随机组合法

这种方法最简单，也用得最多。做法是首先确定几个人一组，共分成几组，然后成员按"1、2"报数，报 1 的在一组，报 2 的在一组……依此类推。

（二）抓阄随机组合法

成员进入团体时，每人抓阄，可以用不同颜色的纸、不同形状的纸、不同的词组等方法确定组别，事先按人数分组的要求准备。例如，将"你我同行"团体分成四组，每组六人，可以将团体名称"你我同行"四个字拆开，每个字分别写在六张纸上，抓到纸条内容相同的人在一组。

（三）生日等随机组合法

团体领导者还可以按成员生日的月份分组。例如，1—3月出生的人一组、4—6月的一组、7—9月的一组，10—12月的一组。同时，可以按照个人特征组合，如戴眼镜的一组、长头发的一组等。

（四）同类组合法

为了达到某些目的，同类组合法更便于成员交流，例如，按照职业分组，如大学教师、中学教师、小学教师；按照身份分组，如父母、子女；按照性别分组，如男、女；按照行业分组，如教育界、企业界、公务员；按照出生地区分组，如东北、西北、华南等。利用同类分组可以使具有相近或相似类型的成员在一起讨论问题。

（五）分层随机组合法

在某些团体的特别设计中，希望成员混合，有差异的人能在一起讨论，这时可以采取分层随机分组。例如，希望每组有男性和女性，可以先请男性报数，再请女性报数，数字相同的男女同组。同时，不同行业的人组成的团体也需要专门的分组安排。

（六）内外圈组合法

内外圈组合法也可称为金鱼缸式。做法是将团体成员一分为二，一半在内圈，一半在外圈，内圈讨论，外圈观察或者倾听，十分钟后交换；或者内外圈的人一一对应，进行交流。还可以固定内圈，移动外圈，使成员可以在短时间内与更多的成员交流（如图2-1所示）。

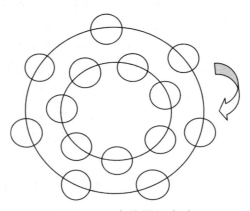

图2-1　内外圈组合法

（七）活动随机组合法

在团体热身阶段采取一些活动，如无家可归、大风吹、松鼠与大树、成长三部曲等，成员在团体中可以自由活动，自由选择，就近组合。

随机组合的好处是不管成员之间的差别有多大，都有可能分到一组，让参加者感到每一组都是平等的，没有地位高低之分。

三、引导成员参与团体的技术

以一些原则作为促动，协助和推动团体成员成为主动的、积极的参与者，从而在团体经验中有所收获。

（1）注意自己的感受，主动积极地参与并表达自己，团体可以谈论任何与团体目标及个人有关的主题，但自己有权利决定自我开放的程度，必要时也可以加入别人的谈话；

（2）倾听、关心别人，也尽可能给予别人适当的反馈，但避免给予忠告、建议与讽刺；

（3）可以合理、肯定而不具有攻击性地表达情绪，包括正面、负面的情绪；

（4）时常检讨团体的过程是否能够增进学习，以及团体的行为是否有助于促进团体目标的实现；

（5）领导团体不只是团体领导者个人的责任，团体的每一位成员都可以具有领导的功能。

四、处理成员负面情绪的技术

（一）处理成员焦虑、害怕的情绪，建立信任感

成员面对陌生的人与团体情境，难免会有些担忧。领导者应重视信任感的建立，适当地示范、引导，甚至运用具有催化性的活动，让团体打破陌生感，鼓励个人表达感受（不论是正向的还是负向的），适当地让成员了解其他人也是如此。

（二）处理防卫或抗拒

在团体辅导初期，成员自然会有些防卫或抗拒的行为，例如，将重点放在他人身上而较少谈论自己，问别人问题，用概括性的语言如"大家都""我们""你们"或不参与、沉默等。团体领导者需敏锐地觉察并尊重成员的此类行为，提供成员表达此类行为的内在情感的机会，主动带头示范表达自己的感受，但不责备成员。另外，直接引导成员用适合的行为方式（或直接而温婉地）面质成员也是不错的技术，如："小明，你常常很详细地叙述事情，甚至太繁琐，让我很难专心，我很想知道你是如何受到这些事情的影响的，我不知道其他人是不是也有这样的感觉？""你对这件事分析得很有道理，但是我更想知道这件事与你的关联是什么？"

第三节　团体创始阶段活动原则

在团体创始阶段，互不相识的人为了参加团体辅导而走到一起，一方面对团体其他成员

的背景等问题会很好奇,另一方面,也会有恐惧感、焦虑感,怕不被人接纳,又怕在他人面前出丑。这一阶段的活动最好选取比较简单、容易互相认识的游戏或活动。团体领导者最好选自己比较熟悉的、对可能发生的情况有所掌握的活动。只有这样,才能顺利地带领成员投入活动。在活动进行期间,要让成员有轻松的感觉,这一阶段常采用的活动有非语言式的交流形式,也有语言交流形式:非语言的形式有轻松体操、放松感觉、微笑握手、按摩、盲行、哑口无言等活动;语言的交流形式有自我介绍、他者介绍、关注练习、名字串联等活动。随着活动的逐渐深入,成员的关系也由表及里,由浅入深,成员开始相互认同,相互信任,慢慢形成相互合作的团体气氛。这一阶段活动的选择要遵循以下原则。

一、创造温暖的团体氛围

团体领导者根据成员在开始阶段的心理状况,可在团体初期设计一些能增强成员进入团体心理准备的活动。成员第一次到团体练习场地时,团体领导者可播放轻音乐,结合第一次团体辅导的目标设计一些小卡片,使成员在美好的第一印象中融入团体,避免冷清尴尬的局面。

二、设计无压力的相识活动

在团体开始阶段,成员互相不熟悉,设计的相互认识活动不要使成员感到压力,而应在温馨的氛围中进行轻松的活动。

三、澄清成员期待与团体规范

团体开始时,宜设计催化性活动来整合成员的参加动机,团体领导者需说明团体练习导向,并与团体成员相互交流,建立团体共识。

四、不要选择深层次的分享活动

团体初始,成员彼此之间缺乏了解,不能立即进行过多的自我表露(或自我开放)活动。团体领导者应小心谨慎地避免成员开放程度不一时,某些成员表露得太多或太深,以致产生受伤的感觉。团体辅导初期设计的自我分享活动应在表层次,分享的内容不要太多。

••• 板块 3: 知识学习——团体辅导概述 •••

四　**教师寄语** ⫿⫿⫿⫿⫿⫿⫿⫿⫿⫿⫿⫿⫿⫿⫿⫿⫿⫿⫿⫿⫿⫿⫿⫿⫿⫿⫿⫿⫿⫿⫿⫿⫿⫿⫿⫿⫿

在开始学习团体辅导技巧时,你可能会发现团体不仅仅是做活动和聊天那么简单了,团体辅导过程中的人际互动,以及团体领导者所说的每一句话,都可能是某种技术的体现,暗含了特别的用意。而在练习这些技术的同时,我们也要开始学习与团体辅导有关的专业理论知识,比如团体辅导的概念、特点、目标、类型等。

📖 学习目标

1. 了解团体辅导的特点与功能。
2. 了解团体辅导的目标与原则。
3. 了解团体辅导从不同角度的分类。
4. 了解团体辅导的发展历史。

第一节　团体辅导的特点与功能

团体辅导的特点是相对于个别辅导而言的。团体辅导的独特性主要是通过团体互动来帮助人们改变对自己及对他人的观念、情感、行为等。团体成员可以探索与他人相处的方式,并学习更有效的人际技巧;团体成员可以讨论他们彼此之间相互的觉察,并获得其他成员在团体中对其觉察的反馈;团体为成员的日常生活提供了反省的机会,尤其是当团体成员在年龄、兴趣、背景、社会经济状况、问题的类型等方面具有异质性时,团体提供了一个真实生活的情景;团体提供了人际和支持的气氛,使成员愿意去探索他们自己带到团体中的问题。

一、团体辅导的特点

(一) 团体辅导的影响力大

个别辅导是心理辅导人员与来访者之间单向或双向沟通的过程,而团体辅导是多向沟通的过程。对每一个成员来说,存在多个影响源。每个成员不仅自己接受他人的帮助,也可以帮助其他成员。此外,在团体情境下,成员可以同时学习和模仿其他成员健康的行为模式,从多个角度洞察和认识自己的问题或烦恼。在团体辅导过程中,成员之间互相支持、集思广益、共同探寻解决问题的办法,既减少了对团体领导者的依赖,也增强了每个成员解决问题的能力和信心。尤其是当团体发展出建设性的动力时,每个成员都可以成为别人的成长资源,这样就会形成强大的积极动力推动团体发展,从而促进个人更加开放,获得更多的突破和更多新的经验。

例如,在学校为问题学生的家长举办的团体辅导的分享过程中,每位母亲都诉说了孩子逃学,自己又无改变良策的焦虑和苦恼,声泪俱下,引起一片共鸣声。通过交流,成员看到其他家长也有和自己同样的苦恼,甚至情况更严重,自己不是世界上最倒霉的人,由此获得了安慰,(这种治疗效果被称为团体辅导中的"普遍化")。成员在诉说过程中宣泄了压抑长久的消极情绪,减轻了心理负担和压力,稳定了情绪。同时,正因为成员的问题相近,解决问题的迫切性强烈,在团体中,成员交流了各自已经采取的措施、办法及效果,不仅起到相互启发的作用,而且可以齐心协力,聚焦问题,共同探讨解决问题的有效措施。当团体辅导结束时,每个成员都改变了开始时苦恼、焦虑、忧心忡忡、束手无策、缺乏信心的状态,他们用新的积极的态度面对问题,设法帮助孩子改变逃学现象。团体辅导以其特有的影响力促进成员改变和进步。这种效果绝对不是一个团体领导者所能达到的。

不过,需要注意的是,团体的动力也有负性的,一旦团体出现破坏和消极的影响力时,如果团体领导者不能及时发现、调整和干预,就会对团体成员造成很大的伤害。例如,在一个团体辅导中有两个控制性很强的成员,他们对其他成员形成了强烈的威胁,而大多数成员迫于压力而附和他们的意见,使得另外几个成员很压抑而纷纷退出团体,导致团体破裂。因此,需要从正反两个方面来理解团体辅导的影响力。

(二) 团体辅导的效率高

个别辅导是心理辅导人员与来访者一对一进行帮助指导,每次辅导面谈需要花费50分钟到1小时。而团体辅导是一个团体领导者带领多个团体成员,在有限的时间里增加了辅导人数,提高了辅导效率,节省了辅导的时间与人力成本。团体辅导符合经济的原则,提高了辅导的效益,这是显而易见的。

团体辅导的经济效能还体现在利用集思广益的研讨方法,探求问题发生后的处理方式,做到防患于未然,避免问题的发生。

此外,团体辅导可以缓解辅导人员不足的矛盾。心理辅导从20世纪40年代以后迅速发展起来,二战后西方国家心理障碍患者急剧增加,而专业人员又极其有限,从而使得团体辅导和治疗得以大大推广。目前,我国发展心理辅导也存在这个问题,受过专门训练的心理辅导教师和心理咨询师严重缺乏,不能满足社会对心理辅导的广泛需求,因此,开展团体辅导可以缓解专业人员不足的矛盾,也能有效地满足社会的需求。

(三) 团体辅导的后续效果好

团体辅导的基本原理是它提供了一种生活经验,参加者能将从团体中学习到的新经验应用于日常同他人的互动中。通过团体历程,成员们经历了难以突破的瓶颈,也重现了日常生活中做决定时的情形,因而学会做适当的新决定。团体历程帮助成员发现自己在日常生活中的困扰和所扮演的角色及困扰,使成员开始在团体内与每天的生活中表现出和过去不同的行为,而逐渐能控制自己的生活,更加适应,更加健康。

人是社会的人,人生活在社会环境中,接受社会的影响,并同各类人打交道,建立不同的人际关系。由此所发生的互动,既可能满足人、发展人,也可能伤害人、阻碍人。人的许多心理适应问题都是在人际交往中,在特定的社会环境中发生、发展的。为此,把来自社会环境,来自人际交往的问题放回到类似的环境中去再认识、重新调整,既有针对性,又有实际效果。

团体辅导提供了一个类似真实的社会生活情境，为参加者提供了社交的机会。成员在团体中的言行往往是他们日常生活行为的再现。在充满安全的、信任的、尊重的良好团体气氛中，通过示范、模仿、训练等方法，参加者可以尝试与他人建立良好的人际关系。如果他们的行为在团体中能有所改变，这种改变会延伸到团体之外的现实生活中。也就是说，从团体辅导中所学到的经验更容易迁移到日常生活中去。

（四）团体辅导的适应范围广

团体辅导的应用范围很广，可以说有人群的地方团体辅导就可以发挥作用。无论是对于正常人群还是有心理困扰和疾病的人群都适用。比如，在临床心理服务机构开展的团体，可以帮助各种有心理障碍和心理疾病的患者学习新的知识和技能，训练新的行为，而改变他们的症状。而面向健康正常人的团体辅导往往以发展为目标，解决正常人的心理适应，预防心理问题，并使人的潜能得到开发。表 2-3 介绍了团体辅导的主要应用领域及主题。

表 2-3　团体辅导主要应用领域及主题

主要应用领域	主　题
教育部门	学业辅导，人际关系，生涯辅导，适应辅导，课外辅导，班级辅导，教师培训，家长教育等
社区机构	家庭服务，妇女工作，老年人适应，青少年成长服务，志愿者培训，社区工作者培训等
企业部门	员工培训，团队建设，职场关系，工作技能，压力管理，生涯发展，家庭工作平衡等
政府机构	公务员培训，有效沟通技巧，工作压力管理，和谐团队建设，工作技能提升，心理健康促进等
司法部门	服刑人员改造，预防再犯罪，司法人员压力管理，服刑人员入监适应、重返社会适应训练等
福利机构	残疾人服务，灾后危机心理干预，特殊困难人群服务等
医疗部门	各类患者心理干预，患者支持性团体，患者家属服务，医护人员工作技能培训、医护人员压力管理和情绪调适等
军事部门	新兵入伍适应训练，军人团队建设，工作压力管理，人际沟通训练，心理素质训练，积极心理品质培育，团体心理战术等

此外，团体辅导对于人际关系适应不良的人有特别的作用。一般的青少年缺乏社会化的经验，在学校或社会里常发生人际关系方面的冲突或躲避与人接触，可以受惠于团体辅导。那些长年与同学、同事不能友好相处的人，也可经由团体辅导来改善人际关系的适应。有些人因为缺乏客观的自我评价、缺乏对他人的信任，过分依赖或过分武断，难以与他人建立和保持良好的、协调的人际关系，这种情况也可以通过团体辅导进行矫正而获益。

二、团体辅导的功能

团体辅导能够广泛地被应用是因其具有特殊的功能,概括而言,团体辅导具有教育、发展、预防和治疗四个方面的功能,这四个方面的功能是相互联系又相互渗透的,在团体辅导过程中共同发挥作用。

(一) 团体辅导的教育功能

团体辅导的过程经常被认为是一个通过成员相互作用,来协助他们增进自我了解、自我抉择、自我发展,进而自我实现的一个学习过程。辅导学家本耐特(M. E. Bennett)曾提出成员在团体辅导中学习的 10 项内容,并强调了成员的主动学习、自我评估和自我改进。可见,团体辅导有助于团体成员的自我教育。

团体辅导的过程还有助于培养学生的社会性培育,学习有效沟通、团队合作,社会规范及适应社会生活的态度与习惯,尊重每个人的独特和个性,促进人的德、智、体、美、劳全面发展。

参加团体辅导的人常常有共同的人生课题或相似的困扰,例如学习压力问题、人际适应问题、家庭沟通问题、中年困惑问题等。在团体中,领导者的任务是教那些在应对日常生活中的压力和任务方面需要帮助的正常人模仿某些策略或产生新的行为,从而能够最大限度地发挥其已经存在的能力,或者形成更为适当的应变能力。同时,成员可以在团体中分享经验、相互学习,以获得正确的观念与适应的态度。一言以蔽之,团体辅导的教育功能能够使大多数成员在团体辅导过程中学习到新的行为和态度。

(二) 团体辅导的发展功能

辅导心理学强调发展的模式,即要帮助辅导对象得到充分发展,扫除其正常成长过程中的障碍。团体辅导不但能纠正成员不成熟的偏差态度与行为,而且能促进良好的发展与心理成熟,培养健全的人格,协调其人际关系。可以说,团体辅导最大的功能就在于它有益于正常人的健康发展。一般情况下,每个人在发展过程中都有一些困扰,这些困扰会干扰个人的发展,例如学生的学习适应问题、婚姻中的矛盾冲突问题、职场上的竞争问题等。通过团体辅导,人们学习到解决这些问题的方法,提高了解决心理问题的能力。特别在学校里,理想的辅导工作不只是关心问题学生的辅导,更要注意正常学生的引导。团体辅导能启发和引导正常学生,满足他们的基本需要、社会需要与自我需要,促进他们自我了解,改善人际关系,学到建立充满信任的人际关系所需要掌握的技巧和方法,养成积极面对问题的态度,对生活和未来充满希望,能够规划自己的人生。所以说,团体辅导的积极目的在于促进人的发展。

(三) 团体辅导的预防功能

团体辅导是预防心理问题发生的最佳策略。通过团体辅导,成员对自己的问题或状况有更多的认识，了解到什么是健康和适应的行为、什么是心理问题和不健康的行为，有些成员会夸大自己的问题，将缺乏人际交往经验的紧张和不安误认为是忧郁症，或将新环境的适应问题看成是心理疾病。团体辅导提供了更多的机会，让成员之间彼此交换意见，互诉心声，讨论以后可能遇到的难题及其可行的解决办法，增进对问题处理能力的培养，以预防问题的发生或减少心理问题发生的概率。在团体辅导中，团体领导者能发现那些需要进一步接受个别咨询的人，及时安排个别咨询，预防问题严重化。同时，所有团体成员对心理辅导也有正确的认识，以积极的态度在心理上有所准备，当他们一旦需要帮助时可以主动求助专业机构，将心理辅导作为帮助个人成长的一条途径，这些均能起到预防心理问题发生的作用，防患于未然。

（四）团体辅导的治疗功能

许多心理治疗专家强调人类行为的社会相互作用。在团体的方式下，由于团体情境比较接近日常生活与现实状况，以此处理情绪困扰与心理偏差行为，就容易收到良好的效果。目前，在学校心理辅导中广泛应用不同类型的团体辅导活动，虽然学校中心理疾病的患者人数很少，但情绪不稳定、适应不良、有心理困扰的学生却为数不少。这些有心理困扰的学生，经过团体辅导，不仅使问题不再恶化，而且使心理问题得到减轻，即团体辅导既起预防作用，也起治疗作用，既矫治了偏差的心理和行为，也培养了新的能力。

三、团体辅导的局限性

团体辅导在心理健康服务中有积极作用，是重要的形式之一。在某种程度上优于个别辅导，特别对于人际关系适应不佳的人有特殊作用。但任何事物都有其优越性和局限性，团体辅导也不例外。一般而言，团体辅导的局限性主要集中表现在以下几个方面。

（一）团体参加人数多，保密相对于个别工作更困难

团体辅导少则七八个人，多则几十个人，要求尊重每个成员的隐私权，遵守保密的原则，不在团体之外去讨论团体成员个人的问题，可以谈论自己在团体中的收获，但不能传播别人的故事。如确有必要，在讲课举例或接受督导时，必须隐去成员能够被识别的个人信息。但由于团体辅导人数多，有时会有成员在不经意间泄露了某个成员的个人信息。所以，团体带领者要注意反复提醒成员遵守保密原则。

（二）团体需要的资源多，组织起来相对困难多

团体辅导要求的场地大，运用的道具和材料多，人力上和财力上都会需要更多。团体领导者需要去协调和争取这些资源，付出的精力也更多。尤其是当某一个成员由于特殊原因需要改时间时，团体可能需要很长的时间去协调每个人的时间。

（三）在团体情境中个体需要和差异难以照顾周全

团体领导者要照顾每个成员，但在团体中，成员所用的时间和解决的问题有很大不同，

团体辅导将时间和注意力平均分配到每个成员身上,就会减少一些成员的参与和关注,甚至会忽视个别成员的需要,如果他没有积极表达这种要求的话。而且,不同的成员因个性不同,问题存在差异,团体领导者在团体中就难以顾全到每个成员。经常是那些投入快的、积极的成员收获大些,而那些比较被动的成员获得的就少些。所以,同一个团体,每个成员的体验和收获也是很不同的。

(四) 在团体情境中不适合团体的个人特质

团体辅导虽然可以应用到许多范围,但它绝对不是万能的,团体辅导不可能适用于每个人。在某些情况下它的助人功能会受到限制,甚至会给不适合团体辅导的人造成很严重的伤害,所以,要意识到团体辅导的局限性,不能夸大团体的功能和作用。例如依赖性过强的人,有沟通困难的人、有社会交往障碍的人,自我封闭的人或过于以自我为中心的人,在团体中都难以获得好处,还有可能妨碍团体的发展。

(五) 团体辅导对领导者要求高

团体辅导对领导者的人格特质、专业训练、技术方法、临床经验和伦理道德等方面有很高的要求。一个团体领导者应具备丰富的个别辅导知识,接受过严格的辅导技术的专业培训,不断接受专业督导和学习新的技术,并要有参加多个团体辅导的经验。一些有热情但能力不足的团体领导者在带领团体时会给成员带来很大的负面影响。因此,团体领导者要意识到个人的特点和局限性,要自我觉察自己的能力和不足,在带领团体时要做好充分的心理准备,充分尊重每一位成员,在团体中经常了解成员的体会,评估团体对成员的影响,将因团体领导者个人能力而可能出现的负面影响降低到最低程度。

所有的局限,只要我们意识到,就可以通过一些积极有效的应对方法去注意、克服,尽可能地减少局限性对团体效能的影响。

第二节　团体辅导的目标与类型

团体辅导作为一种有计划的辅导活动,为了取得预期的结果,必须有明确的目标,同时也必须遵循一定的原则。团体目标犹如团体领导者带领团体的“地图”“指南针”一样。团体领导者须清楚地了解团体目标,以此来引导成员,这也是团体辅导的基础。另外,对团体的种类、规模、对象、时长等的选择也要随着目标的不同而有所不同。

一、团体辅导目标

(一) 团体辅导目标的功能

对团体领导者来说,团体辅导目标可以作为引导成员的依据。它为团体和成员提供了一个发展方向,可以帮助成员将注意力集中于某一方面。团体辅导的目标也具有评估的功能，为领导者提供一把量尺，用以评估团体辅导的效果。由此可见，任何一个团体辅导都必须有清晰而明确的目标。

（二）团体辅导目标的层次

团体辅导的目标可以分为一般目标、特殊目标和过程目标。一般目标指通过各种团体练习的形式，促使参加者获得生长发展的机会，加强他们的兴趣与经验，培养他们对社会的习惯态度与责任，更好地适应社会。特殊目标指每一个团体辅导针对成员的类型所要达到的专门目标。过程目标是指整个团体辅导的特殊目标是通过几个分目标达成的，不同阶段的目标有别。

1. 团体辅导的一般目标

团体辅导的一般目标是指无论为哪种特殊目的而组成实施的团体辅导，在团体辅导过程中都会包含的目标。具体可概括为以下几项。

（1）通过自我探索的过程帮助成员认识自己、了解自己、接纳自己，增强自觉，使他们能够对自我有更合理的看法。

（2）通过与其他成员沟通交流，学习社交技巧和发展人际关系的能力，学会信任他人。

（3）帮助成员培养责任感，关心他人进而敏锐地觉察他人的感受和需要，更善于理解他人，更有效地和人交往，而且懂得与人分享的价值和重要性。

（4）培养成员的归属感与被接纳感，使其更有安全感，更有信心面对生活中的挑战。

（5）增强成员独立自主、自己解决问题和抉择的能力，探索和发现一些可行而有效的途径来处理生活中一般的发展性问题，解决冲突矛盾。

（6）帮助成员确认个人的价值观，协助他们在自我评估的基础上做出修正与改进。

（7）帮助成员增强自我方向感，培养独立自主、自己解决问题和选择问题的能力，同时协助他们把这些能力应用到自己的日常生活和工作领域中。

2. 团体辅导的特殊目标

团体辅导的特殊目标是指不同的团体辅导要达到的独特目标，比如：自信心训练小组的独特目标是增强自信心，人际关系训练团体的独特目标是改善人际关系、掌握交往技能，戒毒团体的独特目标是帮助成员从吸毒的泥坑中挣脱出来。

3. 团体辅导的过程目标

团体辅导是一个发展的过程，需要经历若干发展阶段。每个阶段都有不同的目标。团体创始期的目标是协助成员互相认识，了解团体的目标和结构，察觉自我的感觉和行为，建立团体的契约以保证团体顺利进行。团体过渡期的目标是协助成员分享感受和经验，经由团体练习促进成员之间的信任，并觉察自己与他人的感受和行为。团体工作期的目标是协助成员检视自我困扰、焦虑的状况，觉察有效的社会行为，学习问题解决的方法，激发自我不断地改变与成长。团体结束期的目标是协助成员总结已有的积极改变成果，巩固习得的适应行为，并制定今后的成长计划，将在团体中所学的知识应用于实际生活。

表 2-4　我国台湾地区学校团体辅导的目标

能力类型	具体内容
一、发展个人功能相关的能力	1. 自我接纳(自我觉察、自我了解) 2. 自我成长(达成发展任务、自主与自律) 3. 自我认同(自尊感、自我确认、自我接纳)
二、发展人群功能相关的能力	1. 社会兴趣(参与社区、关怀他人) 2. 责任行为(对自己、家庭、学校、社会) 3. 沟通技巧(人际沟通、冲突解决、团体讨论技巧) 4. 合作行为(适当取予、双赢技巧、领导与服从) 5. 情感情绪管理技巧(觉察、表达、控制)
三、发展环境功能相关的能力	1. 信息运用能力(研究、分析、评鉴、综合、问题解决) 2. 决策能力(决策步骤、做出选择) 3. 多元文化能力(认识与重视自己的文化、了解与接纳并欣赏不同文化、多元文化中的沟通能力)
四、发展终身生涯功能相关的能力	1. 日常生活能力(生活计划、经济管理、应对技巧、时间管理) 2. 人生角色能力(亲子、夫妻、师生关系,以及人生各年龄阶段的角色担当能力) 3. 生涯规划能力(价值澄清、生涯抉择、形成目标与计划) 4. 受雇能力(教育与职业准备、工作态度、工作伦理)

(引自吴秀碧著:《团体辅导的理论与实务》,品高图书出版社 2000 年版,第 35 页。)

二、团体辅导的原则

为了发挥团体辅导的作用,完成团体辅导的目标,获得理想的效果,团体辅导中应遵循一些基本原则。

(一) 专业原则

团体辅导和一般的团体活动有很大的区别,团体辅导不是普通的聚会,它是由专业人员带领的有组织有计划的活动,从团体准备、招募成员,到制定规范、开展各种活动,团体的过程发展以及结果评估等都有极强的专业性,团体领导者应具有丰富的临床经验和较强的技术来引导团体的发展。有些团体领导者因专业性较弱,容易将团体辅导变相为一般的团体活动。团体成员虽然在活动中感到愉悦和轻松,但不能促进成员进行有深度的自我探索,即只是起到娱乐的效果而没有达到积极改变的功能。

(二) 民主原则

虽然团体领导者在团体中起引导的作用,但实际在团体中,他也是一个成员,他应尊重每一位成员,努力建立安全的心理氛围,促使团体保持自在开放的气氛,增强团体的凝聚力。在团体中,每个成员都可以参与团体练习,都有权决定活动,团体领导者要鼓励成员发表自己的见解，并做与人平等沟通的楷模。团体的各种规范是据成员的需要来决定的，而不是团体领导者来左右的。团体领导者更多时候是扮演跟随者的角色，起到"催化"成员自由表达的作用，激发成员的能力和主见，使每个成员都承担起发展团体的责任。

（三）共同原则

有效能的团体辅导是根据成员共有的主题而组织的，如人际沟通团体、情绪管理团体、领导技能团体、压力处理团体等。因此，在团体辅导过程中，要注意成员共同的志趣和共同的问题。当某个成员谈论的话题是大多数成员不感兴趣的，团体领导者要及时调整团体的节奏，以免其他成员感觉枯燥无味。团体领导者要使成员彼此关注，促进他们间的互动，增强共鸣，达成成员共同的利益和共同的目的。例如，人际关系团体辅导活动的参加者都有学习与他人相处的技术的共同愿望。

（四）启导原则

辅导的根本任务是助人与自助，因此在团体辅导过程中，应本着鼓励、启发、引导的原则，尊重每个人的个性，鼓励个人发表意见，重视团体内的交流与各种反应，适时地提出问题，激发成员思考，培养成员分析问题与解决问题的能力。

（五）发展原则

在团体辅导过程中，团体领导者要用发展变化的观点看待团体成员的问题，用发展变化的观点把握团体辅导的过程。不仅要在问题的分析和本质的把握上善用发展的眼光做动态考察，而且在对问题的解决和辅导结果的预测上，也应具有发展的观点。

（六）综合原则

团体辅导的理论、方法、技术种类繁多。只局限于某种理论和方法往往难以使团体辅导获得满意的效果。因此，团体领导者应该了解各种理论和方法，根据团体辅导的任务和性质，综合选取有效的技术，以达成团体辅导的目标。

（七）保密原则

尊重每一个团体成员的权利及隐私，是团体辅导中最基本的原则。在团体辅导过程中，团体成员出于对团体领导者和其他成员的高度信任，或者被团体真诚、温暖、理解的气氛所感染，而把自己多年不被人知道的隐私暴露出来。这从成长及治疗的角度讲是非常有意义的，但是如果团体领导者或其他成员有意无意地议论个人的隐私，不仅会给暴露者带来极大的伤害，也会妨碍其他成员的自我探索，甚至严重损害团体辅导的形象和声誉，使成员对团体有所保留和担忧。团体领导者应在团体开始时向全体成员说明保密的重要性，并制定保密规定要求大家遵守，如"不在任何场合透露成员的个人隐私"。如果需要研究或发表，必须征得当事人本人的同意，并隐去真实姓名，确保当事人的利益不受损害。

但保密不是绝对的,在当事人或其他人确实处在危险边缘时,应采取合理措施,通知有关人员或组织,并向有关专业辅导人员请教。这种做法从根本上讲,仍是为了保护当事人的利益。

三、团体辅导的类型

团体辅导因设计内容的差异和参与对象等不同而有不同的种类。如根据团体组成的目标、功能、性质、时间和成员的需要等因素,可以划分出各种类型的团体。依据不同的心理辅导理论与方法来分类,可分为十种类型团体;根据团体不同的性质和功能,可分为成长团体、训练团体、治疗团体和自助团体;按照团体辅导的结构化程度,可以分为结构式团体辅导、非结构式团体辅导及半结构式团体辅导。

(一) 根据团体辅导所依据的理论与方法分类

1. 心理分析团体

心理分析团体是将精神分析的理论、原则和方法应用于团体工作的一种治疗形式。主要用于团体心理治疗。治疗的过程是提供机会以协助成员重新经验其早期家庭关系,讨论和解释过去的经历,发现与过去事件有关联而对目前行为有影响的压抑感受,对于心理问题的根源产生顿悟,尝试处理成员在潜意识层面所产生的防御和抗拒,以期化解成员由童年经验导致的适应失效的生活模式,以激励他们根据新产生的领悟作出各种新的选择。其目的在于揭示团体中每个成员的核心冲突,使之上升到意识层面,以此促进成员的自我了解,认识并领悟自己被压抑了的种种冲动和愿望,最终消除症状,较好地适应和处理各种生活情境与挑战。

在心理分析团体咨询与治疗中采用的主要技术包括:启发并鼓励成员做自由联想,对成员的梦与幻想进行解析、分析阻抗、揭示移情与反移情、解释、领悟和修通、替代性单元等。

2. 行为主义团体

行为主义团体是指把行为疗法的理论与方法用于团体治疗,它具有四个特征:第一,用具体的行为主义的术语来阐述问题,并确定治疗目标;第二,所有的方法与技术都是针对成员的外部行为或症状本身;第三,对适应不良行为和新行为进行客观的测量与评定;第四,运用学习原则促进团体成员的行为变化。

按照行为主义的观点,个体的不适应行为或各种神经症都是个体在其生活环境中学习到的错误行为,它也可以通过重新学习而被改变或消退。在团体行为治疗中,团体是训练和学习的场所。团体为成员提供更多的机会以提示和激励成员改变不适应行为,学习新行为。团体成员实施新行为而得到的强化不仅来自领导者,也来自成员之间的相互作用,这种社会环境的强化作用比个别行为治疗更有效。

行为主义的团体治疗的常用技术与方法包括:集体系统脱敏、集体放松训练、示范疗法、角色扮演、社交技能训练等。

3. 当事人中心团体

图 2-2　卡尔·罗杰斯

当事人中心团体是由卡尔·罗杰斯（C. R. Rogers）创立的。罗杰斯强调人的价值和尊严，其人性观是绝对积极和乐观的。他相信人是理性的，能够自立、有能力为自己负责。人有正面的人生取向和自我实现的成长动力。他坚信人是建设性的、社会性的、值得信任的、能够合作的。所以，团体领导者只要在团体中发挥帮助和催化的作用，充分相信成员的能力和价值，成员就能够寻找到自己的方向和新的行为。团体领导者的主要功能是为团体培养出一种滋养性的和有治疗功能的氛围。罗杰斯重视的是领导者的个人素质和修养，并不看重领导者的技能。

当事人中心团体核心的条件是真诚、无条件的接纳和温暖、感同身受的同感，主要的技术有主动和敏锐的倾听、反映、澄清、摘要、个人分享、共情、支持等。

4. 完形学派团体

完形学派（又称格式塔学派）的创始人是德国心理学家皮尔斯（F. S. Perls）。"完形"（Gestalt）是指对任何一个人，一件事情或物品都要整体地看。如果只研究一部分，就不可能明白事物的全部和真相。他认为人类最大的问题是将自己分裂得支离破碎，结果就会出现许多矛盾、冲突和痛苦。因此，完形学派团体的主要目标是帮助成员重新成为一个完整的个体。在团体中，领导者协助成员从"环境的支持"转移为"自我的支持"，不再依赖他人，帮助成员发现和肯定自己的潜质，在生活中可以采取主动，迈向成熟。

图 2-3　皮尔斯

完形学派强调此时此地、觉察和责任，解决问题和回避神经症层次的防卫模式，其主要技术有非语言表达、承担责任的技术、对话实验、轮流交谈、想象法、预演、空椅、夸张活动等。

5. 交互分析团体

图 2-4　埃里克·伯恩

交互分析团体的创始人是埃里克·伯恩（Eric Berne）。交互分析的基本假设是：人类基于过去做出现时的决定，强调倾听分析的能力，旨在增强当事人的觉察能力，使人能够做出新的选择（重新决定），并因此改变自己的生活进程。在团体中，团体领导者提供一种互动和契约的方法，协助成员去除自我和他人互动中所使用的不当脚本和游戏，对成员早期的决定作检视与挑战，并学习从功能上认识三种自我状态（儿童自我、成人自我和父母自我），清楚自己的人生游戏，学习界定出个人的人生剧本，最终认识到自己可以做出新决定，以一种新的生活方式取代以前不好的方式。

交互分析的主要技术有设定契约、结构分析、沟通分析、游戏分析和生活脚本分析等。

6. 理性情绪团体

理性情绪团体是指在团体情境下将认知疗法与行为疗法相结合,帮助团体成员产生认知、情感、态度、行为方面的改变。心理学家艾利斯(Albert Ellis)是理性情绪的创始人。理性情绪学派认为个体的心理障碍和行为问题产生于错误的思维方式以及对现实的错误感知。因此,只有帮助个体学会辨识并且改善这些不合理的信念、价值观、感知、归因等认知及其过程,才有可能有效地改变不适应的行为。

图 2-5　艾利斯

艾利斯在 20 世纪 50 年代创立的理性情绪疗法(Rational-emotive therapy,简称 RET 法)应用最为广泛,80 年代,他将这种方法与技术概括为三部分:RET 认知团体治疗技术、RET 情感团体治疗技术、RET 行为团体治疗技术。具体技术包括:与不合理信念辩论、重新构想技术、认知家庭作业、合理情绪想象、角色扮演、脱敏技术、技能训练等。

7. 现实治疗团体

图 2-6　格拉塞

现实治疗团体的创始人是心理学家格拉塞(Glasser)。他发现人经常根据自己的需要而创造出个人独特的内心世界,以致真实世界似乎都不存在,而人们就生活在自己所营造出的世界中。因此,在现实治疗团体中,团体领导者要帮助成员对自己的行为负责任,学习更有效地面对现实世界。协助成员澄清和界定生活目标,清楚自己的阻碍,探索出达到目标的不同途径,制定计划并坚持完成。

现实治疗团体的技术主要有四种:有技巧地询问、个人成长计划中的自助技巧、使用幽默、矛盾的技术。

8. 心理剧团体

心理剧(Psychodrama)是 20 世纪 20 年代初由雅各布·莫雷诺(Jacob Levy Moreno)首创的一种团体心理治疗的形式。通过特殊的戏剧化形式,让参加者自发地扮演某种角色,以某种心理冲突情境下的自发表演为主。在表演过程中,主角的人格结构、人际关系、心理冲突和情绪问题逐渐呈现于舞台,达到精神宣泄的目的,消除思想上的压力和自卑感,诱导其主动性,使主角及其他参加者从中找到自己的现实生活,增强适应环境和克服危机的能力。

心理剧的诞生在心理辅导与治疗的发展历史中是一个重要的转折点,标志着从对个体进行一对一的治疗转向在团体中治疗个体。可以说,它是团体治疗的重要开端。现在已成为各种团体辅导和治疗中最常用的技术。同时,心理剧也被广泛应用于职业训练中。

图 2-7
雅各布·莫雷诺

心理剧的基本要素有导演、主角、配角、观众，主要技法有自我介绍、角色交换、替身技术、镜像技术、魔幻商店、未来投射和独白等。

9. 后现代取向团体

后现代取向（Postmodern Approaches）兴起于 20 世纪中后叶，它挑战了许多传统咨询与治疗的假设，主张人是健康、有能力、有弹性、充满资源的；每个人都是自己生活的专家，有能力去发现可以改变其生活方向的解决之道。此外，后现代取向接受多元真实，主张个人创造了自己的现实，每个人对自己及所处世界所形成的意义就是每个人自己的故事。后现代取向中比较具有影响力的流派有短程焦点疗法和叙事疗法。二者的共性是咨询师都不再扮演传统心理咨询与治疗中所处的"专家"角色，他们相信来访者才是自己生活中真正的专家，通过咨询中获得的正向体验，来访者能主动投入去解决自身问题，利用自身资源去创造建设性的改变。而在差异方面，二者在理念侧重和具体技术上有所不同。

短程焦点疗法（Solution-Focused Brief Therapy，简称 SFBT）注重简单有效，较少关注问题本身，主要关注问题的解决，通过讨论来访者对问题的期待，引导来访者关注什么有效并多做有效的方法，关注一小步的改变，认为小的改变会带来更大的改变。在 SFBT 团体中，共情与合作的团体关系是更为重要的，团体领导者通过创造相互尊重、对话性、询问与肯定的气氛，促进成员自由探索问题解决的方案，值得注意的是，团体领导者需要确保成员处于解决方案的轨道，而非探索问题的轨道，也就是说团体领导者需要将成员的关注点从"问题"引到"正向"。在 SFBT 团体中，焦点解决疗法的一系列技巧都可能被用到，如例外问题、奇迹问题、评量问句等。团体带领重点在于将成员的视角从问题扩展到力量和未使用的资源上，着眼于未来，发现可能有效的解决方案，而不是了解问题的成因。

叙事疗法认为，问题是在社会、文化、政治和关系背景下被界定的，并非存在于个人，因此主张通过将来访者和其问题切割，而使来访者感到被赋能。在叙事团体中，团体成员感到自己不是问题，问题才是问题。团体领导者协助成员将自己原本充满问题的故事创造成替代性的故事，建构出有意义的目标，以朝向更好的未来。在叙事治疗团体中，团体领导者会从叙事治疗的观点，引导成员看到社会的标准和期望是如何内化成个人受束缚的狭隘的生活方式，团体领导者会邀请成员用新的故事去描述他们的经验，协助成员获得更多的效能感和积极体验，从而能更好地面对生活。

10. 整合取向团体

整合取向（Integrative Approaches）的团体会吸取各种理论取向的概念和技术，因为它认为当把所有类型的个案及其特定问题全部放在一起考量时，没有任何一项单一的理论能解释人类行为的复杂。许多临床工作者都能看到单一理论体系对开展临床实务工作的限制，并且对整合各种咨询与治疗取向的价值取向保持开放态度。对于团体领导者来说，我们也鼓励你对每个理论流派保持开放态度，因为不同的理论方法可能使你在面对团体中多样而复杂的情况时变得更有创意和灵活性。我们鼓励团体领导者尝试去学习所有的当代理论，并能看到其独特的贡献和限制，从而决定将哪些概念和技术整合到自己个人的团体工作实务中。

然而,整合取向是需要建立在大量阅读、学习、督导、临床实践,以及研究和理论化的基础上的。对于团体辅导初学者来说,期望自己能很快具备一个整合并且定义清楚的取向是不切实际的。更明智的作为是选择最接近自己基本价值观的理论来学习,当彻底了解某个理论后,你就有了稳定的理论锚点去开展团体工作,可以在此基础上建构自己的咨询观点,但因为团体中成员的多样性带来的复杂性,在应用所学理论和技术时,我们仍然需要保持灵活的方式和开放的态度。随着实践的积累和不断反思,你可以从多种技术中选择适合自己的技术作为基础,逐渐发展出一致性的概念架构,并在终生的努力和修正中,发展出指导自己临床实务的个人化风格。

(二) 根据团体辅导的性质和功能分类

根据团体的不同性质和功能,主要有以下几种类型的团体。

1. 成长性团体

成长性团体是应用最为广泛的团体辅导形式,特别在学校教育中更受到关注。成长性团体的主要目的是通过团体成员的主动参与、表达自己,从而找到大家共同的兴趣与目标,重点是自我成长与自我完善。成长性团体基于这样的认识,在人生成长过程中,每个人都会不断遇到困难,如能克服一些不可避免的困难,人便获得心智成长。因此,在这种类型的团体中,一切活动都将有助于个人的成长,特别是通过成员互动可以互相学习和互相借鉴,取长补短,实现新的成长。

团体辅导的成长功能体现在:第一,使个别成员已失去的社会功能与技巧得到补充和修正;第二,使成员能够掌握社会技巧以便自我解决问题;第三,团体可以帮助成员迈向自我完善、发挥潜能的境界。这些成长功能可以通过以下条件实现。

(1) 让成员有宣泄的机会,通过团体过程,使个别成员将埋藏于心底的感受,如恐惧、愤怒、罪恶感等,在其他人面前充分表达,以解除他们的感情障碍。

(2) 团体给成员以支持,通过团体对成员的接纳、爱护及支持,使他们对团体有归属感,以便尽量表达自我,从而提高自尊。

(3) 使成员对自己有新的认识,成员通过团体过程,观察到他人在相同情况下如何处理问题,了解到别人对自己的看法,从而可以对自己有更清晰的、具体的认识。

(4) 改善适应促进成长,当成员对自己、对他人有了更清楚的认识后,就可以找出更多方法来对事和对人,增强判断能力,适应社会生活。

成长性团体应用范围广泛,尤其是在培养领导人才、协助个人成长方面。同时,也适用于帮助那些缺乏自信或社会适应有问题的人。

20 世纪 60 年代中期,罗杰斯将当时存在于美国的许多性质相同的咨询团体统称为会心团体(Encounter Group),包括人际关系小组、T—小组、敏感性训练小组、个人成长小组、人类潜能小组等。这些团体尽管名称各异,但本质上是相同的,都强调团体中的人际交往经验,都注重此时此地的情感问题。团体的目的不是为了治疗,而是促进个人的成长,包括了解自我、增强自信、寻求有意义的人际关系等。会心就是指心与心的沟通和交流,这是会心团体最根本的特点。因此,会心团体被视为发展性团体,或成长性团体。

会心团体正是在罗杰斯的推动下进入了一个新的发展阶段。罗杰斯这样评价道：会心团体也许是本世纪最重要的发明,对这一发展的需求远远超出了人们的预料。会心团体作为一种有实效且被广泛应用的团体形式,具有四个主要作用。

第一,提供自我探究的机会。在会心团体中,成员摆脱了日常生活中角色的束缚,提供了触及自己内心深处真实自我的条件和气氛,有助于自我探究,加深了对自我的认识。

第二,提供在变化激烈的时代里再学习的机会。现代社会中传统的价值观受到冲击,家庭、人际关系、教育、婚姻等领域正在发生革命,人们在价值观多元化的条件下探索新的生活方式。会心团体使参加者有机会接触各种人,了解各种生活方式,从而对自己进行再发现、再认识。

第三,提供与陌生人交往的机会。人生的一大乐趣是能遇到各种类型的人。虽然在日常生活中也有与陌生人打交道的机会,但是不像会心团体这样有组织地集中地提供与陌生人交往的机会和条件,使得成员可以学习与陌生人交往,提高建立良好人际关系的可能性。

第四,起到心理治疗的作用。会心团体以促进健康人心理进一步发展为目的,而不是以矫正心理障碍为目的。但是存在心理适应问题的人,通过会心团体也能认识到自己的问题之所在,从而找到解决问题的途径与方法,实际上起到了矫治的作用。不过,会心团体对那些有严重心理障碍者不宜。

会心团体可以集中组织,也可以分散进行。如每周聚会 1—2 次、每次 2—2.5 小时,在指定地点、指定时间活动。集中组织一般是利用 3—5 天时间,成员共同生活、集中住宿。团体从开始到结束,一般经历困惑探索阶段、信任接受阶段、自我探求阶段、变化成长阶段等。

2. 训练性团体

训练性团体所着重的是人际关系技巧的培养,强调通过团体环境中的行为实验来帮助成员了解如何解决问题、如何作决定、怎样表达自己的意见等。与成长性团体相比,训练性团体不注重个人成长,而重视团体发展的过程(每个阶段中成员互动的方式),引导成员观察、改进自己的行为。

训练性团体的主要功能在于为成员提供一个人际关系实验室,着重帮助成员去学习新的行为,改变不适应的行为,并通过练习使新的行为得到巩固。

训练性团体是在一个和谐的团体氛围中,帮助成员认识自己特有的行为模式,并亲身体验自身的行为能否达到自己预期的目标。例如,一个希望得到别人同情的人,可以在训练性团体中表现某一行为,看看是否能获得别人的同情。同时,他也可以表现出相反的另一个行为,而从其他成员的反馈中,得知此种行为在他们心中的反应,从而找到适当的行为方式。严格地讲,团体成员在学习中不是以改变自己的行为为目的的,而是为了了解"改变"能否使个人在团体及人际关系中生活得更加充实、更加满足。

由此可见，训练性团体就是通过团体成员相互作用的体验，学习对自己、对他人、对团体的理解和洞察，并掌握如何处理这些人际关系的技能。它有三个特性：第一，强调此时此地，不涉及成员过去的行为；第二，强调过程，不强调内容；第三，强调真实的人际关系，尊重他人，有利于他人的成长。训练性团体一般人数不多，由 10—15 人组成。

3. 治疗性团体

治疗性团体是指通过团体特有的治疗因素，如团体中所提供的支持、关心、感情宣泄等，改变成员的人格结构，达到使他们康复的目的。治疗性团体一般持续的时间较长，所处理的问题也较重，往往针对某种异常行为，如焦虑、抑郁、性问题等，团体的重点放在过去的经验影响以及潜意识的因素，同时或多或少带来个人的人格结构改变。因此，治疗性团体对团体领导者的要求要比发展性团体更高。

需要说明的是，参加治疗性团体的成员并不一定比发展性团体和训练性团体的成员更有问题。许多心智健康的人也可以参加治疗性团体，而且也会有所收获。因为，治疗性团体非常注重提供一种特殊的团体气氛，使不健康的人走向健康，使健康的人更加健康。

4. 自助性团体

自助性团体是有共同特点的人建立一个支持系统，这个系统帮助人们抵抗心理紧张和压力，为他们提供改变自己生活的动力。自助性团体可以满足人们的特殊需要，而这些需要是专业性的工作者或其他教育、宗教、社区机构所不能满足的。例如，体形保持团体、心脏病康复团体、成瘾行为匿名团体等，自助团体的领导大多数不是专业人员，团体领导者是自由产生的，不是被指定的。自助团体的对象存在共同问题，或是在生活中面临类似的困惑。自助团体往往以单一主题作为它的核心问题，如吸毒成瘾、疾病康复。在团体中成员们分享他们的经验，相互学习，彼此打气。自助团体很强调鼓励、劝告和支持，充分利用他们的自助性和团体内部的资源。

（三）根据团体辅导的结构化程度来分类

按照团体辅导的结构化程度，团体辅导可以分为结构式团体、非结构式团体、半结构式团体。

1. 结构式团体

结构式团体是指事先做了充分的计划和准备，安排有固定程序的活动让成员来实施的团体辅导。在这类团体中，团体领导者的身份易辨认、角色明确，经常需要采用较多的引导技巧，促进团体内互动。这类团体的优点是团体早期就能增加团体成员的合作，降低参加者的焦虑，容易聚焦。一般比较适合青少年，如大、中学生团体。

2. 非结构式团体

非结构式团体是指不安排有程序的固定活动，团体领导者配合成员的需要，根据团体动力的发展状况及成员彼此的互动关系来决定团体的目标、过程及运作程序。团体领导者的主要任务是催化、支持，多以非指导的方式来进行。非结构式团体也会适当运用团体练习，引发成员的感受和觉察。一般适合年龄较长、心智成熟、表达能力较强的人。

表 2-5　结构式与非结构式团体辅导的特点

	结构式	非结构式
人数	数十至数百名	10 人左右
时间	数小时至数日	3—5 日
领导者	指导者，不参加团体	促进者，参加团体
内容	按发展阶段共有的问题	针对各自的问题探讨
重点	主题	人
交流层次	有浅有深	深

（引自松原达哉编著：《图解杂学临床心理学》，ナツメ社 2007 年版。作者有删改。）

3. 半结构式团体

半结构式团体介于结构式团体与非结构式团体之间。一般有设计好的大致的团体方案和进程，但又不拘泥于已有的程序，在团体过程中给成员以一定的自由度。

表 2-6　结构式与非结构式团体比较

项目	结构式团体	非结构式团体
成员的学习	成员在参与过程中可以自由地根据自己的需要及价值观来吸收、学习；但学习的范围和方向容易被团体领导者设计的结构、主题所限制	成员学习的内容较无限制，随着成员彼此互动，引发出任何可能的学习材料及方向
领导者的角色	团体领导者清楚地运用其领导的角色来引导团体的进行。有时为了配合成员更有效地学习，会进行简短的演讲或印发学习材料	团体的学习有赖于成员彼此在团体过程中自然产生的情绪和行为。团体领导者适度参与团体，促进成员的沟通和了解、分享。领导角色不明显
团体的氛围	团体安全的氛围是被刻意制造的，如开始时运用暖身活动来培养团体氛围，酝酿学习情绪。为避免不安全和威胁的氛围，通常由容易或较浅的主题进行到较难或较深的主题，以帮助成员在安全的氛围中针对学习主题获得最有效的成长	因为成员的学习资源来自于成员彼此感情与行为的投入，成员自然地出现他自己被期待和鼓励的行为。团体初期因目标不明确而带来暧昧不清的团体气氛是由其作用的。因为它所提升的成员焦虑压力反而是促进、引发成员真实行为的力量

（引自徐西森著：《团体动力与团体辅导》，广东世界图书出版公司 2003 年版，第 27 页。）

（四）根据团体开放的程度来分类

按照团体开放的程度，团体辅导可以划分为开放式团体与封闭式团体。

1. 开放式团体

开放式团体是指成员不固定、不断更迭，新成员如果有兴趣可以随时加入的团体。开放式团体最大的特点是成员可以弹性地参与或不参与团体，成员被选择和进入团体的标准非常宽松，成员希望以不定期的方式来参加团体。

开放式团体的好处是可以有持续的成员流动，新成员的加入会使团体气氛产生很大变化，如果一个成员离开团体，会有新成员填补空缺，保障了团体的完整性。让成员自由地加入团体也是比较经济的做法。医院中的团体经常是开放式的，病人不断地出院或入院，团体的成员也在不断地变化。而且开放式团体允许成员自己决定去留的时间，这对于那些需要紧急和暂时性帮助的成员特别有价值。例如，正经历危机的人没有多余的时间等到新团体组成，他可以立即加入一个开放式团体接受帮助。

2. 封闭式团体

封闭式团体是指一个团体从第一次聚会到最后一次活动，其成员保持不变，一起进入团体、一起结束。封闭式团体对成员有一些限制，成员之间会有较多的凝聚力、连结和认同，并且因为成员已经参与一段时间，彼此认识，成员有较高的和谐性和认同感，团体辅导有很大的效能。因为团体辅导必须经历一段相当长的过程，新成员的加入不但会影响团体的连续性，而且会阻碍团体的凝聚力，进入的新成员将强迫团体放弃已有的基础。另外，新成员没有团体经验，他会将团体的工作带离此时此地，阻碍团体成长，影响团体进展。所以，封闭式团体是团体辅导最常用的方式。

但是，封闭式团体也有一些缺点，如果成员流失而没有其他成员替代，团体可能因此无法进行。另外，并不是每个成员都适合参加高亲密度的团体，亲密可能会有威胁，有些成员会拒绝或暗中抗拒亲密。

（五）根据团体成员的相似性构成来分类

按照团体成员的构成来划分，团体辅导可以分为同质性团体与异质性团体。

1. 同质性团体

同质性是团体很自然的限制，同质性团体指团体成员本身的条件、背景或问题具有很多相似性，越相似越同质。例如，大学生团体辅导参加者都是年龄相近、文化程度相同、生活环境类似、社会地位一致，本身的背景、年龄、知识、经验相似，又有同样的发展课题或同样的苦恼而来参加团体辅导。判断团体同质性的特性主要关系到：性别、年龄、婚姻状况、智力程度、教育背景、社会地位、经济水平、问题类型等。

同质性团体的好处在于：团体成员因背景、条件相似而有更多的共同语言、共同体验，使他们彼此容易认同，相互之间易沟通、有共鸣，能互相关心，不会感到被孤立。成员可以从他人的经验中获得解决问题的启发，成员的共同点可以增进团体凝聚力。但同质性团体也有一些不足，如团体的相同性使他们不会像异质性团体那样提出挑战，这使团体效能停留在表面层次；此外，同质性团体的变化也较少，谈论的主题对成员没有新鲜感。

2. 异质性团体

异质性团体是由条件或问题差异大，年龄、经验、地位极不相同的人组成的团体。具有不同经验和适应模式的人参加一个团体，会增加团体的趣味性和促进团体发展，这些差异为成员提供了不同角度的观点，形成不同的意见组合。不同观点不同行为方式的刺激，可以挑战成员从不同角度检查他们的问题，对他们的问题更积极地做出努力。同时，异质性团体让成员学习与不同人建立关系，具有较多不同人格特质的团体，治疗转变较快，也有较多的支持与同情。

但是，异质性团体也有明显的缺点，异质性团体的成员常因志不同、道不合、话不投机而难以沟通交流，难以建立相互信任的关系，成员需要较长的时间才能表露他的问题进而在彼此间建立连结。例如，不同年龄的人在一个团体中。在团体开始阶段，成员有较多的防卫和抗拒，成员可能因早期的挫折而离开团体，团体成员之间也容易出现次团体而妨碍团体发展。

团体领导者必须在相同和相异之间找到一个平衡点，团体应该有足够的差异以引起成员的兴趣；团体也应有足够的相同点让成员感到舒服，并有所认同。

（六）根据团体成员年龄和发展阶段来分类

根据团体成员的年龄大小，以及其身心发展的阶段，团体辅导可以划分为儿童团体、青少年团体、大学生团体、成年人团体和老年人团体。

1. 儿童团体

儿童团体一般是为 6—12 岁的小学生组织的。在小学阶段，对于处在同样发展阶段的学生有许多共同的发展课题，比如提高学习成绩，与同学和谐相处等，运用团体辅导于心理健康教育或课堂教学，都能调动学生们的自发性、主动性和参与感。对于经常表现出不良行为的儿童，例如过于好斗、不能和同伴友好相处、爱攻击别人、缺乏起码的行为规范、被人歧视等，对这类儿童举行团体辅导能起到预防性和治疗性的作用。这类小团体可以为儿童提供机会表达他们对自己问题的感受，活动组织者能从中鉴别有严重情绪问题和行为问题的儿童，对适应不好的儿童越早提供心理专业的帮助，越能培养和帮助他们应对以后日常生活中可能遇到的发展性心理问题。

2. 青少年团体

青少年团体一般是为 12—18 岁的中学生组织的。青少年时期是一个孤独探索的阶段，许多青少年在这个阶段都会体验到没人帮助和无人理解的感受。青少年会面临依赖与独立的矛盾、接受与拒绝的冲突、认同危机、寻找安全感、同伴压力等重大的课题。许多青少年在各种压力之下产生了较严重的精神负担。团体辅导很适合青少年，因为团体辅导可以提供一个情境，帮助他们了解经验冲突的情感、探索自我，由此认识到他们与同伴们共同具有的问题。在团体中，青少年能学习如何与同伴沟通，从团体领导者提供的榜样中获益，安全检查自身的限制，为他们的独特价值提供了一个成长的机会。由于在团体中有彼此沟通的机会，团体成员能表达自己所关心的内容，协助其他成员自我了解和自我接受。

3. 大学生团体

大学生团体包括本科生和研究生。许多大学重视知识教育,而忽视了大学生的情绪和社会方面的发展,团体辅导正是满足大学生社会性发展需要的途径。大学生团体辅导的目的在于为他们提供一个成长的机会,处理他们所关心的问题,诸如专业兴趣、生涯探索、异性关系、自我认同、人际冲突与疏离感等。现在很多大学都为学生提供多样化的结构性的团体辅导以满足学生各方面的需要,如培训自信心的团体、建立和谐关系团体、培养领导能力团体、学习情绪管理团体、探索职业选择团体等。

4. 成年人团体

成年人常常指 20—50 岁的人。在这个阶段,人的性格发展趋向稳定、成熟,体力与耐力强,是人生精力最旺盛、创造力最活跃、成就动机最强烈的时期。这一阶段的人乐于接受挑战,努力建立及巩固个人的事业,选择配偶、建立家庭和养育子女;但同时也面临许多生活和工作的压力,如工作压力、经济压力、家庭维系、子女教育、成就期望、专业与地位等。为成年人组织的团体辅导是针对成年人的需求和面临的问题专门设计的。例如,增进夫妻关系的"夫妻恩爱营"、处理工作压力的"减压团体"、成为有效能父母的"亲子沟通快乐成长工作坊"、协助成年人进行职业发展规划的"生涯探索与决策团体"、面对工作与家庭冲突和矛盾解决的"家庭事业平衡团体"、处理婚姻危机的治疗团体"离婚妇女自强训练"等。

5. 老年人团体

团体辅导对年长的人也很有价值。随着年龄的增加,老人在许多方面体验到孤独,许多老人对未来生活看不到任何希望,自我价值感越来越低,经常感到自己不被重视、不被理解、对社会和他人没有用处,这可能使他们退缩到无意义的生活中。团体辅导能帮助老人应对自己的发展任务,使他们维持自己的整体性与自尊,团体环境有助于他们打破自己的孤独并提供必要的鼓励,使他们彼此支持、共同探索,寻找生活的意义,能更充实地生活而不只是活着。

第三节　团体辅导的历史、现状与未来发展

心理团体最早发源于欧美国家,其诞生和发展与团体心理治疗的探索与发展有着极其密切的联系。在 20 世纪初,许多心理学家和精神病学家都为它的发展作出过贡献。第二次世界大战结束后,团体辅导得到迅速普及和发展。目前,团体辅导在世界各地都得到了广泛应用。

一、团体辅导的发展

(一) 心理团体的起源

最早尝试将团体形式用于辅导与治疗的是美国的内科医生普拉特(Joseph Pratt)。在

20世纪初,由于医学发展水平及医疗条件的限制,一些患了肺病的病人缺乏有效的治疗方法,患者只能终身带病,并有可能传染给他人,公众为之恐惧、回避,对他们难以接纳与理解,这对病人来说无疑是雪上加霜。因此,患了肺病长期住院的病人,情绪低落、意气消沉、心情抑郁。1905年,在波士顿做内科医生的普拉特将住院的20多位肺病患者组成了第一个团体,他称之为班级（Class）,采取讲课、讨论、现身说法的形式开展团体治疗,团体每周聚会1—2次。普拉特向患者讲解有关肺病的常识、治疗及疗养方法,鼓励大家,帮助他们培育战胜疾病的勇气和信心,并专门请几位适应较好的患者讲述他们面对疾病如何做到不气馁,如何克服身心适应不良,如何以积极的态度对待疾病,从而为其他患者树立了榜样,大家从他们身上看到了希望。通过团体讨论,成员在认识上相互启发,在情感上相互理解支持,消除了因患肺病而产生的沮丧情绪与消极的态度,改变了不适应的心理行为,能够乐观地面对疾病、面对现实、面对生活。普拉特的团体治疗的探索取得了成功,参加者纷纷报告自己的收获,反响强烈。因此,普拉特被称为团体辅导与治疗的先驱。他的实践和尝试具有重要的开创性意义。

（二）学校团体辅导的发展

以教育与发展为目标的团体辅导是结合了心理学与咨询理论而设计的团体体验,协助学生或团体成员充分发展其人、生涯和教育。学校团体辅导的历史可以追溯到1907年美国艾奥瓦州一所高中开设的"职业与道德辅导"课。杰西·戴维斯（Jesse Davis）首创了职业和道德抉择的技巧教导团体。生涯辅导先驱弗兰克·帕森斯（Frank Parsons）开设了生涯与职业发展团体。1930年后,团体辅导式的课程在全美中小学普遍开展,学校团体辅导的专门书籍也得以出版。这类团体辅导主要在学校的班级中进行,人数约20—35人,团体领导者是教师或班主任,目的是为学生提供正确的资讯,以协助学生探索个人的需求、兴趣和性格,改变自己和了解他人,建立良好的师生关系,发展生涯抉择的能力等。这类团体辅导引发了学生的学习动机,培养了学生的团队精神。

20世纪60年代,由于中小学教师普遍缺乏团体动力和心理咨询的训练,学校咨询师开始取代教师和班主任的辅导功能,班级团体辅导推展受到影响。教师开始向学校咨询师学习团体带领技术,并关心学生情感、认知、态度、行为的发展,在团体内引导学生讨论个人的感觉和经验,带领发展个体身心健康的练习,团体咨询逐渐形成。

（三）二战后团体辅导与治疗的发展

提到二战后心理团体的发展,就要感谢在麻省理工学院从事团体研究工作的勒温（Kurt Lewin）。勒温认为,人际关系的敏感性及对他人的理解接受态度是可以通过训练而提高的。在他的指导下,他的集体动力学研究中心成立了团体人际关系技术训练的实验室。这是一种借助于较自由的团体练习与讨论,使团体成员对人际关系问题变得更加敏感的训练,因此也叫敏感性训练。其目的在于帮助受训者（一般都是心理正常的人）提高和改善处理人际知觉和人际交往的技能,以便使参加者修正自己的行为方式,建立良好的人际关系,促进工作效率的提高,改善生活的质量。此方法一问世,首先进入产业界,以企业领导及管理人员为主要训练对象。在这种训练小组内,每个成员学会与他人相互交往,学会观察团体过程的价值变化,从而更好地理解自己的作用和所作所为,以及自己的言行对工作、对他人的影响,能够处理复杂的人际关系。此后,这种训练方法在政府机构、大专院校广为应用。应该说,敏感性训练在心理团体发展史上具有重要的意义。因为从那时起,团体咨询(Group Counseling)这个词为人们所熟悉,团体辅导与治疗不再只是针对心理或行为有问题的人,也为正常人、健康的人提供一种可以促进其人格进一步成长的学习机会。团体辅导与团体心理治疗在教育与发展方面的作用更为人们所重视。

1946年和1947年,在芝加哥大学咨询中心工作的罗杰斯及其同事在训练培养心理辅导教师时注意到,专题讨论会(Work Shop)是一种很有效的方法。这种团体具有以个人成长、人与人之间的交流以及人际关系改善为目的的特点,侧重于体验学习,其目标指向心理成长和发展。此后,以个人发展和人际关系训练相结合的发展性团体辅导在日本、美国、欧洲广为发展。

二、团体辅导在我国的发展现状

尽管我国有着长期通过团体形式进行思想工作、教育活动的历史与经验,如班级活动、团支部生活等,但专业意义上的团体心理辅导只有30多年的发展历史。20世纪90年代初,清华大学樊富珉在日本筑波大学心理学系进修心理咨询时,学习了团体咨询,立志要将这种高效的心理辅导形式带回中国研究推广。中国心理卫生协会大学生心理咨询专业委员会率先在北京高校引进发展性团体辅导的技术与方法,随后推向全国高校。20世纪90年代中期,大陆出版了两本有关心理团体的专著,分别是首都经贸大学杨眉著的《青春期集体心理咨询与治疗的理论和实践:一种解决社交焦虑的模式》(1995)和清华大学樊富珉编著的《团体咨询的理论与实践》(1996)。1991年10月,国内第一个团体辅导培训班在北京举办,由清华大学樊富珉带领。参加者为北京各高校的德育与心理老师。

进入21世纪,全社会对心理健康的重视和需求不断增加,心理咨询和心理健康教育工作受到了政府的高度重视。随着心理咨询职业化的发展,国家劳动和社会保障部出台了国家职业标准"心理咨询师",团体成为必备的专业技能,要求二级咨询师掌握团体咨询的技术。卫生部专业技术职称"心理治疗师"考核中也要求治疗师掌握团体治疗的技术。教育部学校心理健康教育骨干教师培训中,团体辅导也成为必须掌握的助人技巧,并明文规定有条件的学校要大力开展团体辅导工作。在我国心理咨询专业化发展的进程中,在心理系开设心理咨询方向的高校越来越多,应用心理学专业的本科生和研究生培养课程中设置团体心理辅导课程正在成为趋势。现在,团体心理辅导已经成为心理健康专业工作者必须具备的专业知识和能力,随着专业培训的推进和社会发展的需要,团体心理辅导在我国进入了蓬勃发展时期。

2011 年 10 月，国内第一个团体工作相关的学术组织：中国心理卫生协会团体心理辅导与治疗专业委员会（以下简称团体专委会）在北京正式成立，清华大学樊富珉教授担任第一届团体专委会的主任委员。团体专委会的宗旨是促进团体心理辅导，咨询与治疗的推广、发展和提高，并通过对团体心理辅导与治疗的研究、教学、培训和临床实践，发展出各种类型的团体辅导与团体治疗形式，为国内团体工作的专业人员提供同伴支持的网络，同时开展团体咨询与治疗领域的国际学术交流和合作。团体专委会的主要工作任务包括：普及并推广团体心理咨询与团体治疗；举办团体心理咨询与治疗专业人员的培训；制定团体心理咨询与治疗专业人员的培训标准和伦理守则；推动团体心理咨询与治疗的临床实践工作及研究工作；举办学术会议及活动，促进专业人员之间的交流；出版有关团体心理治疗相关书籍以及内部通讯；开展团体咨询与治疗领域的国际学术交流和合作；接受政府及相关学术机构委托，开展团体心理辅导与治疗有关的教育和活动。

2012 年 5 月，团体专委会在北京清华大学召开了中国首届团体咨询与团体治疗大会，这次国内团体心理咨询与治疗工作者的首届盛会，吸引了来自港澳台地区的 500 余名团体工作者，标志着大陆地区团体心理咨询与治疗事业的繁荣发展。

第四届全国性团体咨询盛会是 2019 年 10 月在四川成都召开的团体咨询与团体治疗大会，大会由团体专委会和西南民族大学联合主办，围绕"团体工作专业化发展：人才培养、科学研究与伦理规范"的会议主题，共设置 9 个主题报告，2 个晚间演讲，36 个会中工作坊，6 个会后工作坊，4 场论坛，6 场研究报告。来自美国泽维尔大学、丹麦哥本哈根大学、中国台湾高雄师范大学、中国台湾台北教育大学、中国台湾清华大学、北京大学、清华大学、北京师范大学等 300 多所高校及相关科研机构的专家、学者和师生共 1 200 余人参加了大会。

可以看到，虽然我国开展团体辅导与治疗的时间不长，但随着社会发展的需要，团体辅导与治疗在心理保健、青少年成长发展、学校教育和心理疾患的治疗等方面将会发挥越来越积极的作用，也会在社会的各个领域得到充分的发展和应用。

••• 板块 4：参考练习 •••

练习 2-2：缘聚你我（自我介绍和相互介绍）

1. 目的：

（1）满足个人对他人的兴趣。

（2）鼓励个人参与团体。

（3）使成员相互接触，体验人际间的坦诚、亲密和信任。

2. 时间：约 30 分钟。

3. 操作程序：

（1）澄清目的：由团体领导者说明团体的目的或引导成员说出他们参加团体的理由。

（2）团体领导者先让团体成员在房间里自由漫步，见到其他成员，微笑着握握手。给一定的时间让成员自然相遇，鼓励成员尽可能多地与其他人握手。当团体领导者说"停"，每个成员和正面对或正在握手的人就成了朋友，两人一组，席地而坐，或拿折叠椅面对面坐下，各自做自我介绍。

（3）介绍的内容包括：姓名、所属部门、身份、性格特点、个人兴趣爱好、家庭情况以及个人意愿，让对方了解有关自己的资料。每人 3 分钟，然后漫谈几分钟。当对方自我介绍时，倾听者要全身心地投入，通过语言与非语言的观察，尽可能多地了解对方。

（4）回到团体（围成圆圈），向大家介绍刚才认识的朋友，被介绍者可做补充。

（5）讨论刚才的经验。

练习 2 - 3：喜相逢（他者介绍）

1. 目的：

扩大交往圈子，拓展相识面；引发个人参与团体的兴趣。

2. 时间：大约 10 分钟。

3. 操作程序：

（1）刚才自我介绍的两个组合并，形成 4 人一组，每位成员将自己刚才认识的朋友向另外两位新朋友介绍，每人 2—3 分钟。例如 A 向 C 和 D 介绍 B。然后 4 人一起自由交谈几分钟。

（2）两个 4 人小组合并，8 人围圈而坐。从其中一个人开始，每人用一句话介绍自己。一句话中必须包含三个内容：姓名、所属部门、自己与众不同的特征。规范是：当第 1 个人说完后，第 2 个人必须从第 1 个人开始讲起，第 3 个人一直到第 8 个人都必须从第 1 个人开始讲起，这样做能使全组成员注意力集中，相互有协助他人完整正确表达的倾向，而且在多次重复中，不知不觉地记住了他人的信息。

练习 2 - 4：打招呼

1. 目的：增进团体的温暖。

2. 时间：10—30 分钟。

3. 准备：安静舒适的环境。

4. 操作程序：

团体领导者请每一个成员对旁边的成员说"你好"或"我喜欢你的声音"等问候语，旁边成员要回答"好！你呢？"或"谢谢！我很高兴"。或其他回答和反问句,依次轮流。

5. 注意事项：

眼睛要注视对方,声音要肯定,温柔地打招呼。

练习 2-5：认识你真好

1. 目的：

促使每个成员有机会表现自己;成员彼此认识,建立团体互动关系;形成团体的自我。

2. 时间：约30分钟。

3. 准备：黑板或记录板。

4. 操作程序：

(1) 在团体中由成员自由选择配对,彼此用喜欢的方式自由地了解对方(大约5分钟)。

(2) 5分钟之后,成员说出彼此交谈的主题,团体领导者将记录到黑板上。

(3) 团体领导者对成员说明：每个人一生中都有几个知己,彼此间是绝对坦诚信任的,现在假想你的同伴会成为你的知己,你想要了解他什么呢? 要维持知己关系的话,什么是你最先想了解的? 你们之间最重要的事情是什么? 现在请你们两个再用5分钟来讨论这些问题。

(4) 5分钟之后,两个人回到团体,在团体中分享刚才讨论的主题,由团体领导者记录在前次记录的旁边。

(5) 大家一起讨论,做两次记录,分享彼此的感受(两次记录应是不同的,可能第二次的记录更深入、更隐私些)。

练习 2-6：你做我学(轻松体操)

1. 目的：放松,减轻焦虑,活跃气氛;协助成员对自己的身体更加敏感,对自己的存在更有实质的把握,并增加团体成员之间的连接,增强凝聚力。

2. 时间：约15分钟。

3. 准备：全体成员围成圆圈,面对圆心,团体领导者也在队伍里。要求有足够的活动空间。

4. 操作程序：

(1) 团体领导者先带头做一个动作,要求成员不评价、不思考,模仿做三遍。

(2) 然后每个人依次做一个自己想出来的动作,大家一起模仿。

无论是什么动作,都可以达到放松、减轻紧张气氛的作用。有时,一些极富创造性的动作会引起大家愉快的笑声。

练习 2－7：寻找我的那一半

1. 目的：彼此相识，建立互动关系。

2. 时间：约 30 分钟。

3. 准备：彩色纸剪成三角形或正方形，并一分为二；胶水、硬纸板。

4. 操作程序：

（1）团体成员自由抽取裁好的彩色纸。

（2）成员必须找到同色、与自己色纸形状相匹配的另一半。将色纸贴在硬纸板上，并在彩色纸上写上两个人的名字，两人自由交谈 5 分钟，互相认识。

（3）全体成员围圈坐下，每一对轮流向大家介绍对方，使团体中每个人都能相识。

练习 2－8：棒打"薄情郎"

1. 目的：尽快相识，增进团体凝聚力。

2. 时间：约 20 分钟。

3. 准备：用挂历纸或旧报纸卷成一根纸棒，或使用轻巧的吹气塑料棒。

4. 操作程序：

（1）初次聚会，全体成员围圈而坐，轮流介绍自己的名字、兴趣、出生年月等个人资料。每个人都专心去记住其他成员的个人资料。

（2）成员站成一圈，选一个执棒者站在圈中间，由他面对的人开始大声叫出一个成员的姓名，执棒者马上跑到那个被叫的人面前。被叫的人马上再叫出另一位成员的姓名。如果叫不出来，就会受当头一棒，然后由他执棒。

（3）依此类推，直到大家熟悉互相的姓名为止。如果一个人 3 次被打就必须出来表演节目，作为惩罚。此活动适合青少年，能让大家在游戏中相互认识。

练习 2－9：分享乐趣

1. 目的：练习动作表演和语言表达；分享或交换愉快的经验；缩短彼此的距离。

2. 时间：约 50 分钟。

3. 准备：舒适的场地。

4．操作程序：

（1）团体领导者说明：为了使大家彼此更进一步了解，我们每个人把平时最喜欢的活动，如集邮、看电影、郊游等介绍给大家，让别人也分享你的乐趣，介绍的方法可以用表演的方式，让别人猜猜你喜欢的活动是什么，或由你说出喜欢它的理由，从中获得的乐趣和感受等。

（2）乐趣表演。大家围成圆圈，以自动或轮流的方式，一一介绍自己最喜欢的活动。

（3）自由交换意见和感受。

5．注意事项：

（1）如有不良嗜好（如打架，赌博），宜鼓励大家从各自的观点加以讨论，以使具有该爱好的成员有所警戒，并避免造成不良的示范。

（2）介绍时，尽量鼓励成员用非语言的表演方式，以增加新奇和趣味。

练习 2-10：组员心声

1．目的：探索并交流团体成员对团体辅导的看法、期待，引导成员真诚沟通。

2．时间：约 20 分钟。

3．准备：每人 1 张写有未完成句子的纸，1 支笔。

4．操作程序：

（1）领导者给每人 1 张纸，请大家思考后认真填写，每个成员独立完成。

对我来说，参加团体是_____。

当我进入一个新的团体，我感到_____。

我信任的人是_____。

在团体中，我最担心_____。

我期望在团体中_____。

（2）每个成员在团体内向别人讲述自己对团体辅导的看法、期待。填写未完成句子的形式可以引导成员写出个人心声，团体领导者与他人可以从各自的表述中看到每个成员的参与程度、期望、感受，从而互相启发，增进了解，相互接纳。

练习 2-11：相亲相爱

1．目的：温暖团体的气氛，增加团体的信任和凝聚力，体验成员之间亲密的感情。

2．时间：15—20 分钟。一般在团体初次聚会结束时使用。

3．准备：录像机、磁带、动作图片。

4. 操作程序:

(1) 团体成员围成圈,团体领导者说明在团体中成员就像一家人,需要彼此支持、关怀与帮助,每个人的行为会为营造和谐的气氛产生作用,良好的气氛又会促进成员的自我开放和信任。

(2) 教授并讲解歌词的含义和手语操的动作,让成员跟着模仿。然后,跟着音乐,边唱边做边体会,所有的人都在做动作,团体气氛热烈而亲密,增强了团体成员的信任和亲密感。

练习 2 - 12: 问与答(关注练习)

1. 目的:通过问答的形式,促使成员关注他人,也体会到被关注的感觉,并达到相识的目的。

2. 时间:约 20 分钟。

3. 准备:足够的空间,可以挪动的椅子。

4. 操作程序

(1) 6 人一组,先自由协商,确定组长,然后从其中一位成员开始,例如 A,其他 5 人每人向他提出一个自己想知道的问题。A 立即回答。除了政治立场、宗教信仰外可以随便问,A 如果认为别人问的问题自己不想说,可以表达出来。为了不使自己的问题与他人重复,也为了更多地了解被询问者的有关信息,提问者会把注意力集中在小组内,回答者会因被全组其他成员关注而增加信心。

(2) 对 A 的提问结束后,可以围绕 A 再自由交谈几分钟。

(3) 第一圈时每人只有一次权利问一个问题,如果还有想问的可留到自由交谈时再问。

(4) 组长要把握时间,把握方向。当 A 结束就轮到向 B 提问,依次下去。

练习 2 - 13: 哑口无言

1. 目的:学会通过非语言的形式理解他人的感受,提高非语言沟通能力。

2. 时间:约 30 分钟。

3. 操作程序:

(1) 全体围成一个圆形,闭上眼睛回忆一下这一周生活的感受,是疲乏、兴奋,还是焦虑、烦闷。

(2) 每个成员用手势和表情等体态语言表达出自己内心的感受,让其他成员猜猜动作及表情所反映的感受是什么。

(3) 被猜的成员说明他人的猜测是否准确,为什么?

通过活动,学会从他人的手势、表情、眼神、动作等非语言的沟通方式理解他人,训练自己敏锐地观察他人的感受的能力。

··· 板块 5：单元作业 ···

忆一忆

1. 团体辅导的特点和功能有哪些?

2. 团体辅导都有哪些类型?

3. 团体辅导的发展历史如何?

4. 团体在创始阶段主要有哪些特点?

5. 团体领导者在创始阶段的主要任务有哪些?

6. 在团体创始阶段的主要领导技巧有哪些?

练一练

1. 角色扮演,练习团体领导者在团体创始阶段的常用技巧。

2. 分组实践,体验团体创始阶段的主要活动。

3. 分组实践,成员自行设计一个用于团体创始阶段的活动。

第三单元　团体辅导之过渡篇

··· 板块 1：团体练习导入 ···

📖 教师寄语

　　同学们,当你们在团体中初步相识后,是否感觉到彼此之间更加熟悉了呢? 接下来,你们会在不同的团体练习中进一步地相互接触和了解,人与人之间的情感是需要慢慢培养的,希望在互动和分享中,你们之间能逐渐建立起相互信任和接纳的关系。

　　"分享的喜悦是加倍的,分担的痛苦是减半的。"以下两个练习就是以此为目的,遵循人际交往由浅入深、由表及里的规律而设计的,成员可以在练习中增进对彼此的理解。

团体练习：3-1 信任之旅

　　1. 目的：通过助人与受助的体验,增加对他人的信任与接纳,提升助人者的共情能力,体验受助和助人的快乐。

　　2. 时间：约 60 分钟。

　　3. 准备：眼罩两人一个(也可以用毛巾、头巾替代)。

　　4. 操作程序：

　　(1) 这是一个角色扮演的练习。大团体中按 1、2 报数分组,1 号做"盲人"、2 号做"拐杖"。成员两人一组,盲人蒙上眼罩,原地转 3 圈,暂时失去方向感,然后在"拐杖"的帮助下,沿着团体领导者选定的路线行走。全程非语言,其间不能讲话,只能用手势、动作帮助"盲人"体验各种感觉和行走。"拐杖"的责任是要想方设法地协助"盲人"安全地回到教室。

　　(2) 活动结束后,两人坐下交流当"盲人"的感觉,与帮助别人的感觉,并在团体内交流。交流讨论集中在以下几个方面：对于"盲人",你看不见后是什么感觉? 这使你想起什么? 你对你伙伴的帮助是否满意,为什么? 你对自己或他人有什么新发现? 对于助人者,你怎样理解你的伙伴? 你是怎样想方设法帮助他的? 这使你想起什么?

　　(3) 互换角色,再来一遍,并互相交流。

　　(4) 最后所有人回到大团体中,自由发言,畅谈这个练习对我们的人际关系和生活带来哪些启发和学习。比如信任建立的要素,助人者不仅需要有意愿,更要有共情能力,要理解受助者的感受和特点,受助是一种福气,助人体现自己的价值和因被需要而快乐等。

　　5. 注意事项：团体领导者事先要选择好盲行路线,道路最好不是坦途,要有阻碍,如上楼、下坡、拐弯、室内室外结合。

团体练习：3－2：建塔

1. 目的：通过团体合作，了解合作的过程与重要性，学习互相配合用非语言的表达，增进团体信任度，增进团体成员的合作与沟通。

2. 时间：约 65 分钟（作业 40 分钟，各组分享 15 分钟，结果评比 10 分钟）。

3. 准备：每组 8 人，观察员 1 人；每组 40 张旧报纸；胶带 2 卷；剪刀 1 把；胶水 1 瓶。

4. 操作程序：

（1）指导者说明活动规则：全程非语言，不能说话，只能用非语言表达。用给定的材料搭塔，时间只有 40 分钟，到时间必须停下。结束后将评比出哪组的塔最坚固、哪组的塔最高、哪组的塔最美丽、哪组的塔最富创意。

（2）每组安排一名观察员。观察员必须记录在作业过程中，团体内发生的状况，如：主意是怎样产生的？有分歧是怎样解决的？谁是团体中的关键人物？每个成员在团体过程中的表现与贡献如何？有无违反规定（如不许说话）等。

（3）经过 40 分钟叫停，让各组成员自由走动去观摩其他小组的塔，然后回到自己的塔前，每组推荐一人代表小组向全体推介自己小组的塔。说明塔名是什么，为什么？塔的特色是什么？搭塔过程的感受是什么？

（4）全部分享完后，邀请每组观察员将过程中观察到的组内发生的现象说出来，引发小组成员进行思考。

（5）团体领导者总结，强调团体成功需要合作；合作需要投入，需要找准自己的位置，需要扬长避短，需要创意；协助成员整理活动所得。

表 3－1 《建塔》观察员记录表

小组名称：　　　　　观察员：　　　　　观察时间：

序号	成员姓名	活动中的角色、参与程度及表现	备注
1			
2			
3			
4			
5			
6			
7			
8			

观察员的发现：

观察心得：

··· 板块 2：　技术点拨——团体过渡阶段的辅导技术 ···

教师寄语

　　同学们,团体辅导课进行到现在,你对周围成员的感受是怎样的呢? 你是否发现,有的成员在团体中越来越投入,越来越敢于发言,甚至愿意表达自己的情绪,而有的成员看起来却局促不安,不愿意表达自己,即使有讲话,但内容大多也是很表面的。某些时候,你是否会感到不安,开始担心团体里的其他人是不是真的关心自己,你是否会担心如果你表达了自己的困扰和真实感受,可能会受到伤害? 当你在团体中观察或感受到以上状况时,不用担心,因为这些现象在团体的初期阶段是很正常的,这几乎是每一个团体都会经历的过渡时期,是团体发展的转折期,只有平稳度过了过渡阶段,团体才能够真正开始有效的工作。那么,过渡阶段的团体通常会表现出哪些特点? 这些现象背后的原因是什么? 作为团体领导者,又该如何去正确引导呢? 你将在本章中寻找到答案。

学习目标

1. 了解团体过渡阶段的特点。
2. 明确团体领导者在团体过渡阶段的主要任务。
3. 掌握团体过渡阶段的团体领导技巧。
4. 学习并实践团体过渡阶段的常用活动。

第一节　团体过渡阶段的特点和主要任务

　　团体过渡阶段成员的互动大多是表浅的,多数成员不会对当前的感受做出描述,而通常只会将过去的经历作为讲述的话题,讲话中也很少涉及团体中的人。在这个阶段里,团体成员将面临阻抗的情绪以及内心矛盾和冲突,会产生一些焦虑和不安。在这一阶段,团体领导者要主动干预,鼓励成员觉察并表达他们的焦虑,帮助他们了解如何处理他们的问题。

一、过渡阶段的特征

(一)成员的情绪特征

　　过渡阶段的一个普遍特点是成员的焦虑和防御不断增加。成员会以对自己和对团体的怀疑来表达他们的焦虑,例如:我想知道这些人是否真的了解我? 他们是否关心我? 我在团体中公开自己会有什么好处？我惧怕开放之后可能看到的东西，也不知道当我敞开心扉时别人的反应是怎样的？在团体里我能在多大程度上接近别人？我能在多大程度上对其他人公开我的情感？等等。

成员的焦虑源于害怕别人在超出一般公众认识的程度上了解自己，也产生于害怕被评价和被误解，还因成员缺乏对团体情境中的目标、规范、所期望的行为的明确认识。随着成员逐渐充分地信任其他成员和团体领导者，他们就逐渐能够公开袒露，逐渐地这种坦率减少了他们对于让别人了解自己真实目的的焦虑。

（二）矛盾冲突与控制

过渡阶段是以消极的评估和批评为主要特征的。团体成员可能对别人采取相当批判性的态度，但不愿意了解别人对自己的看法。这个阶段是在团体成员中与团体领导者之间争取权力并建立一种社会秩序的时期。成员努力获得控制支配权力，这些矛盾冲突的表现很复杂，"它无时不在，有时悄然无声，有时如文火闷烧，有时又如大火冲天"。

成员控制的行为包括竞争、敌对，运用各种手段谋求利益、争取领导地位、频繁地讨论决策和责任分派的程序。所以，在这个阶段，团体领导者首先要认识到矛盾冲突，才有可能处理和解决它们。如果团体领导者认为矛盾冲突总是消极的，反映着一种不良的关系，这是错误的观念，或者忽视团体中的矛盾冲突，那么产生这些矛盾冲突的因素会更恶化，甚至破坏真诚交流的机会。只有当矛盾冲突被认识，并使那些有关的人能够维持他们自身的整体性时，各方之间信任的基础才会建立。所以，矛盾冲突虽然是不可避免的，但通过解决矛盾冲突可以增强相互的信任。

其实，团体成员表达负面情绪也是检验团体自由度和信任度的一种方法。成员们会考察团体是不是一个能表达不同意见、产生并表达负面情感，以及体验人际冲突的安全场所，他们在尝试当自己并不友善时会在多大程度上被接受。因此，认识、接受并处理冲突对团体发展有着关键性的影响。如果矛盾冲突不能适当解决，团体就可能退步，甚至会无法进入一个有成效的工作阶段。如果团体领导者能真诚地关心并积极地处理过渡阶段的矛盾冲突，那么成员之间的关系就会变得牢固，足以经得起考验。

（三）挑战团体领导者

团体中的矛盾冲突经常和团体领导者有关，团体领导者可能会在个人和专业方面受到挑战和质疑。团体领导者可能被批评为"太过于理性，太严厉"，或被指责"和团体中其他成员没什么区别，没有特别的能力"，还可能被要求袒露过多的私人信息，或者被成员反对其控制范围等。

成员向团体领导者提出异议和挑战，经常是团体成员走向自主的第一个重要步骤。在这个过程中，绝大多数成员会体验到一种依赖与动力的冲突。成员依赖团体领导者是团体初期的特征，如果希望成员能脱离这种依赖，团体领导者就必须允许并坦诚地处理团体成员袒露的对自己的异议。如果恰当地领导团体,成员会变得越来越自主,最终与其他成员和团体领导者达成一种伙伴意识。

团体领导者能够接受并处理成员的挑战,会在很大程度上决定团体将进入更高的层次。团体领导者要重视成员的挑战,直接地真诚地处理成员的异议和批评,表达自己对这些意见的看法和感受,会促使团体沟通的渠道畅通无阻。

(四)表现出阻抗

阻抗是使自己或别人避免对个人问题或痛苦体验作深入探索的行为。在团体中出现阻抗是一种不可避免的正常现象,团体领导者如果不尊重成员的阻抗行为,犹如不尊重成员本身一样,因为阻抗是成员保护自己的方法。

处理阻抗的有效方法是把它们看成是团体历程中正常的事情,团体领导者承认阻抗是成员对自身参与冒险行为或改变新行为的一种自然反应。团体领导者要以开放的心态、接纳的氛围,鼓励成员承认并解决他们所体验到的任何彷徨和焦虑。当成员意识到他们具有的阻抗倾向并讲出他们的困惑时,团体就进入了一个建设性关系形成的新阶段。

二、过渡阶段团体领导者的任务

(一)团体领导者的基本任务

团体领导者在过渡阶段面临的核心问题是要在团体中以谨慎敏感的方式在恰当的时机采取干预的措施。团体领导者既要提供支持,又要予以挑战,这是团体成员面对并解决在团体中的冲突,以及他们之间的阻抗和焦虑时所必需的。团体领导者如果成功地解决充满防御和冲突的困难,就可使团体工作向前推进到真正的凝聚力阶段。

团体领导者最基本的任务是协助团体建立自我表达的模式、提供鼓励和挑战。如果团体领导者处理该阶段成员的焦虑、矛盾冲突和阻抗,接受成员的挑战,就能够帮助成员学习面对和处理团体中的矛盾冲突,并使之前的焦虑和导致的阻抗和防御行为也有所改变。

要想使一个团体有效率,必须在支持与挑战之间建立一种恰如其分的平衡。研究表明,团体领导者的攻击性对质是团体中最大的危险,团体领导者不应在过渡阶段对成员进行强烈的对质干预,只有当团体出现充分的信任基础,成员们才可能开放式地接受对质。在过渡阶段,团体领导者应尽力地创造一种支持性和挑战性平衡的氛围。

(二)团体领导者的主要策略

1. 同感的理解

接纳团体成员的负面情绪,鼓励成员承认和表达自己真实的感受。团体领导者应了解成员此阶段负面情绪产生的背景,给予同感和接纳,使成员在了解、支持和接纳的氛围中,不受指责与批评,进而学习如何接纳自己和肯定自己。一个能正确看待自己、接纳自己的人,也较容易尊重别人、接纳别人。如果一个团体里的成员能够自我接纳又能接纳别人,团体的氛围就能由冲突转换成凝聚力,团体得以向前发展。

2. 鼓励成员认识自己的焦虑、矛盾和挣扎,并协助其表达出来

帮助成员明白自己的保护行为和心态。团体领导者不仅可以鼓励成员学习表达内心的感受,还可以帮助成员学习随时觉察自己此时此地的感受和状况,并表现出能够促进团体成员的自我开放及真诚的互动。有时,团体领导者的示范或自我表露可以引起成员的共鸣和自我表露。

3. 鼓励成员将防御性行为转化为建设性行为

团体领导者首先要能够敏锐地觉察成员的阻抗和防御,创造处理阻抗的条件,并在适当的时机协助成员面对,妥善处理、教导和鼓励成员公开地处理矛盾冲突,协助他们认识和肯定这么做的重要性。

4. 直接而坦诚地面对并处理成员的挑战

面对成员的挑战,团体领导者如果无法接受,觉得是自己的失败,或自我防御,极力辩护,甚至予以攻击,会使双方关系更加恶化。团体领导者处理挑战的态度,对于团体是否能进入更高层次的发展有很大的影响,这对于初学者来说会是很困难的。团体领导者要明白的是成员对领导者的挑战是领导者的角色,而不是领导者本人。团体领导者也要明白成员的挑战是团体发展的过程,因此,领导者应面对而不是回避成员的挑战。

团体领导者首先要检查自己是否有被挑战的事实,把自己被挑战的感受表达出来,并请成员检查他的挑战或假设是否确实。团体领导者和成员之间公开坦诚的沟通,不但处理了问题,而且也为成员将来如何面对攻击、挑战提供了好的示范。如果逃避攻击、挑战,或用领导者的角色来压制成员,只会增加成员的不满和攻击。

三、过渡阶段团体成员的任务

在这个时期,团体成员的一个重要角色是要认识并处理各种形式的阻抗,他们的任务包括：认识并表达任何负面情感;觉察阻抗,但解决它;从依赖向独立发展;学习如何以建设性的方式向别人提出问题;乐于面对并解决团体中发生的事件和矛盾冲突,而不是回避它们。

四、过渡阶段可能出现的问题

(一) 成员被归类和贴标签

成员可能被划分为不同的"问题类型",也有成员可能会给自己贴上标签约束自己。如果团体成员的焦虑、阻抗被视为是成员的"问题",他可能会被其他成员或团体领导者划分为某种类型的问题成员,如挑战领导者时可能会被认为是不懂礼貌的人,或者桀骜不驯的人;如和其他成员有冲突的行为可能会被划分为"神经症"之类的。有时成员因自己的阻抗行为不能被人理解,也会认为自己是某种另类而给自己贴上负性的标签。

（二）成员拒绝表达负面情绪

成员害怕表达内心负面的情绪而将真实的情感压抑下去，他们在团体中的表现可能会是应付的、假装的正面现象，从而使团体内缺乏真正信任的关系，因此造成不信任的氛围。

（三）成员以防御方式掩盖其问题

团体领导者不仅能认识到成员的防御心理和行为，而且能用适当的方式解决这些矛盾冲突和防御行为，不过，团体领导者在用面质技术处理这些问题时须特别小心，因为面质技术使用不当的话，反而会增加成员的负担，起到消极的结果，团体成员仍会以防御方式来掩盖其问题。

（四）团体中可能形成次团体

问题类似的成员可能会形成次团体，在团体之外表达各种负面情绪，而在团体中保持沉默或防御。次团体对团体的发展有很大的破坏力，它有可能会阻碍团体凝聚力的形成，容易造成不同次团体成员之间的矛盾冲突。

在过渡阶段团体会有许多的冲突，成员之间争取控制，也会出现阻抗，甚至脱离团体不肯参与。因此，团体领导者应该清楚地认识此阶段成员的特征，必须冷静沉着面对，小心谨慎地处理自己的行为和语言，主动、真诚而积极地关心每一个成员，协助他们了解自我防御的行为方式及处理冲突的情境，鼓励成员谈论与此时此地有关的事情，协助他们成为团体中独立自主的一分子。一方面，希望可以促进彼此的信任和关系建立；另一方面，要避免与成员出现对抗和敌视，以致团体可以平稳地经过该阶段，向下一个工作阶段发展。

第二节　团体过渡阶段常用技术

过渡阶段团体领导者所面临的主要挑战是如何以适时而敏感的态度对团体进行催化，为团体成员提供鼓励与挑战，使成员能面对并且解决他们的冲突和消极情绪，以及因焦虑而产生的阻抗心理，引导团体向成熟阶段发展。为此，团体领导者要注意指导成员了解和处理冲突的情境，了解自我防御的行为方式，有效地克服各种形式的阻抗行为，鼓励成员谈论与此时此地有关的事情。团体领导者在过渡阶段采用适当的技术主动干预、指导和组织是非常重要的。

一、处理防御行为的技术

（一）防御行为的表现

在团体过渡阶段，大多数团体成员都会采用防御行为。主要原因是对团体还不信任，缺乏安全感。防御行为的表现为：有逃避倾向，注意力的重点放在其他成员身上或者一些毫不关己的事情上，不去面对自己和自己的反应，对团体不投入，说话不着边际，使用过度概括性的语言，总问别人问题，迟到或干脆不来，保持自满或漠不关心的态度，理智化，表现出不信任，行为上不合作，造作表演等，以此来逃避个人探索。团体领导者可以通过直接回应，提醒成员必须学习用关心和建设性的方式去面对其他人，以及愿意保持开放和非防御的态度去接受团体成员的反馈。

（二）防御心理的应对

一个有经验的团体领导者具有识别防御行为的能力，善于通过成员的言谈举止发现有防御心理的成员，用直接对话或者邀请他们谈在团体里的真实感受的方法，而不是用批评或贴标签、面质的方法调整他们的防御和阻抗。下面举例说明。

团体中一个成员说："在团体里，没有人会真正愿意自我开放，说出自己在想什么，也不会替别人设想。每一个人都在等别人先开始。每一个人面前都有一堵墙，谁会从墙后面走出来？"这个成员用了许多概括性的语言，如"没有人""每一个人"等，团体里谁都不知道他在说谁，也不知道是否包括他自己。

这时，团体领导者可以采用陈述、提问和建议等技术直接与他对话，以促进防御行为的改变，如："我注意到你刚才说的话，能否用'我'这个字放在每句话的开头？看看这样与你刚才说的有什么不同？""你刚才说的话比较含糊，能否绕着团体走一圈，说说你所看到的团体中的每一个人。如果你能够将你看到的每个人的'墙'描述一下，并且告诉每一个人，你和他们之间的墙带给你的感受是什么，也许对每个人都非常有用。""你刚才说到每个人面前都有一堵墙，你可不可以先说说你的墙是什么？"

二、处理冲突的技术

（一）冲突及其作用

团体内人际互动有可能发生意见分歧、观点不一或情绪反应对立的情形，这就是冲突。团体内冲突的出现似乎是不可避免的。早期对冲突的研究常常假设冲突是不好的，因为冲突含有负面的含义，所以被视为是暴力、破坏、非理性等字眼的同义词，冲突被认为具有破坏性。虽说冲突造成双方对目标认定的歧异，使得双方无法采取一致的行动，无法全力投入到既定目标，易造成心理紧张、焦虑与不安，导致无法在正常心理状态下工作，效率易受影响。但是冲突并非全是消极的，也有其积极的作用。

1. 冲突激发创造力

创造力常常在自由开放、热烈讨论的气氛中产生，因为吸收不同意见能够引发新奇的构想。冲突过程允许人在某种程度上保持非理性，因此争论在所难免。若团体中有适当的冲突产生，反而可能引发创新构想。

2. 冲突改善决策品质

团体内不同的人有不同的视角,仁者见仁、智者见智。在决策过程中,除理性分析、客观标准外,在寻找可行性方案时,允许适度争论,可汇集更多解决问题的思路,改善决策的品质。

3. 冲突增加团体凝聚力

假设冲突能获得适当的解决,冲突的各方可重新合作,由于已经取得共识,更能了解自己与对方的立场,寻求解决之道。通过冲突让"问题"具体呈现,并进一步加快解决,团体更能产生强烈的凝聚力,促进团体合作达成目标。

4. 冲突促使重新评价自己与他人

在冲突发生之前,每个人对自己的能力会产生不切实际的估计,但在冲突之后,可以下决心心平气和地对自己的能力和别人的能力重新评估、检讨,促进自我认识,学习欣赏他人。

5. 冲突提供改变的机会

冲突是挖掘问题和情绪宣泄的良好媒介,同时,也能提供一个改变的机会。冲突预示着有矛盾,有矛盾就需要通过协商加以解决或改善。

(二) 一般冲突解决模式

1. 竞争

当一个人只顾及自己的感受,而不顾及冲突对他人的影响,只追求自己的目标时,此行为即为竞争或支配。在正式团体或组织中非赢即输、非黑即白、非对即错的思维方式,常使一些人为了赢得胜利而与他人发生冲突。

2. 协作

当冲突的双方都希望满足对方的需求时,便会合作而寻求两者皆有利的结果。在协作的情况下,双方都着眼于问题的解决,澄清彼此的异同,而不是顺应对方的观点。参与者会考虑所有的可能方案,彼此观念的异同点也会愈来愈清楚。由于解决方案对双方都有利,所以协作被认为是一种双赢的冲突解决办法。

3. 退避

一个人可能承认冲突的存在,但却采取退缩或压抑的方式,即称为退避。通常漠不关心的态度或希望逃避外显的争论都会导致退缩行为。与他人保持距离、划清界限,固守领域,也算是退缩行为,如果无法采取退缩行为,那就会压抑自己、避免凸显。

4. 迁就

一个人希望满足对方时,可能会将对方的利益摆在自己的利益之上。为了维持彼此的关系,某一方愿意自我牺牲,此种模式即为迁就。

5. 妥协

若冲突的双方都必须放弃某些东西,他们也会为了分享利益而产生妥协。在妥协时,没有明显的赢家和输家。因为妥协是对有冲突的利益结果予以定量分配或不分配,只是由一方给予另一方部分利益以替代。妥协的特性是双方都必须付出某些代价,同时也有许多获益。

（三）团体内解决冲突的方法

团体内适当的冲突会对现状提出挑战，进而产生新的观念，促进对团体目标与活动的再评价。当冲突在适当水平时，通过挑战与活力、质疑或反省、创新与求变，团体成员的动机得到增强。尤其在团体过渡阶段，冲突难以避免。但过多的冲突会阻碍团体的效能，减低团体成员的满足感，导致团体难以形成安全、信赖的氛围。团体中冲突的发生常常是团体内沟通不良、成员间缺乏坦诚与信任及团体领导者没有针对成员的需求与期待作适当回应的结果。因此处理冲突是团体领导者应掌握的重要的技术。

团体领导者要对过渡阶段冲突的出现有充分的心理准备。当冲突出现时，去了解冲突行为的意义，以及对团体的影响。同时，直接面对成员之间的冲突，并给予回应。

比如，当成员中有人说："小李看起来很傲慢，我最不喜欢这类人。"团体领导者可以直接回应："请说明一下你为何有这种想法，以及在你说出不喜欢之前，你的情绪如何？"或者"假如你是小李，像他一样傲慢，然后再想象如果你站在他的立场，会有什么样的想法与感受？"

再比如，当团体中一名女性成员说："我好像不属于这个团体，因为我发现我的问题不像他们那么严重。"团体领导者可以这样回应"你能说出自己的感受很好。你说自己不属于这个团体是因为你的问题没有其他人严重。请你告诉团体中的每一个人，你与他们不同的地方在哪里。你讲完后，我也会邀请他们说说对你的话有什么意见。"

一般情况下，团体领导者应该注意那些被批评的人的反应，而不是先针对提出批评的人做反应。同时，要引导成员明白，参加团体是为了探索自己，而不是为了改变别人。

三、应对特殊成员的技术

（一）特殊成员出现的原因

在团体过渡阶段，很有可能会遇到一些使团体领导者感觉比较难办的成员，即成员表现出特定的行为，这是正常现象。一般来说，参加团体的成员或多或少都有一些或轻或重的个人问题和困扰。他们将这些问题带到团体，谋求解决，必然会对团体造成一定影响。靠团体领导者的经验，引导他们参与团体过程，加深自我认识，进而更妥善地处理个人问题，使他们得到成长。但是，也有一些成员本身问题比较特殊，个性特别，他们的言行会给团体带来干扰，阻碍团体凝聚力的发展，减弱团体的治疗功能。对这些人，团体领导者应有一定的了解和相应的准备。

（二）应对团体特殊成员

1. 应对沉默的成员

有些团体成员虽然参加了团体，但没有积极地参与团体活动，像个旁观者，少言寡语，常常处于沉默状态。虽然沉默不语的人不一定就有问题，但是沉默减弱了他们与其他成员的交往,结果使他们不能从团体中充分受益。沉默也会对其他成员的情绪造成不良影响,使他们感到不舒服,影响团体活动的进行。

引起沉默现象的原因是多方面的:

(1)首先是成员的性格。性格比较内向、被动、迟疑的人在团体过程中较少主动发言。

(2)其次是成员的认知造成的。有些成员缺乏自信,认为自己的参与和意见对他人没有价值,或者怕在别人面前暴露内心世界,怕自己发言离题别人不爱听,怕说错了话冒犯了别人。

(3)再次是成员对团体的期望。有些性格开朗的人因对团体有不同的期望而变得较为沉默。比如宁愿在团体中扮演沉默者,以便使其他成员有更多的参与学习机会。

(4)最后,沉默现象的出现与团体发展状况有关。比如沟通出现障碍,讨论不能引起兴趣等也会造成成员沉默。

作为团体领导者,面对沉默现象,可以从以下方面努力。

第一,要认识沉默现象并非都是消极的、破坏性的,有时也可能是正面的、积极的,是一种表示默许和支持的行为。

第二,了解沉默的原因,判断是否需要处理。

第三,选择处理及应对方法,对于性格内向的人多鼓励他们发言;对认知有偏差的人可以通过个别会谈,帮助他们改变不合理的观念,引导团体其他成员关心他、鼓励他;如果是团体过程沟通不畅而引起的沉默,团体领导者要及时发现,并以身作则,想方设法排除障碍和干扰。

从文化的角度看,中国人参与到团体中一般需要一个过程,对个人的意见也有较多保留。所以出现沉默现象不足为奇。团体领导者要随时保持清醒的头脑,找到原因,因势利导。

2. 应对依赖的成员

有些团体成员在团体中表现出明显的依赖心理与行为:事事征求别人的意见,没有主见,处处寻求别人的保护,表现得很无助、怯懦;特别是以团体领导者的意见为行动指南,一切服从,遇到问题自己不去想办法解决,而是依靠团体或团体领导者。依赖不仅妨碍了成员个人的成长,也会给其他成员带来不良影响,使人感到厌烦、难以忍受。

依赖行为产生的原因也是多方面的。

(1)与成员个性有关。有的人对自己完全没信心,不敢作任何个人的表达、争取与决定,时时刻刻像个小孩,需要人照顾。

(2)与团体内相互作用的其他成员的行为有关。有的人习惯于扮演教师、权威、家长的角色,喜欢别人依赖他,他们在团体内的言行有意无意地促进了他人对自己的依赖。

(3)团体领导者干预太多,事必躬亲,其权威角色也可能会助长成员的依赖行为。

团体领导者在团体进行过程中,首先要及时调整自己的角色,不必事事作主,要多让成员承担责任,多发挥团体的作用,提高成员的主动性、独立性、积极性。对出现依赖行为的成员要及时地提醒他,观察学习别人独立成熟的处事方式,并协助他改变对自己的错误看法;

对那些乐于别人依赖自己的成员，要协助他们探讨行为背后的原因，促进他们改变。

3. 应对带有攻击性行为的成员

有的成员在团体过程中表现出攻击性行为，如贬损他人、讽刺他人，否定他人的意见，对团体提过分的要求。他这么做无论是有意还是无意的，都会引起其他成员的不满，引起冲突或危机，破坏团体气氛，影响团体发展。

成员表现出攻击行为的原因是多方面的。有的人在生活中受过伤害，伤痕很深，从此对别人失去信心，看人看事都很消极，与人接触时心中充满敌意；有的人个性过强、自信过头、不善于同人相处、不能控制自己的情绪、不善解人意、固执己见，批评他人时也给人一种带有攻击性的感觉；有的人不情愿参加团体，是因为老师推荐而不得不来，也会在团体内发泄自己内心的不满，对团体领导者充满敌意。

当团体中出现这类成员时，团体领导者先要分辨清楚个别成员带有攻击性言行背后的原因，再考虑处理方法。有效的方法之一是个别辅导，同时协调团体成员间的坦诚沟通。也有学者提出，当干扰团体正常运作时，可以将有明确攻击对象的一方转到其他团体，避免争执不下的状况。

4. 应对喜欢引人注意的成员

每个人或多或少都喜欢在群体中表现自己以引起他人重视，这无可厚非。但是，当这种情况过分时，会引起他人的反感。在团体辅导中，有的人总是抢先发言；有的成员或者滔滔不绝，使别人没有机会表达，或者吹嘘炫耀自己，或者不断地打断别人的发言，他们的言行给团体带来很大的破坏，如不及时处理，会产生不良后果，轻者使团体凝聚力减弱，重者使团体解体。

喜欢引人注意的成员可能与性格有关。例如有的人以自我为中心，对他人的需要与权利感觉迟钝，以炫耀自己为荣，毫不察觉或不会介意别人的不满足与反感。有的成员内心充满不安全感、焦虑感，害怕沉寂，不能忍受片刻的沉默，因而总抢着发言。有的成员是为了赢得某些成员的关注和重视（例如男性成员为吸引女性成员的注意）而作出夸张的表现。

团体领导者在分析原因的基础上可采取以下措施。

第一，采用机会均等的方式，自然选定先发言者，以控制先发制人者。

第二，创造条件使团体成员尊重、共情、真诚相待，在安全而温暖的人际关系中可降低焦虑与防御心理。

第三，对自我中心的人，可以增加其与个别成员的接触。对那些怀有权力目标或特殊企图的人，要教会他们如何选择适当的方法与别人相处，从而得到别人的接纳。

5. 应对不投入团体的成员

有的成员对团体活动不太投入，或者经常迟到早退，出席情况不稳定；或者讨论时随意性大、谈话内容不切题、过于表面化；或者态度忽冷忽热；或者旁观。这些不投入、不能与团体领导者或其他成员合作的行为常常是阻抗的表现。这不仅使不投入者自身无法在团体中得到帮助，而且会破坏团体的凝聚力，团体领导者对此不能掉以轻心。

不投入行为出现的原因有多种。

第一，可能是性格，有些人的性格是对事物较少投入，或投入但不能持久，兴趣易变，朝三暮四。

第二，可能是被迫参加团体，因非自愿所以阻抗。

第三，以往不愉快的团体经历使他触景生情，回忆起过去而表现出阻抗。

第四，对团体的运作不清楚，心中无数而出现阻抗。

第五，出于内心的不安全感。这些人往往自我认知偏低，自信不足，有不安全感，害怕敞开内心世界，想方设法隐藏自己，防御心理过强。

第六，对团体的期望与实际有出入，心有不满导致不投入。

对不投入成员的应对方法也是要求先分析原因。一般而言，团体领导者的友善与真诚能有效地化解成员的阻抗，改善不投入行为。因此，团体领导者要与成员建立良好的关系，使他感到被尊重、安全，而放松自我防御，勇于表达自己。团体领导者还可以通过加强团体本身的吸引力，比如组织有趣的活动，吸引成员参与，改变不投入的态度和行为。团体第一次聚会时要说明团体的运作方式，可能达到的目标，使成员保持恰当的期望，避免过高的期望等。

第三节　团体过渡阶段练习设计原则

团体进行到过渡阶段可能会出现阻塞或停滞，成员的分享不够深入具体，人际互动形式化、表面化，成员心理感受差别很大，有的成员投入、开放、自觉、喜悦，也有成员感到无聊、焦虑、阻抗、依赖、观望或攻击防御。团体领导者除了采取特有的技术（摘要、解释、连结、设限、保护等）让成员真实互动起来之外，还可设计适当的练习来催化团体动力。

一、设计此时此地的分享练习

在过渡阶段主要应解决成员的不信任问题和团体凝聚力。团体领导者可以多设计一些成员在团体中分享感受的活动，团体领导者须有能力处理成员分享后的情绪和团体气氛。此时不需刻意设计表面轻松愉快的练习，而是设计激发成员真诚开放的练习。

二、设计引发中等层次的自我表露练习

当团体进行到一段时间后，成员的自我开放程度会加深扩大，团体领导者适时运用中等层次的分享练习，有助于成员认同团体和相互认同，促进更多的自我探索、自我了解。如"我喜欢的人""描述他人""互述衷肠"等活动。

三、设计探讨人际关系的练习

在此阶段，团体领导者要处理成员不信任自己及他人的各种表现，如不积极主动、不愿

表达自己的感受、怕说出自己的负向情绪或将注意力放在别人身上，给别人许多建议而很少谈论自己、挑战领导者等。团体领导者可设计人际关系的练习，如"信任考验""信任证言""优点轰炸""照镜子""手掌舞"等活动，以此来处理过渡阶段的问题。

四、设计催化团体动力的练习

本阶段如果团体动力发展受阻，团体领导者可借助团体环境的布置、视听器材的运用、康乐活动的设计来促进团体发展。音乐是很有效的团体催化工具，在团体过程中可选择适当的音乐来催化，也可以设计一些动态的、感性的活动来催化团体动力，如"同舟共济""命题图画接力""突围闯关""轱辘轱辘转"等。

••• 板块 3： 知识学习——团体辅导的心理学理论 •••

📖 教师寄语

同学们，在了解了团体辅导的基本概念和相关知识后，我们将在本板块进一步学习团体辅导的理论基础。作为心理辅导的一种主要形式，团体辅导与所有心理辅导的理论有关，心理辅导的每个学派都能将它们的理论运用于团体辅导和团体心理治疗中，形成各种学派独特的团体辅导，如心理分析团体、行为主义团体、当事人中心团体等。除此之外，团体动力学理论、社会学习理论和人际沟通理论也为团体过程的发展提供了理论依据。在本板块中，我们将重点学习与团体辅导有关的心理学理论。

📊 学习目标

1. 了解人际沟通理论的主要内容及其对团体辅导的贡献。
2. 了解社会学习理论的主要内容及其对团体辅导的贡献。
3. 了解社会支持理论的主要内容及其对团体辅导的贡献。
4. 了解团体动力理论的主要内容及其对团体辅导的贡献。

第一节　人际沟通理论

人际沟通（Interpersonal Communication）是指人与人之间运用语言或非语言符号系统交换意见、传达思想，表达感情和需要的交流过程，是人们交往的一种重要形式和前提条件。团体辅导过程就是人际沟通的过程，了解人际沟通理论，有助于认识和把握团体发展的过程，有效地引导团体发展。沟通概念使用广泛，从个人的信息传递，到各种大规模的社会文化制度、大众传播及其影响等，都可以用沟通概念来解释。

一、人际沟通的特点与功能

心理学研究证明，当人清醒的时候，70％以上的时间都是在沟通，沟通不良使个人无法传达情感，团体难以运作，组织不能完成任务。人际之间的冲突经常是沟通不良造成的。马丁·路德(Martin Luther)认为："人与人不能相处，是因为他们心存害怕；他们心存害怕，是因为彼此不了解；他们彼此不了解，是因为他们彼此没有好好地沟通。"所以，沟通对个人和团体都是很重要的。

人际沟通的特点主要有：沟通双方互为主体，都是以积极主动的状态参加交流；沟通能够调整双方的关系，沟通的结果是要改变行为；沟通的双方具备统一或相近的符号系统，如果符号不一致，就会出现沟通障碍；沟通中可能出现社会性、心理性、文化性的障碍。

人际沟通是个体适应环境，适应社会生活，承担社会角色、形成健全个性的基本途径。因此人际沟通既有传递信息的功能和心理保健的功能，还有自我认识的功能和人际协调的功能。在团体辅导过程中，良好的沟通能发挥表达情感、建立关系、相互理解、齐心协力、彼此鼓励、传递信息的功能。

二、人际沟通的类型

(一) 正式沟通与非正式沟通

按组织系统，人际沟通可分为正式沟通与非正式沟通。前者是通过组织规定的通道进行的信息的传递与交流；后者是在正式通道外进行的信息传递与交流。正式沟通的优势是信息通道规范，准确度较高；非正式沟通形式灵活，传播速度快，但存在着随意和可靠性差的弱点。

(二) 上行沟通、下行沟通与平行沟通

按信息流动的方向，人际沟通可分上行沟通、下行沟通及平行沟通。上行沟通是下情上达，下行沟通是上情下达，平行沟通是在组织的同级间（非上下级关系）的沟通。

(三) 单向沟通与双向沟通

这是以信息源及接受者的位置关系来区分的，二者位置不变的是单向沟通，而不断变化位置的是双向沟通。单向沟通是一方说另一方听，双向沟通是双方有反馈。单向沟通和双向沟通都有各自的长处，比如说军队打仗，指令下来，如果你说"不行""我还要提些意见""我们是不是讨论一下再打呢"，岂不贻误战机？所以单向沟通虽然专制、不那么民主，但很快捷；而双向沟通可以更准确。

(四) 口头沟通与书面沟通

这是两种基本的语词沟通形式。前者是面对面的口头交流，如会谈、讨论、会议、演说、

电话联系等；后者是文字形式的沟通，如布告、通知、报刊等。

（五）现实沟通与虚拟沟通

现实沟通是沟通双方对对方的身份和角色都有比较清楚的把握的沟通，面对面的沟通是最普遍的现实沟通形式。有时候，双方虽然通过媒体比如电话来沟通，但还是好像对方站在面前一样，这也是现实沟通。

虚拟沟通是随着互联网而发展起来的一种沟通形式，在网络上，沟通的双方可以匿名，每个人都可以扮演自己喜欢的各种角色，每个人都在和自己想象的个体沟通。虚拟沟通中，沟通双方对对方的身份和角色往往是不清楚的，沟通的进程主要受自己的主观感受和想象的影响。

三、人际沟通的形式

（一）沟通的一般模式

各种沟通理论都有其沟通模式，能形象地表现出沟通的过程。早期的研究有申农（C. E. Shannon）和韦弗（W. Weaver）提出的有影响的数学模式。他们提出：先有一个信息源发出各种信息，经过信息传送者或转换器后成为可接收的信号，接收器收下后转换为信息，送到目的地。从这个沟通模式可以看出，沟通过程至少有五个要素：信息源、发射器、通道、接收器和目的地。此外，申农和韦弗还提出了噪音，即信息传送过程中的各种干扰和障碍。后来经过改造，又加入了反馈概念，如图 3-1 所示。

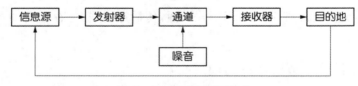

图 3-1　沟通过程模式

尽管申农和韦弗的模式对沟通研究影响较大，但其也有不完善之处。如该模式的单通道假设。

20 世纪六七十年代，美国心理学家拉斯韦尔（H. D. Lasswell）提出了沟通的"五 W 模式"，具有代表性，能较明确地说明人际沟通的过程（如图 3-2 所示）。

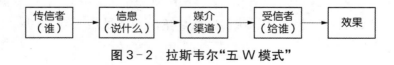

图 3-2　拉斯韦尔"五 W 模式"

近年来沟通理论的研究主要集中在沟通过程，出现了以下三个新特点。

第一，把沟通看成一个共有的社会系统，这个系统不仅可以涉及（或包括）两个或更多的人，而且还可以涉及（或包括）这些人的期望与意向。

第二，沟通是一个不断发展的动态系统，研究行为关系要比研究孤立的刺激——反应关系更重要。

第三，言语沟通与非言语沟通是同一系统的组成部分，常常同时发生。不能只局限于研究孤立、单一的沟通形式（如讲话、目光、体态等）。

（二）人际沟通的过程

沟通过程由信息源、信息、通道、信息接受人、反馈、障碍和背景等七个要素构成。图3-3是沟通过程及其构成要素间的关系。

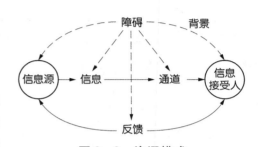

图3-3 沟通模式

（引自：Becker, S. L.（1987）. Discovering mass communications. Scott, Foresman：9.）

1. 信息源

在人际沟通中，信息源是具有信息并试图沟通的个体。他确定沟通对象，选择沟通目的，始发沟通过程。沟通前人们一般需要一个准备阶段，个体明确需要沟通的信息，并将它们转化为信息接受人可以接受的形式，比如口语、文字、表情等。沟通的准备过程，实际上是个体对自己的身心状态更明确化、整理思路的过程。

2. 信息

信息是沟通者试图传达给他人的观念和情感。个体的感受要为他人接受，就必须将它们转化为各种不同的、可以为他人觉察的信号。在沟通使用的各种符号系统中，最重要的是词语。词语可以是声音信号，也可以是形象符号（文字）；面对面沟通除了词语本身的信息外，还有沟通者的心理状态的信息，这些信息可以使沟通双方产生情绪的互相感染。

3. 通道

通道是沟通过程的信息载体。人的各种感官都可以接受信息。人接受的信息中，通常视听信息的比例较大，人际沟通是以视听沟通为主的沟通。

日常的人际沟通以面对面的沟通为主，但也可以通过广播电视、报刊、网络、电话等媒介进行沟通。在各种沟通方式中，影响力最大的还是面对面的沟通形式。因为面对面的沟通除了语词信息外，还有交流双方的整体心理状态的信息，并且沟通者和接受者还有互动和反馈，这些因素只有综合起来，才能保证沟通的顺利进行。

4. 信息接受人

信息接受人是沟通的另一方。个体在接受带有信息的各种音形符号后，会根据自己的已有经验把它"转译"为沟通者试图发送的信息或态度、情感。由于信息源和信息接受人是两个不同的经验主体，所以信息源发送的信息内容与"转译"和理解后的信息内容是有差异的。沟通的质量取决于这种差异的大小。信息接收人有责任认真倾听，并核对信息是否准确。

5. 反馈

反馈使沟通成为一个双向的交互过程。在沟通中，双方都不断把信息回送给对方，这种信息回返过程叫反馈。反馈可告知发送者，接受者所接受和理解信息的状态。此外，反馈也可能来自自身，个体可以从发送的信息过程或已经发送的信息中获得反馈。这种自我反馈，使沟通得以顺利进行，也是达到最终目的的重要前提。

6. 障碍

人际沟通常常发生障碍。例如信息源的信息不充分或不明确，编码不正确，信息没有正确转化为沟通信号，误用载体及沟通方式，信息接受人的误解以及信息自然的增强与衰减等。此外，沟通双方的主观因素也可能造成障碍。如果彼此缺乏共同经验会难以沟通。

7. 背景

背景是沟通发生时的情境。它影响沟通的每一要素，以及整个沟通过程。沟通中，许多意义是背景提供的，词语和表情等的意义也会随背景的不同而改变。沟通的背景包括心理背景、物理背景、社会背景和文化背景。

四、团体内的沟通

社会心理学家从 20 世纪 50 年代开始研究团体沟通形式及其效率问题。巴维拉斯（A. Bavelas）首先提出了团体交往的沟通网络，即指一个小团体中成员之间较固定的沟通模式。后来莱维特（H. J. Leavitt）以 5 人小团体为研究对象，发现了团体内沟通的 4 种形态。

（一）团体内沟通的形式

1. 团体正式沟通网络

在正式团体中，成员之间的信息交流与传递的结构称正式沟通网络。正式沟通网络一般有五种形式，即链式、轮式、圆周式和 Y 式，同时也有人提出团体沟通理想的全通道式（如图 3 - 4 所示）。

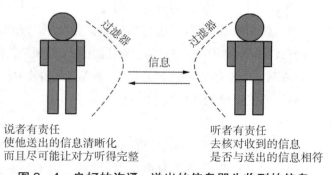

图 3 - 4　良好的沟通：送出的信息即为收到的信息

图3-5是正式沟通网络。其中○代表信息传递者,箭头表示信息传递方向。假设沟通是在五人团体中进行的双向信息交流。比较五种沟通网络的质量的常用指标有:信息传递速度、准确度、接受者接受的信息量及其满意度。很显然,全通道式的沟通网络中,信息的传递速度较快,团体成员的满意度比较高。

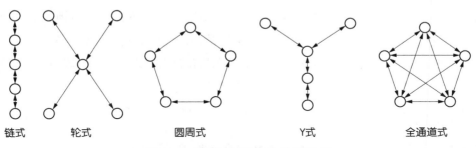

图3-5 团体内正式沟通网络图

表3-2 团体内不同沟通形式效果评估

层面＼类型	链式	轮式	圆周式	Y式	全通道式
速度	适中	迅速	缓慢	适中	迅速
正确性	高	高	低	高	适中
出现核心人物	适中	高	无	适中	无
团体士气	适中	低	高	适中	高

2. 团体非正式沟通网络

团体中的信息交流不仅有正式沟通,也存在着非正式沟通的各种情况。有学者通过对"小道消息"的研究,发现非正式沟通网络主要有四种典型形式:流言式、集束式、单线式和偶然式。如图3-6所示。

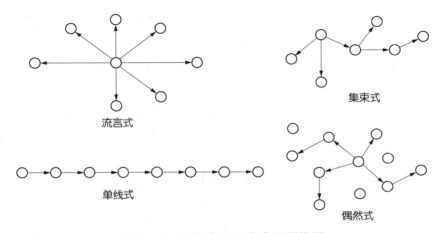

图3-6 团体内非正式沟通网络图

团体辅导的效果与团体内沟通状况是密切相关的，团体领导者须了解如何建立一个有效的团体沟通模式。

（二）团体沟通的模式

良好的沟通有助于团体内形成正向的动力，促进团体内外、成员与成员、成员与团体领导者等人际之间的认知、情感和经验的交流。团体辅导与团体咨询非常重视沟通，因为它不仅能促进和发展团体动力，还能表达情感、建立关系、交流意见，达成团体目标。在团体这个动力性的有机体中，各种层面的沟通使得团体内部的各部分（如个体与群体）得以持续、动态地进行交互作用。

（三）团体内沟通的渠道

团体沟通的渠道包括语言及非语言。语言在沟通中是最有效、最便捷的媒介及渠道，但目光接触、面部表情、体态语言、触摸等也同样是重要的沟通渠道。

1. 语言沟通

语言是沟通不同个体之间的桥梁，是不同的个体心理活动彼此发生影响的最有效的工具。马克思曾说过："语言也和意识一样，只是由于需要，由于和他人交往的迫切需要才产生的。"语言的功能在于沟通思想，交流感情。语言沟通不仅靠词汇和句子，还可以通过口语声调和修饰性口气来表达。人类语言中的声调及口气是语言的一个组成部分，它有助于人们表达各种语言含义，因此被称为副语言。语言沟通的研究涉及人们说的是什么，而副语言沟通的研究涉及人们怎么说话，包括音高、节奏、强弱、扬抑、停顿等。每一次沟通过程中，副语言形式都可以传达特定的含义。例如声调低沉表示悲伤的心情；提高嗓门说话大多表达愤怒等。

语言交谈方式是多种多样的，任何一句话都可以有不同的说法，所谓"一句话可以让人笑起来，一句话也可以让人跳起来"，说法不同，效果便截然不同，具体策略如下。

（1）寻找共同点。也就是寻找和对方共同的话题，共同的爱好，共同的看法等相同点，从而使对方认同自己，产生一种最初的共情。比如说都是音乐爱好者，或都喜欢足球，或都喜欢吃辣的，或都是浙江人等。这是交往中让对方初次接纳自己，也是一种最基本的沟通技巧，特别是在和陌生人的第一次交往中非常有效。在最初的交流中，即使是一点点的相似也会带来惊喜和共鸣。如果是同陌生人或不熟悉的人沟通，常常使人感到不自在。这时，沟通可以从一般性的寒暄开始，如谈谈天气、社会新闻等，然后转向双方感兴趣的话题。也可以从相似性入手，即从沟通对方那里找到与自己相似的地方，如老乡、相同观点、共同的爱好等。

如果是关系比较好的同学之间沟通，应该注意定期的沟通与交流，经常与他们交谈，交换看法，讨论感兴趣的事，从事共同喜欢的体育活动等。缺乏沟通，再好的关系也不易维系，并可能淡化。掌握这一技巧的分寸很重要。如果毫无诚心、随口胡编，甚至不分场合、不分对象，说些与自己年龄和身份不相符的话，则不但起不到沟通的效果，反而会影响自己的形象。

（2）共情。共情是心理辅导的术语，也叫同感的理解，指能从对方的角度看问题，能设身处地地考虑问题。共情可分为初级共情和高级共情。初级共情指个体从思想上理解他人的思想和行为；高级共情指个体不仅可以从他人的立场考虑问题，而且能站在对方的立场上来感受这件事所带来的情绪体验，并在交往中自觉地把这种体验用语言或非语言的方式传递给对方。

人际沟通的关键性问题是能否用"共情"来认识和处理问题。交往中的共情会帮助我们进一步理解别人。人们通过共情把自己和对方融合在一起。但对别人有共情并不是一件容易的事，它要求一个人对自己很敏感，能够清晰地从自己的经历中找到与别人相似的经历，并能将这种经历与具体的情绪反应联系起来，从而体验到别人的情绪状态，在对方说话和做事时，很有分寸地向对方表示自己的理解和同情。生活中，人与人之间的误解和问题，常常源于人们缺乏共情。如果在交流中，你能处处体会到对方的心情，能设身处地地为对方着想，又怎么会不受欢迎呢？

（3）真诚赞美。人们都希望得到欣赏和赞美，这是人的一种内在的心理需求。因此，称赞别人会使你赢得不少朋友。然而，赞美对不少人来说是需要学习的。赞美别人和拍马屁、奉承完全是两回事。赞美别人是智者的行为，是真诚的；而奉承、拍马屁，都是小人所为，是为了获取私利，是虚伪的。

赞美别人需遵循以下原则。

首先，你必须以真诚的微笑去接纳别人。你的笑容就是你好意的信使，行动比言语更有力量，而微笑所表示的是："我喜欢你，你使我快乐，我很高兴见到你。"然后去发掘别人的长处，任何人都有自己的优点，只要你真诚地去欣赏，你就会发现。

其次，要真正拥有爱心。有爱心的人，爱自己也爱别人，他最能发现别人身上的优点和长处，爱的心理就是欣赏和赞美。

最后，勇敢地说出赞美的话。有人不习惯说赞美的话，但埋在心底的赞美不能给人亲身的感受，也大大失去了它原有的价值，所以，为了营造良好的人际氛围，必须学会表达，用语言来表达内心的欣赏和认同。

（4）学会拒绝。良好人际关系的建立并不意味着要一味地迎合对方，人际沟通中适当的拒绝也很重要。因为每个人的能力都是有限的，各人也都有各自的喜好，如果盲目地顺从对方，就会使这种交往变成一种负担，给自己造成不必要的压力。有不少大学生在和朋友交往中，怕朋友说自己小气、不讲义气或别的什么，对朋友要求的事不敢拒绝，结果自己做起来又非常吃力，或者根本难以做到，造成心理紧张。所以，适当的拒绝是必要的。

怎样拒绝是一门艺术。人们之所以拒绝对方，总有一些不得已的原因或困难，而对方并不一定知道。因此，我们不妨直接清楚地说出我们的难处，求得对方的理解。但有时没有时间解释或实在不便解释，面对这种情况，就可以用一些委婉的、巧妙的语言来化解。比如说：对方邀请你参加郊游而你不想去时，你可以这样说："真想和你一起痛痛快快地玩一玩，可惜我手头有一些重要的事要做，否则我不会放弃这次好机会的。"等。

为了长远地、真诚有效地发展人际关系，在我们做不到的时候，我们要学会有说"不"的勇气和信心。这时的拒绝不会使你失去朋友,反而会让朋友觉得你很诚实、可靠。但记住,必须表达否定的时候,一定要尊重对方,说话要适当、得体,让对方容易接受。

（5）幽默。幽默是一种人生态度,更是一种生存技巧,培养自己幽默的性情,能使人放松心情、减轻压力、提高愉悦性,还可以使人的满意度增加。在与人交往中,如果你有幽默的语言,往往会激发别人对你产生兴趣,并且,幽默可以启发你和别人的智慧。或许你会说自己天生缺乏幽默感,但没有人注定是必须严肃刻板的,幽默感也可以培养训练。

首先,你应认识幽默的特质、源泉,内心想让它成为你人格的一部分。

其次,保持愉快的心情。如果一个人总是不开心,心情抑郁,难以想象他会产生出让人快乐的幽默感。

再次,使自己的胸怀开阔,去接触不同的人和事,让心灵充满阳光。胸怀宽广的人才会给自己和别人带来快乐。

最后,积累幽默的素材。如果你不是那种随时随地可以展示幽默的人,你可以在平时多看些有趣的故事、笑话,从中体会幽默的感觉,时间长了,你自然会从中获得一些启示。

可见,在语言沟通中,选择什么词汇,运用何种句型,加上哪些副语言形式都会直接影响沟通效果。此外,大量的非语言的沟通也直接参与沟通过程,影响沟通效果。

2. 非语言沟通

（1）目光接触。目光接触在非语言中应用最广泛。"眼睛是心灵的窗口",目光能传情、达意。目光在人际沟通中的主要用途表现在以下方面。

第一,目光接触可以作为一种认识手段。直接的目光接触表明你对沟通对方感兴趣,期望继续交谈的话题。例如,当你知道习题正确的答案时,在课堂上你会用目光正视教授,并期待他的反应。

第二,目光接触可以控制,调整沟通之间的互动。例如,在心理辅导过程中,咨询者期待的、鼓励的目光注视,会使求询者继续他的叙述。

第三,目光接触可以用来表达人的感情。从一个人的眼神中可以观察出他在沟通时的情绪状态。例如,长时间注视可以传递喜欢的、有兴趣的含义。

第四,目光接触可以用作提示或告诫的手段。例如,当你因贪玩而没有预习时,当老师的目光接触到你,你可能会回避这种接触,并会从老师的目光中读出一种含义:下次必须预习。

（2）面部表情。有关面部表情的研究有悠久的历史。最早可以追溯到达尔文的经典著作《人类和动物的情绪表达》。达尔文以后,许多心理学家都对面部表情传达情绪和态度的方式进行过系统的研究。美国心理学家谢巴斯巴格(H. Schlosberg)把戏剧演员各种面部表情拍成照片进行面部表情的系统研究,提出了第一个辨认面部表情的系统图——表情环,并找出了人们最容易辨认的六种基本表情:喜、惊、惧、怒、厌恶、轻蔑。

克劳特(R. Kraut)和约翰斯顿(J. Johnston)对微笑做过研究。他们在滚木球厅、曲棍球赛场和马路上观察人们微笑的频率,并且试图把每次微笑和当时发生的各种事件联系起来。他们的研究结果表明，人们在和别人交谈时最容易出现微笑的表情；相反，当他们单独经历某种积极肯定的情绪性事件时，他们微笑的次数就要少得多。他们认为，微笑的主要功能是要把喜悦或快感传递给另一个人。换句话说，像微笑这种面部表情，与其说是对某种特殊刺激的不随意反应，不如说是用来影响信息传达的有意识的一种选择。

（3）体态语言。大量研究表明，人身体的其他部分也可以用于沟通过程。头、手、腿、脚和躯干的运动都可以用于沟通信息。伯德惠斯特尔（R. L. Birdwhistell）为了搞清躯体运动复杂的规律，提出了"运动8模式"，认为它与语言沟通同样重要，相辅相成，从而形成了一门新兴学科——体语学。通过对体态语言的观察，可以反映个体内在的心理活动，表达情绪状态和对现实的态度。

躯体运动及姿态也可以用于传达吸引。相互喜爱、相互关心的人相见时，常常向前略欠一点身子，而且，往往是面对着对方，摆出一种轻松、随便的样子。这些动作容易理解，也很容易给对方一种喜欢的感觉。

非语言的沟通渠道极大地丰富了人际沟通，而且比语言的沟通更深刻、更含蓄。在团体辅导中，成员的非语言表现经常蕴涵着丰富的信息，团体领导者须善于观察，从中发现和了解成员对团体的态度和行为反应，以便更好地引导团体。

（4）身体接触。身体接触被认为是人际沟通最有力的方式，人在身体接触时对情感融洽的体味最为深刻。隔阂的消融、深厚的情谊，也常常需要通过身体接触才能得到充分表达。人不仅对舒适的触摸感到愉快，而且会对触摸对象产生情感依恋。有过恋爱经历的人会有体会，爱情是从身体接触（哪怕只是牵手）的那一瞬间发生质变的。团体进行过程中成员之间互相握手、搀扶等行为，往往起到此处无声胜有声的作用，可以拉近彼此的心理距离，增进成员之间的关系、促进团体良好氛围的建设。握手便是团体中使用得最多、适用范围最广泛的沟通行为之一。握手的初衷是向别人表示友好和接纳，短短几秒钟的握手，会把你对别人的态度传达给别人。比如，老友重逢时，两人的手握住后常来回拉扯，以此表达兴奋的心情；好友分别时常边握手边以左手轻拍对方被握住的手，以表示别情难舍；上级和自己欣赏的下级握手时，常常以左手轻拍对方的手臂或肩膀，以表示赞赏和尊重等。心理学家曾总结出社交场合握手的一般规则，以便使人们能够通过握手成功地给别人留下良好的印象。这些规则主要有：握手者必须从内心真诚地接纳别人；作为主人、上级或女性，应主动伸手与人相握；不要戴手套与人握手；男性一般不抢先与女性握手；握手时保持适当的目光接触。

表3-3　团体辅导中的非语言沟通

	头	脸	嘴	视线接触	手	姿势
失望	低	眉尾下垂	往下撇	很少接触	自闭性行为	胎儿卷缩之态
幸福	有韵律地动	生动	开口笑	到处迎接别人的目光	扩张性动作	常改变，诱惑性的

（续表）

	头	脸	嘴	视线接触	手	姿势
焦虑	不安地动	紧张	磨嘴	窥视（回避视线的直接接触）	紧握，流汗	不安地律动，耸颈抖肩
反对	头与下巴向前耸起	眉心打结	唇向前突出	防御的	紧握空拳	坐在椅子边缘
依赖	头微低但保持视线接触	轻微的表达	带着微笑	多	接近之动作	有点求婚的样子
阻抗	转过身去	严肃	紧	逃避	看表	四肢僵硬

五、团体内人际吸引规律

人际吸引是指在人际沟通过程中所形成的对他人的一种特殊形式的社会态度。在沟通中，人与人之间是吸引还是排斥、是喜欢还是厌恶，除了受到社会、经济等因素影响外，从心理学的角度看，还受其他一些更为直接的、具体的因素的影响。这些因素构成了人们之间吸引或排斥的基本规律。

（一）人际吸引的一般规律

1. 邻近吸引

在具有满足他人需要的情况下，交往双方空间距离越小、越相近，彼此间越容易相互吸引。

2. 相似吸引

沟通的双方或多方在年龄、地位、社会角色、能力、兴趣、态度、价值观等方面越相似，彼此越能相互吸引，其中价值观上的相似吸引更大。

3. 互补吸引

当沟通双方的需要和满足正好成为互补关系时，会产生强烈的吸引力。如夫妻双方在性格、能力上相互取长补短会相得益彰。

4. 外表吸引

在沟通过程中，特别是初次接触时，一个人的外貌、衣着、风度等外在因素起到不可忽视的作用。那些漂亮、有气质、风度翩翩的人容易被人接纳。

5. 人格吸引

那些具有使人喜爱、仰慕并渴望接近的性格特征的人具有持久的吸引力。一般来说，人们喜欢真诚、热情、正直、开朗的人，讨厌自私、虚伪、庸俗的人。

6. 能力吸引

人们一般喜欢那些能力较强的人，而有特殊才能又偶尔出现一些差错的人更有吸引力。

　　与人际吸引相对的概念是人际排斥。这是一种彼此认识失调、情感冲突、行为对抗的人际关系,表现为沟通的双方或多方离心离德、勾心斗角、互不配合、明争暗斗等。这些必然导致沟通中断,关系难以维系。

(二) 人际吸引的基本态度

　　美国人本主义心理学的代表人物、著名的咨询与心理治疗专家卡尔·罗杰斯 20 世纪 60 年代致力于帮助人们改善人际关系,大力推动人类潜能开发,积极推广会心团体运动。他主张只需为当事人提供具有建设性的充满真诚、尊重、信任的人际关系,因为这种关系能使当事人减少防御心理,并对自己和世界更开放,界定和澄清自己的目标,向建设性的、心理健康的方向走下去。营造良好的人际关系需要三种基本态度,即真诚、共情、无条件的积极关注。

1. 真诚

　　真诚是三种态度中最重要的。真诚是指治疗师是真实的人,没有虚假的外表,内在经验与外在表现一致。治疗师在治疗过程中表现坦诚、真实,以真正的自我与当事人相处,愿意与当事人表达真实的情感和态度。

2. 共情

　　共情也译为设身处地的理解、同感的理解等,指治疗师能感受当事人的情感,就好像是自己的情感一样,但是并不迷失在这些情感中。正确敏锐的共情不只是能认识当事人所表达的明显的体验和情感,而且也能感受到当事人不明显的、不清晰的情感。罗杰斯相信,当治疗师能掌握当事人个人世界里的真实经验,就像当事人所看到及所感受到的一样,仍不失其自我认同的独立感时,当事人的建设性的改变就发生了。

3. 无条件的积极关注

　　无条件的积极关注表现为治疗师看重当事人并亲切地接纳他而不附加任何条件,没有任何要求和企图,不对当事人的感情、思想与行为的好坏强加评估或批判。治疗师通过行为向当事人传递这样的信息,他可以自由地表达感情和体验,而不会失去治疗师的接纳。这里所说的接纳是指认可当事人抒发感情的权利,并非表示赞同他所有的行为。如果治疗师对当事人表现出不喜欢的态度,当事人就会因感到不被重视而逐步增加防御,那么人格改变也就不可能发生了。

　　满足以上的条件,一种平等的良好的关系就出现了。在团体中,当成员因为体验到他人是以接纳的态度聆听,就慢慢学会如何以接纳的态度聆听自己;当成员发现他人关心和看重自己(即使是那些被隐藏起来或被视为消极的领域)时,他也会开始看重自己;一旦感受到他人的真诚,他就会去除伪装,对自己及他人表现出真实的自我。

六、有效沟通的原则和方法

(一) 有效沟通的原则

　　人际沟通不仅是科学,需要掌握一定的方法,了解一定的规律。它也是一门艺术,掌握得当有助于消除导致沟通障碍的不利因素，改善人际关系，增加人际吸引力。有效沟通的原则如下。

1. 培养良好沟通的心理品质

要保证人与人之间进行正常的沟通与互助，除了沟通情境的因素外，还需要具备一定的心理品质。成功沟通的心理品质包括真诚、热情、自信、谦虚、谨慎、宽容、助人、理解，这些是提高沟通艺术，取得较好沟通效果的前提。真诚能使沟通的双方心心相印、肝胆相照，能驱赶误会；热情给人以温暖，促进人相知，增加人际吸引力；自信能使沟通主动积极，表现从容不迫、落落大方；谦虚使人常常看到自己的不足与他人的长处，从而取长补短、不断完善自我；谨慎不是拘谨，而是有选择地沟通；宽容指承认人与人之间的差异，尊重他人的存在方式；助人就是给朋友提供帮助、支持；理解是人际沟通的基础，沟通的双方能把自己置于对方的位置去认识、体验和思考，设身处地地替别人着想、将心比心，这样就会理解别人的感情和行为，从而改善待人的态度。具有以上良好的心理品质，能增加人际间的吸引力。

2. 克服沟通中的障碍心理

在人际沟通的过程中，由于不良心理作祟，造成沟通难以维持的现象在生活中并非少见。常见的沟通障碍心理有羞怯、自卑、猜疑、嫉妒、自负、恐惧、厌恶、依赖等。羞怯使人羞于与陌生人打交道，害怕变换环境，沟通中由于紧张不安而难以充分表达自己的意见；自卑使人在沟通中首先怀疑自己的沟通能力，因担心被人瞧不起而在沟通中畏首畏尾，遇到一点挫折就怨天尤人、自我贬损；猜疑心理是沟通的拦路虎，正常的沟通会因为疑心作祟而产生裂痕，甚至发展为对立；嫉妒心理使人心胸狭窄、鼠目寸光，沟通关系难以维系；自负心理使人傲气轻狂，过分相信自己而使周围的人与之疏远。因此，要保持正常的人际沟通，必须通过努力克服以上不良心理。

3. 确立良好的第一印象

任何人际沟通都是从首次印象开始的。第一印象常常鲜明、强烈，影响深远，直接决定着沟通发展的方向，并在今后的沟通中起到心理定势的作用。如果给人留下诚恳、热情、大方的印象，沟通就有基础，沟通关系就能发展；相反，如果留下虚伪、冷漠、呆板的印象，别人就不愿意接近。当然，第一印象不一定就准确，俗话说"路遥知马力，日久见人心"。但由于第一印象的心理效应的存在，我们可以利用第一印象的作用，使人的沟通有一个良好的开端，给人留下深刻的印象。这在今后的求职择业、交友恋爱中都有着不可忽视的重要作用。因为陌生人见面时，第一印象常常来自外部特征，如仪表、言谈、举止等，外部特征常常反映出一个人内在的气质和修养，所以应从仪表风度做起，衣着整洁、仪表大方、语言不俗、举止得体、优雅潇洒。如果初次见面，夸夸其谈、浓妆艳抹、轻浮粗鲁，或过分拘谨、面红耳赤，都会使人厌恶而远离。

4. 利用支持性的沟通行为

支持性的沟通行为包括描述式、问题导向式、自发式、同理式、平等式、协定式。同时，尽量减少引起防御的沟通行为,包括评价式、控制式、中立式、谋略式、优越感和专断式,因为这六种沟通行为会引起防御反应。还包括可以强化沟通的技能,如专注、提问、口语表达简洁、比喻恰当、积极倾听等。

(二) 有效沟通的方法

有效的沟通通常包含四大步骤:注意、理解、接受、行动。

第一,注意:接受人认真倾听沟通的信息。接受人对信息的注意集中程度与沟通效果关系很大。这与信息对接受者的价值大小及接受者当时的心情等有关。

第二,理解:接受人能掌握信息的含义。接受人对注意到的信息是否理解对信息沟通效果有极大影响,而理解程度则与接受人的水平、主观立场等有关。一般来说,接受人容易根据个人的主观立场和认识来解释他所获得的信息。

第三,接受:指接受人同意或遵循信息的要求。

第四,行动:根据信息要求采取措施。

(三) 良好沟通十诫

为了帮助人们建立良好的沟通方式,美国管理协会提出了"良好沟通十诫",具体如下。

(1) 沟通前先澄清概念。

(2) 明确沟通的真正目的,希望得到什么。

(3) 考虑沟通时的背景、环境及条件。

(4) 重视双向沟通,正确理解。

(5) 沟通中运用易懂通俗的语言,条理清楚有层次,少有长句,意思要明确,注意非语言的表达。

表3-4　良好沟通行为与不良沟通行为的比较

良好的沟通行为	不良的沟通行为
专心,有目光交流,有面部表情	不用心,回避目光,缺乏表情 无诚意及漠视
有诚意,重视 说话清楚,声音适中 开放,坦诚地让人了解自己	说话速度太快,声音太小或太大 封闭,隐瞒,不让别人了解自己
尊重别人意见,对事不对人 流露个人感受	强词夺理,不顾别人感受 喜怒不形于色
坐姿大方,适当的身体距离	坐姿不雅,不适当的身体距离
多聆听	不让别人多说

（6）注意倾听对方讲话，耐心、不轻易插话或打断别人的表达。

（7）善于提问、搞清问题。

（8）言行一致、心平气和、感情真挚。

（9）有必要的反馈。

（10）不仅着眼于现在、更着眼于未来，不要只顾一时的满足。

七、人际沟通理论对团体辅导的贡献

人际沟通研究的领域广泛、内容丰富、成果卓著，它为团体辅导过程中人与人之间如何交往，怎样增强沟通效果、建立良好的人际关系、避免或减少交往障碍提供了大量有价值的参考，也为团体领导者选择怎样的团体沟通方式，如何观察、指导团体成员的有效沟通，增进自我了解和他人了解，在协调的人际关系中获得成长提供了具体的方法和技巧。团体辅导的过程就是一种人际沟通相互作用的过程，因此人际沟通研究的成果大多适合于团体辅导的过程。

第二节 社会学习理论

社会学习理论（Social Learning Theory）是在行为主义"刺激—反应"学习原理的基础上发展起来的一种理论，着重阐明人是怎样在社会环境中学习的。它最早在 1941 年由米勒（C. Miler）和多拉德（J. Dollard）提出，他们以社会刺激（他人的行为）取代物理刺激，运用刺激回报和强化的基本概念来解释人们的模仿行为。其基本假设是：（1）就像大多数的人类行为一样，模仿也是学来的；（2）通过利用一般的学习原理也可以理解社会行为和社会学习。这一观点奠定了现代社会学习理论的基础。

后来，班杜拉发展了社会学习理论的观点，他主张把依靠直接经验的学习和依靠间接经验（观察学习）综合起来说明人类的学习。强调人的思想、感情和行为不仅受直接经验的影响，也受间接经验的影响；强调行为与环境的交互作用；强调认知过程的重要性；强调观察学习；强调自我调节过程。社会学习理论的研究成果对团体辅导中如何改变成员不适应行为提供了方法。

图 3-7 班杜拉

一、社会学习理论的创始人

班杜拉（Albert Bandura）是美国社会心理学家。他 1925 年生于加拿大；1947 年进入哥伦比亚大学学习；毕业后考上艾奥瓦大学研究生，1952 年获博士学位；1953 年到斯坦福大学从事儿童心理研究；1964 年当选美国心理学会主席。20 世纪 50 年代末和 60 年代初，他在关于儿童攻击行为的系列性研究基础上，潜心从事行为矫正技术的探究。他认为，人的行为模式实际上都是从观察别人的行为及其后果,在替代性基础上发生的直接经验那里学来的。在他看来,模仿学习过程是一种信息加工理论与强化理论相结合的综合过程。班杜拉的主要著作有《社会学习与人格发展》(与 R·沃尔特合著)、《社会学习理论》等。

二、社会学习理论的基本内容

(一) 个人与环境的交互作用

社会学习理论的基本立场是个人的行为不是由动机、本能、特质等个人内在结构决定的,也不是早期行为主义所说的由环境力量决定的,而是由个人与环境的交互作用决定的。即人的行为受到内在因素与外在环境因素的交互作用影响,行为、环境和个人内在因素三者互相影响,构成一种三角互动关系。行为同时受到环境和个人的认知与需要的影响,人的行为又创造、改变了环境,个人的不同动机以及对环境的认识使人表现出不同的行为,这种行为又以其结果使人的认知与动机发生改变。

社会学习理论认为人的大部分社会行为是通过观察他人、模仿他人而学会的,"通过观察而学习的能力使人们能够获得较复杂的,有内在统一性的、模式化的整体行为,而无需通过行为主义设想的那种沉闷的尝试错误逐渐形成这些行为"。按照信息加工的模式来分析观察过程,可以将观察学习分为 4 个过程:注意、保持、动作再现以及动机激励过程。不同于早期社会学习论者,现代社会学习理论认为,人并不仅仅受到自己行为的直接后果的影响,还受到观察他人所遇到的结果(替代强化),以及由个人对自己的评价、认识所产生的强化(自我强化)的影响。

在观察学习中起决定性影响的因素是环境,如果环境发生变化,人的行为也会相应地变化。如社会文化关系及榜样等客观条件对人有很大的影响,因此人们只要控制这种条件,就可以促使社会行为向着社会预期的方向发展。榜样,特别是得到人们尊敬的榜样人物的行为具有替代性的强化作用。对榜样的观察是学习新行为的条件,榜样人物的行为被观察仿效而成为模仿者的榜样,新的行为就是行为的榜样化。

(二) 关于模仿的实验研究

模仿是在没有外界控制的条件下,个体受到他人行为的刺激,自觉或不自觉地使自己的行为与他人相仿。模仿是对外显行为的模仿,内隐心理是不能模仿的。在模仿的过程中,模仿者是主动的、自觉的。比如,模仿者为了积极地达到目的而观察学习别人的行为。根据人们模仿意识的程度,自觉模仿可分为适应性模仿和选择性模仿。适应性模仿指人为了适应新的生活而模仿他人的行为,如新生入学后,会自觉模仿高年级学生的学习方式与生活习惯。选择性模仿指人们经过思考而有选择地选取模仿行为。因为人的思想行为纷繁复杂、多种多样,有合理的,也有不合理的,所以模仿者通过思考进行选择,将那些有利于个人发展和社会进步的行为作为模仿对象,以使个人更成熟。

社会心理学中关于模仿的研究最早始于20世纪初，将模仿作为人的本能来解释人的社会行为的理论，曾经产生过影响。50年代后，班杜拉结合人类认知过程来研究人类的模仿行为，认为模仿不是先天的，而是在后天的社会化过程中逐渐习惯的。他认为，先前的理论缺陷在于忽略了人与人之间的相互影响过程。于是，他就攻击行为、亲社会行为等进行了深入的实验研究，在模仿领域的研究中做出了贡献。

一项著名的实验是班杜拉和D·罗斯把参加实验的儿童分成几组。其中一组被带入一间有玩具的房间，玩具中有一个充气的塑料大娃娃。一会儿，进来一个成年人，他开始攻击

图3-8 玩偶实验

塑料娃娃，用铁锤狠狠地敲击娃娃的头，把娃娃抓起来摔、压，嘴里还不时喊"打""打"，时间大约10分钟。后来，实验者把这些观察到侵犯行为的儿童带到游戏室玩娃娃。另一组儿童在另一间玩具室看到一个成人静静地做其他的事，10分钟后离开。这些没有看到攻击行为的儿童来到游戏室玩娃娃后，攻击性行为出现得少。那些有攻击性行为的儿童的反应与观察到的榜样的行为完全相同。另外还有一组儿童是通过电视录像观看到攻击行为，他们也表现出更多的攻击行为。班杜拉认为，许多社会行为通过观察、模仿即可习得。无论是直接还是间接观察，观察习得的是某种行为的行为方式，环境条件允许时，就会外化为行为表现。

三、社会学习理论对团体辅导的贡献

社会学习理论认为人们通常是通过对他人的行为进行观察和模仿来学习和形成一种新的行为方式，尤其是对人们在社会生活中的各类行为进行观察学习。攻击行为和适应行为都如此。如果为那些心理适应不良的团体成员提供多个可模仿的榜样，将有助于改变不适应行为。团体辅导为成员创设了一种特殊的情境，团体中充满理解、关爱和信任，这种环境的变化必将引起个体行为的积极改变。

第三节　社会支持理论

根据社会支持理论（Social Support Theory），社会支持是指个体从他人或社会网络中获得的一般或特定的支持性资源，包括物质性支持、情感性支持、网络支持（稳定的社会关系如婚姻、同事、朋友等，以及不稳定的社会联系如非正式团体等）。社会支持可以帮助个体应对生活和工作中的问题与危机，增进心理健康。团体辅导所形成的团体情境，能够提供给团体成员建立和维持社会支持的情景，从而让成员在团体中相互理解和支持，增强信心，增添力量，互相学习。下面将详细介绍社会支持的概念、类型、效能。

一、什么是社会支持

（一）社会支持的定义

　　社会支持这一概念最早源于 20 世纪 60 年代的精神病学领域，在 20 世纪七八十年代开始引起更多研究者的关注，随后逐渐渗透到其他学科研究领域并作为一个专业术语被各学科所引用。卡恩（Kahn）等人认为社会支持是人与人之间的帮助、关心和肯定。科恩（Cohen）和麦凯（Mckay）指出，社会支持是指保护人们免受压力事件不良影响的有益人际交往。卡伦（Cullen）认为社会支持是个体从社区、社会网络或从亲戚朋友那里获得的物质或精神帮助。萨拉森（Sarason）等认为，社会支持是个体对想得到的或可以得到的外界支持的感知。马莱茨基（Malecki）等人认为，社会支持是来自于他人的一般性或特定的支持性行为，这种行为可以提高个体的社会适应性，使个体免受不利环境的伤害。我国学者李强从社会心理学的角度指出：社会支持是一个人通过社会联系所获得的能减轻心理应激、缓解紧张状态、提高社会适应能力的影响。其中社会联系指来自家庭成员、亲友、同事、团体、组织和社区的精神上和物质上的支持和帮助。

　　综合不同学者对于社会支持的定义可见，社会支持都来自于人际关系（他人或社会群体），而非个体自身或外界自然环境；此外，社会支持对个体能起到帮助作用，是有益于个体的人际资源。那么，社会支持具体包括哪些类型？个体通常都可以获得哪些种类的社会支持？关于这些问题许多学者都提出了自己的观点。

（二）社会支持的种类

　　根据不同的分类标准，社会支持可以被分成很多类型。根据形成社会支持的主客观角度的不同，社会支持可以分为两类：一类是客观可见的支持，包括物质支持、网络支持（稳定的社会关系如婚姻、同事、朋友等，不稳定的社会联系如非正式团体等）；另一类是个体主观体验到的情感支持，即个体在社会生活中感受到的被尊重、被体谅及满意程度，这类支持与个体的主观感受密切相关。根据社会支持的来源角度，可以分为家庭支持、朋友支持、其他支持等。根据社会支持的性质不同，可以分为认知支持、情感支持、行为支持等；我国学者黄希庭将社会支持分为情绪支持、手段支持、情报支持、评价支持。根据社会支持的功能不同，考伯将社会支持划分为物质性支持、工具性支持、情感性支持、抚育性支持、网络支持和满足自尊的支持；而库恩等人又将社会支持区分为物质性支持、归属性支持、赞成性支持和满足自尊的支持四种。学者韦尔曼（Wellman）等人运用因子分析方法，将社会支持分为经济支持、感情支持、陪伴支持、小宗服务和大宗服务等五项。

二、社会支持的效能

　　在社会生活中，人与人之间的相互支持对维系正常的社会生活是必不可少的，而人们生活中所遇到的许多问题也是由于缺乏必要的社会支持而产生的。社会支持理论认为，个体从他人或社会网络中获得的一般或特定的支持，可以帮助个体应对生活和工作中的问题与危机，增进心理健康。大量研究表明，社会支持与个体的身心健康、主观幸福感存在显著正相关，与影响个体身心健康的消极因素（焦虑、抑郁、压抑等）存在显著负相关。

（一）社会支持与身心健康

社会支持对个体的身心健康状况有重要的积极作用。研究显示，社会支持在增进个体心理健康方面有重要作用，它能缓解个体心理压力，消除心理障碍。在对灾难幸存者的研究中，学者们一致发现社会联系（Social Connection）是最稳定的、具有显著保护效应的因素。有关社会支持对个体身心健康的作用机制，有三种比较经典的假设。

1. 主效应模型（Main Effect Modal）

该模型认为，社会支持具有普遍的增益作用，其效应独立于压力，不管压力程度如何，社会支持对个体的身心健康都有着直接的促进作用。这一模型得到许多研究的证实，例如有不同学者将婚姻状况、社会交往、社区参与、良好的亲属及朋友互动关系等作为社会支持的指标，都能发现其与个体身心健康呈显著正相关关系；此外，针对社会孤独者、高社会支持者的研究也证实了此观点。

2. 缓冲作用模型（Buffering Effect Modal）

该模型认为，社会支持仅在应激条件下与身心健康发生联系，它能缓冲压力事件对身心状况的消极影响，保持与提高个体的身心健康。有研究发现，妇女与丈夫或男友的亲密关系能有效防止消极事件带给她们的影响；产后妇女与丈夫之间做针对问题的沟通，能防止成为新手妈妈带给她们的压力影响；此外，许多研究者将亲密朋友关系、个体之间传达支持的行为作为社会支持的指标，研究其对于个体在压力事件下的影响，也验证了缓冲作用模型的假设。

3. 动态模型（Dynamic Modal）

该模型认为社会支持和压力同时作为自变量通过直接或间接作用对身心健康水平起作用，压力与社会支持的关系是相互影响和相互作用的，并且这种关系还会随着时间的改变而发生变化。芒罗（Munroe）等人在研究中的发现支持了动态模型的观点，他发现社会支持、压力与身心健康的关系不是简单的直线关系，有时可能是曲线关系，有时可能是阶段性变化的关系。

（二）社会支持与情绪情感

1. 社会支持与积极情感

随着积极心理学的兴起，人们对社会支持的关注由原来考察其与心理压力、心理障碍等消极心理指标的关系转移到考察其与积极心理指标尤其是主观幸福感的关系。心理学者普遍认为，具有良好社会支持的个体会有相对更高的主观幸福感、生活满意度、积极情感。

针对社会支持影响主观幸福感的作用机制，不同学者提出了各自的观点：例如，不同来源、不同方式、不同性质的社会支持都可以对主观幸福感产生影响。社会支持作为重要的环境变量，在其他变量（如人口统计学变量）和主观幸福感之间扮演中介作用；社会支持通过某些中介变量对主观幸福感产生影响。可见，社会支持对于积极情感的影响机制可能是较为复杂的，涉及与个体内部因素（如自尊、人格特质等）之间的相互影响。

2. 社会支持与负性情绪

前人研究表明，社会支持对压力有显著调节作用，可以预测更低的压力感，是个体减轻压力负性影响的有效手段。而从作用机制角度分析，社会支持可能调节个体因认知失调或行为失范所带来的各种负性情绪体验，从而使个体的情绪达到一种平衡状态。这里所起到调节作用的社会支持，更倾向于是指个体的领悟社会支持（Perceived Social Support），即个体对社会支持的期望和评价，是对可能收到的社会支持的信念。相对于个体实际获得的社会支持，个体的领悟社会支持一般被看成是一种稳定的、个体之间存在差异的特征。许多学者认为，它能够作为潜在的社会心理资源，有效地帮助个体缓解和对抗压力与抑郁。

三、社会支持理论对团体辅导的贡献

社会支持理论认为个体从他人或社会网络中获得的一般或特定的支持，可以帮助个体应对生活和工作中的问题与危机，缓解个体的心理压力和负性情绪，同时增进主观幸福感和身心健康。因此团体领导者可以通过营造温暖、支持、包容的良好团体氛围，促进团体成员彼此沟通、尊重、理解与支持，帮助成员在团体中建立起相互支持的亲密人际关系，让团体成员一方面感受到来自团体领导者和其他团体成员的良好人际支持，另一方面也感受到团体作为有归属感、有凝聚力的集体所提供的稳定社会支持。而团体作为有效的社会支持，就能够对每一位团体成员发挥心理保健功能，一方面缓冲压力和应激状态带来的负面影响，另一方面持续不断地维持和增进成员的积极情绪体验。

第四节　团体动力理论

团体动力学旨在探索团体发展的规律，它研究团体的形成与发展，团体内部人际关系及对其他团体的反应，团体与个体的关系、团体的内在动力、团体间的冲突、领导作用、团体行为等。团体动力学产生于20世纪30年代末期的美国，其创始人勒温强调团体是一个动力整体，应作为一个整体来研究。他所研究的主要是小团体，团体动力学经过不断的发展，有着丰富的内容，如"怎样的团体是有效团体？""如何促进成员的成长发展？""团体领导者怎样创设和谐、温暖、理解的团体心理气氛，以使成员有强烈的安全感、肯定感、归属感？"等。团体动力学的研究成果对团体辅导的发展有重要影响，所以，团体动力学是所有形式的团体辅导的理论基础。

一、团体动力学的创始人

图 3-9　勒温

团体动力学的创始人勒温（Kurt Lewin）是德国心理学家，生于普鲁士的莫吉尔诺（今属波兰），先后进入费赖堡大学、慕尼黑大学和柏林大学学习。1914 年获得柏林大学哲学博士学位；1922 年任柏林大学讲师；1927 年升任教授；1932 年赴美担任访问教授，次年移居美国，在康奈尔大学任教；两年后，担任艾奥瓦大学儿童福利研究所儿童心理学教授；1945 年前往麻省理工学院建立并主持团体动力学研究中心。

在柏林大学任教期间，勒温着重研究和分析了学习和知觉的认识过程、个体动机和情绪的动力学等，根据大量有关成人与儿童的实验提出了动机理论。在艾奥瓦大学任教期间，勒温将理论兴趣和研究重点放在奖惩、冲突和社会影响等人际过程，并对一些团体现象进行了研究，如领导行为、社会气氛、团体标准及价值观念等。重要研究成果之一是关于民主和专制领导条件下的儿童团体研究。在麻省理工学院从事团体动力学研究期间，他考察了工业组织中的冲突和团体间的偏见与敌对行为等方面的问题，对现代心理学，特别是社会心理学，在理论和实践上都作出了重要贡献，被誉为"实践的理论家"。

二、团体动力学的主要内容

团体动力学的理论基础是勒温的场论（Field Theory）。这一概念最早出现于勒温 1938 年发表的《社会空间实验》一文中。场论是借用物理学中场的概念来解释心理活动的理论，它把人的心理和行为视为一种场的现象，是人与环境的函数，用公式表示为：$B = f(PE)$。B 是行为，P 是个人，E 是环境。环境是指心理环境，它是一个整体，其中每一部分都依存于其他各部分；对人而言，意志和需要等具有重要的动力作用。"场"具有复杂的非物理的力，力之间有错综复杂的变化，而这种变化所产生的动力结构使"场"成为动力场，随着动力场的千变万化，人的心理和行为也随之变化。场论把心理事件的原因归结于当前场的结构，既不推诿于未来，也不推诿于过去，这就使它不免对心理行为只注意横断面的分析，而忽视了纵向研究。场论坚持心理要研究个人与心理场之间的相互作用。它既反对过分强调环境影响，也反对过分强调内部决定因素的心理学倾向，具有一定的辩证因素。

场论的基本特征可以概括为：第一，场是将行为主体及其环境融为一体的整体；第二，场是一个动力整体，具有整体自身独有的特征；第三，场的整体性在于场内并存事实相互依存和相互作用关系。由此可见，勒温非常重视在生活环境中研究人的行为。

（一）团体气氛

团体动力学的研究是为了促进团体的功能发挥以及团体对个体和社会的作用。团体动力学最著名的实验之一是团体气氛的研究。20世纪30年代中期,勒温与利皮特为了研究民主和专制的团体气氛,从大学附属小学五、六年级志愿者中选出了10岁和11岁的孩子30人,组成两个制造面具的实验俱乐部,由大学生担任各俱乐部的领导人,分别扮演民主的和专制的领导,进行轮组实验(两个星期轮换)。按照这种做法,每个小组要体验两种不同的领导方式,从而形成两种不同的团体气氛。两种不同领导方式的区别如表3-5所示。

表3-5　专制型与民主型领导方式的比较

专制型	民主型
所有政策的决定由一个强人操纵	所有政策都由集体决定,领导鼓励、支持,最后认定
实现目标的技术和步骤由权威独断,每次做一个,成员无法知悉团体未来的方向	领导解释工作的步骤与行动方案,需要技术指导时,领导会提出两到三种可行方案
权威者经常控制每个团体成员的活动,即由领导决定成员与谁一起干活	成员可以自由选择和自己一起干活的人,分工由大家决定
权威者批评和表扬成员个人的活动,但他不与成员待在一起	领导不参加实际工作,只对关系到整个团体的工作提出表扬或批评

实验结果发现,成员在不同团体气氛下的行为有很大差异。

第一,专制型团体中成员的攻击性言行显著,而民主型团体中成员彼此友好相处。

第二,专制型团体中成员对领导服从或出现引人注目行为的情况多,而民主型团体中以工作为中心的接触多。

第三,专制型团体中成员多以自我为中心,而民主型团体中"我"字使用频率低,注重"我们"的感情。

第四,当实验导入"挫折"时,民主型团体成员团结一致试图解决问题,而专制型团体则彼此推卸责任或进行人身攻击。

第五,领导不在场时,民主型团体的成员仍能继续工作,而专制型团体成员的工作动机则大大降低。

第六,民主型团体成员对团体活动的满意程度与满足感比专制型团体高。

第七,同一成员在民主型团体内攻击性言行少,而调到专制型团体内后,攻击性言行明显增加。

实验结果证明,在团体情况中,民主的领导方式创造的团体气氛能提高工作效率;而专制的领导方式创造的团体气氛虽能保证一定的工作效率,但成员缺乏信任感和创造力,相互间充满敌意与冲突。

（二）团体凝聚力

团体凝聚力是指团体对其成员的吸引力和团体成员之间的吸引力，以及团体成员的满意程度。社会心理学家弗斯廷格（L. Festinger）指出，团体凝聚力是"为使团体成员留在团体内而施加影响的全部力量的总和"。团体凝聚力是团体巩固与稳定的社会心理特征，对团体的存在、活动、效率有重要的作用。勒温、卡特赖特（D. Cartwright）、赞德（A. Zander）等学者对此进行了深入的研究。

团体凝聚力是以团体共同活动为中介。在团体活动中，成员经过互动，彼此诉说自己的喜怒哀乐，从而增进了成员之间的感情和思想交流。这时，如果彼此发生认同，互相满足心理需要，就会产生亲密感和互相依赖感，加大成员间的相互吸引，以及团体对个人的吸引。在这样的团体中，成员心情愉快，精神振奋，行为、认知、情感一致，凝聚力就高。相反，如果团体成员之间经过交流，在思想、情感上不能产生共鸣或有严重的分歧、冲突，相互不能满足心理上的需要，成员感到心情压抑、相互离异，团体对个人的吸引力必然小，凝聚力自然很低。可见，团体凝聚力取决于团体内人际关系的状况。

克瑞奇（D. Krech）等人认为，凝聚力强的团体有以下七个特征。

（1）团体的团结非起因于外部的压力，而来自团体内部；

（2）团体内的成员没有分裂为互相敌对的小团体倾向；

（3）团体本身具有适应外部变化的能力，并具有处理内部冲突的能力；

（4）团体成员彼此之间有强烈的认同感，成员对团体有强烈的归属感；

（5）每个团体成员都能明确团体的目标；

（6）团体成员对团体的目标及团体领导者持有肯定的、支持的态度；

（7）团体成员承认团体的存在价值，并具有维护此团体继续存在的意向。

一个团体的凝聚力对于团体的活动有重要的影响。首先，团体凝聚力会使团体成员紧密团结在一定的目标之下，使团体成为一个具有高度整合性的团体。其次，团体凝聚力对团体的工作效率有重要影响。一般来讲，高度的凝聚力会提高团体成员的士气，使其明确活动的动机、自觉地努力完成团体工作，提高工作效率。如果一个团体有许多内在冲突，成员彼此不合作，精神受压抑，不但不能激发工作热情，甚至还会有意制造麻烦，工作效率自然也就降低了。

团体凝聚力要受到许多因素的影响。概括地讲，影响因素可分为两大类，即团体内部因素及外部因素。团体内部的影响因素包括团体的规模、成员的相似性、信息沟通状况、成员对团体的依赖程度、团体领导者与团体成员的关系等；团体外部的影响因素主要来自团体间的竞争。当团体面临压力或威胁时，成员为保护团体的利益而相互配合、相互协调、一致对外，从而使团体凝聚力大大提高。

团体凝聚力会影响到团体效果，表3-6比较了有效团体和无效团体的特点。

表 3-6 有效团体和无效团体的特点比较

	有效团体	无效团体
目标	目标清楚且是合作构成的；目标的改变是为了使个人目标与团体目标更契合	目标是强制的，是拼比之后产生的
沟通方向	双向沟通，强调公开而正确地表达个人的意见和情感	单向沟通，只表达意见而忽视或压制情感表达
领导权归属	成员均等参与且分享领导权；强调达成目标、内部和谐和发展性的改变	谁来领导是根据职位指派的；成员不均等地参与，由少数高权威者垄断；只强调完成目标
权力状况	能力与信息决定影响力；通过契约以满足个人目标和需要；权力均等而分享	地位决定影响力；权力集中在高位者手中；要求顺从权威
决策模式	针对情境做决策；不同时间使用不同方法；重要决定必寻求共识；鼓励参与及讨论	高位者决定一切，很少进行团体讨论，成员很少参与
对冲突的态度	把冲突看作是契机，促进成员的参与、提升决策的品质和创意，使团体继续健全地运作	忽视、拒绝、避免或压制争议和冲突
成员间关系特点	强调人际及团体间的互动；通过广度的包容、关怀、接纳、支持和信任促进和谐；容许个性存在	强调成员应执行的功能；忽视和谐，通过威胁控制成员；要求严格顺从
问题解决特点	问题解决的适切性高	问题解决的适切性低
团体效率评估	成员评估团体效率并决定如何促进团体功能；同等重视目标达成、内部和谐和团体发展	高位者评估团体效率并决定如何促进团体目标的达成；强调安定，忽视内部和谐和团体发展
团体文化	鼓励人际效能、自我实现和革新	鼓励做一个守秩序、求安定、讲条理的"机构人"

三、团体动力学对团体辅导的贡献

团体动力学不仅为团体辅导提供了理论依据，而且为团体辅导过程中团体气氛的创设、团体领导者的作用等提供了重要的研究成果。团体动力学的一些研究，如敏感性训练等，直接成为团体辅导的方法、技术，广泛应用于教育、管理、医疗等领域。

台湾学者徐西森曾在《团体动力与团体辅导》一书中指出，团体动力学研究的内容包括五大项目，及其彼此之间的交互作用和应用，这五类项目分别是：成员特性（Individual Group Member）、团体情境（Task Environment）、统合运作过程（Integrative Processes）、成员的改变（Change in Group Member）、团体的发展（Achievement and Development），并描绘了这五类项目的彼此关系图，如图 3-10 所示，对读者理解团体动力很有帮助。

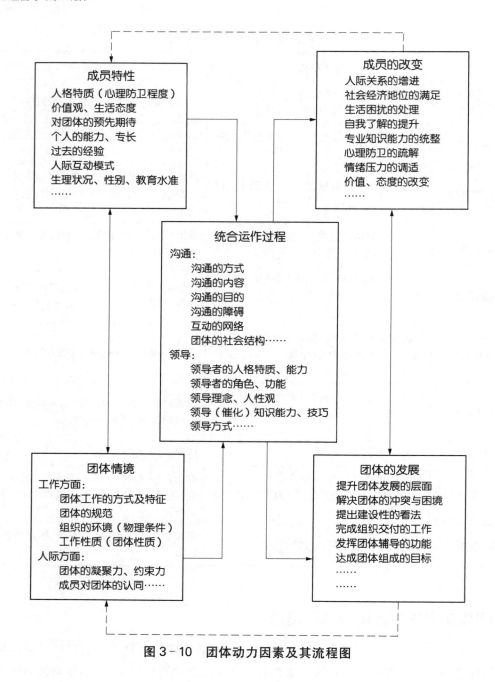

图 3-10 团体动力因素及其流程图

成员特性
人格特质（心理防卫程度）
价值观、生活态度
对团体的预先期待
个人的能力、专长
过去的经验
人际互动模式
生理状况、性别、教育水准
……

成员的改变
人际关系的增进
社会经济地位的满足
生活困扰的处理
自我了解的提升
专业知识能力的统整
心理防卫的疏解
情绪压力的调适
价值、态度的改变
……

统合运作过程
沟通：
沟通的方式
沟通的内容
沟通的目的
沟通的障碍
互动的网络
团体的社会结构……
领导：
领导者的人格特质、能力
领导者的角色、功能
领导理念、人性观
领导（催化）知识能力、技巧
领导方式……

团体情境
工作方面：
团体工作的方式及特征
团体的规范
组织的环境（物理条件）
工作性质（团体性质）
人际方面：
团体的凝聚力、约束力
成员对团体的认同……

团体的发展
提升团体发展的层面
解决团体的冲突与困境
提出建设性的看法
完成组织交付的工作
发挥团体辅导的功能
达成团体组成的目标
……

• • • 板块 4： 参 考 练 习 • • •

练习 3-3：高传信心

1. 目的：松弛团体紧张情绪，增进团体成员间相互的信任。

2. 时间：30 分钟。

3. 操作程序：

（1）成员排成一纵列。

（2）将最前面的一个成员高举后传至最后放下。

（3）团体的第二个人变成第一个人，团体再举起最前面的人传至最后放下，依次轮流。

（4）团体每个人都被举过之后，大家围圈坐下，一起讨论练习过程中的感受和发现。

4. 注意事项：

（1）被举者闭上眼睛，头部朝后，向后传递。

（2）在下面的人要尽量使被举者感到舒适安全，要把持住被举者的头部、腰部、臀部、双脚。

（3）被举者要身心放松，肌肉放松。

（4）在下面的人要慢慢地来，保持安静。

练习 3－4：轱辘轱辘转

1. 目的：打破团体沉默或激发团体活力，促进成员互动。

2. 时间：约 60 分钟。

3. 准备：练习场地最好有地毯。

4. 操作程序：

（1）让全体成员躺下，脸朝上排成一排。

（2）排头首先从每个成员的身上爬过，且躺在最后一个成员的身边。

（3）一再轮流，直到每个成员都做过为止。

（4）请全体成员脸朝下躺成一排，依前述过程再做一次。

5. 注意事项：这个活动有时会有身体敏感部位接触，需小心使用。练习之前最好征得成员的同意。

练习 3－5：互诉衷肠

1. 目的：促使成员宣泄情绪；协助有困扰的成员澄清问题。

2. 时间：约 60 分钟。

3. 准备：每人一张白纸和一支笔。

4. 操作程序：

（1）成员围成半圆形。

（2）给每人一张白纸。写出目前所遇到的三件不愉快的事情，并写出愿意倾诉的对象。

（3）请出自愿出来的一个成员（倾诉者），请他站在团体中央。

（4）请他告诉成员自己愿意倾诉的对象。在团体中寻找一个与他最相似的，愿意被倾诉的对象。

（5）倾诉者从三件不愉快的事情中选择一个，尽情倾诉他的苦衷。被倾诉者设身处地地扮演他所扮演的角色。

（6）旁观者可自动地轮流在被倾诉者的背后，说他不敢表露的感受。

（7）每个成员轮流做。

（8）述说参与此活动的感受，并讨论此活动是否达到了宣泄情绪的效果。

练习 3－6：命题图画接力

1. 目的：培养成员合作的态度；训练联想、创造的能力。

2. 时间：约 60 分钟。

3. 准备：彩色画笔，图画纸。

4. 操作程序：

（1）将成员平均分成若干组（每组 8 人左右）。

（2）团体领导者介绍活动：这是一种图画接力分组比赛活动。根据团体领导者给定的主题（如未来的梦想、考场、我的学校生活、十年后的我们等），各组在限定时间内，应用各自的想象力（越新奇越好），每个人轮流接力将图画完成。同组成员可以相互提供意见，但不能代替别人画。

（3）团体领导者宣布图画题材，并留大约 5 分钟让各组准备。

（4）各组开始进行图画接力。每位限时作画 5 分钟（不能超过时限），时间到就换下一个成员上场，轮完为止。

（5）自圆其说：各组成员对该组所完成的图画命名，并作说明（大约 10 分钟）。

（6）评分：将各组表现、合作程度，图画的新颖程度，成员的自圆其说情况作为评分依据，各组推派一个成员为评分代表（不评本组），宣布成绩（以取得大多数成员认同为宜）。

5. 注意事项：成员轮流作画只能增添图画内容，不能修改前面成员的画。

练习 3－7：突围与闯关

1. 目的：指出并比较各人解决同一问题的不同方法；利用他人提供的线索解决问题，体验团队合作的价值与意义。

2. 时间：90 分钟。

3. 准备：宽阔的、安全的、柔软的场地。

4. 操作程序：

（1）团队领导者说明活动：每个人都有解决问题的诀窍，对于个人问题的解决，团体有时构成一种障碍，有时构成一种助力，体验这种个别差异和团体力量是很有价值的经验。本活动旨在促成成员个人的洞察。在突围游戏中，团体是个体自由的障碍，被困的感觉和脱困的心情必然不同。

（2）全体面朝里手拉手成一个圆圈，一人站在中间，用任何方式突围。如果最后仍然不能成功，可找一个人协助。每个成员轮流站在中间，尝试突围。

（3）全体成员面朝外手挽手成一个圆圈，一人站在圈外，用任何方式闯关进入圈内即为成功。如果最后仍然不能成功，可找人协助。每个成员可以轮流尝试闯关。

（4）讨论和分享刚才突围和闯关的经验。讨论内容：活动中你是否感觉到团体的重要？你们或你是怎样阻止他人突围或突围成功的？被团体拒在圈外是什么感受？你如何理解堡垒是从内部攻破的？团体在合作中有些什么问题，可以怎样改进？这个活动对你的生活有哪些启发？

5. 注意事项：事先必须注意移去可能会导致危险的物品，包括桌椅、眼镜等。存在健康问题的成员可以不参加。

练习 3-8：目光炯炯

1. 目的：学习自我肯定技巧。

2. 时间：10—15 分钟。

3. 准备：安静舒适的空间。

4. 操作程序：

（1）团体成员两人一组，互相注视对方的眼睛 50 秒，不可以躲闪，目光注视表示自信及诚恳。然后注视对方，肯定地作 1 分钟自我介绍。

（2）肯定地表达自己的感受，"我对××（绘画、弹琴、数学、英语等）最有把握"，大声说三遍，注意每遍的感受。与组员交换角色，体验该感受。

（3）请对方帮忙做某件事或借东西，1 分钟之内用各种方法要求他，但另一方看着对方重复说"不"，两人交换。讨论刚才活动的感受及意义，以及如何将其应用到日常生活中去。

练习 3-9：照镜子

1. 目的：培养成员对他人的敏感性，非语言沟通而相互接纳。

2. 时间：约 15 分钟。

3. 操作程序：

（1）团体成员两人一组，一人自由做动作，另一个人模仿，轮流模仿 2 分钟后互换角色。注意：不可说话，用心体会对方的用意。

（2）结束后互相交流，看看自己对他人的理解是否准确。

（3）仍然两人一组，一人说话，一人照原话重复叙述，全身心投入地观察、理解他人。2 分钟后互换角色。结束后两人交流体会，探讨今后生活中如何应用各种感受。

练习 3－10：手掌舞

1. 目的：通过非语言练习，全身心投入沟通过程，尝试理解他人，信任他人，跟随他人，互相配合，享受配合默契和自由表达的乐趣。

2. 时间：约 15—20 分钟。

3. 准备：场地要宽，内外圈两两面对面，双手手掌尽可能靠近，但不直接接触。

4. 操作程序：

（1）第一次，内圈的人是舞动带领者，外圈的人是跟随者，带领者用双手手掌上下、左右、前后、对角线拉伸延展，跟随者要全神贯注，全情投入紧紧跟随。3 分钟后停下，两人交流练习时的感受约 3 分钟。

（2）交换角色，外圈的人成为带领者，内圈的人成为跟随者，根据第一次的经验，尝试怎样配合才能舞出美妙和自由。3 分钟后停下，两组交流 3 分钟。

（3）大团体分享：团体领导者邀请成员发言，表达练习过程中的觉察、思考和感悟。例如，双人的练习必须配合默契，需要信任、带领者要顾及跟随者的特点，由慢和易到快和难，循序渐进，先要建立关系，学习信任，善于理解彼此，才能达到协调一致等。

练习 3－11：信任考验

1. 目的：增加成员间的相互信任。

2. 时间：约 50 分钟。

3. 准备：量尺、纸、笔。

4. 操作程序：

（1）团体领导者让成员就下列事件选择其中一个，写在纸上：最怕发生的事、最不敢想的事、最不容易忘记的事、从未告诉过别人的事。

（2）全体成员写完后，团体领导者请其中一个成员朗读自己所写的，然后问他能不能对外公开;如果不能,是否可以告诉某人,请他在图上选一点,表示可以向谁吐露,并说明原因。

(3) 请其他成员发表意见,说说各自的看法,认为这件事可以告诉谁,在量尺上找一点。看一看个人与其他成员的选择有无区别? 为什么?

(4) 成员依次发言。最后讨论时重点放在对团体内成员间的信任有什么发现? 团体内哪些行为会阻扰彼此间的信任? 为获得别人信任有什么办法?

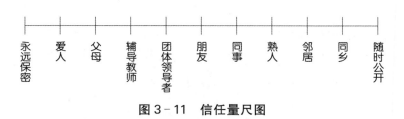

图 3-11　信任量尺图

活动 3-12:描述他人

1. 目的: 提供信息,增进交流;加深个人的参与。

2. 时间: 90 分钟。

3. 准备: 白纸、笔。

4. 操作程序:

(1) 团体领导者请每个成员用隐喻的语言描述团体中的每一个人,如用某种动物、物品、植物或自然现象作比喻。"我觉得你好像一个刺猬",然后说出为什么会对他有这种印象。

(2) 从某一个成员开始,每个成员都要描述对他的印象。

(3) 每个成员轮流进行。

(4) 讨论被描述的感受。

活动 3-13:信任证言

1. 目的:增加对身体、智力和情绪的信任与了解;探索团体中的信任程度,以影响开放讨论;提供一个给团体成员作信任感反馈的机会。

2. 时间: 120 分钟。

3. 准备: 每位成员有一张白纸、一支笔、一份信任证言。

4. 操作程序:

(1) 请成员向团体描述印象最深的童年经历(2—3 分钟),每一个成员都要讲。

(2) 团体领导者指导成员讨论如下问题:什么情形会引起你的害怕? 你希望将来会出现什么样的生活情形? 什么事情能使你快乐? 你想努力做什么?

（3）团体领导者让每个成员脱掉一只鞋，摆在团体外围的地方，每个成员沿着指定的地方，一个挨着一个地将鞋放下。在一张纸条上写上自己的姓名并放在鞋前端，以便辨认。

信任证言

1. 我信任你：会与我分享你的快乐。

2. 我信任你：替我保管钱。

3. 我信任你：替我照顾好孩子。

4. 我希望你：会告诉我别人对我的感受。

5. 我信任你：会在我某些方面无能为力时给我协助。

6. 我希望你：会在我需要时，就给我协助。

7. 我信任你：会与我保守约定。

8. 我希望你：会在我查证赝品时，告诉我真相。

9. 我希望你：会与我分享某些好运。

10. 我信任你：对我最真诚。

11. 我信任你：不会在我缺席时说我的闲话。

12. 我信任你：会保守我与你坦诚分享的秘密。

13. 我信任你：能告诉我你所爱的一切。

14. 我信任你：会成为旅游时很独特的伴侣。

15. 我信任你：是我遗产的最好处理者。

16. 我信任你：会开我的车子。

17. 我信任你：会还我借给你的钱。

18. 我信任你：当我不在时住在我家并管理我的住宅。

19. 我信任你：会完成我交付给你的工作。

20. 我信任你：当我需要一个地方睡觉时，能设法替我安置。

21. 我信任你：会自如地给我你的友善。

22. 我希望你：当我需要时，会给我情绪上的支持。

23. 我希望你：在人际关系上给我些忠告。

24. 我希望你：能与我共度某些余暇时刻。

25. 我信任你：所说的均是实话。

26. 我信任你：会是很好的发泄对象。

27. 我希望你：表达你已给我的感情程度。

28. 我信任你：会分享，接受我对你的任何感受。

29. 我信任你：会让我与你分享我的某些性经验。

30. 我信任你：会伴我度过困境。

（4）团体领导者发一张纸、一支笔和一份信任证言给每个成员,并让成员花几分钟时间熟悉信任证言单的内容。

（5）每位成员从信任证言单中挑出最能说明他对另一位成员信任程度的五个句子,拿一张纸写下一位成员的姓名,再写出所运用信任证言单上的题号,并签上自己的姓名。

（6）将替那位成员所写的纸条放进那个成员的鞋里。每个成员均须为其他成员写,所选择的句子可以重复。

（7）当每个成员均将纸条放完之后,可各自取回已放有纸条的鞋子。每个成员读出其他成员写给自己的纸条,并在信任证言单上记录(是哪位成员给的题号,就将哪位成员的姓名写在相应的题号前)。

（8）每个成员在团体中对自己所得的纸条进行回应,而且可请求团体中相应的成员对回应进行澄清。

（9）团体领导者带领团体讨论活动的目标和经历,也可以将信任证言单上的任何句子作为谈话主题。

活动 3－14：同舟共济

1. 目的：集思广益,通过团体合作,培养创新思维,努力尝试靠团体力量克服困难、达成目的。
2. 时间：约 50 分钟。
3. 准备：每组一张大报纸(或其他替代物),可视为大海中的一条船,每组 8 人。
4. 操作程序：

（1）练习开始时,团体领导者要求每组将大张报纸铺在地上,代表汪洋大海中的一条船。需要团体成员 8 人同时站在船上,一个也不能少,必须同生死共命运。

（2）让成员们想方设法使全体成员同时登上船。行动之前团体可以充分讨论,拿出最佳方案。活动过程中成员常常同心协力、集思广益,出现人拉人、人背人、叠罗汉等各种方法。

（3）当成功地完成任务后,领导者可以要求将报纸面积减半,继续做到全员登船,一个都不能少。

（4）完成后再将报纸面积减半,继续尝试。随着报纸面积越来越小,练习难度增加,成员的努力也会越来越加强,团队的凝聚力空前高涨。活动的过程中,成员会忽略性别、年龄等因素,全组一条心,创造性地发挥全组智慧,活动结果常常出乎成员们的想象,产生事先想象不到的效果,让成员切实体会到团结合作的力量。

活动 3－15：戴高帽(也称红色轰炸或优点轰炸)

1. 目的：学习发现别人的优点并欣赏之,促进相互肯定与接纳,优化人际关系。

2. 时间：约 50 分钟。

3. 准备：每组一顶红帽子（如圣诞老人帽），或者发彩色纸和胶带，让各小组自己做帽子。

4. 操作程序：

（1）5—10 人一组围圈坐下。

（2）请一位成员戴好帽子，顺时针方向转，其他成员轮流说出他的优点及欣赏之处（如性格、相貌、处事方式……）。

（3）然后被称赞的成员说出哪些优点是自己以前察觉的，哪些是不知道的。听到这么多赞美，此刻的感受是什么。

（4）每个成员都有机会戴一次高帽被表扬。

5. 注意事项：

（1）必须说优点，态度要真诚，努力去发现他人的长处，表扬要具体，不能毫无根据地吹捧，因为这样反而会伤害别人。

（2）参加者要注意体验被人称赞时的感受，思考怎样用心去发现他人的长处，怎样做一个乐于欣赏他人的人。

••• 板块 5：单元作业 •••

忆一忆

1. 团体在过渡阶段的主要特点和常见问题是什么？

2. 团体领导者在过渡阶段的主要任务有哪些？

3. 团体过渡阶段的主要领导技巧有哪些？

4. 人际沟通理论的主要内容有哪些？它对团体辅导有何贡献？

5. 社会学习理论的主要内容有哪些？它对团体辅导有何贡献？

6. 团体动力理论的主要内容有哪些？它对团体辅导有何贡献？

7. 社会支持理论的主要内容有哪些？它对团体辅导有何贡献？

练一练

1. 角色扮演，练习团体领导者在团体过渡阶段的常用技巧。

2. 分组实践，体验团体过渡阶段的主要活动。

3. 分组实践，每个组的成员集体设计一个用于过渡阶段的团体活动。

第四单元　团体辅导之工作篇

••• 板块 1：团体练习导入 •••

教师寄语

　　同学们，当你们在团体互动和交流中逐渐熟悉彼此，当你们开始在团体中感受到安全、信任和温暖，当你们越来越能够在团体中自如地表达情绪和感受时，恭喜你，你们的团体开始步入工作阶段了。这个阶段的任务非常丰富，不同的团体有不同的内容，但通常都会善用团体，协助成员认识自己，接纳自己，解决问题。许多心理不适应都与自我形象偏颇有关。而价值观又是态度的核心，价值观不仅影响人对事物的选择，也影响和他人的相处与沟通，最终影响人的生活，影响人的发展。在团体辅导过程中，澄清自己的价值观，并了解自己价值体系的建立过程与基础，且不断内省，同时，通过分享了解他人的价值观，在比较、交流之中确立正确的价值观，是各种目标的团体辅导常常采用的练习。此外，直接面对问题解决的团体活动也适合在工作阶段使用。下面让我们来体验两个练习，主题涉及自我认识、价值观澄清、问题解决等方面（老师可以根据课程需要，在本单元的"参考练习"部分选择更多的活动让学生在课堂上体验）。

团体练习 4－1：二十个我是谁

　　1. 目的：认识并接纳独特的自我，认识并接纳独特的他人。

　　2. 时间：约 50 分钟。

　　3. 准备：每人一张 A4 大小的白纸、一支笔。

　　4. 操作程序：

　　（1）团体领导者先找出一个成员做示范，连续提问，让他不断地回答"我是谁"，当他说出一些众所周知的特征（如"我是男人"）时，团体领导者告诉大家，这种回答不反映个人特征，应尽量选择一些能反映个人风格的语句（如"我是一个爱学习的人""我做事很认真"等）。

　　（2）团体领导者让成员边思考边回答"我是谁"这个问题，至少写出 20 个有特色的句子。时间限制在 10 分钟以内。

　　（3）请团体成员在小组（5—6 人）内交流。任何人都抱着理解他人的心情，去认识团体内一个个独特的人。最后团体领导者请每个小组代表发言，交流练习时的感受。

团体练习 4 - 2：我的五样

1. 目的：帮助成员澄清自己的价值观，在丧失练习中更懂得珍惜拥有。

2. 时间：约 40—60 分钟。

3. 准备：每人一张白纸、一支笔、纸巾若干。

4. 操作程序：

（1）每人发一张纸，团体领导者请成员想一想个人生活中什么最重要，只能选 5 样，并依次写下，可以是人、是物、是概念，但必须是生活中最在乎、最看重的。

（2）思考为什么这样选择，给出每一项选择的理由。

（3）6—8 人小团体内交流分享，说说自己的选择，听听别人的选择。

（4）接着，团体领导者引导说：个人看重的未必在生活中都拥有，假如必须选择从五样中删除一项，你会删除哪一样，并想一想删除这项后，你的生活会有哪些变化？并请每一位成员在团体内交流自己的选择，选择的理由，可能带来的生活变化。

5. 按照上述过程，再要求成员从剩下的四样中再删除一项，在小团体内交流删除了哪一项，为什么，生活中不再有这一项会有什么改变。依次，三项中再删除一项，小团体内交流。

6. 最后请从剩下的两样中再删除一项，只能留一项，你会留哪一项？为什么？它对你的意义是什么？在小团体中交流。并分享做这个练习带给你的思考和觉察、发现和启示。

7. 注意事项：在删除过程中，某些成员可能会产生激烈的情绪，出现不愿意删除，责备团体领导者残忍，流泪哭泣等表现，团体领导者要注意悉心观察，及时做出回应。练习结束时，提醒成员这只是一个练习，你很在乎的东西你还拥有着，需要更加珍惜。

••• 板块 2：技术点拨——团体工作阶段的辅导技术 •••

凹 教师寄语

团体的工作阶段是团体辅导的最重要的时期，该阶段的特征是深入探讨个人问题和学习有效行为，以促成理想行为的达成。工作阶段的团体有很强的凝聚力，沟通顺畅，已经形成充满信任、理解、真诚的团体气氛。团体成员在这个阶段认识到需对自己的生活负责任；必须决定在团体中探讨什么样的问题；需要了解如何成为团体中不可或缺的一分子，同时又能保持自己的独特性。团体领导者会通过鼓励、示范、面质、解释等技巧鼓励成员探索个人的态度、感受、价值与行为，帮助成员深化对自我的认识，协助成员解决问题，学习和实践新的行为。同学们，在这一章里，你们可以学到很多工作阶段的团体领导技巧。

📖 **学习目标**

1. 了解团体工作阶段的特点。
2. 明确团体领导者在团体工作阶段的主要任务。
3. 初步掌握团体工作阶段的团体领导技巧。
4. 学习并实践团体工作阶段的常用练习。

第一节　团体工作阶段的特点和主要任务

工作阶段也称凝聚力阶段，此时团体已经出现了有效沟通的模式：团体发展稳定，团体内气氛自由且安全，该阶段是团体四个发展阶段中工作过程最长的时期。置身在这个阶段的团体中，成员之间可以彼此信任、相互尊重、相互支持、坦诚相待，因此关系亲密，成员能够认同团体和团体领导者，主动积极投入团体，可以自由表达自己，包括负性感受以及与他人不同的意见，能够做深入的个人分享。在团体中，成员能彼此接纳各自的问题，相互帮助解决问题，也会将各自从团体中获得的感悟转化为行为和人格的改变。

一、团体工作阶段的特征

(一) 团体凝聚力增强

团体凝聚力包括了团体对成员的吸引程度、归属感、包容和团结。团体凝聚力虽然在团体初期就开始形成了，但在工作阶段才成为团体过程中的一个关键因素。如果团体已经确立信任，成员的矛盾冲突和负面情绪也容易被解决，那么这时的团体就有凝聚力。从某种意义上来说，团体只有经历过考验阶段，才能进入有效的工作阶段。

团体凝聚力产生于成员坦诚相待并敢于冒险的时候，因为此时成员真诚地表露他们深藏的重要的个人议题。这使团体成员了解到别人也和自己有同样的问题而与他人认同，团体也因此更有凝聚力。凝聚力为团体提供了向前发展的动力，所以它是团体成功的前提。但是团体凝聚力不会自动产生，它是团体成员和团体领导者共同投入，逐步地引导而发展出团体的整体感。

(二) 成员对团体充满信心和希望

经历了过渡期的冲突、挣扎之后，成员感受到团体对自己的接纳：不但自己对团体产生承诺，也看到别人的真心表露、坦诚相待、互相分享、关怀和承诺，对团体有更强的信心信赖，相信团体会促进自己的成长，能帮助自己解决困难，心中充满了希望。

（三）成员愿意自我表露

从参加团体开始，团体成员就在一点一点地慢慢表露自己，但在真正的信任和安全尚未建立起来时，成员所表达的是较表层的公众自我，或者表达的是与团体此时此地无关的意见和事件，是比较安全、没有威胁性的内容。而当团体到了工作阶段，成员的自我表露是内在自我，即真实的自我，或者表达较冒险的和具有挑战性的问题，这样的探索才是深刻的、有意义的。成员不但有机会真实地认识自己，也使别人更了解自己。成员通过整合自己的自省和他人的反馈、协助，成为成员成长和突破的最佳方式。团体中的其他成员也同样以相同的过程学习成长和发展。

（四）此时此地

团体在工作阶段产生的信任、接纳和同感，使成员不再担心和顾虑，他们可以说真话，把实际感受表达出来，把团体当下的情况与气氛不加掩饰地反映出来。这是真实地面对自己、真实的人际互动、自己与环境的真实共存，是真实的人生。这对成员而言具有与以前很不相同的意义，因为能够并且敢于忠于真实的自己，并表达出来与团体分享，这对许多成员来说，是很大的超越和突破。评估团体信任度和亲密感也是以团体"此时此地"程度的高低而定的。

（五）承诺与改变

成员已从矛盾中挣扎出来，他们不愿再防卫和掩饰自己，而是更愿意与团体在一起，与之成为一体，为团体和自己负责。当初进入团体时所抱有的成长和改变的希望逐渐从内心深处浮现出来，希望能够实现，改变的动机比以前任何时候都要强烈。

（六）认知重建

在关怀、接纳和温暖的团体氛围里，成员有机会把内心的情绪表达出来。情绪宣泄虽然有治疗作用，但只是情感宣泄并不足以改变成员的行为，所以，成员必须面对自己的困扰和问题进行深入的分析和检讨，并加以重新认识和解释，以增加对自己的客观了解以及对问题的正确认知，这样对行为的改变和问题的解决才有实质的意义。

（七）实验的自由

成员参加团体的目的之一是想要学习更适应、更有效的行为，使自己能够突破日常的限制或解决生活中面临的问题。团体在工作阶段就为学习新行为提供了合适的机会。我们在日常生活中的行为是僵化的、例行公事的、缺乏弹性和想象力的，因为我们不敢改变熟悉的行为方式，担心做不好或无法预测新行为的结果。团体提供了一个安全的场所，在接纳、同感的理解和支持的氛围中，成员可以大胆地发挥创意，改变自己，练习或实践新的行为，并将学到的新行为应用到团体之外的实际生活中。

二、团体领导者的任务

（一）协助成员更深入地认识自己

认识自我是完善自我的前提。在和谐的接纳性的团体气氛中，成员更愿意深入地探索自己、表露自己，团体领导者应该借此机会协助成员进行更进一步的自我探索、自我认识、自我接纳、自我肯定、自我改善、自我评估，使其了解到自己的问题或行为的形成原因及相互关系，作为自我突破、自我发展的重要基础。

（二）鼓励成员彼此尊重给予关怀

在工作阶段，团体成员比以前更愿意表露较深层的自我，大多数人都是以真我示人，每个成员都表现出了自己的独特性，因此彼此相互尊重，不但能鼓励成员敢于继续自我表达，也使彼此能保持独特性。当有成员表露自己的困扰或伤痛时，如果其他成员能适时地给予其关怀和支持，可以降低其痛苦，并使其有勇气和信心继续前行。团体领导者需要适时地鼓励成员彼此尊重、彼此关怀。在团体中，你对他人的关怀可以触发他人对你的关怀；同样，他人对你的关怀也能触动你对他人的关怀，更增强了你关怀他人的力量。

（三）鼓励成员相互帮助

团体的特征之一是拥有多方面的信息和资源，所以应鼓励成员互为资源，鼓励他们分享自己的经验、知识和技能，彼此交流，相互帮助，因为每个人在帮助其他成员的同时，也得到了他人的协助。每个成员都有自己的背景和生活经验，相互帮助可以协助他人获得更多方面的信息，扩大视野，丰富生活，更了解自己并解决问题。团体领导者协助成员从团体经验中重建认知，协助成员分析、检讨自己的认知重建，改正不适用或不合理的信念，取而代之以合理的、健全的信念。

（四）善用对质技术

对质是心理辅导的技术。在团体辅导中，可以说工作阶段之前没有真正的对质出现。对质不是敌意的攻击和惩罚，而是出自关心、同感与真诚的建设性挑战，需要以充分的信任为基础。其目的是协助成员洞察阻碍自己成长与自我实现的矛盾、防卫和盲点，以开发个人的潜能，实现个人成长目标。在团体互动过程中，由于团体有足够的信任度，成员能够表露真实的自我，当团体领导者和其他成员发现了造成该成员的困扰，即不一致、自我破坏、自我防卫或自相矛盾的行为，他们从爱护和协助的立场出发，同感性地与该成员对质，使该成员正确客观地了解自己，并采取对自己适合有效的行动改变自己。

（五）协助成员把领悟转化为行为

成员通过在团体中自己的自省和别人的反馈，对自己和环境的关系有了新的了解和领悟。此时团体领导者应协助成员把这些领悟和认识具体化为行为,如某个成员领悟到自己的失败不是运气不好,也不是老师不公平,而是自己学习不努力时,如果只是领悟还不能改变他的情况,必须有实际行动才行,因此团体领导者可以协助成员将新的认识具体为行动。例如可以将"努力用功"具体化为:每天减少一个小时看电视的时间,多花两个小时阅读,养成上课做笔记的习惯等。这样才能使成员实现学业进步的目的。

每个人都不习惯改变,尤其是尝试从未有过的新行为。团体领导者应尽力鼓励成员冒险,在团体中尝试新行为,并在其有了新行为或期望行为时,不断予以肯定和鼓励,增强成员的信心和勇气,并促使其将新行为应用到团体以外的现实生活情境之中。

(六) 协助成员解决个人问题

解决困扰是成员参加团体的最重要的目的之一,团体领导者有必要协助成员达成这个目标。领导者通过澄清、分析和诊断问题,协助成员建立合理目标,共同提出解决的策略和方法,评估策略和方法的价值,并促使成员付诸实践。

(七) 继续示范有效的行为

团体领导者需要自我开放,检查自己为成员提供的示范作用是否有作用,与成员分享自己的感受,继续为成员树立榜样。同时团体领导者要采取一些有效的活动方式,如推进大家熟悉的有兴趣的主题讨论,使团体成员参与其中,协助成员在感觉、态度、认识和行为上产生有益的改变,并将在团体中学习到的内容运用到日常生活中。

三、团体成员在工作阶段的任务

(一) 全身心投入团体

工作阶段成员的相互作用比以前两个阶段要多得多,相互关系的性质也较真诚,成员也不再是只与团体领导者互动,而是所有人之间产生互动。此时,团体对成员产生了相当的影响力,因为成员比以前更能接受团体目标、团体决议和团体规范了。在团体中,成员发现自己不是孤立的,许多成员有类似的问题、相同的感受,他们察觉到彼此的相似与共同的命运而促进了认同感,这种认同感不仅是对团体领导者,也是对整个团体的认同。成员有了认同感,会对团体有所承诺和贡献。

(二) 坦诚讨论关心的主题

工作阶段的特征是成员愿意探索具有个人重要意义的内容。在此阶段,由于对自己的接纳和确认,成员敢于表达自己,也能坦然面对他人,并且对团体有承诺,有改变和行动的意图,整个团体的互动变得很真诚、实在,且充满了希望和活力,团体本身也变得有方向、有效率。成员不再那么依赖团体领导者,自己也学会运作团体,主动关心别人、挑战自己,把自己愿意讨论的问题带到团体中来。

（三）提供和接受反馈

团体辅导与个别辅导的区别之一是团体辅导的反馈是多元的。团体中的成员彼此互为资源，相互间能发挥镜子的功能，成为他们自我了解的一个重要途径。在工作阶段，由于彼此都经历了相同的团体历程，所以对于其他人的心情、感受很容易产生共鸣性的了解，或是在团体中通过自己去体会别人的感受，把自己的感受更清楚地表达出来，既能为别人提供反馈，也能开放性地接受反馈，而且彼此之间的反馈是非常真实的，有价值的，具有参考作用，从而为每个成员提供了解自己的有意义的资料。

（四）承担部分领导功能

经过过渡阶段的冲突之后，成员看到自己能够被团体中的其他人接受，即使意见不同也会被接受，成员会感到团体是安全的、相互信任的、彼此接纳的，原来站在团体之外的成员会逐渐进入到团体里面，并认同自己是团体的一员，甚至会抗辩外人对团体的批评，维护团体的权益。团体中的人际关系不再是依赖性的，也不是独立或各自为政的，而是相互帮助、互相依存的。这是团体效能发挥得最充分的时期。此时，团体领导者可适时分出领导权，由所有成员共同承担一些领导功能，共同担负团体的运作。

（五）为其他人提供挑战和支持

由于在团体中大家都很坦诚和信任地表达和互助，成员已安心地放下个人的防御与伪装，抛掉种种面具，开始享受一种充满了关爱、诚实和开放的深挚关系，逐渐对自己和对别人有更大的接纳，看到每个人虽然有不足和限制，但各有所长。由于成员彼此关心、彼此支持，建立起新的支持系统，成员愿意尝试用自己的方法来为他人提供帮助。当有需要时，他们会对质别人、协助别人澄清和处理矛盾，积极面对自己的问题，因此往往能发生建设性的转变。

（六）在团体中作出行为改变

当成员在团体中可以具体感受到彼此之间的亲密和高度的共情时，就发展出很深厚的人际关系：一种人与人的真实接触，一种难能可贵的"我—你"关系。随之而来的，就是个人态度和行为的改变。成员会变得很体谅人，很有同感，对人接纳、温暖、诚挚且真实。他们不但积极行动，尝试改变自己，使个人的问题得到解决，在人际关系上也得到有益的改善。具体来说，团体成员开始踏上自我实现之路。

（七）在生活中实践新的技能和行为

团体是生活的实验室，成员在团体中学到的新态度、新技能、新行为需要带到生活中去实践，由于参加了团体辅导而让生活发生积极改变，并在团体聚会时向团体报告自己改变的实际效果。同时，由于成员间的关系密切，除了在团体内彼此帮助外，也会将团体帮助延伸到团体之外，在生活中有交往和彼此支持。这种行动，对正在经历一种可能很痛苦的自省的成员，往往很有意义，对他们的改变也有很大的帮助。

四、工作阶段团体可能出现的问题

（一）无法忍受不一致的意见

团体凝聚力对团体发展有正反两方面的意义：正面意义是凝聚力给团体带来稳定的、满足的、能够有效沟通且积极参与的成员，能逐渐增加团体的影响力；而负面意义是带给团体"一致""顺从"的压力。当团体出现高度凝聚力时，任何与团体持不同看法的人都有可能不被其他成员接受。

（二）回避相互挑战

此阶段团体还容易出现的问题有团体成员可能会陶醉在熟悉关系下的舒适状态，回避相互挑战。即使某些成员出现一些问题行为需要被直接指出和修正，其他成员也会碍于面子而不去指出，使该成员失去了改善的机会。

（三）不在团体外采取行动

团体是生活的实验室、浓缩的小社会，团体成员可能在团体活动中获得对自己和生活的新领悟，并在团体内尝试改变行为，取得明显的效果。不过，也有些成员不能将自己在团体内学习到的有效行为迁移到日常生活中，不能在团体外采取行动，无法使生活因为参加了团体辅导而带来新的建设性的变化。

第二节　团体工作阶段常用技术

尽管各类团体辅导依据的理论、活动方式不同，实施方法也各异，但工作阶段成员间相互影响的过程是相同的：即成员彼此谈论自己或别人的心理问题和成长体验，争取别人的理解、支持、指导；利用团体内人际互动反应，发现自己的缺点与弱点、存在的不足，努力加以纠正；把团体作为实验场所，练习改善自己的心理与行为，以期能扩展到现实社会生活中。

一、引导参与和介入技术

（一）引导参与的技术

工作阶段引导团体成员参与的技术是多种多样的，因团体目的、问题类型、对象不同而不同。有的团体主要采取讲座、讨论、写体会、写日记等形式；有的团体采用自由讨论的形式；有的团体主要采用行为训练、角色扮演等方法；有的团体则采取系列练习的形式。比如：失眠者组成的治疗团体，通常先由团体领导者系统讲授有关失眠的知识；然后通过讨论认识病情、分析原因、寻找解决对策,成员主要通过讨论交流,彼此沟通、达成共识,从他人身上领悟自身的问题,从他人的意见中得到启发;最后通过写体会深入思考探索、确立信心,找出改进办法。团体领导者必须鼓励并提供每一个团体成员民主参与的机会,既不使过于活跃的人剥夺他人的机会,也不使拘谨的人袖手旁观,失去参与分享的机会。引导参与的技术还包括以事实为中心,避免无谓的纷争,增进团体的向心力。

(二) 解决问题的技术

团体领导者必须正确评估自己的能力与环境的变化,引导成员积极地作出符合自己人生目标和价值观的选择决定,减轻由于在生活中遇到问题而产生的心理压力,从而使身心健康,更有效地适应社会。团体领导者是根据团体成员个人的需要去引导他们的,并提供足够的背景资料,刺激成员思考、沟通,选定要解决的问题而采取行动。解决问题的过程就是运用思考和科学方法的过程,一般步骤如下。

(1) 了解问题的存在,确认有解决的必要;

(2) 分析问题的性质,直接面对问题的目标,开始搜集有关资料;

(3) 分析资料,列举解决问题的可能办法;

(4) 评估每个解决问题办法的可行性及预期效果;

(5) 运用观察或实验来尝试解决问题;

(6) 选定最合宜的可行方法去解决问题。

在团体辅导中,团体领导者若为成员提供比较客观而合理地解决问题的原则,对于成员处理个人的问题将很有帮助。因为团体成员若在团体中运用这些原则,并不断学习与改进解决问题的技术,将使自己在多方面获益。

以下列举迈克尔·弗里(Michael L. Free)在所著的《团体认知治疗:实践指南与资源》一书中提出的问题解决的八个步骤以及由此设计的问题解决工作表。问题解决的八个步骤包括:第一,具体化问题;第二,头脑风暴可能的解决方法;第三,总结每种方案的利弊;第四,权衡利弊;第五,评价这些方案;第六,选择解决方案;第七,制定计划;第八,评估成效。问题解决工作表如表4-1所示。

(三) 及时介入技术

团体发展到工作阶段,其凝聚力和信任感已达到很高的程度。成员体验到足够的安全感、归属感,能互相接纳、互诉衷肠、开放自我,也能真诚地关心他人。团体进行过程中,成员从自我的探索与他人的反馈中尝试改变自己的生活,并得到其他成员的支持、鼓励,但是仍然会有一些现象需要团体领导者发现并及时介入加以引导,把团体拉回到此时此地,否则团体的进展会受到影响。

(1) 团体中某人为另一个成员说话;

(2) 团体成员注意力集中在团体之外的人、事、物;

（3）团体成员中有人在说话的前后常先寻求他人的认同；

（4）有人提出自己因为不想伤害他人的感觉，所以就选择不说；

（5）成员中有人领悟其问题是由某些人引起的；

（6）有成员认为自己只要等待，事情就会转变；

（7）团体中有不一致的行为出现；

（8）团体变成无效率的漫谈。

表4-1　问题解决工作表

第一步：详细说明问题
我要解决的问题是：
我期望的结果是：

第二步：头脑风暴可能的解决方案	第三步：每种解决方案的利弊				第五步：从1—5评分
	利	第四步：权重	弊	第四步：权重	

第六步：最佳选择是（得分最高的项目）：

第七步：我的计划是什么？

如何执行（怎么做）？

何时（什么时间）？

何地（地点）？

与何人（和谁）？

我将如何知道它是否有效？

第八步：执行我的计划（时间表）

第九步：评估：它的效果如何？

（四）运用团体练习的技术

在团体工作阶段，团体领导者常常会选择一些有价值的团体练习，比如自我探索、价值观探索、相互支持、问题解决、脑力激荡等，以及练习后的交流分享来帮助团体成员成长。自我探索常用的练习有"我是谁""生命线""自画像""墓志铭""生命计划"等；价值观探索常用的练习有"临终遗命""火光熊熊""生存选择""姑娘与水手"等；相互支持常用的练习有"金鱼钵""戴高帽"等;问题解决常用的练习有"秘密任务""问题树""突破困境"等。团体练习是团体成员互动的媒介,也是达到目标的媒介。但运用练习不是目的,练习过程中带来的感受、思考、领悟的分享和觉察,引发深入讨论才是目的,不能为做练习而练习。至于团体采取什么方式互动,要根据团体目标和成员特点选择。比如,对于中老年人采用一些动态的练习就不适合;而对青少年过多使用团体讨论的形式也不适宜,需要配合趣味性更强的团体活动。

二、团体辅导中的讨论技术

(一) 团体讨论的功能

团体讨论是指团体成员对一个共同问题,根据资料与经验,互相合作、深入探讨。在团体讨论过程中,团体成员发表自己的意见、听取他人的意见、修订自己的看法。团体讨论是工作阶段运用得最普遍的方法,主要目的在于沟通意见、集思广益、解决问题。在团体中如果成员能以坦诚的态度积极参与讨论,接纳成员的不同意见,与他人切磋商榷,团体就会发挥以下的助人功效。

(1) 鼓励成员参与团体事务,激发成员的参与动机;

(2) 引发成员对团体过程产生兴趣;

(3) 帮助成员明确了解自己和他人的不同立场,学会尊重别人;

(4) 帮助成员不感情用事,从多个角度思考和判断问题;

(5) 培养成员积极、自觉和自主的个性,为他们提供自我表现的机会;

(6) 促进成员充分沟通,使他们更进一步统整合作,增强团体凝聚力。

(二) 团体讨论的具体方法

1. 圆桌式讨论

这是一种比较民主的方式,成员围着圆桌而坐,彼此容易熟悉,容易营造和谐的气氛,引发讨论。

2. 分组讨论

如果团体人数比较多,可以将团体成员分成若干小组(3—8 人一组),分别讨论同一主题,然后综合小组讨论结果,在大团体内由各组发言人代表发言,其他成员可补充。当团体人数较少时,每位成员可以有充分发言、交流的机会。

3. 陪席式讨论

这种讨论方式一般先由一位专家作引导发言,再让团体成员针对专家的意见发表自己的见解。

4. 论坛式讨论

这种讨论方式先由几位专家或团体领导者分别阐述各自不同的观点,然后让团体成员互相讨论,寻求适当的结果。

5. 辩论式讨论

团体成员就一个讨论话题分成正反两方,成为意见对立的两组,然后根据自己所在方的立场,与对方辩论。

6. 脑力激荡法

此方法有助于成员了解别人的意见,扩展自己的思考空间,培养团体合作精神,发挥集体力量找到多种解决问题的方法及途径。一般需要 30—50 分钟。讨论需要遵循以下原则。

（1）暂缓批评,不立即做任何优缺点的评价;

（2）办法多多益善,越多越好,以量制质;

（3）越奇越好,自由联想,不要怕跟别人不一样;

（4）联合与改进,鼓励巧妙地利用并改善他人的构想;

（5）记录所有被提出的意见。

实施过程如下:全体成员分成几组,一般 6—10 人一组,每组在指导者给定的时间内就某个题目发表意见。发表意见应遵守以下三条规则。

（1）不评论他人意见的正确与否;

（2）尽可能多地出主意;

（3）争取超过别的小组。

练习本身带有竞赛性质。每个题目限时 15—20 分钟。题目可根据团体成员的特点或团体辅导的目标而定,要求具体、可操作。例如:"怎样减轻生活学习压力""愉快度过大学生活的方法""改善人际关系的方法""生活中的自信表现""紧张焦虑的消解方法"等。当团体领导者宣布开始后,每个小组派一人记录,其他人七嘴八舌出主意,相互启发,集思广益,列举各种可能的方法。当团体领导者说"停"时,每个小组把自己的意见写在纸上,再贴到墙上,然后选一位代表解释这些方法。全体成员一起评论,看哪个小组办法最多,最多的组可以获"优胜奖",哪个方法最实用、最幽默、最有想象力,可以评为"幽默奖""实用奖""有趣奖""认真奖"或"好主意奖"等。通过评比,帮助成员选择最适合在生活中运用的方法,拓宽思路、群策群力,依靠集体的力量,获得解决问题的方法。

(三) 团体讨论中团体领导者的作用

在团体讨论中,团体领导者的责任是营造一个友善、接纳和容忍的气氛,使团体成员能自由地、充分地发表各自的意见。因此,团体领导者要鼓励成员参与和倾听,并作出回应。为此,团体领导者本身应该具有广博的知识,能把握问题的重心,有适当的幽默感,且善于引导。此外,为讨论做充分的准备也是必须的。例如:事前印发有关资料,这样讨论中能把握方向,不偏离主题;讨论结束时能作简洁的总结,并能解答讨论中的难题。

团体讨论的目的不在于讨论的结论,而在于讨论过程能使成员充分参与、沟通,体验到自由发表意见的机会,学习尊重别人意见的态度与合作的方法。同时,讨论可以扩展每个人的思路,获得更多的方法。

团体讨论的题目有时是计划中确定的,有时是由团体共同决定的,有时是由活动内容决定的。例如,"盲行"结束后,成员讨论他们扮演"盲人"的感受以及怎样才能有效地帮助"盲人",在日常生活中应怎样帮助有困难的人。应注意的问题是,讨论的题目必须是团体成员能力范围内能够处理的,但又有一定的复杂程度。

三、角色扮演技术及应用

(一) 角色扮演的作用

角色扮演法在各类团体辅导中应用非常广泛,角色扮演是指用表演方式来启发团体成员对人际关系及自我情况有所认识的一种方法。它包括心理剧和社会剧两种表演方式。这两种表演方式难以严格区分,一般认为心理剧是指处理某人对他人(如学生对父母)的态度;社会剧是指处理某人对某类人的社会态度(如对农村进城务工人员的态度)的问题。

角色扮演通常由团体成员扮演日常生活问题的情境中的角色,使成员把平时压抑的情绪通过表演得以释放、解脱,学习人际关系的技巧及获得处理问题的灵感并加以练习,具体作用如下。

(1) 角色扮演可以给成员提供宣泄情感的机会。在表演的过程中,表演者的感情和意念可以自由地表达出来,特别是困扰他的消极情绪,从而起到宣泄的作用。

(2) 角色扮演在容忍、安全的气氛下,成员通过投入演出来了解自己内心的感受,并对他人的行为做出反应。

(3) 角色扮演可以使表演者通过活动,深入地了解真实情况和他人的感受,增加人际关系敏感程度。

(4) 角色扮演提供了在假设不用负责的情况下尝试应对问题,甚至犯错的机会,以发现问题所在,学习及练习应对问题的技巧。

(二) 角色扮演的程序

1. 事前的沟通

团体领导者向团体成员解释角色扮演的价值,使成员有所了解,并激发参与的热情。

2. 说明情境

将要扮演的情境及其特征加以说明,让成员有机会提问并提出建议。

3. 自愿选择角色

团体领导者鼓励成员自愿扮演各个角色。如果有的角色无人问津,可暗示某些人扮演。

4. 即兴表演

在情境确定、角色明确的前提下,团体领导者要协助成员了解自己所扮演的角色的特点,鼓励他们按自己的理解,用自己的方式表演,台词由自己决定,即兴发挥。

5. 帮助观众作明智的观察

有的剧情人物不多，团体其他成员可以当观众观看表演，并分析演员的言行，表演结束时提出个人意见。

6. 表演结束共同讨论

若所有扮演者觉得无法继续演下去或团体领导者认为已达到目的，则可以随时停止表演。团体领导者要让每个表演者说出自己的感受，并相互提供意见。最后由观众发表意见。

7. 重演

为了使团体成员对某种角色讨论得更深入，可以让表演者重演或换人重演，扮演者可参考讨论的意见，用不同的方法表演。

8. 互换角色

如果某位成员对某种角色表示出强烈的否定感情时，可以劝他扮演该角色，这样既可以帮助他从不同观点去看当时的情境，又可以促进他了解对方的心情和立场，帮助其增加自我反省的机会。

9. 总结

团体领导者组织团体成员讨论整个活动的体会、感受，互相启发、互相支持。

（三）角色扮演的情境

角色扮演的情境选择可以是成员共同关心的事情，如家庭生活、学业问题、休闲时光、交友等。大学生团体可以选择学校的情境，角色有校长、教授、职工及学生代表，共同讨论一项关系到学生切身利益的问题，从而带出各方面不同的立场，反映师生沟通中的问题。表演有助于学生增加对其他角色的理解，提高共情能力。

角色扮演的情境也可以是某个团体成员个人独特的问题情境，其他人协助其表演。例如，一个学生与母亲的关系有问题，常常与其发生冲突，那么可以找出他平时生活中与母亲争吵的真实场景，请其他成员扮演他的母亲，重现那个场面，然后再根据不同人扮演母亲时，他的不同表现，找出他内心冲突的根源。

角色扮演要尊重成员的自发性，提供自由轻松的气氛。这样才能使成员减轻防卫心理，认清自己的感情，培养思考的能力，适应现实的环境。

四、团体行为训练技术及练习

（一）行为训练的原则

行为训练是指以行为学习理论为指导，通过特定程序，学习并强化适应的行为，纠正并消除不适应行为的一种心理辅导与治疗的方法。行为学习理论认为，人的不适应行为是在社会环境中习得的。因此，对它的纠正与重建只有通过学习才能获得。团体辅导中，行为训练是通过团体领导者的示范和团体成员之间的人际互动实现的。行为训练不仅适用于存在心理适应问题的人,也适用于心理健康的人。在学校教育中,行为训练也是一种有效地促进学生成长的方法,具体包括放松训练、自信训练、情绪表达训练、打招呼训练等,一般遵循以下原则。

1. 由易到难

最重要的原则是将复杂的行为分解成多个简单的行为,即先从容易做到的行为训练做起,然后再以渐进的方式,逐步训练较困难或复杂的行为。

2. 提供示范

行为训练是成员练习在特定情境中作出适应行为的最基本方法。训练时,成员不仅可试着用适当的语句、情感和自我陈述表达,也可练习适当的动作。为了避免成员在训练时获得负面的经验,训练过程中,团体领导者应提供示范。

3. 及时强化

每次行为训练后,团体领导者都应该对团体成员的表现进行总结,对行为训练的效果进行评价,强化积极和适应的行为。

(二) 行为训练的一般步骤

1. 情境的选择与描述

由团体领导者或成员简单描述一个情境,让其他成员能清楚地了解问题。情境必须符合以下三个条件才可以训练:(1)是互动的;(2)有一个明确的关键时刻;(3)反应结果是不愉快、不喜欢且焦虑不安的。

2. 确定训练目标

确定在该情境下想达到的目标及愿意承担的风险。

3. 团体讨论与分享

团体成员提供在这种情境下各种可能的反应,可以自由地、有创见地互相提供各种建议。无需评价各种建议的可行性,只是充分收集资料。

4. 示范

团体领导者可以指定一位成员扮演情境中的一个人,指定另一位成员扮演遇到问题的人,使真正提出问题的人可以通过他人表演了解别人对于该情境的反应和处理。

5. 正式训练

团体成员两人一组或多人一组,公开练习自己在特定情境中的反应,然后互相评估,提出反馈意见。

6. 综合评估

团体领导者对情境做分析,对成员的训练做总结,并鼓励、支持合适的行为。

(三) 自信训练实例

对于缺乏自信与行为勇气的人,行为训练非常有效。在人际交往中不敢说"不",不敢拒绝、不敢坚持自己的立场,常常是由于缺乏自信,生怕拒绝或坚持自己的立场会使他人弃己而去。不过，人际关系反而是因为这样才变得不佳。因此，自信训练主要包括坚持自己的立场和学会拒绝。

1. 肯定的拒绝

在现实生活的各种人际关系中，每个人都有权利表达自己的真实情感，包括拒绝的权利。当你满足他人的要求确有困难时，不论在什么情境下，都不要以被动、消极的方式回应。所谓肯定的拒绝，就是指当你想拒绝时，可以说"不"，而不会因此觉得不舒服。

训练方法：两个人一组，利用一些假设情境或成员自己遇到过的情境，向对方清楚地说出"不"。比如：拒绝借车给别人、拒绝别人的推销、拒绝别人的约会和会晤、拒绝借钱给别人、拒绝别人劝酒等。

训练拒绝时可以设置以下情境：

- 杂志推销员到你家推销时，非要你订阅，而且表示可优惠，但你不想订。

你会说＿＿＿＿＿＿＿？

- 基金会募捐时你已捐过钱，但募款人员上门还要坚持让你再捐款。

你会说＿＿＿＿＿＿＿？

- 你与朋友共用午餐，他向你借钱，并说发了工资就还你。你身上虽然带着钱，但已计划好如何使用这笔钱，也就是说你自己正等着用。

你会说＿＿＿＿＿＿＿？

练习肯定的拒绝时，要注意首先要清楚地、明确地说"不"，然后，如果有必要的话可以说拒绝的理由，但不要找借口。

2. 肯定的请求

在各种人际关系中，每个人都有权利自我肯定，包括拒绝，表达正向和负向情感及请求的权利。肯定的请求就是向别人要求你所需要的或是本来就属于你的东西，清楚地说出请求，心中会觉得舒服，同时，也不会侵犯别人的权利。但是，在生活中，有些人不会也不敢表达自己的请求；或者认为别人应该了解你的需要，自己不必提出；或者认为经常请求才能获得的给予价值会因此变低。其实，能够使用肯定的请求的人，比那些不要求的人收获更大，提出请求的次数越多，满足你需要的机会也越大。当然，肯定的请求并不能保证你一定可以获得你要求的东西，因为别人也有拒绝的权利。

肯定的请求常常以询问的方式出现，而不是以叙述或命令的形式呈现。比如"我今晚想去看电影，你愿不愿一起去？"肯定的请求还包括两种形式：请求别人给予行为的回应与请求别人给予口头的回答。

训练方法：团体成员两人一组，根据成员自己提供的情境，或团体领导者提供的情境，相互对应练习。如请求别人停止抽烟、请求别人说话声音不要太大、请求别人帮你做什么事等。

训练肯定的请求时可列出以下情境：

- 你约朋友到家里玩，整个晚上大家兴致都很高。10 点过了，他们还没有走的意思，你觉得很累，明天一早还要上班，你希望他们早点回家。

你会说＿＿＿＿＿＿＿＿？

● 你到饭店吃饭,点了一份嫩牛排,但服务员端给你的却是一份快烤焦的牛排,你很不喜欢吃这种牛排。

你会说＿＿＿＿＿＿＿＿？

● 你听音乐会时,旁边的听众正在嚼口香糖,说话声音也很大,干扰了你欣赏音乐,你很不舒服。

你会说＿＿＿＿＿＿＿＿？

● 你借给同学 200 元钱,他答应发了助学金时还你钱。但是发助学金的日子过了 3 天,他还没有还你钱。

你会说＿＿＿＿＿＿＿＿？

3. 表达自己的感觉

表达自己的感觉非常重要,因为这可以帮助你面对自己的感觉,同时也让别人能真正了解你的状况。所谓"一吐为快",就是说表达自己的感受既让人舒服,也可以促进人与人之间有效地沟通。自己的感觉中有负面的感觉,也有正面的感觉。及时把"我很害怕""我很难过"等负面感觉表达出来,可避免因不良情绪积累而导致的心理失衡;及时把"我很开心""我很喜欢你的开朗热情"等正面感觉表达出来,会感染他人。如果把对他人的欣赏与关注表达出来,更是人际关系的润滑剂,会给他人带来快乐。

表达自我感觉的技巧包括三个步骤:用有"我"的句子,描述你的感觉是什么,描述你的感觉让你想做什么。

训练方法:团体成员两人一组练习。然后互换角色,轮流表达,最后全体交流讨论。表达方要清楚具体地说出你的真实感受,并可以伴以体态动作,如拍拍肩,拉拉手;接受表达方要仔细聆听,给予反馈。

例如,表达欣赏时,可以称赞对方的发型、衣着、性格特点、工作能力等,最后表达自己的情感,如"我喜欢你这样的人"等。

第三节　团体工作阶段练习的选择原则

当团体辅导进入工作阶段,团体动力会促进成员愿意学习和成长,期盼解决个人问题。此时,需要成员和团体领导者共同努力,以增强建设性的团体工作效能。在本阶段,团体领导者除了运用上述的技术之外,还可适当设计降低团体领导者作用,促进成员自由互动和独立自主的团体练习。团体练习需要根据团体辅导的目标、参加对象和团体情境的不同有针对性地进行选择。

一、针对团体目标

团体动力增强后,团体领导者应掌握本阶段的工作契机,将团体的运行架构引到团体目标上，针对团体预定的主题、功能来选择团体练习，如自我训练、人际沟通、生涯探索等。

二、针对成员需求

成员是团体的主体，每个成员参加团体都有自己的需要和动机，满足成员的需求是团体目标之一。成员在工作阶段会发展出非预期的需求，此时，团体领导者要根据情况适时修订方案，加入成员需要的活动，而不是刻板地按原计划实施方案。如一个自我成长团体在进行六次之后，大多数成员在团体活动中提出家庭关系的困难，团体领导者应弹性地改变原定方案，重新设计与亲子关系有关的练习，促使成员在家庭问题的处理方面有所成长。

三、针对团体的特殊事件

当团体发生一些特殊事件，团体领导者不必固守预定的方案进行团体练习，应根据团体事件的应变来选择。例如，在一个由高中生组成的成长团体中，当一个成员提出对未来感觉很茫然，不知怎样选择职业生涯发展的道路时，团体领导者可以灵活地选择"生涯盾牌"的练习，协助成员对生涯主题做深入探讨。

四、针对团体动力

工作阶段的团体动力虽然是显而易见的且很流畅，但团体领导者仍然要敏锐地觉察团体的气氛和发展方向，必要时可弹性设计催化性练习，引发成员自我思考和彼此反馈，如"此时此地"整理焦点问题、回顾过去经验，或者利用音乐、绘画、舞蹈方式使成员开展"回溯之旅"等。

五、针对团体领导者专长

在本阶段，成员开始有意义地探索个人的困扰，分担团体发展的责任，团体领导者可多配合个人的专业背景、训练导向、经验技术和个人专长来设计练习，"个人化风格"的方案设计有时会比结构式的设计更有效，团体领导者可依据自己的专长开展熟悉的团体练习，自如地运用并发挥其功能。

••• 板块 3： 知识学习——团体辅导方案设计 •••

四 **教师寄语**

同学们，当你在这门课上体验了不同阶段的团体练习，了解了团体的相关概念和理论，学习了领导团体的各种技巧后，你是否已开始摩拳擦掌，想亲自带领一个团体了呢？带领团体的第一步是要计划和设计团体辅导的方案，作为一名专业的团体领导者，能否设计出科学合理的团体方案，直接影响到团体辅导的效果。团体辅导结束后，如何科学有效地评估团体效果，决定着我们对团体辅导方案能否做进一步的完善和拓展。所以，我们不但要学习团体领导者的技巧，还应该熟练掌握团体辅导的方案设计和评估技巧。本章将带领大家系统学习以上专业技能。

📊 学习目标

1. 了解并掌握团体辅导计划书的撰写方法。
2. 掌握团体辅导方案和团体练习的设计原则。

团体组成前，团体领导者应事先撰写团体辅导工作计划书，并设计宣传海报，完成团体辅导的准备。一份完整的团体活动计划书就像地图，引导团体辅导的方向，使团体领导者做到心中有数，使团体成员对本团体抱有信心、耐心和恒心。在开展团体辅导前，必须严格认真地、仔细地准备。一般团体计划的内容包括：团体名称；团体的依据和目标；团体的理论架构；团体的内容和功能；团体的参加对象；团体的主办单位；团体的结构性质；团体领导者的简介；团体进行的时间和次数；团体进行的场所；团体评估工具；报名须知及注意事项；团体的费用；等等。

第一节　团体辅导计划书的构成

一、团体辅导计划书的内容

团体辅导计划书包括具体包括以下十项内容，后面将对每一项进行阐述和介绍。

（1）团体性质与团体名称（结构化程度、学术名称、宣传名称）。

（2）团体目标（总目标、单元目标、活动目标）。

（3）团体辅导方案设计理论依据。

（4）团体领导者（学术背景、带领团体经验、团体领导者人数）。

（5）团体对象与规模（参加者特征、团体成员人数）。

（6）团体辅导时间（计划总时间、次数、间隔）。

（7）团体辅导场所（活动场所要求、环境布置、座位排列）（见本书第1页）。

（8）团体计划书（团体过程规划、单元执行计划）。

（9）团体评估方法（评估工具、评估时间、评估内容）。

（10）其他（招募广告、财务预算、所需设备、完成条件）。

（一）团体性质与团体名称

团体性质包括说明团体是半结构式还是结构式的团体；是发展性、训练性还是治疗性的团体；是开放式还是封闭式团体；是同质团体还是异质团体等。

团体名称包括学术性名称和宣传用的标题。团体名称可以分成"宣传名称"和"学术名称"，宣传名称力求新颖、生动，具有吸引力，尽量用正面词语，切忌用负面的语言，避免标签效应。学术名称体现团体的真实目标和服务对象。例如，为离异者组织的团体学术名称是"离异者自强训练"，但宣传名称最好不要出现离婚之类的负面用语，可以用隐喻的、有积极含义的说法，如"再建美好情感""在爱中学习"。适当的团体宣传名称能吸引参加者，既能概括团体性质，又能让参加者接受和欢迎。如提高大学新生适应能力的"携手起航：新生活适应训练"、培养学生干部组织管理能力的"明日之星：领导才能训练"、为人际交往方面有困难的人组织的"相伴你我他：人际交往团体"、克服考试焦虑的"轻轻松松进考场"，探讨恋爱问题的"知心至深成长团体"等。

（二）团体目标

团体目标分为总目标、阶段目标（单元目标）和练习目标。总目标是团体辅导的改变方向，阶段目标是根据团体发展的历程而设定的，如创始阶段目标，单元目标指每一次聚会的目标，练习目标是指每一个团体辅导过程中运用的练习的具体目标。例如，"同在一个屋檐下——大学生宿舍人际关系团体"的总目标是：培养宿舍成员凝聚力、信任感，澄清影响宿舍人际关系的因素，找到解决宿舍人员冲突的有效途径和方法。创始阶段的目标是相识、建立团体规范，初步形成团体良好的工作氛围。单元目标一般是分解总目标到每一次团体聚会中，练习有很多，每个练习都有相应的目标，如本团体中的"我是一个独特的人"的目标是认识和接纳自己与他人的独特性、从他人的反馈中了解自己、学会接纳他人。

（三）团体设计理论依据

如果团体计划书没有理论支持，团体活动和团体过程将是凌乱的、随意的，不能启发内在的逻辑联系。团体领导者应该根据团体辅导理论和主题来设计团体计划书，如生涯探索团体辅导可以依据舒伯的生涯发展理论，或者霍兰德的特质理论来设计。再比如亲密关系团体辅导设计理论可以参考斯滕伯格的爱情三角形理论，或者其他的亲密关系理论。以解决个人困扰问题为目的的团体辅导的理论依据可以根据心理咨询的理论，如认知行为治疗理论、叙事治疗理论、短程焦点解决疗法等。

（四）团体领导者

团体领导者包括团体领导者的人数、学术背景以及带领团体的经验。在团体计划书中，应明确团体领导者的基本资料，如团体领导者（及其协同者）的姓名、专业背景和团体经验。为了保证团体的效能得以实现和成员的利益不受损害，在有条件的情况下最好请团体经验丰富的专家担任督导者，以便随时为团体领导者提供专业性的指导；或者请同行或初学者担任观察员，为团体领导者提供客观、不同角度的反馈资料，以协助团体领导者更好地带领团体。

（五）团体对象与规模

1. 团体对象

团体计划书中要明确团体招募的成员类型、人数以及甄选方式。成员类型包括成员的性别、年龄、身份、问题性质等。团体对象的确定与团体目标密不可分。如大学生自我认识团体，对象可以是从大一到大四的学生，男女不限，有意愿提高人际交往的同学均可。再如婚前辅导的团体，对象可以是从二十多岁到三十多岁的未婚男女。团体成员的特点直接影响团体计划书和练习设计。例如低龄人员团体倾向于动态性的练习设计（中小学），年龄大的团体倾向于静态性练习设计；同性团体可设计身体接触的练习，异性团体可设计分享性练习；异质性团体倾向于多元性练习；同质性团体倾向于情感性、主持性练习；学历较高的团体倾向于认知性、学习性练习；学历较低的团体倾向于技能性、训练性练习。

2. 团体的规模

团体规模会影响团体中的沟通行为，长期以来，学者们一直在探讨这个课题。团体的理想人数以多少为宜，学者的看法差别较大。一般而言，团体辅导人数可多可少，少则5—8人，多则20—30人，但人数多了不方便交流和探讨，所以在团体辅导实施过程中，需要分成若干个小团体进行深入工作。咨询团体和治疗团体一般都只有一个团体。那皮亚（Napier）认为，两人的团体规模太小，压力很大，容易让成员感到很不舒服和紧张，也容易出现一种支配与顺从的关系，而三人团体中其中两个人经常会汇合势力强迫第三者，所以，他认为，5人小组不仅有足够的空间让团体成员有转换角色的机会，产生多元的意见，而且因为人不是太多，每个人说的话都会被留意，成员不会有被忽视和漠视的感觉。亚隆（Yalom）认为7人团体最理想，人数不是太多，团体领导者有能力关注到每个人；同时，这个人数也不是太少，团体对每个成员会有建设性的压力，团体成员不但彼此有相当充分的反馈和支持，而且团体的内容和经验也是丰富的。

团体辅导进展是否顺利，效果是否理想与团体规模有直接关系。团体规模过小，人数太少，团体活动的丰富性及成员交互作用的范围欠缺，成员会感到不满足、有压力，容易出现紧张、乏味、不舒畅的感觉；团体规模过大，人数太多，团体领导者难以关注每一个成员，成员之间沟通不易，参与和交往的机会受到限制，团体凝聚力难以建立，并且容易导致成员没有足够的时间分享和交流，致使在探讨原因、处理问题、学习技能时流于草率、片面、表面，影响活动的效果。一个团体的规模设计需考虑的因素如下。

（1）成员的年龄及背景。从年龄来考虑，青少年团体以5—7人为一个团体；大学生的团体比较适合8—15人；成年人（23—60岁）在性格及情绪行为上大都已趋向稳定，在家庭及社会上有明确的角色，团体的大小可视团体辅导的目标而定。

（2）团体领导者的经验及能力。初学者和经验尚浅的人来领导团体，要谨慎考虑自己的能力，小规模5—6人的团体较稳妥。对于经验丰富、能力较强的辅导教师，团体规模可稍微扩大。

（3）团体的类型。开放式团体辅导一般人数较多，因为团体成员是流动的，为了便于成员之间有足够的交往机会，应保持一定人数。而封闭式的团体辅导人数不宜过多，8—12人为宜。如果是大团体，可以分成多个7—8人的小团体进行，但小团体中要有协同团体领导者或者助手，以使团体进程始终沿着团体目标的方向发展。

（4）问题的类型。以治疗为目标的团体辅导人数不宜过多，一般 6—10 人；以训练为目标的团体辅导人数居中，一般 10—12 人；以发展为目标的教育性团体，参加者可适当多一些，一般 12—20 人。例如，一个由 18—20 岁的大学生组成的个人成长及自我探索团体，目的不是治疗有严重自我成长困扰的人，而是以解决青年成长中碰到的问题为主，人数以 10—15 人为宜。而学校中开展的班级团体辅导一般人数都在几十人。

（六）团体辅导时间

团体辅导计划总时间是多少？每个团体需要进行多少次？每次聚会时间是多长？两次聚会时间间隔多少为宜？团体进行中途是否需要休息？这些是团体辅导方案计划者必须考虑的。因为，团体需要时间来发展，才能发挥改变的功能。一般而言，单次的团体辅导主要在认知层面工作，多次团体才能更深入地产生影响。团体要经过开始阶段和过渡阶段，才能进入到工作阶段，这是需要时间和耐性的。成员也需要时间建立彼此的信任、关照，才能产生有治疗功能的互动。时间不充分和匆忙的团体经常会限制团体的功能，使团体不能深入发展，成员互动停留在表面，成员难以从团体中获得更多的收获。团体持续时间太短，效果受影响；但持续时间过长，成员易产生依赖，团体领导者及参加者的时间、精力也不允许。所以团体领导者在组织团体时必须充分考虑团体每次活动持续的时间及活动的频率。

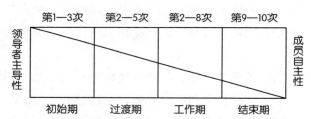

图 4-1　团体过程与领导行为的关系（引自徐西森著：《团体动力与团体辅导》，广东世界图书出版公司 2003 年版，第 180 页。）

1. 每次团体聚会持续时间的长短

决定团体每次活动持续时间的因素主要和团体性质与成员年龄有相当大的关系。根据儿童注意力不容易集中、兴趣易转移的特点，最好活动次数较多，每次时间较短如 30—40 分钟；青少年的注意力和耐性与成人不同，中学生团体每周 1 次，每次时间 1.5 小时至 2 小时。大学生和成年人每周 1 次，每次 2 小时为宜。两个小时足够讨论一些比较深入的问题，而又不致使人太疲倦。

一个团体持续多久为好，多长时间聚会一次，每次多少时间，取决于团体的类型及成员。一般认为团体每次进行的时间以 90—150 分钟为宜，时间过短会影响团体活动的进行，影响成员的参与程度，使团体领导者产生压迫感；而时间过长又可能造成团体领导者和团体成员的负荷过重，团体效果不佳。台湾团体工作专家许育光教授建议根据各年龄阶段人群规划团体时间(如表4-2所示)。

表4-2　不同年龄阶段人群适宜的每次团体工作时间

	儿童期 (小学低中年级)	青少年初期 (小学高年级至初二)	青少年中期 (初三至高中)	青年/成人团体 (大专阶段/社区 服务/临床机构)
时间规划	每次45—60分钟	每次50—60分钟	每次50—60分钟, 高中可90分钟	每次90—120分钟

2. 团体聚会的频率

20世纪60年代,团体工作在美国蓬勃发展时,许多学者在团体时间安排上有不同的试验,有人以每周1次,有人每周5次,有人每两周1次,也有人每个月1次。亚隆选择一周2次的方式,他认为每周只聚会一次,团体会因中间隔开的时间比较长而受影响,同时,一周里会发生许多事情,团体内难以兼顾。在每周2次的团体里,团体的关系会增强,参与者有较多时间面对和处理个人的问题,可以很好地维护团体的持续性。

现在绝大部分团体都采取一周1次的方式,每次1.5—2小时,持续4—15周左右。成长团体、训练团体、人际关系团体和会心团体可以次数少一些,如8—10次,而治疗性团体可多一些,如10—20次,甚至更长。

在团体时间安排上,从参与者的角度来考虑,无论是社会服务机构,还是学校或医院,团体聚会时间要尽量不打乱团体成员常规的生活时间。对成人、大学生、青少年和儿童的团体聚会也要设法不和他们正常的学习时间发生冲突。另外,成员的年龄、职业和生活习惯都要考虑,如:中学生大多是走读,放学就要回家,所以在中午休息时间或者下午放学前的时间开展团体辅导较好。而大学生都是住在学校宿舍,团体辅导安排在下午、晚上或周末均可。老人的团体可以安排在上午,此时精神比较好,精力比较集中。有些辅导对象有职业的限制,如出租车司机晚上很忙,上午8—10点也许更合适。有职业的成人的团体一般安排在晚上或周末时间,以方便于他们妥善安排好工作,参加团体。

还有一种为集中式团体辅导,是将团体成员集中住宿,利用节假日休息时间组织辅导。集中时间多长为宜也要根据团体目标、成员特点而定。一般2—3天为宜,最多不超过一周。大、中学生的团体辅导常利用暑期组织。学生们几天同吃同住同活动,除了辅导活动外还有一些室外的文体娱乐活动、参观游览活动。

总之,团体领导者在设计团体活动时间时,不要太密,也不要太松散。团体频率与人数的关系最大,如果团体人数较多,团体领导者计划团体的次数也应随人数的递增而增加,以使每个成员在团体中有足够的时间来探索自我。

(七) 团体计划书

团体辅导计划书是以总计划表和分单元计划表的方式呈现的。总计划表列出每一次团体聚会的名称、目标以及具体内容，所需时间的长短，以及需要准备的材料、道具等（如表4-3所示）。

表4-3　团体辅导方案计划表

单元	单元名称	单元目标	活动内容及流程	时间	所需材料
一					
二					
三					
四					
五					
六					
七					
八					

分单元计划表需要列出单元名称、单元目标、所使用的练习及其目标，活动流程，单元所需道具、材料等。将总计划表细化，分解，更便于理解和操作。如表4-4所示。

表4-4　分单元设计表

单元名称		次数		人数	
		时间		地点	
单元目标					
所需器材					
练习名称	活动流程		目标	时间	道具
实施情况与注意事项					

如果是多次团体辅导，每个单元，也就是每一次团体聚会也可以分成开始、中间和结束三个部分。因此，每次团体聚会可以根据团体过程设计相应的练习。

1. 热身阶段

在团体开始时，成员需要做热身准备工作，每次聚会用15—20分钟的时间来做热身活动，如"微笑握手""大风吹""无家可归""解开千千结"等，以促使成员尽快进入团体，增进成员互动,为团体主要活动做准备。当成员开始有明显的犹豫或担心时,团体领导者如果直接进入团体主题,效果会很受影响;相反,活动前采取适当的热身活动,可以促使团体启动。不过,热身是准备步骤,并不是团体聚会的主要内容,所以,不要花费太多的时间。热身过度的话就会本末倒置,影响团体发展。

2. 主要辅导活动阶段

这部分相当于工作阶段,是团体的核心活动,是实现团体目标的关键部分。应按照团体主题和目标来设计,此时的练习是成员进行自我探索的钥匙,以练习来促使成员进行深入的讨论,如每个成员画完自画像之后,对自画像的描述和分享是团体聚会的重要部分。一般常用的练习有纸笔练习、绘画练习、角色扮演等。

3. 结束阶段

每次团体结束前 5—10 分钟,团体领导者对本次聚会做总结,让成员分享心得或评估聚会成效,预告下次团体的主题,或布置作业,巩固成员在团体中的所学所得。

(八) 团体评估方法

团体辅导可以用测验、自陈报告、观察等方法来评估,可以在团体辅导过程的各个阶段评估,也可以在团体辅导结束后总体评估团体效果。可以是团体领导者评估,也可以是团体成员评估,还可以是督导者和观察员评估。评估的内容是成员的收获、团体目标是否实现、团体互动情况等。设计时要考虑评估工具、评估时间和评估内容。

(九) 其他

包括团体经费预算、宣传品、成员申请表、团体契约书、收费与否、评估工具和相关资料,如录音机、录像机、活动中要用的道具、材料等。

第二节　团体辅导方案设计原则

一、团体辅导计划书设计原则

由于不同的团体领导者有不同的领导理念、受训背景、个性、习惯、经验、技巧,因此在团体辅导计划书设计时应遵循下列原则。

第一,团体领导者要了解自己的人格特质、能力、偏好及带领风格。

第二,团体领导者要了解自己所要带领的团体及其对象的特质、目的。

第三,团体领导者要评估自己与所要带领团体之间的适配性。即必须选择、设计自己熟悉或有把握带领的练习,避免带领不了解不熟悉的团体练习。因此,设计新的练习时,团体领导者在带领前至少自己要实际操作一遍,以积累实际经验。

第四,如有多个团体领导者,所设计的计划书时应明确各自的分工,事先要充分沟通、讨论。

第五，计划书设计，包括整个团体辅导过程及每次团体聚会的计划。

第六，计划书要切合实际、具体可行，符合团体的目标与性质。

第七，计划书内各项活动的设计要有一致性，前后连贯。基本上是由易而难，由浅而深，由人际表层互动到自我深层经验，由行为层次、情感层次到认知层次，渐进式引导成员融入团体，开展团体活动。

第八，计划书应考虑成员的特性，如性别、年龄、表达能力、职业背景等因素。一般而言，不同特性的团体，其计划书设计的重点也有差异。

第九，计划书设计要有弹性及安全性考虑，避免团体辅导过程受阻或对成员造成身心伤害。特别是深层次、治疗性的团体，计划书设计更应考虑团体领导者的能力经验及其危险性。

第十，设计计划书时，练习选择的标准应根据成员的需求、团体的目的和预期的结果。练习不是团体娱乐，不应只为了有趣好玩，使人兴奋或产生高昂的情绪。团体练习只是达成团体目标的一种手段或方法。练习实施后的讨论，并由此产生的领悟和启示才是练习的目的。

此外，计划书设计后应与团体督导者、经验丰富的团体领导者及同行相互讨论，寻求咨询，适时修正。任何一个团体辅导计划书设计要达到完美无缺是非常困难的，即使是理想的计划书，在团体实际中运作时也可能产生问题。但是基于团体动力的运作，设计前周全的考虑、规划是必要的，团体形成后的计划书评估与修正更是不可或缺。有效的团体领导者应善于学习、虚心求教、反省自我、敏锐观察，才能发挥团体辅导的功能，确保团体成员的权益。

表4-5是我们设计的团体方案评分简表。可以用来评估所设计的方案是否全面完整。

表4-5　团体方案评分简表（樊富珉，2022）

评审内容	评分标准参考	分数（择一）
1. 方案选题的必要性	是否有重要的现实意义	5 4 3 2 1
2. 团体目标的明确性	数量合适，具体明确	5 4 3 2 1
3. 理论依据的适切性	咨询理论、专题理论具体且适合	5 4 3 2 1
4. 团体成员的针对性	团体对象要明确且有针对性	5 4 3 2 1
5. 团体过程的发展性	考虑到团体不同发展阶段的特点	5 4 3 2 1
6. 练习选择的合理性	针对团体目标且练习之间有逻辑关系	5 4 3 2 1
7. 团体计划的完整性	团体设置、总计划、分单元计划、文献等	5 4 3 2 1
8. 团体方案的可行性	具体、可操作、方便易行、灵活	5 4 3 2 1
9. 招募广告的吸引性	画面新颖、突出主题，要素齐全	5 4 3 2 1
10. 团体效果的可评价性	有符合团体目标且可实施的评估工具	5 4 3 2 1
11. 团体方案的创新性	有独特的思路和创新的方法	5 4 3 2 1

二、团体练习的设计原则

（一）团体练习及其功能

团体练习也称活动、习作。团体辅导过程中适当地运用练习，可增进团体的活力与趣味性，并可达到引发团体成员情感与讨论的参与、减低心理防卫、为团体领导者提供有用的资料、集中与变换焦点、鼓励成员在练习和体验中学习新的行为、提供趣味与放松等作用。团体练习的功能体现在以下几个方面。

1. 提供人际接触机会

人是社会的人，人的成长发展离不开与他人的接触与交流。心理学关于沟通剥夺的实验以及现实生活中人为因素导致的某些远离人群、孤身一人流落至深山老林或荒野的个案证明，人际交往是人成长发展的基本需要。在团体辅导过程中，团体活动可以起到促进成员语言或非语言的接触和交流的作用。

2. 收集所需资料

在团体过程中为了达到共同的目标，成员以及团体领导者都需要多一些机会获得成员个人的资料，包括对个人的了解、对某事物的看法、对特定事件的态度等。如对感情、婚姻、家庭的看法等。通过团体练习可以便捷地得到相关资料，促进成员对自己的了解，也使团体领导者更方便地带领团体，以顺利达成团体目标。

3. 进行行为预演

参加团体之前，团体成员中多数由于缺乏有效的社交技巧，在生活中面临诸多困扰。进入团体后，会表现出一些偏差行为。由于团体提供了互相信赖的气氛，成员的偏差行为可以得到识别，并可通过不同类型的团体练习加以矫治；成员很容易在活动中进入角色，尝试新的行为，学习适应的行为，改善不适应的行为，发展社会技巧，获得新的成长和改变。

4. 发挥导入作用

由于"社会顾虑倾向""面子"等社会心理影响，团体成员在多个陌生人面前要开放自己是冒险的、不安全的，所以团体的进展会遇到一些障碍。提供特殊安排的团体练习，成员会在比较轻松的状态下，不知不觉地讨论平时难以启齿的问题，敞开心扉，看到真实的自己和他人。团体练习作为媒介，有利于引领成员进入深层次探讨的领域。

团体练习的类型很多，如利用非语言形式的活动、纸笔练习、媒体应用、游戏、身体接触、运动、图画、阅读、讨论、音乐、录像等。

虽然团体练习的运用有其特定的功能，但任何团体练习需视团体的目标、发展阶段、成员的身心状况与需要而选择，而不能只是为了练习而练习。团体练习的选择、运用与团体技术密切相关。但在培训中，常常可以看到一些缺乏经验的团体领导者在团体中带领的练习一个接着一个，却忽略了团体本身的目标。所以，特别提醒团体领导者，练习只是团体的催化剂，是手段不是目的；练习的真正意义在于结束后的讨论、分享与交流，互相的反馈才是最重要的。同时，开展团体练习前必须了解团体的理论与知识；练习开展不能照本宣科，而要根据团体目标；团体辅导的重点不是完成练习，而是要对练习引发的感受等进行讨论。

（二）团体过程中练习选取及安排的基本原则

团体活动不仅能在团体开始时促进成员的相互交流，而且可以运用于整个团体过程的不同的阶段，以推进团体发展，达到团体目标。但是团体练习并不是随手一抓就可以用到团体中的。如果使用不当，一个好的练习也可能产生负面效果。一个成功的团体领导者不仅要知道如何选择适当的团体练习，还应该知道如何避免不适当的练习。

1. 团体练习的选取应遵循的一般原则

（1）充分考虑团体特点。为了有效地运用团体活动带动团体发展，团体辅导开始前，团体领导者应充分考虑团体的目标、特点、时间、成员的特征，认真思考后，决定要不要运用团体练习，运用哪类团体练习，用多少，时间多长，一般中老年团体辅导多采用团体讨论，而较少用团体活动；而青少年团体较多采用动态的活动。

（2）了解团体练习的后果。团体领导者在带领一个练习前，应该认真想想运用这个练习的目的是什么，这个练习可能引起什么后果，成员的准备够不够，成员对你是否有充分的信任。考虑充分后再运用。要特别注意的是不要过度使用练习。

（3）运用自己熟悉的团体练习。团体练习的种类很多，选用哪一种更合适呢？一般建议团体领导者自己先有机会实践，自己尝试过体验过的练习心中有数，比较容易把握。贸然开展自己不熟悉的团体练习，对可能出现的问题缺乏准备，往往会适得其反，阻碍团体发展。如果配合自己的人格特点及自我模式选择练习，效果会更好。比如，经过艺术治疗训练的团体领导者更擅长用绘画练习。

（4）避免以练习代替辅导。会带领团体练习不等于会做团体辅导。有些团体领导者一个练习接着一个活动不停地带，他们担心停下来会冷场；有的团体领导者缺乏带领团体的经验，只好依靠团体练习来协助团体运作。这样都会影响团体辅导的发展与效果。团体练习的真正意义在于活动过程及结束后成员之间坦诚的交流和分享，这需要充分的时间讨论。因此，一个指导者必须考虑在什么样的场合才能带练习，带领哪几项练习可以促进团体目标的达成，练习之间的过渡该如何有效运用，要有逻辑关系，使之自然、顺畅。

2. 安排练习的具体原则

（1）必须符合成员身心发展特点、成熟度及发展任务与需要。

（2）应考虑团体发展过程、团体动力、过程目标与任务目标。

（3）练习的安排注意逻辑性、层次性与衔接性，考虑场地条件。

（4）浅层自我表露安排在初期，深层自我表露安排在后期。

（5）学习性练习安排在初期，个人问题的解决安排在团体后期。

（6）正向反馈放在初期，负向反馈放在后期。

（7）以活泼有趣、富有创意的练习引发成员参与兴趣，加深学习效果。

（8）保持练习的弹性，注意安全性，尊重成员的开放程度与身心安全。

（9）应该是团体领导者能力范围的、亲自体验或带领过的、熟悉的练习。

（10）选择的练习能提供稳定与持续性。

（11）所有成员都能参与，使每个人都有机会表达自己的观点和爱好。

（12）选择的练习应该尽可能让所有成员都有参与的机会。

（13）适当安排家庭作业，鼓励成员练习。

（14）选择的练习要考虑到团体的时间是否足够，以免使成员产生遗憾或困惑。

3. 团体练习应避免的问题

（1）避免为练习而练习。成员在开始做练习时可能会有新鲜感，但如果练习成了团体目标，或练习过多却缺乏交流和分享，团体聚会就会缺乏深度和意义，成员获得的体验是表面的，他们也可能产生厌烦情绪，可能会认为团体聚会就是做练习。所以，团体领导者应始终以团体目标为核心，不要本末倒置。

（2）避免刻板使用练习。有些团体领导者在团体发展过程中刻板地使用方案设计的练习，或者机械地搬弄别人的团体练习，缺乏对方案设计的整体理解，就会不清楚练习的操作方式，或者不能灵活地修正方案。如某次团体聚会时计划使用 2 个练习，在第 1 个活动中有 4 个成员进行个人分享，而团体领导者为了完成计划好的练习，中断其他成员的分享而进行第 2 个练习，这样就转移了团体主题。或者当事先设计好的练习和本次聚会不匹配时，团体领导者没有及时调整，而是按部就班地使用与此时此刻不合的练习，阻碍了团体动力的发展。

（3）避免不适当的练习。团体发展是循序渐进、由表到里、从浅到深的过程，成员的心态也是随着团体节奏发生变化的，如果团体领导者对使用的练习的应用范围和功能了解不深，设计不适当的练习，如在开始阶段就设计身体接触的练习，让成员在没有做好准备的情况下做这些练习，反而会产生负面效果。

（4）避免练习衔接不当。团体发展过程中练习的使用不是孤立的、分离的，练习之间应该有内在的联系，配合团体目标，巧妙衔接，连贯流畅。如果练习衔接不当，会使成员有一种不确定的感觉，影响团体效果。例如，在使用"赠送礼物"的练习前，如果有乐趣分享的练习做铺垫，成员之间有一定了解的基础，赠送的礼物就比较有针对性，也能更好地满足不同成员的需要。

4. 团体练习设计要素

每个团体领导者都需要掌握一些团体练习，就像木匠所持的工具箱里有各种工具一样，团体领导者的工具箱是看不见的，但实际又存在，掌握的练习越多，工具箱里的工具就越多，就越能根据团体目标和团体对象选择最适合的练习。练习的积累至少有三条途径：首先是模仿，其次是改造，最后是自创。模仿指团体领导者自己参加团体培训和团体体验所学到的练习；改造指根据对团体辅导目标的了解将所学练习加以修改，使之符合团体辅导的目标；自创是指根据团体目标自行设计，创造性地开发。表 4 - 6 是团体练习设计表，表 4 - 7 是一个团体练习设计实例。

表 4 - 6　团体辅导练习设计表

练习名称		练习方式参加人数所需时间	
练习目标及设计依据			
练习内容与操作过程		适用阶段	
所需材料			

表 4 - 7　团体辅导练习设计实例：真我角色

练习名称	真我角色	练习方式： 参加人数： 所需时间：	纸笔练习加讨论 6—8 人 50 分钟	
练习目标	1. 了解自己拥有的社会角色和责任 2. 在选择中澄清自己最重视的角色 3. 为平衡人生做好准备			
练习内容与操作过程	1. 发下练习纸先思考和填写 2. 在小组中分享自己选择的过程以及感受 3. 总结练习过程给自己带来的启发 4. 迁移到生活中，调整好自己的角色 适合用在工作阶段，可用于自我探索、家庭事业平衡、压力管理等主题的团体辅导中			
练习材料	"真我角色"练习用纸，每人一张			

附："真我角色"练习纸

团体辅导练习：真我角色

A. 请你列出自己在生活中所扮演的各种角色（尽可能列）

_____　_____　_____

_____　_____　_____

_____　_____　_____

_____　_____　_____

_____　_____　_____

（续表）

> B. 请从上面所写角色中挑选你认为最重要的三个角色并写下你为此做了些什么
>
> 角色一_____做了什么_____
>
> 角色二_____做了什么_____
>
> 角色三_____做了什么_____
>
> C. 如果有一天你必须要放弃某一个角色时，你的选择是什么以及选择的理由
>
> 放弃的角色是：_____
>
> 选择的理由是：_____
>
> D. 当只可能剩下一种角色时，想一想你在选择时以及扮演这个角色时的感受
>
> 最后的角色是：_____
>
> 决定的理由是：_____
>
> 选择时的感受：_____
>
> E. 从这个练习中我得到的启发是什么
>
> _____
>
> _____

第三节 团体辅导方案举例

一、人际沟通团体辅导

该团体辅导方案是在樊富珉的指导下，由冯愉涵、陈慧菁、沈弼龙设计的，作为清华大学心理学系樊富珉教授开设的"团体心理辅导"研究生课堂上的作业。该团体方案在课堂上展示的时间是 2016 年。

（一）团体名称

"沟通，从心开始"：大学生人际沟通能力提升训练营（同质性、发展性、封闭式、结构式团体）

（二）团体目标

（1）提升大学生自我认识能力。

（2）提升大学生个体沟通能力。

（3）提升大学生团队协作能力。

（三）团体方案设计依据

人际沟通能力将会是我们现在以及未来最重要的寻找幸福的能力之一。人际关系反映

了个人或团体寻求满足其社会需要的心理状态。人际关系问题往往是抑郁、焦虑等发生的根源。改善人际关系有助于提高自尊、促进大学生的心理健康。

施皮茨贝格（Spitzberg）提出了跨文化沟通能力系统模型。沟通能力模型包括三种系统：（1）个体系统由个性、特质、技能和沟通者的倾向组成。（2）事件系统包括沟通者有效的使能力与互动中的合作者发生交互作用的一些特点。（3）关系系统包括影响关系远近而非具体事件的能力。

张淑华等根据施皮茨贝格提出的人际沟通能力系统结构思想，以实证研究为依据，将沟通能力结构分为：沟通技能、沟通认知、沟通倾向。依据本团体所需，提出了以下团体方案设计理论模型（如图 4-2 所示）。

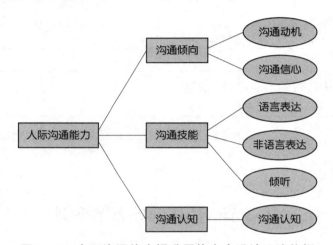

图 4-2　人际沟通能力提升团体方案设计理论依据

（四）团体成员及人数

期待自己的人际沟通能力有所提高的在校本科生 16—24 人。

（五）团体领导者

临床与咨询心理学专业硕士研究生 2 人。

（六）团体辅导时间及场地

总时间是 14 小时。共七次，每次两小时，每周日晚上 19:00—21:00，心理学系活动椅教室。

（七）团体效果评估工具

《大学生人际沟通能力调查问卷》前测、后测以及追踪测。

（八）团体总计划书

表 4-8　人际沟通能力提升团体计划书

单元	单元名称	单元目标	单元练习	材料
1	有缘千里来相会——团体相识	确定团体规则,成员间相互认识	开场白、传花球、大风吹、我的团体我做主、我在这里改变	投影仪纸、笔
2	遇见未知的自己——自我探索与心灵发现	促进成员对自己的性格、价值观、原生家庭的了解(自身内沟通)	猜猜 TA 是谁家谱图价值拍卖	贴纸、笔、拍卖清单
3	心电感应——更好地理解别人	提高成员对别人的动作表情的认知和感受。(个体间非言语沟通)	按摩接龙你演我猜盲人与哑巴	白板、眼罩、纸笔
4	你知我心——倾听与沟通	探索沟通要素,认识应对人际沟通冲突的多种方式(个体间言语沟通)	解开千千结倾听练习我说你画	两张样图,笔,白纸
5	一路有你——与亲人、恋人、同学的沟通	关注对个体的人际沟通	心灵电报寻找有缘人我与父母风雨同行	篮球、短绳、雨伞、水杯等
6	我们不是一个人在战斗——合作,让生活更美好!	对团体合作沟通要素的探索(群体间沟通)	松鼠与大树我们有一个共同的名字乒乓接力我们的国度	彩纸、白纸、彩笔、乒乓球、筷子、塑料筐
7	微笑说再见——团体结束	对所有成员寄语祝福以及道别	昨天、今天和明天团体金三角我的祝福送给你总结	投影仪纸笔彩笔白纸

（九）分单元计划书与实施

1. 第一次团体：有缘千里来相会——团体相识

表 4-9　团体相识

活动序号	活动名称	活动流程	时间(分钟)	器材
1	开场白	团体领导者介绍自己和团体设立初衷	10	PPT
2	传花球	1. 所有成员起立围成一个圈	25	

（续表）

活动序号	活动名称	活 动 流 程	时间(分钟)	器材
		2. 用一句话介绍自己，如："我是爱音乐的刘小华。"用一个自己希望别人记住的特征，同时做一个能够代表自己的动作或者表达自己此刻心情的动作 3. 然后每个人在介绍自己之前都要说在他前面那个人的名字，同时做出他做的那个动作。就像传递花球一样 4. 第一圈传花球的顺序是朝同一个方向的 5. 大家可以先说自己，然后说自己想要把花球传给谁，除了说特征，还要做他做的动作。比如："我是爱音乐的刘小华，想把花球传给幽默的王小帅。"		
3	大风吹	1. 根据刚才的特征描述和你观察到的每个人的特点 2. 口令"大风吹，吹走所有……的人"时，所有同样具有这种特质的人要交换位置 3. "小风吹，吹走……的人"时，所有不具有这个特质的人要交换位置	20	
4	我的团体我做主	1. 按出生月份分组，每6人一组 2. 讨论在这个团体中自己希望获得的东西和希望大家能够在8次团体中遵守的规则 3. 将每组总结出的目标和规则进行融合 4. 大家可以提出不同意见并进行讨论 5. 确定最终版团体规章制度	50	纸、笔
5	我在这里改变	1. 一句话描述自己期待的改变 2. 团体领导者总结	15	

2. 第二次团体：遇见未知的自己——自我探索与心灵发现

表 4-10　自我探索与心灵发现

活动序号	活动名称	活 动 流 程	时间(分钟)	器材
1	猜猜 TA是谁	1. 每人背后被贴上别人的名字，他自己并不知道这个名字是什么 2. 由这个人提问关于背后名字人的问题，其他人只能回答是或不是。比如："是男生么？"大家回答"是"。看谁能在最少的问题数内猜出他背后的人是谁 3. 猜到是谁后，被猜到的那个人就要接着猜他背后的名字 4. 进行 10 个回合	15	贴纸、笔
2	家谱图	1. 每个人发一张 A3 大小的白纸 2. 在团体领导者的带领下画家谱图，认识自己的家庭 3. 分享自己在画家谱图时的发现，自己的原生家庭对于自己的影响	40	A3 白纸，油性笔

休息 5 分钟

（续表）

活动序号	活动名称	活 动 流 程	时间 (分钟)	器材
3	价值拍卖	1. 每个人手中有 5000 元(道具钱)，它代表了一个人一生的时间和精力 2. 每个人可以根据自己对人生的理解，随意竞买下表中的东西。每样东西都有底价，每次出价都以 500 元为单位，价高者得到东西，有出价 5000 元的，立即成交 3. 以下是参考价格。 (1)爱情 500；(2)金钱 1000； (3)友情 500；(4)欢乐 500； (5)健康 1000；(6)长命百岁 500； (7)美貌 500；(8)豪宅名车 500； (9)礼貌 1000；(10)每天都能吃美食 500； (11)名望 500；(12)良心 1000； (13)自由 500；(14)孝心 1000； (15)爱心 500；(16)诚信 1000； (17)权力 1000；(18)智慧 1000； (19)拥有自己的图书馆 1000； (20)名牌大学录取通知书 500； (21)聪明 1000；(22)冒险精神 1000； 4. 由团体领导者或参加人主持拍卖 5. 按游戏方式进行，直到所有的东西都拍卖完为止，然后请大家认真考虑买回来的东西 6. 与小组成员讨论，自己为什么买这些东西？为什么这些东西是重要的	50	纸、笔
4	大组分享	每个人用一句话总结在本次活动中的收获或者感想	10	

3. 第三次团体：心电感应——更好地理解别人

表 4 – 11　更好地理解别人

活动序号	活动名称	活 动 流 程	时间 (分钟)	器材
1	按摩接龙	1. 24 个人围成一个圈，然后由后面的人给前面的人做按摩 2. 被按摩的人告诉后面的人他的感受并表示感谢 3. 5 分钟后成员统一向右转，转身为刚才提供按摩的人按摩	10	
2	你演我猜	1. 将团体分成 6 个组，每组 4 个人 2. 在白板上写一个情绪词汇 3. 每次由一个人用表情+ 肢体语言进行表达，另外的三个人猜 4. 每个人表演 3 个情绪词汇。最快完成的组获胜 5. 猜完后讨论：为什么这个情绪词要这样表现？在大家没有猜出来的时候你的心情是怎样的？并且和其他人谈谈为什么会猜错及当时对表演者情绪的理解是什么？联系自己平时对于别人情绪是否敏感进行讨论	35	白板、 水性笔、 白板擦

（续表）

活动序号	活动名称	活动流程	时间（分钟）	器材
休息5分钟				
3	盲人与哑巴	1. 两个人为一组，其中一个人戴上眼罩扮演盲人，一个人扮演哑巴 2. 活动过程不能通过语言交流，要手拉着手去越过重重障碍到达终点（场地范围可以设计一个固定的路线，由团队领导者带领） 3. 所有队伍都到达之后，一起讨论对刚才活动的感受，没有语言的沟通时哪些是比较有用的？哪些会感觉不是特别舒服？是否可以分享一下自己配合得好的地方和失误的地方。联系对于别人感受的理解进行讨论	50	眼罩
4	大组分享	每位成员分享总结本次团体的收获	20	

4. 第四次活动：你知我心——倾听与沟通

表4-12　倾听与沟通

活动序号	活动名称	活动流程	时间（分钟）	器材
1	暖身活动：解开千千结	1. 将成员分成4个小组，每组6人，让每组成员手拉手围站成一个圆圈，记住自己左右手各相握的人 2. 在节奏感较强的背景音乐声中，大家放开手，随意走动，音乐一停，脚步即停。找到原来左右手相握的人分别握住 3. 小组中所有参与者的手都彼此相握，形成了一个错综复杂的"手链"。在节奏舒缓的背景音乐中，主持人要求大家在手不松开的情况下，无论用什么方法，将交错的"手链"解成一个大圆圈 4. 第二轮用两个小组的成员合并，形成一个大圈，按第一轮的操作重复进行一次 5. 第三轮将第二轮中两个圈的成员合并成一个特大的圈，也就是全班成员围成一个大大的圆圈。按第一轮的操作重复进行一次	15	
2	倾听练习	1. 在2分钟内，所有成员闭眼倾听身边所有可以听到的声音，在心中默数听到的声音的种类 2. 2分钟时间到了以后，分享刚才听到的声音种类以及过程中的感受	20	
休息5分钟				
3	我说你画	1. 活动分为两轮，第一轮请一名自愿者担任"传达者"，其余人都作为"倾听者" 2. 传达者的任务是看着样图，背对全体倾听者下达画图指令，目标是让所有的倾听者根据指令画出样图一，而倾听者在根据指令绘画的过程中不许提问。检查倾听者所画出的图，比对和样图的差别，邀请传达者和倾听者谈自己的感受	50	样图两张，每人一支笔、一张白纸

（续表）

活动序号	活动名称	活 动 流 程	时间 (分钟)	器材
		3. 第二轮,再邀请一名自愿者担任传达者,看着样图二,背对着倾听者传达画图指令,并允许倾听者提问,看这一轮的结果如何。请传达者和倾听者谈自己的感受 4. 讨论分享,比较两轮过程和结果的差异		
4	总结与分享	每位成员分享总结本次团体的收获	20	

5. 第五次活动：一路有你——与亲人、恋人、同学的沟通

表 4-13　与亲人、恋人、同学的沟通

活动序号	活动名称	活 动 流 程	时间 (分钟)	器材
1	暖身活动: 心灵电报	所有成员围圈而坐,左手伸出食指朝上,右手手心朝下并搭在相邻者左手的食指上,闭上眼睛。仔细聆听团体领导者的指导语,当出现"你"字时,右手去抓相邻者的左手食指,同时自己的左手要尽快避开不被抓住	10	
2	寻找有缘人	在每位成员的背上贴上标有价值从 1—100 不等的纸,每位成员都不知道自己的价值,但是都能看到别人的价值。这个活动的目标是,每位成员要去寻找一位愿意与自己组队的异性搭档,两人的价值总和越大越好。分享活动的感受: 你是如何判断自己的价值的? 当你发现自己的价值以后感受如何 你是如何选择自己的搭档的 你们双方愿意组队的过程容易吗? 还是很困难 通过这个活动,你对两性交往有何新的认识	25	每人 一张纸
休息 5 分钟				
3	我与父母	1. 如果让你在团体中寻找一个成员做你的父亲,你希望是谁? 为什么 2. 如果让你在团体中寻找一个成员做你的母亲,你希望是谁? 为什么 3. 在与父母的沟通中,你现在是否会觉得有困难,困难在哪里? 如果没有困难,那你们沟通的优点又在哪里 4. 你觉得与父母沟通的关键是什么	30	纸、笔
4	风雨同行	1. 按 6 人一组分成 4 组,在 6 人中规定有 1 个"盲人"、2 个"无脚人"、2 个"无手人"、1 个"哑巴" 2. 在角色分配完成后,按要求"盲人"戴上眼罩、"哑巴"戴上口罩或要求不准说话、"无脚人"被捆绑双脚、"无手人"被捆绑双手 3. 团体领导者规定比赛起点(教室的一端),让小组成员把所有物品搬运到终点,用时最少的组为胜 4. 联系人际沟通的主题,不同角色的人交流分享参加此活动时的感受	40	眼罩、口罩、短绳、篮球、雨伞、椅子、书包、水杯等物品
5	总结与分享	每位成员用一句话总结本次团体的收获	10	

6. 第六次团体：我们不是一个人在战斗——合作，让生活更美好！

表 4-14　合作，让生活更美好！

活动序号	活动名称	活 动 流 程	时间(分钟)	器材
1	松鼠与大树	1. 两个人组成大树，一个人在蹲在两人中间当松鼠。因为有 24 个人，这时候团体领导者可以加进来 2. 不同的口令有不同效果：火灾来了，小松鼠不动，大树跑。地震来了：大树不动，小松鼠跑。山洪来了：大树和小松鼠都要跑。跑开之后依旧要跟先前一样，找人组成大树和松鼠的造型 3. 每次组合之后都会多出一个人，由这个人来发口令，同时在大家跑的时候进去组合 4. 可以让大家在游戏之后反馈一些与别人组成组合和没组成组合的感受	15	
2	我们有一个共同的名字	1. 按照生日的日期分成 4 组，每组 6 人。(根据每月人数不同，根据需要将不同月份合并，凑出 6 人一组的小组) 2. 每个小组头脑风暴，为自己的小组取名字 3. 设计队衣及队徽，需要融进所有成员的元素 4. 每个小组向所有成员介绍自己的队名、队徽、队服	20	彩纸、白纸、彩笔
3	乒乓接力	1. 还是刚才的分组 2. 设置直线距离大概 4 米的两个点，摆上两个凳子，横向距离 4 米处再设置这样两个凳子 3. 4 个凳子上各放着 1 个筐，相距 4 米的两个筐里一边筐里放 20 个乒乓球，另一边的筐里是空的 4. 每组需要将乒乓球从一端的筐里运到另一端的筐里，运送过程必须单独经过小组成员手中的筷子 5. 两队同时开始。两两 pk 之后再进行巅峰对决，决出冠军 6. 大组分享。冠军分享获奖感言，介绍经验，其他小组同样可以分享自己观察到的一些细节和自己感觉到的一些宝贵经验	30	4 个凳子、40 个乒乓球、12 双筷子、4 个筐

休息 5 分钟

活动序号	活动名称	活 动 流 程	时间(分钟)	器材
4	我们的国度	1. 六个人围坐在一张 A3 大小的白纸周围，每人选一支自己喜欢的颜色的笔，六个人各不相同，同时在纸上对我们的国度进行绘画 2. 绘画过程中不能有语言的交流 3. 无声绘画 5 分钟后团体领导者喊停，小组先分享自己刚才画画的时候想要表达的东西，以及后来的改变和调整 4. 分享自己在绘画过程中的感受，结合这种合作，体会自己在合作中是什么样的角色	30	A3 大小的白纸 4 张、画笔
5	分享今天活动的体会	每个人将今晚活动与团队合作联系在一起进行感悟的表达	20	

7. 第七次团体：微笑说再见——团体结束

表 4-15　团体结束

活动序号	活动名称	活 动 流 程	时间（分钟）	器材
1	昨天、今天和明天	1. 团体领导者对于整个团体进行回顾,利用 PPT 投影展示大家之前的所画所写 2. 大家分享自己在团体开始的时候对团体的期待,和现在自己参加之后的改变,谈谈什么是自己达到的,什么是自己没达到的,以后准备如何去做,还有什么是在这里的意外收获	40	PPT、纸笔
2	团体金三角	1. 最开心的事是什么? 最难忘的事是什么? 最遗憾的事是什么 2. 分小组进行讨论分享	20	纸、笔
3	我的祝福送给你	1. 每个人背后都夹一张 A3 大小的白纸 2. 大家可以在各自的背上写下对他的印象或者对他的期待和祝福 3. 所有成员写完之后,大家可以把自己背上的大纸拿下来 4. 5 分钟进行两两分享,10 分钟进行大组分享	40	A3 大小的白纸24 张、彩笔、小夹子 24 个
4	总结及道别	1. 每个人用一句话总结及跟大家道别,也可以用一句话表达此时的心情 2. 团体领导者总结及向大家寄语告别	10	

二、生涯探索团体辅导

本团体辅导方案改编自台湾师范大学吴武典教授主编的《团体辅导手册》[①]。该团体方案是为中学生进行生涯探索而设计的。

(一) 团体名称

"希望之鸽：中学生生涯探索团体"(发展性、结构式团体)。

(二) 团体目标

(1) 通过团体辅导,协助成员增进自我了解,加强自我肯定,促使其发展良好的自我概念。

(2) 使成员在同伴的经验分享与互动中得到温暖与支持,并能学习了解别人、欣赏别人,进而能探索人际关系,发展出良好、有效的社会行为。

(3) 在团体的活动中有效地促进成员在生涯发展之认知、情感、态度及行为等方面的成长与发展。

(三) 团体设计理论依据

根据舒伯(D. E. Super)的生涯发展理论,中学生正处于成长阶段的能力期(13—14 岁)

---

① 吴武典主编:《团体辅导手册》,心理出版社 1997 年版。

及探索阶段的试探期(15—17 岁)。此阶段的主要发展任务是发展正确的自我形象,能了解个人能力与个人抱负的关系,能考虑工作所需要的教育、训练等条件;在职业选择方面,会考虑到自己的需要、兴趣、能力与机会,做暂时性的决定,并将决定付诸实施。这一时期正是生涯发展历程的重要基础阶段,心理辅导的重点是帮助学生了解自己、培养对工作世界的正确态度,协助学生规划生涯发展的方向。

此外,在中学阶段有外向性问题行为或严重违规犯过行为的学生,其学业、家庭、人际、品行等表现常无法达到学生本人及其重要他人的满意程度,致使此类学生常发展出不当的自我概念,这对于生活的安排与适应、未来的抱负与发展很不利。此类学生初中毕业后,多就读于职业高中或直接就业,所以,生涯辅导对他们更加重要。

(四) 团体领导者

中学心理辅导老师,需要接受过生涯辅导培训。

(五) 团体参加对象及规模

8—12 名中学生(缺乏自我了解、无法把握目前环境或未能适当期望未来生活的学生)。

(六) 团体辅导时间

总时间 10 小时。每周 1 次,周四下午 4:00—5:00,每次 1 小时,共 10 次。

(七) 团体辅导场所

学校团体辅导室。

(八) 团体计划书与实施

表 4 - 16　生涯探索团体计划书

单元	单元名称	单元目标	单元活动	所需材料
1	相见欢	(1) 引发个人参与团体兴趣 (2) 认识并接纳团体的伙伴 (3) 了解团体目的及进行方式	(1) 指导者引言致欢迎词 (2) "最佳拍档" (3) 建立团体规范	彩纸、厚纸板、胶水、海报纸、笔
2	爱的路上我和你	(1) 增进成员的人际关系合作、信任敏感度与了解 (2) 促进成员的互动与了解 (3) 加强团体凝聚力、信任感	(1) "汪洋中的一条船" (2) 进行"盲人走路" (3) 指导者整理今日活动所得	报纸、手帕若干、扑克牌
3	魔镜	(1) 从观察别人中了解自己 (2) 从别人反馈中肯定自我	(1) 进行"镜中人"活动 (2) 分享活动心得 (3) 进行"优点轰炸" (4) 引导成员了解自我肯定的重要性及增进自我肯定的方法	纸、笔

（续表）

单元	单元名称	单元目标	单元活动	所需材料
4	福尔摩斯	(1) 了解自己的兴趣及喜欢的休闲活动 (2) 了解自己有兴趣的职业 (3) 了解兴趣与未来职业选择的关系	(1) 分组填写"我喜欢的休闲活动"，并与同伴分享 (2) "福尔摩斯"猜谜计分 (3) 请每位成员分享他最重要的兴趣，成员给予反馈 (4) 各组用2分钟讨论兴趣与职业问题，成员报告，计算得分 (5) 成员填"职业兴趣问卷"	"我喜欢的休闲活动"表、"职业兴趣问卷"、纸、笔
5	珍珠项链	(1) 了解自己的人格特质，并改正缺点 (2) 了解适合自己人格特质的职业 (3) 了解人格特质对未来职业适应的影响	(1) 进行"突围闯关"活动 (2) "一串珍珠"活动 (3) 人格特质与职业的关系 (4) 根据自我的认识写下五项自己可胜任的工作	海报纸、彩色笔、"人格形容词列表""珍珠串图"
6	大拍卖	(1) 了解自己所重视的价值 (2) 了解自己所重视的工作价值 (3) 整理几周来的经验	(1) 进行"闪亮的节奏" (2) 进行"大拍卖" (3) 填写"工作价值衡量表"	"大拍卖项目单""工作价值衡量表"
7	寻才启事	(1) 确认成员已学得有关生涯发展的概念与知识 (2) 了解初中毕业生可能的出路 (3) 了解社会需要的人才 (4) 了解阅读求才广告的方法	(1) 分组发剪报给成员 (2) 请成员先大致看看剪报 (3) 根据剪报进行抢答，并计分 (4) 列举2—3项工作，询问会去应征者，并请其说明原因 (5) 引导成员思考如何去求职 (6) 讨论面试时应注意的事项 (7) 邀请成员分享心得	有关求职报纸的分类广告
8	道路无限宽广	(1) 帮助成员整理团体所得 (2) 思考欲达目标的阻力与助力	(1) 与成员共同回想过去团体辅导进行的内容与收获 (2) 请成员整理自己的兴趣、性格、价值、向往的职业，填写"停、看、听"表格 (3) 请成员思考欲达愿望，可能面临的阻力与助力，并举例 (4) 成员3—4人一组，相互讨论如何运用助力、减低阻力 (5) 小组内无法解决之问题，由全体成员共同商讨	"停、看、听"表格、纸、笔

（续表）

单元	单元名称	单元目标	单元活动	所需材料
9	秘密大会串	(1) 帮助成员面对与处理目前的困扰 (2) 使其能拥有较愉快的生活，并能顺利发展未来	(1) 请成员将最感困惑的一件事写在纸上，并将纸折叠好置于团体活动场地的中央 (2) 指导者抽出一张纸念出内容，成员共同讨论解决方法 (3) 解决方式可以是讨论、示范、角色扮演、书面资料等	纸、笔、书
10	今宵珍重	(1) 整理团体经验所得 (2) 整理别人对自己的反馈，了解自己在团体中的表现	(1) 进行化装舞会 (2) 进行"圣诞老公公"活动 (3) 团体总结	事先布置的场地、录音带、录音机

（九）团体评估方法

学生主观报告与团体过程记录。

三、贫困大学生自强训练团体

该团体辅导方案是由何瑾博士设计并在青海民族大学及宁夏大学的学生中实施的。作为硕士论文的一部分，该方案经过实验，获得了满意的效果。此后在高校学生工作中推广。据广西大学等院校同行反映，该方案稍加修改，在非贫困生中实施也取得了良好的效果。

（一）团体名称

根据本团体的性质和目标，该团体的学术名称是"贫困大学生成长小组"，为了避免"贫困"这一敏感字眼带来的标签作用，在实际活动过程中，要特别注意团体的名称。如："发现伟大的你——贫困大学生自我提高训练营。"

（二）团体目标

（1）整体目标：提高贫困大学生的心理健康水平，促进其自我成长。

（2）具体目标：培养成员积极的情感能力和积极的认知能力，帮助其树立自尊自信，提高人际交往能力，缓解压力和焦虑情绪，培养积极合理的认知方式。帮助成员在躯体感受、自我发展、未来理想、人际交往等方面减少冲突，获得积极发展。

（3）阶段（单元）目标：

团体初始阶段（第一次会面）：使成员相识，澄清成员期望，介绍小组目标和契约，建立团体；

团体过渡阶段（第二次会面）：培养团队信任和凝聚力，促进成员开放自己，同时增强其人际交往的信心和技巧；

团体工作阶段（第三到第五次会面）：完成团体的具体目标，促进成员自我探索和接纳，训练其自我管理的能力，继续锻炼其人际交往的能力；

团体结束阶段（第六次会面）：处理分离焦虑，提高成员自信，展望未来。

（三）团体性质

本团体属于教育成长型团体，以成员的发展为主要目标；本团体的结构化程度很高；从团体成员社会身份层面划分属于同质群体（均为在校大学生，家庭经济条件都比较贫困）。

（四）团体设计理论基础

积极心理学理论是设计本团体的重要理论基础。积极心理治疗关注来访者自身的各种能力，认为治疗者的任务是激发和巩固来访者获得和保持健康的能力；它从人的发展可能性和能力出发，同时强调影响个体心理的社会因素的重要性，它是一种在跨文化研究的基础上以解决冲突为核心的治疗模式。

此外，个人中心疗法的理念会贯穿团体始终，形成团体领导者的基本态度和根本目标。而针对贫困生存在的许多情绪和行为问题，本团体方案会借鉴认知行为疗法的理念和技术来设计团体活动。

（五）团体领导者

团体领导者一名，要求有心理辅导学理论与实践的专业背景，及个体、团体辅导的丰富经验。团体副组长（助手）兼观察员一至两名（视团体成员人数而定），性别最好与团体领导者形成互补，有心理学专业背景及心理辅导实践经验（最好与团体成员在社会身份与生活经验层面同质），参加过团体并经受过团体观察训练，在团体活动前需统一接受团体领导者的培训。

（六）团体辅导时间和次数

团体辅导共分为六个单元，每个单元为1次会面，可以每周1次，持续6周，也可以采取马拉松团体，连续3天完成。每次团体活动时间为3小时。

（七）团体对象

本科贫困生约20名，共同特点是家庭贫困，最好在性别、年级和文理科比例上平衡，都具有主动参加团体的意愿。

（八）团体进行场所

封闭、安静的活动教室，有可以移动的椅子。

（九）团体计划

表 4-17　团体计划书

单元	目标	活动流程
相逢是首歌	团体成员之间初步认识；建立团队凝聚力和信任感；阐明团体契约；练习人际交往技巧	1. 暖身：相识接龙、无家可归、松鼠大树 2. 滚雪球 3. 盲行 4. 介绍和商定团体契约
感恩的心	引导成员认识和接纳自我；用感恩的态度去认识和接纳身边的人和环境	1. 暖身活动：信任圈，同舟共济 2. "我是一个独特的人""我的素描" 3. "感恩人世间" 4. 手语操："感恩的心"
贫穷贵公子	引导成员怀着感恩之心认识和接纳贫困；了解优势，提高信心	1. 暖身活动：行为放大镜、解开千千结 2. 分享作业：自强不息的优秀贫困生榜样 3. 分享作业："感恩贫困" 4. 练习："我的百宝箱"
美丽心情	学习和实践理情疗法，改变不合理认知，培养积极理性的认知方式	1. 暖身：午睡起来做午操 2. 练习：理情训练
潇洒走一回	提高成员应对压力的能力和时间管理的能力	1. 暖身活动：成长三部曲、互相按摩 2. 压力管理训练 3. 时间馅饼
花样年华	引导成员思考和规划未来，乐观地面对分离	1. 分享作业："十年后的我" 2. 练习："花样年华" 3. 红色轰炸，爱心小天使送祝福 4. 合唱"阳光总在风雨后"

（十）团体效果评估方法

团体成员心理健康状况前后问卷测量、成员自陈报告、追踪评估。

••• 板块 4：　参考练习 •••

练习 4-3：猜猜我是谁

1. 目的：从他人的反馈中认识自己，并体会被人理解的感受；促进成员互相用心观察和给予关注。

2. 时间：约 20 分钟。

3. 准备：白纸、笔。

4. 操作程序：

（1）给每人发一张白纸，请写下 3—5 句描述自己的句子。如"我是……"，不写名字。

（2）写完后将纸折叠好，放在团体活动场地中央。每人随机抽取一张，打开纸上的内容，让大家猜一猜这一张是谁写的。猜中的人要说出理由。

（3）引导团体成员发表自己猜中别人或被他人猜中时的感受。

练习 4 - 4：个性发现

1. 目的：认识他人，坦诚反馈，了解自我。

2. 时间：约 50 分钟。

3. 准备：每人 1 张"个性特征表"、1 张白纸、笔。

4. 操作程序：

（1）团体领导者给每人发 1 张"个性特征表"，请大家详细阅读。研究一下团体内其他成员每个人的个性，把你的认识记下来，对每个人可选择一种类型或选择多种（3—5 种）特征。

（2）每人都写完后，团体领导者按顺序找出其中一人，请其他人说出对他的分析。

（3）最后由他本人发表对别人评价的感受及自我的分析。两者也许非常一致，也许差别很大。为什么会有差别？深入探讨一下会有许多收获。

表 4 - 18　"个性特征表"

类型	长处	短处	适合职业
乐天型	热切、诚恳、乐观、抱希望、富感情、优越感、感性强	冲动、浮躁、不坚定、意志弱、易怒、易懊悔	讲解员、生意人、演员
易躁型	意志坚决，坚强，敢冒险，独立，思维清楚、敏锐	急躁、激烈、不太会同情人、易谋私利、骄傲自大、报复心重，不太会深思	将军、老板、政治家
忧郁型	思想深远、透彻、能自治、诚实、可靠、有天分、有才华、理想主义、完美主义、忠心	抑郁、沉闷、忧愁、痛苦、多猜疑、情绪化、好自省、过分求完美、易怒、悲观	艺术家、哲学家、教授
冷静型	平静、稳定、随遇而安、温和、自足、实事求是、善分析、有效率	冷淡、缺感情、迟钝、懒惰、无动于衷、不易悔悟、自满	教师、科学家、作家

练习 4 - 5：生命之线

1. 目的：对过去的我、现在的我、未来的我作评估和展望。

2. 时间：约 60 分钟。

3. 准备：一张 A4 大小的白纸、一支笔。

4. 操作程序：

（1）团体领导者请每个成员画一条生命线，起点标示你的出生，终点是你预测的死亡年龄。在生命线上标出你现在的位置。闭上眼睛，静静思考一下你过去最难忘的三件事情，明确将来最想做的三件事情。

起点   终点

（2）团体成员填写好之后，大家一起分享交流。每个人都拿出自己的生命线给其他人看，边展示边说明，注意自己与他人内心的反应。

练习 4-6：人生曲线

1. 目的：对自己的人生做出评估。理解千差万别的人生经历，增强对他人的理解。

2. 时间：50 分钟。

3. 准备：一张纸，一支笔。

4. 操作程序：

（1）团体领导者先说明用人生曲线探索自己人生过程的意义。然后要求大家画一个坐标，横坐标表示年龄，纵坐标表示生活的满意程度。

（2）找出自己生活中的一些重要的转折点，连成线，边看着线边反省，并用虚线表示未来人生的趋向。

（3）在团体中每位成员以坦诚的心情向他人介绍自己的人生。

通过相互交流可以了解到每个人不同的人生经历。交流结束时，每个小组派一位代表在整个团体中交流自己通过活动的感受。

练习 4-7：人生线

1. 目的：（1）觉察生命的有限；（2）探索未来的目标。

2. 时间：约 30—45 分钟。

3. 准备：每人半张 A4 大小的纵向裁开的竖长条白纸，每人一支笔。

4. 操作程序：

（1）将长条纸对折后再对折，共对折三次，打开，共 8 格，每一格代表 10 年，成为自己 80 岁的人生线。

（2）先撕去自己已经度过的时间。如 30 岁，就撕掉三格。体会一下撕掉的感觉，看看剩下的时间还有多少。

（3）再撕去剩下人生的三分之一（因为未来的人生有三分之一的睡眠时间），看看还剩下多少时间。

（4）在剩下的时间里写出自己最想做的三件事，并思考一下何时开始做。

（5）在 6—8 人小组内分享该活动的感受和觉察。

5. 该练习适合在团体中期使用，可用于自我探索、生涯规划、生命教育等主题。

练习 4-8：我的自画像

1. 目的：强化成员自我认识，促进自我觉察。

2. 时间：50—60 分钟。

3. 准备：一张图画纸，一盒彩色水笔或油画棒。

4. 操作程序

（1）每位成员一张图画纸，每人或几个人合用一盒彩笔，请成员画出自己。可以有标题，也可以无标题。若有标题，如：大学生活中的我、我的梦等。无标题则让成员随自己的意思，可以用任何形式来画出自己，抽象的、形象的、写实的、动物的、植物的，什么都可以。总之，把自己心目中的最能代表自己的东西画出来。

（2）画完后挂在墙上，开"画展"，让团体成员自由观看他人的画，不加评论。

（3）请每一位画家对他的画做出解释并回答奇特团体成员的询问，促进画家的深入思考。

自画像用非语言的方法将画者的内心投射出来，是一种独特的自我探索、自我分析、自我展示的方法。通过团体内交流，可以促进成员深化自我认识，加深对他人的认识和理解。

练习 4-9：人际关系中的我

1. 目的：促进成员从人际关系的不同侧面认识自我，整合自我观念。

2. 时间：约 60 分钟。

3. 准备：准备好每人一张练习用表（如表 4-19 所示），一支笔。练习中的内容可以根据对象和团体目标适当调整和修改。

表4-19　练习用表

父亲眼中的我	兄弟姐妹眼中的我	老师眼中的我	自己眼中的我
母亲眼中的我	恋人眼中的我	同学眼中的我	理想的我

4. 操作程序：

（1）每人发一张表，自己思考后填写。填写的过程会反映出不同的心态。有些人再一次肯定积极而可爱的自我，但有些人却引发一些长期压抑的感受。

（2）填完后大家一起交流。团体领导者要引导成员思考：最容易填写和最难填写的人是谁？为什么会觉得难或易？练习对自己有哪些发现或启发？

5. 注意事项：

团体领导者要留意成员对哪一个人的看法最重视？最难填写的是什么？为什么有人填不出来？成员填的内容多是正面的还是负面的？然后引导成员做出探索。这个活动可以从多个角度来看自我，有助于成员全面认识自己。同时，也可以在他人的鼓励下做深入的自我探索。

该练习中的内容可以根据团体对象和团体目标做调整和修改。

练习4-10：人生透视

1. 目的：纵向进行自我认识，感受成长历程，进行人生探索和思考。

2. 时间：约60分钟。

3. 准备：每人发一张练习用表（如表4-20所示）、一支笔。

表4-20　练习用表

当我六年级时：

兴趣＿＿＿＿＿＿＿＿＿＿＿＿＿＿＿＿＿＿＿＿＿＿＿＿＿＿＿＿＿＿

问题＿＿＿＿＿＿＿＿＿＿＿＿＿＿＿＿＿＿＿＿＿＿＿＿＿＿＿＿＿＿

希望＿＿＿＿＿＿＿＿＿＿＿＿＿＿＿＿＿＿＿＿＿＿＿＿＿＿＿＿＿＿

我现在的生活：

兴趣＿＿＿＿＿＿＿＿＿＿＿＿＿＿＿＿＿＿＿＿＿＿＿＿＿＿＿＿＿＿

问题＿＿＿＿＿＿＿＿＿＿＿＿＿＿＿＿＿＿＿＿＿＿＿＿＿＿＿＿＿＿

希望＿＿＿＿＿＿＿＿＿＿＿＿＿＿＿＿＿＿＿＿＿＿＿＿＿＿＿＿＿＿

10 年后的情形：

兴趣＿＿＿＿＿＿＿＿＿＿＿＿＿＿＿＿＿＿＿＿＿＿＿＿＿＿＿＿＿＿＿＿＿＿

问题＿＿＿＿＿＿＿＿＿＿＿＿＿＿＿＿＿＿＿＿＿＿＿＿＿＿＿＿＿＿＿＿＿＿

希望＿＿＿＿＿＿＿＿＿＿＿＿＿＿＿＿＿＿＿＿＿＿＿＿＿＿＿＿＿＿＿＿＿＿

4．操作程序：

（1）领导者发给每人一张表，让大家思考一下，而后填写，大约花 10 分钟时间。

（2）填写完毕，在小组内交流（5—6 人一组，交流分三轮：第一轮每人轮流介绍六年级时的情况，并说明为什么这样写；第二轮每人轮流介绍现在的生活，并说明理由；第三轮介绍对未来生活的展望及理由）。

5．注意事项

成员可以在分析自己、了解他人的过程中增强自觉，相互理解、共情。

练习 4－11：人生的最重要时刻或事件

1．目的：协助成员明确以往的经历对当前生活的影响，并对自己的情绪做出正确的处理；对自己有一些新的发现。

2．时间：50—60 分钟。

3．准备：安静的环境、指导语、纸巾。

4．操作程序：

（1）团体领导者请成员闭目安静，回忆自己人生中最快乐（或最悲哀、最痛苦）的时刻或事件。静思 5 分钟后，请大家睁开眼睛，请每个人讲述自己的经历。

（2）其他成员可协助讲述者具体界定他此时此刻的内心感受，分析快乐或痛苦的原因，认清过去的经历对现在生活的影响，并探索每个人目前不同的生活处境与问题。

5．注意事项：由于活动可能触及成员内心深处的感受，要预备充分的时间，适当处理和协助成员解决情绪问题，避免任何负面的影响。

练习 4－12：临终遗命

1．目的：对个人的人生观和价值观作具体的探索和整理，通过和他人的交流，启发自己;并协助成员在生活中做出明智的抉择。

2. 时间：45—60 分钟。

3. 准备：每人一张白纸、一支笔。

4. 操作程序

（1）团体领导者告诉团体成员,由于种种原因,你正面临着死亡。终期将至,时间只允许你再做最后 10 件事,你会做哪 10 件事? 将其一一列出。

（2）对 10 件事排出先后次序,写下你的遗嘱(只写 50 字以内)。

（3）每个成员在团体中说出你的决定和遗嘱,并解释原因,谈谈你在写的时候有什么感受,这种感受对你今后的生活有什么影响?

练习 4 - 13   泰坦尼克号

1. 目的：澄清个人价值观,了解他人的价值观。

2. 时间：约 60—80 分钟。

3. 准备：事先印好的"待救助的人物明细及顺序选择表"、笔(人均一份)。

表 4 - 21   待救助的人物明细及顺序选择表

人物	被救理由	优先顺序
自己：请自述 孕妇：28 岁,怀孕 7 月 大法官：男,45 岁,已婚,精通法律 运动员：男,20 岁,未婚,奥运国手 市长：女,42 岁,已婚,有远见与魄力 老人：75 岁,行走不便,原救生专家 股市大亨：男,40 岁,已婚,影响股市 电脑工程师：男,27 岁,未婚,科技新贵 记者：女,35 岁,已婚,资深当家主播 医生：女,40 岁,未婚,内科权威 小孩：女,8 岁,小学二年级,聪明伶俐 中学老师：男,43 岁,已婚,从教 20 年,水平高 导演：男,37 岁,已婚,多次获国际大奖 歌手：女,23 岁,国内人气最旺的青春偶像		

4. 操作程序：

（1）团体领导者说明：在一次海洋旅行中,我们乘坐的"泰坦尼克号"不幸撞上冰山即将沉没。船上只有一艘救生艇,只能乘坐 5 人。在救援未到之前,只有先救出 5 人再说,其余的人只能等待机会。船正在一点一点地往下沉,有可能消失在海中。此刻船上有乘客 14 人,如果由你做决定,你觉得谁应该优先被救出来?

(2) 发放"待救助的人物明细及顺序选择表",请每个成员自己思考后做出选择。

(3) 每个人在小组内分享自己的选择,聆听别人的选择。

(4) 决定是否修改或调整自己的选择。

(5) 讨论:自己从活动中获得的启发有哪些?

练习 4–14:热座

1. 目的:通过相互提供意见,依靠团体的力量,协助成员解决个人面临的困惑。

2. 时间:约 60 分钟。

3. 准备:每人一个信封,若干张纸条(比人数少一张、若人数多,可分为 6—10 人一小组)。

4. 操作程序:

(1) 每个成员发给几张白纸条,一个信封。在信封上写上自己的姓名。将自己目前最困扰、最想得到帮助的问题写在纸条上,如:"怎样才能找到意中人?""怎样才能提高学习的效率?""我怎样做才能获得真正的友谊?""睡不着怎么办?"……每个人的每张纸条写同样的问题,留有足够的回答问题的空间,并在纸条上写上提问者的姓名。

(2) 把写好的纸条发给每一位小组成员,请他们一一回答。

(3) 每位成员拿到他人的问题时,认真思考,根据自己的经验及体会,怀着真诚助人的心情,以自己独特的方式回答,没有什么对不对之分,把自己对某一问题的真实看法写出来。回答者不用署名。信封放在小组中央地上。

(4) 回答完毕,把每个人的问题放到他的信封上,装进信封内。每个成员取回自己的信封,抽出回条,一一阅读。

(5) 每个成员谈自己阅读完他人意见后的感想,以及对自己解决问题有哪些启发。

练习 4–15:价值拍卖

1. 目的:澄清工作价值观;并帮助成员整理出最想从事的工作及未来可能的生活形态。

2. 时间:60 分钟。

3. 准备:每人一张拍卖项目单,拍卖用塑料响锤一把。

4. 操作程序:

(1) 领导者发给成员"拍卖项目单",并说明规则:每个人手上有 10 万元,每件东西最低价为 1 千元,每次加价,不得低于 1 千元,并举例示范。

（2）成员填写"拍卖项目单"中的"顺序"和"预估价"。

（3）选出拍卖人，开始一项一项竞拍，每项重复三次成交。

（4）竞拍结束后，竞标人要说明自己拍得该项内容的感受，以及选择的理由。

（5）成员根据自己的兴趣、人格特质及工作价值等内容，写下四种最想从事的工作，并评价自己在乎的工作价值对希望从事的工作的意义。

表 4-22　拍卖项目单

项目	顺序	预估价格	竞标人	成交价格
① 学到一技之长(专业地位、成就) ② 当一个有名的人(名声) ③ 指挥一百人的老板(领导) ④ 与你喜欢的人朝夕相处(情感) ⑤ 环游世界(休闲) ⑥ 书、录音带(知识) ⑦ 帮助残障的人(社会服务) ⑧ 身心健康(健康) ⑨ 拥有早出晚归的工作(生活形态) ⑩ 拥有相处和谐的工作伙伴(人际)				

练习 4-16：解密大行动

1. 目的：帮助成员面对与处理当前的困扰。

2. 时间：约 50 分钟。

3. 准备：每人一张纸、一支笔、塑料筐一个。

4. 操作程序：

（1）每位成员想一想目前最困扰自己的事情是什么，最想解决的问题是什么，写在纸上。不署名，写完折叠好，放在团体中央的塑料筐中；

（2）全体写完后，团体领导者随机抽出一张，大声念出纸上的内容，请团体成员共同思考，帮助提问题的人解决问题。必要时可以通过角色扮演的方法来表现具体情境；

（3）讨论完一张纸条上的问题后，再讨论另一张纸条上的问题，直把所有纸条上的问题都逐一解决；

（4）团体领导者引导成员思考怎样从他人的经验中学习成长。

··· 板块 5: 单元作业 ···

忆一忆

1. 团体在工作阶段的主要特点和可能出现的问题是什么?

2. 团体领导者在工作阶段的主要任务有哪些?

3. 团体工作阶段的常用技术有哪些?

4. 团体辅导方案都包含哪些要素?

练一练

1. 角色扮演,练习团体领导者在团体工作阶段的常用技术。

2. 分组实践,体验团体工作阶段的主要活动。

3. 分组实践,每个组的成员设计一个用于工作阶段的团体练习。

4. 分组实践,每组(3—5 人)合作设计一个团体辅导方案,要求包含各种要素。

第五单元　团体辅导之结束篇

••• 板块1：团体练习导入 •••

🔲 教师寄语 ||||||||||||||||||||||||||||||||||||||||||||||||||||||||||||||||||||||||

　　同学们，天下没有不散的宴席，我们的课程转眼快接近尾声了，此刻的你是什么样的心情呢？或许有伤感，或许有不舍，或许有担忧，或许也有迷茫，那么就请你投入地参与结束阶段的活动，与大家一起享受团体带给我们的成长！

　　在团体的结束阶段，团体领导者通常会将注意力集中到处理分离情绪方面，引导成员分享个人面对团体结束的感受、整理和提升个人的团体经验、巩固已经取得的学习成果、拟定个人成长发展的行动计划、确立团体结束后继续努力的方向、对未来充满希望和信心等。以下练习是根据这些目标设计的，老师也可以在本单元的"参考练习"板块中选择更多的练习让学生们体验。

团体练习5-1：传递水晶球

　　1. 目的：展望未来，增进个人对生活的信心。

　　2. 时间：60分钟。

　　3. 准备：一个充气的球。

　　4. 操作程序：

　　(1) 将充气的球当作水晶球，想象可以从水晶球当中看到自己的未来。

　　(2) 由团体中一个成员开始，拿着水晶球，述说从水晶球中看到的5年后自己的样子(时间为几年，可弹性选择)。

　　(3) 述说完毕后，其他成员聆听后给予反馈。

　　(4) 然后将水晶球顺时针传至左手边的下一个成员，依次进行活动。

　　(5) 全部成员传完后，团体领导者引导成员总结活动的感受和收获，面对未来充满信心。

团体练习5-2：真情告白

　　1. 目的：处理离别情绪，彼此给予反馈和祝福，珍藏团体活动的收获。

　　2. 时间：50分钟。

　　3. 准备：每人一张彩色纸、夹子、彩色水笔。《友谊地久天长》等赞颂友谊的歌曲或音乐作品。

4. 操作程序

（1）在团体中间的地上放一些封面彩纸（淡绿、粉红、湖蓝、橙色等），一些小夹子（或大头针），邀请团体成员每人选一张自己喜欢的颜色，并取一个夹子。同时，播放赞颂友谊的歌曲或音乐。

（2）互相帮助，在每人的背后用大头针或小夹子别上一张比较厚实的封面用彩色纸。

（3）请小组内成员每人在他人背上的彩色纸上写一句欣赏的话、赞美的话或祝福的话，可以留名，也可以不留名。

（4）如小组成员都写完了，可以找其他小组中自己认为重要的团体成员写。

（5）写完后，坐下想一想、猜一猜其他成员会给自己写些什么，期待他们写什么，自己在团体过程中都有哪些表现。

（6）团体领导者统一口令，每个人将背上的纸取下，拿在手中仔细阅读。

（7）每人分享读后的感想，感谢成员的真诚和祝福，并可以永远珍藏这份珍贵的礼物。

••• 板块 2：　技术点拨——团体结束阶段的辅导技术 •••

教师寄语

结束阶段是团体过程的重要阶段，在团体辅导的尾声，团体领导者有许多工作要做，主要目的是协助成员整理学习成果，将学习迁移到现实生活，以及处理未完成的工作，同时团体领导者还要处理团体成员的离愁别绪，以及评估团体辅导的效果。但是，团体结束阶段往往容易被忽视。有经验的团体领导者都会充分而有效地利用各种形式把握结束的最后时机，使团体辅导划上一个圆满的句号，过于仓促或过于拖拉的结束都会影响团体辅导的最终效果。团体结束阶段是一个动态过程，而不完全是指最后一次聚会。一般而言，团体存在的时间越长，团体结束阶段要注意的事情越多，成员之间已建立的亲密、坦诚、互相支持的关系更需要妥善处理。本板块将学习的就是在团体结束阶段需要用到的各种技术。

学习目标

1. 了解团体辅导结束阶段的特点。

2. 了解团体领导者在团体辅导结束阶段的主要任务。

3. 掌握团体辅导结束阶段的带领技术。

4. 了解团体辅导结束阶段练习选择的原则。

5. 学习并掌握团体辅导效果的评估技术。

第一节　团体结束阶段的特点和主要任务

在所有的团体领导技术中，也许没有什么比帮助团体成员总结经验，整理团体中所学到的内容，将零散的收获整合起来，并将在团体中学习到的东西运用到现实生活中去，改善他们的适应，积极健康地生活更重要了。团体结束阶段的目的是要巩固团体辅导的成果，做好分离的心理准备。实际上，团体成员能否深入掌握在团体内取得的经验，对团体留下美好的回忆，以及能否把团体中的学习成果应用到日常生活中，达到真正的成长目标，很大程度上取决于团体的结束阶段。

一、团体结束阶段的特征

（一）出现离别的情绪

团体辅导的结束阶段，由于分离在即，一些成员心中充满离愁别绪，同时想利用最后的机会表达自己的希望、分离不舍的情绪，以及对别人的感受。团体凝聚力越好，成员依依不舍的情绪越强烈，甚至会有依赖、遗弃、失落、伤心、恐惧、沮丧、忧虑的感觉。因为经过艰难的努力建立起来的友谊和情感马上就要结束了，这种分离的事实会使有些成员产生负面和消极的情绪反应，有依依不舍、害怕孤单的感觉，也有人会觉得团体结束自己有一种被抛弃的感觉，也有成员不愿意结束，担心离开团体后自己会重回过去的状态，希望延长团体辅导的时间。

（二）对现实生活的担心

在进入团体之前，许多成员在现实生活中有适应不良的情况，所以，当他们在团体中感受到温暖和尊重的接纳，对团体有强烈的归属感时，就会舍不得离开大家，不愿意结束团体。当他们面临要回到原来的世界，与原来的人接触时，就会对现实生活有许多担心、焦虑和不安。成员对团体的情感越强烈，对外在的担心也就越明显。

（三）团体连结出现松散

一般而言，在结束阶段团体目标已经达成，成员意识到团体就要结束了，每个人都在思考自己以后的打算，成员之间的互动频率和强度会降低，团体的影响力会减弱，团体规则也有所松散，甚至会有人缺席，或者有人因害怕结束带来的伤感而离开团体，不愿再投入情感，避免将来因难舍难分而痛苦难过。

二、结束阶段团体领导者的任务

（一）认真处理离别情绪

团体结束阶段离别的情绪不仅成员有，团体领导者也有。有些团体领导者很享受带领团体的成就感而舍不得结束团体,和成员纠缠在一起,团体就会充满非理性的伤感。所以,团体领导者首先要处理好自己的情绪。其次,团体领导者要把握好机会处理成员的情绪,抚平成员心中的离愁,为分别做好心理准备。团体领导者在团体结束的前一两次要告诉成员团体即将结束,让成员在心理上有接受离别的准备。同时要鼓励成员将担心、伤感和失落等感受表达出来,并提醒成员团体结束的积极意义所在,即团体之所以有目前的和谐和进步是因为成员们的积极参与、坦诚沟通、真诚投入的结果,因此,成员在自己的真实生活中,只要采用同样的态度和行为,也会有建立和谐关系的机会。团体领导者如果能够协助成员处理好离别时的各种感受,成员会转而表达团体经验带来的积极感受,彼此感谢,肯定团体对个人的积极影响和价值,分享个人面对团体结束的感受,将在团体中领悟和学习到的东西付诸行动,并延伸到日常生活中,学习在没有团体的支持下,继续保持新的改进,带来新的变化。

(二) 协助成员预备适应现实生活的情境

团体成员往往希望现实生活中的人也像他们一样改变,和团体中的成员一样真诚相待、彼此接纳和互相尊重。团体领导者必须让成员了解,期望别人改变,必须自己先改变,通过自己的改变可以去影响他人。另外,团体领导者可以带领成员讨论对现实社会的担心,互相支持,鼓励他们坚定信心,提高生活适应能力。

(三) 协助成员整理学习成果,并应用到实际生活中

团体结束时团体领导者需要协助成员认真总结整个团体辅导的过程,做出恰当的个人评估,清楚地了解在团体中学习到了什么,是否真的有收益,有多大的收益,是否真的改变和成长了。成员在分享时,团体领导者要鼓励他们具体化,而不是笼统地、抽象地叙述,如用"我学会了听别人讲话,和人发生冲突时可以控制自己的脾气"代替"我在处理人际关系上有进步"这种比较概括的说法。团体领导者借此机会鼓励成员,使成员对自己产生自信和肯定,并协助成员做好行动计划,将团体中学习的成果真正用到现实生活中。

有时候,团体领导者可以通过下列问题来协助成员整理和评估团体经历,这些问题具体如表 5-1 所示。

表 5-1　评估团体效果时常提的问题

(1) 团体的经验对你个人生活有什么影响?
(2) 团体辅导给你留下的最深刻的印象是什么?
(3) 有什么特别的原因使你对自己的生活、个人态度及人际关系更为了解?
(4) 你生活中的哪些改变是来自团体经验的?
(5) 当你想在现实生活中完成你在团体内所做的决定时,你会遇到什么问题?
(6) 团体经验对你有哪些负面影响?
(7) 你参加这个团体对生活中你周围的人是否造成了影响?
(8) 如果你没有参加这个团体,你的生活与现在的生活会有什么区别?
(9) 请你用一两句话来说明团体对你的意义。

（四）处理尚未完成的工作

在团体过程中，团体领导者或者成员有些预先要做的事情，或想做但来不及做的事情，需要在最后结束的时刻处理。这里的处理并不是一定要实际解决，因时间的限制，更多是提供相关的信息，或做原则性的处理。例如，有些成员的问题没有时间探讨，或者探讨不充分，团体领导者可以这样表达"由于团体的时间有限，我知道到今天为止，你们中有人仍然有很多问题因为没有足够的时间而无法彻底解决。我可以提供一种理论性的观点，你们可以利用它来思考自己的问题。我也会给一些成员提出相应的、有针对性的继续接受个别咨询的建议"。团体领导者不要幻想和期待一次团体经历可以解决所有成员的问题。其实，让成员留下未完成的感觉，有助于促使他们继续思考，寻找解决途径。

（五）继续给予和接受反馈

在整个团体发展过程中，成员一直彼此反馈，到了团体快要结束时，也会彼此给予最后的反馈，作为成员改善自己的参考资料。有意义的反馈应该是具体的、明确的，而不是抽象的。如不是"你很好，你很能干"，而是"你对我说话时眼睛看着我，而且面带微笑，让我感到很舒服""当我们都不知道该做什么时，你说出自己真实的看法，对我很有启发"。对他人最有参考价值的反馈应该是没有价值评判的、没有自己主观偏见的反馈。有不少团体在结束时，成员已建立了深厚的感情，所以会自发地商量结束后何时再聚会，以保持友谊，并继续相互支持，在生活中实行他们所做出的改变。团体领导者应该鼓励这样的行为，让成员在团体结束后仍然可以成为彼此的支持。

（六）提醒保密

保密是团体最重要的规则，除了团体开始阶段要有保密的承诺外，团体领导者在整个团体活动过程中都需要不断提醒成员恪守保密原则。到团体最后结束时，团体领导者需要再次提醒大家遵守保密的承诺，即离开团体后，不议论和公开团体中成员个人的隐私，继续尊重他人和维护他人的权益。维护他人的权益也是维护自己的权益，尊重他人也可以得到他人的尊重。

（七）提供继续学习或进一步服务的资源

有些成员有兴趣或有必要继续学习和接受进一步的咨询或治疗服务，团体领导者应提供相关资源以供成员选择和使用。例如，建议他们去参加其他的团体或研讨活动，或接受个别咨询和心理治疗等。团体的结束可以看作是另一个新的个人成长的开始。因为成员可以将在团体中所学到的东西运用于解决未来的问题，给他们的生活以新的指导。人生是一个不断成长的过程，没有一个团体可以解决所有成长的困扰。团体经验会给成员以积极的启示，如果他们遇到困难，可以继续从团体或者其他途径来获得帮助和支持。

（八）评估团体效果

团体辅导是否达到预期目标？是否有效？团体成员是否满意？今后组织团体辅导可以做哪些改进？这是团体辅导结束阶段一项重要的工作。团体评估所包含的范围相当广泛，评估也有不同的目的、不同的方法。对团体的效能做评估是咨询专业中很重要的，它不但可以帮助团体领导者评估团体成员和整个团体达成目标的情况，更可以帮助团体领导者了解自己带领团体的能力，作为改进的参考。其实，不仅团体辅导结束时需要评估，而且每次团体结束时也需要评估。评估有助于领导者总结经验，找出不足，今后加以改善。一般每次团体结束后，团体领导者都需要评估团体目标是否达到、团体动力的变化情况、发生的事件对团体的影响、处理问题的方法是否合适等。评估不仅可以为下次带领团体辅导提供参考，也是学习的好机会。到整个团体结束时，更需对团体全过程做完整的评估。评估的方法可以是定量分析，也可以是主观的报告，也可以听听成员对团体的意见和感受。比如"团体经验对你有哪些启发""参加团体是否对你有什么负面的影响""在你与其他人的关系方面，团体对你有什么帮助"。

三、结束阶段团体成员的任务

团体成员在最后阶段所面临的重要任务是处理好自己离开团体的情绪，整理和巩固团体中的学习，并把所学到的内容迁移到日常生活中去。在这一时期，成员要回顾团体活动的过程，总结自己的改变，并将其纳入自己的认知结构中。成员在结束阶段的具体任务主要有以下几项。

第一，处理他们对分离和结束团体的情绪。

第二，对于在团体中未解决的问题，做好持续成长的准备。

第三，评估团体对自己的影响和个人的实际收获。

第四，准备把所学习到的知识、观念、态度、行为等运用到日常生活中。

第五，对自己想要做出的改变以及如何实现这些改变做出选择和具体的计划。

四、结束阶段可能出现的问题

（一）团体非正常结束

团体辅导按计划完成，使团体自然结束是最理想的状态。但有时也有例外。有的团体会遇到一些困难和问题而出现不得不提前终结的情况。如成员对团体失去兴趣、成员间产生不可调和的纷争、某些成员或团体领导者因故须离开团体，使团体计划不能完成。这时，必须尽量考虑周到，以防止突然结束给团体成员带来的新问题。

（二）成员参与团体不如以前投入

如果团体领导者预先告知团体的结束，每个成员会在心中主动做好结束的准备。由于分离焦虑,有些团体成员可能避免相互接近。对团体的期望、热情也会比前阶段减少,团体结构变得松散,成员的参与也不如以前积极,不承认团体目标已达成,有些人甚至会表现出倒退。团体领导者应了解并注意此现象,加以适当处理,可使团体顺利结束,使成员学习到如何适应现实生活以及有效的学习迁移,真正达到团体和个人目标。

（三）团体经验无法应用到现实生活

在结束阶段,离情难舍,每个人都会怀念团体中真诚相待,彼此关怀,互相帮助的美好时光,或担心离开团体后无法实践自己决定的改变。团体成员可能只从团体结束本身的意义上考虑,而不是把它当作继续发展的一种途径。团体成员可能故意回避回顾自己的经历,不能把它纳入某一认知架构中去,由此限制了在团体中学习内容的推广应用。

第二节　团体结束阶段的常用技术

团体的开始和结束可以说是团体历程中最具决定性的时期。如果开始阶段团体很有成效,成员就能互相了解、互相信任,为形成接纳、温暖、尊重、安全的团体氛围奠定基础,以后团体的深入探讨和直面问题就有可能。而团体结束阶段之所以重要,是因为这个时期成员需要将团体的经验整理和巩固,肯定自己的积极改变,并有信心在生活中继续努力。如果团体领导者对结束阶段把握不当,不仅成员的收获会大打折扣,而且会给团体遗留下各种未完成的问题,影响成员的生活。因此,团体领导者需要有充分的心理准备、足够的训练和技术以应对团体的结束。

一、结束的技术

（一）每次聚会结束的技术

结束的技术包括每次聚会结束使用的技术和团体整个历程结束使用的技术。每次团体聚会,团体领导者都需要留出至少10分钟的时间,采用一些技术以顺利结束。可以通过邀请成员总结的方法,团体领导者总结的方法,安排家庭作业,预告或强调下一次聚会的时间、内容、安排结束的活动(如大团圆等练习)。邀请成员个人总结,就是鼓励成员说出此次聚会对他们的意义。可以使用以下引导问题:

"你能简短地说明你对这次聚会的感受吗?"

"这次聚会中,你经历到最重要的事情是什么?"

"今天,别人的表现最令你感动的是什么?"

"你从今天的团体中学到了哪些?"

"到下一次聚会之前,你愿意采取什么具体方法使你的生活有所改变?"

……

(二) 预告团体结束的技术

如果是带领多次(如 6—10 次)的团体辅导,在整个团体将结束时,团体领导者最好在结束前一两次团体聚会时即能先预告成员,预告有助于团体成员提早做好结束和分离的心理准备,珍惜团体的时间,尽早处理想解决但未完成的问题,也可先让成员讨论分离的情绪、整理所得、订立或修改行动计划。如果是单次团体辅导,可以一开始就说明团体有三个阶段:开始、工作、结束,结束阶段将进行总结。

(三) 团体过程结束技术

团体辅导的结束应是自然而顺利的,也应是团体领导者可以预期的。怎样使团体愉快地结束,需要运用一些技术。一般而言有以下四种方式:

第一,结束之前,成员互相赠送小礼物、互相道别和祝福。

第二,领导者在结束时对团体辅导作简要的回顾与总结。

第三,团体成员回顾自己在团体中扮演的角色,是否达到期望,以及自己切身的感受。

第四,展望未来,帮助团体成员明确今后应该怎么做以持续巩固团体辅导的效果。

(四) 采用团体练习结束团体

通常团体领导者可直接告诉成员团体即将结束,或带领一些团体练习,如"真情告白""留住你的心""水晶球""未来同学会""互送祝福卡""滚动心里话"等练习,引发成员回顾在团体中的所学、做自我总结、互相给予或接受最后的反馈,充满信心展望未来的生活。也可以带领成员做"大团圆""化妆舞会""茶话会""联欢会"等活动,在轻松愉悦的氛围中互相道别,互祝珍重。若是自发性强的非结构团体,可让团体成员自己决定最适当的结束方式。

二、团体结束阶段的活动选择原则

团体发展到尾声,成员会有多种情绪和感受,有经验的团体领导者一般都很重视团体辅导结束阶段的活动安排,精心选择符合成员特点的、有吸引力、有新鲜感的活动形式。结束活动若不安排或处理不当,会直接影响团体辅导的效果。团体领导者除了运用结束阶段技术(处理分离情绪、总结团体经验、鼓励和反馈、评估和整合等),在最后一次团体聚会时还可以采用多种方式的团体活动,如总结会、联谊会、反省会、大团圆等形式,使团体在轻松、温馨的气氛中结束。团体领导者在选择结束阶段的活动时应该遵循以下原则。

(一) 让成员有机会回顾团体经验

成员参与团体是一个不断学习和变化的过程。团体领导者在选择团体活动时应该注意让成员有机会整理自己参加团体以来不同阶段的感受、困扰、体验、变化和收获。比如通过团体成员互相观察和关怀的"天使揭秘"练习,让成员说出自己观察对象从第一次来到团体到现在结束,发生了哪些变化。有些成员不仅用文字记录下观察对象每一次团体聚会所说所为,而且用绘画的方式记录了观察对象每次参加团体的表情,并作为珍贵的礼物和成长见证赠送给观察对象,彼此见证每个人在团体中的变化和成长。

（二）让成员彼此给予和接受反馈

团体辅导的独特之处在于每个团体成员不仅可以得到团体领导者及其他成员的帮助,而且自己也可以成为助人的力量,为他人提供帮助。特别是当那些抱有相似的苦恼,有共同要解决的发展课题或心理困扰的人聚在一起时,成员往往有感情共鸣,认识相通,齐心协力,彼此支持,互相建议并善意地提出个人见解。"三个臭皮匠,顶个诸葛亮",群策群力可以给人更多的信心和鼓励,开阔视野,获得更多的解决问题的方法。团体领导者可以选择"真情留言""祝福心意卡""礼物大派送"等活动,让成员充分给予反馈和接受别人的反馈,坚定自己的努力成效。

（三）让成员自我评价和团体评估

要适应社会生活,建立良好的人际关系,前提是必须先了解自己,接纳自己,进而认识别人,接纳别人。在团体辅导观察中,团体成员有机会通过对自己行为的反省、他人的反馈、与他人比较等方法,探索和深化自我认识,增强自觉的能力,这也是所有团体最主要的课题。团体结束时再一次让成员对自己的成长进行思考,有助于协助团体成员更清楚地认识自己及未来发展的可能性、充分发掘自身内在的潜能、提升成员自我觉察和觉察他人需要的能力,达到自我接纳、自我肯定、自我完善和自我实现。

（四）让成员相互祝福和激励彼此

天下没有不散的筵席。团体成员从一开始就知道团体有结束的那一天。通过互相分享、互相支持、互相帮助,团体每个成员经历了焦虑、不安甚至痛苦,终于成长了,结束时的心态虽然有依依不舍的情怀、对失落孤独的担忧,但更会有喜悦、自信、满足等正向反应。所以,团体领导者要选择一些可以互相表达欣赏、赞美、祝福、建议的活动,达到增强自信,激励改变的勇气的目的,使成员愿意将团体辅导中的学习心得转变为自觉的行动,改善自己的生活。

第三节　团体辅导效果的评估技术

一、团体评估的目的及准备

（一）团体评估的目的

所谓团体评估,就是通过不同方法,收集有关团体目标达成的程度、成员在团体内的表现、团体特征、成员对团体练习的满意程度等资料,帮助团体领导者及团体成员了解团体辅导的成效。

团体评估的目的大致可以分为四种：第一，通过评估来有效监控辅导方案的执行状况，辨明问题和及时修正；第二，通过评估检验团体目标的达成状况；第三，通过评估以改进今后同类团体辅导方案的设计、训练策略；第四，通过评估协助团体领导者了解和改进领导技能，提升专业水平。

对于团体工作评估的作用，美国社会学家特斯兰德（Toseland）和理瓦斯（Rivas）曾归纳出以下七个方面。

（1）评估可以满足团体领导者对介入团体工作效果的好奇与专业上的关心。

（2）通过评估获得的资料可以帮助团体领导者改善领导技巧。

（3）评估可以向机构、资助者或社会显示和证明团体工作的有限性。

（4）评估可以帮助团体领导者评价团体成员的进步状况，并从整体上了解是否达到团体预定的目标。

（5）评估允许团体成员及有关人员自由地表达他们对团体的满意或不满意程度。

（6）评估可以协助团体领导者收集能与其他团体工作者一同分享的、具有类似团体目标和特点的相关知识和信息。

（7）评估可以帮助团体领导者验证为团体所作的假设。

（二）团体评估的类型

团体辅导的评估类型可以根据不同的标准分类。

1. 根据评估的时间分类

根据评估的时间，可以分为团体活动开始前、团体活动过程中、团体活动结束时、团体活动结束后追踪评估。

2. 根据评估的对象分类

根据评估的对象，可以分为对团体领导者的评估、对团体成员的评估。

3. 根据评估的方法分类

根据评估的方法，可以分为客观评估、主观评估。

4. 根据评估的工具分类

根据评估的工具，可以分为影像评估、问卷评估、量表评估和自我报告。

5. 根据评估的形式分类

根据评估的形式，可以分为口头评估（访谈、自我报告等）和书面评估。

6. 根据评估的侧重点分类

根据评估的侧重点，可以分为过程评估和效果评估等。

一个比较完整的团体评估至少应该包括对团体活动计划、团体活动过程、团体活动效果等方面的评估（如表 5 - 2 所示）。

表 5-2 团体活动过程与结果评估方式

评估层面	评估方式	团体活动过程	团体活动结果
团体层次	客观评定	团体成员互动分析 团体领导者的领导行为	成员行为改变程度测量 整体领导满意度测量
	主观自陈	团体凝聚力测量 单元团体满意度测量	成员对团体满意度的测量 成员对团体观感的陈述
个人层次	客观评定	个别成员的角色 个别成员行为改变历程	个别成员的行为改变结果 重要他人的评定结果
	主观自陈	成员的心得报告 成员自评参与的程度	成员对个人心得的陈述 成员对个人表现的评定

（三）评估前的准备

进行团体评估之前需要先考虑以下问题，以便设计出合理的评估计划。

第一，怎样界定这个评估？其特征何在？与研究或测量有何不同？

第二，为什么评估？这个评估本身的目的何在？这个评估所提供的功能是什么？

第三，评估的目标是什么？有什么应该或能够评估的？

第四，评估的主体是谁？即对谁进行评估？

第五，用什么标准来判断目标？如何解释评估的发现？如何认定收集的资料具有的价值？

第六，用什么步骤和程序来进行评估？如何开始评估和如何进行？评估计划有哪些主要阶段？有无更好的顺序来进行评估？

第七，应该用什么调查方法或评估技术来进行评估？如何收集资料？什么样的调查设计适用于这项评估？哪一种方法更适合本次团体的评估，是用测验、问卷、专家座谈、实验设计、调查法、个案研究，还是其他方法？

第八，用什么标准来判断这项评估？好的评估有何特征？如何评估一项评估是否可信、可靠、合法、合伦理、客观？

二、团体评估的主体

进行团体评估的人可以是团体领导者本人，也可以是团体成员、团体观察员或督导师。不同的人看待的团体的角度是不同的，他们评估的重点也有所区别。

一般团体领导者的自评有三个方面，一是领导内容，即目标是否实现；二是领导过程，即团体关系建立得如何、催化成员参与程度如何、处理团体事件的效果如何、维持团体气氛的功能如何等；三是团体辅导的效果，是否达成团体目标等。

成员的评估是两个方面，一是参加团体的目标、期望是否实现，即自己在团体中学习和收获到了什么；二是参加的过程如何，如自己的参与程度、探索内容、努力效果等方面。

观察员对团体评估也是两个方面的：一方面是对成员的观察评估，着重在成员的行为表现上,观察成员的行为,记录和分析其改变程度;另一方面是对团体效能的评估,着重在团体计划的实施可行性和有效性、团体领导者的领导行为如何、团体活动结果如何等。

有时,团体可以同时从两种或三种角度做多元评估。

三、团体评估的种类

(一) 过程性评估

团体辅导进行过程中所做的评估称为过程性评估。一般人们常认为评估是对效果的检验,其实对过程的评估同样重要。团体评估工作应该是在整个团体过程中不断要进行的,绝不是团体辅导结束时的特定任务。团体辅导进行过程中,通过观察、问卷等方式,了解成员在团体内的表现和团体特征,可以决定团体应该终结还是应该延续。根据评估情况,可以选择有效的方法改善团体过程。一般来讲,团体过程评估可以从以下几个角度进行考察。

1. 团体角度

团体角度的评估重点有团体凝聚力、团体目标、团体氛围、角色、动力、规范、归属感等。其目的在于帮助领导者了解团体情境和发展阶段,发现团体中隐藏的问题,预测可能出现的状况,决定团体应该终结还是延续,并采取有效的方法改善团体过程,促进团体良性发展。

2. 团体成员角度

评估团体成员可以从个人层面和人际层面进行。在个人层面,通过观察、记录和分析成员在团体中的行为、情绪表现,特别是参加团体后的重要变化,评估成员在团体辅导中的获益情况;通过了解成员对团体的满意度以及投入程度,评估并预测团体的动力发展。在人际层面,评估成员彼此之间的沟通模式和互动关系,以及成员和团体领导者之间的互动,有助于分析团体动力,评估团体氛围,了解团体成员的人际交往模式。

3. 团体领导者角度

对于团体领导者的评估主要集中在其领导功能上,即团体领导者在团体中的领导风格、行为表现、角色、功能及其与成员的互动关系。可以通过团体领导者自评、成员反馈、观察员客观评估等方式进行,这不仅有助于团体领导者觉察并及时调整自己的领导风格,促进团体良性发展,还有利于团体领导者改进领导技能,提升自己的专业水平。

总的来说,团体过程评估的方式很灵活,可以采用任何资料收集方法,比如在团体进行的过程中,通过观察、问卷等方式,了解成员在团体内的表现和团体特征。以下"团体成员自我评量表"(表5-3)、"团体活动反馈表"(表5-4)、"团体过程记录分析表"(表5-5)分别是从团体成员角度、团体角度进行过程评估所用的评估工具举例。

表 5-3 团体成员自我评量表(适合每次团体聚会后的评估)

利用下面的句子,以1到5的尺度等级估量你自己参与团体的状况。1代表"我决不是这样",5代表"我总这样"。

(1) 在团体里,我是一个积极投入的成员	1 2 3 4 5
(2) 我愿意完全地投入团体,并且与大家分享目前生活的问题	1 2 3 4 5
(3) 我认为自己愿意在团体里尝试新的行为	1 2 3 4 5
(4) 我愿意尽力表达自己的感情,就像其他人一样	1 2 3 4 5
(5) 在每次团体讨论之前,我总会花一些时间准备。结束后,我也会花一些时间反省自己的参与情形	1 2 3 4 5
(6) 我尽量以真诚的反应面对其他人	1 2 3 4 5
(7) 在团体里,我总是不断地追求澄清我的目标	1 2 3 4 5
(8) 我总是注意倾听别人在说什么,也会把我的感受直接地告诉他们	1 2 3 4 5
(9) 我会与别人分享我的想法,将自己如何看他们,及如何受他们的影响告诉他们	1 2 3 4 5
(10) 在团体里,我尽量使自己作别人的模范	1 2 3 4 5
(11) 我愿意参加团体各种不同的活动	1 2 3 4 5
(12) 我常会想要参加团体的讲座会	1 2 3 4 5
(13) 不必等他人开口,我就能主动帮助他们	1 2 3 4 5
(14) 在团体建立信任感的过程中,我是采取主动的角色	1 2 3 4 5
(15) 我是在没有防卫的心态下,坦诚地接受别人的反馈	1 2 3 4 5
(16) 我尽量把团体里所学习到的东西,应用到外面的生活中	1 2 3 4 5
(17) 我会注意自己对团体领导者的反应,并说出他们是个怎样的人	1 2 3 4 5
(18) 我会避免标定自己和团体其他的人	1 2 3 4 5
(19) 我会避免询问别人问题和给予他们忠告	1 2 3 4 5
(20) 我对自己在团体里的学习负责	1 2 3 4 5

（引自段秀玲著:《自我成长工作坊——团体领导者实务手册》,天马文化事业有限公司1993年版,作者有删改。）

表5-4 团体活动反馈表

团体名称： 　　　　　　　　　　　　　　**次数：**

日期： 　　　　　　　　　　　　　　　　**成员姓名：**

（一）我今天来参加这个团体是基于

1. 需要的	1	2	3	4	5	6	7	好奇的
2. 自愿的	1	2	3	4	5	6	7	被迫的
3. 愉快的	1	2	3	4	5	6	7	痛苦的
4. 迫切的	1	2	3	4	5	6	7	无奈的

（二）我觉得这个团体的活动过程是

5. 参与的	1	2	3	4	5	6	7	个人的
6. 渐进的	1	2	3	4	5	6	7	突然的
7. 有条理的	1	2	3	4	5	6	7	散漫的
8. 变化的	1	2	3	4	5	6	7	呆板的
9. 有目标的	1	2	3	4	5	6	7	无目标的

（三）我觉得团体的气氛是

10. 温暖的	1	2	3	4	5	6	7	冷淡的
11. 友善的	1	2	3	4	5	6	7	敌意的
12. 支持的	1	2	3	4	5	6	7	反对的
13. 信任的	1	2	3	4	5	6	7	猜疑的
14. 轻松的	1	2	3	4	5	6	7	紧张的
15. 尊重的	1	2	3	4	5	6	7	轻视的
16. 接纳的	1	2	3	4	5	6	7	拒绝的
17. 开放的	1	2	3	4	5	6	7	封闭的
18. 安全的	1	2	3	4	5	6	7	危险的
19. 自由的	1	2	3	4	5	6	7	限制的

（四）我对这次团体辅导内容的感觉是

20. 有益的	1	2	3	4	5	6	7	无益的
21. 有趣的	1	2	3	4	5	6	7	无聊的
22. 适当的	1	2	3	4	5	6	7	不适当的
23. 有价值的	1	2	3	4	5	6	7	无价值的

（五）其他的感受

（引自段秀玲著：《自我成长工作坊——团体领导者实务手册》，天马文化事业有限公司1993年版，有删改。）

表5-5　团体过程记录分析表

一、团体基本情况

活动次别：第_____次团体。

时间：_____年_____月_____日_____时_____分至_____时_____分

地点：_____

团体领导者：_____观察者：_____

参加者：_____

迟到者：_____缺席者：_____

二、座位图（如果过程中有变化，请用图表示）

三、单元目标及活动主题

单元目标	单元活动主题

四、团体过程概述

时间	主题	内容概述	团体领导者介入	团体成员的反应

五、团体气氛

完全不是0　几乎不是1　偶尔是2　常常是3　几乎是4　完全是5

1. 温暖的
2. 活泼的
3. 热烈的
4. 开放的
5. 轻松的
6. 愉快的
7. 信赖的

（续表）

8. 和谐的

9. 感性的

10. 理性的

11. 紧张的

12. 焦躁的

13. 散漫的

14. 静默的

15. 严肃的

六、团体互动分析

1. 同盟关系（当团体出现争议时，部分成员形成一致的看法）。

2. 核心团体（多位成员联合促进大家的参与）。

3. 配对关系（两人关系密切、持续）。

4. 次团体（三人以上关系密切、持续，且缺乏开放性）。

5. 团体潜在规范。

6. 团体凝聚力。

7. 团体注意力。

8. 其他重要互动状况。

七、成员认知、情绪、行为方面的改变

成员	认知方面	情绪方面	行为方面

八、观察员心得与建议

九、团体领导者心得与自评

督导师：＿＿＿＿＿＿＿＿＿（签名）

督导时间：＿＿＿＿＿＿＿＿＿

（二）总结性评估

总结性评估是指在团体结束时所做的评估。这是团体辅导结束时一项必须做的工作。总结性评估常采用团体领导者事先设计好的评估表，或事先选定的测验等。在团体结束时让团体成员填写，然后进行分析，了解团体成员对团体的满意程度，对团体活动的看法、感受及行为变化状况，以便团体领导者客观评定团体辅导的成果，改进今后的工作。有的团体领导者也会利用自己参与观察的方式，分析团体互动的情形。还可以请团体成员写总结、写感想，以此评估团体效果。

对许多团体工作者来说，团体结束阶段的评估往往比过程阶段的评估更重要，评估形式也更为正式，多半以文字或报告的形式，而且常常与研究有关。如果是与研究相关的评估，往往还要加入追踪评估设计。与团体过程评估相比，结束阶段的评估常表现出两个特点：第一，评估的执行者往往是成员，因为成员的改变和收获是效果评估的重点；第二，评估者更可能使用量化评估工具，以求科学客观地评估团体效果。当然，成员自我报告、团体满意度问卷等各种质化评估方法也常常和量化评估手段结合使用。有关团体结果评估模式的研究很多，美国心理学家戴伊（Dye）曾提出的二二方向模式（Dimensions）就是典型代表（如表 5-6所示）。

表 5-6　戴伊的评估模式

项目	团体内	团体外
自我报告	(1) 行为检查、个人行为与反应评估、Q 排列等 (2) 团体经验的日记 (3) 自我成长进步的报告	(1) 辅导前后有关问题检查、人格测验 (2) 自传 (3) 职业及生涯决定 (4) 向团体领导者、成员的个别咨询 (5) 团体评估，问卷调查
他人反馈	友伴、团体领导者、观察员的反馈： (1) 对团体成员行为、态度的评估 (2) 对团体行为的评估 (3) 社会测量法 (4) 分析录音带、录像带	教师、父母等人的反馈： (1) 评估及检查方法 (2) 非正式、开放性报告 (3) 亲友与教师的反馈 (4) 出席率、成绩、操行及勤奋情形等

（引自段秀玲著：《自我成长工作坊——团体领导者实务手册》，天马文化事业有限公司 1993 年版）

下面是成员对团体做的总结评估实例（如表 5-7、表 5-8 所示）。

表 5-7　团体成员自我评量表（适合团体辅导结束时的总体评估）

1. 团体的经验对你的个人生活有什么影响？
2. 团体辅导给你留下最深刻的印象是什么？
3. 有什么特别的原因使你对于自己的生活、个人态度及人际关系更为了解？

（续表）

4. 你生活中的哪些改变是来自团体经验?

5. 当你想在现实生活中完成你在团体内所做的决定时,你会遇到什么问题?

6. 团体经验对你有哪些负面影响?

7. 你参加这个团体对生活中你周围的人是否造成了影响?

8. 如果你没有参加这个团体,你的生活与现在的生活会有什么区别?

9. 如果请你用一两句话来说明团体对你的意义,你将如何回答?

表5-8 团体成员自我主观评价量表

姓名:　　　　　性别:　　　　　年级:

你认为参加成长小组以来自己在哪些方面有所改变? 请填写以下各项。即以参加时为0,正负各有5点表示程度,如果未改变则为0,如果有改变则标出改变的方向和程度。

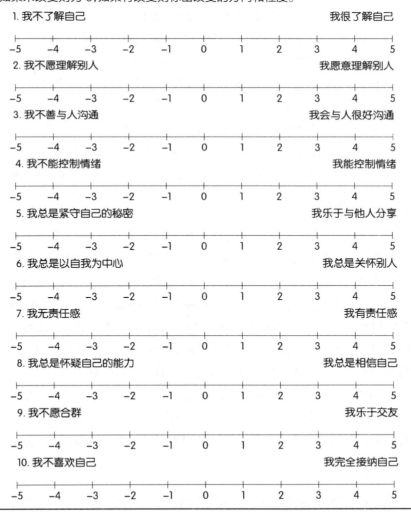

1. 我不了解自己　　　　　　　　　　　　　　　我很了解自己

```
  ├────┼────┼────┼────┼────┼────┼────┼────┼────┼────┤
 -5   -4   -3   -2   -1    0    1    2    3    4    5
```

2. 我不愿理解别人　　　　　　　　　　　　　　我愿意理解别人

```
  ├────┼────┼────┼────┼────┼────┼────┼────┼────┼────┤
 -5   -4   -3   -2   -1    0    1    2    3    4    5
```

3. 我不善与人沟通　　　　　　　　　　　　　　我会与人很好沟通

```
  ├────┼────┼────┼────┼────┼────┼────┼────┼────┼────┤
 -5   -4   -3   -2   -1    0    1    2    3    4    5
```

4. 我不能控制情绪　　　　　　　　　　　　　　我能控制情绪

```
  ├────┼────┼────┼────┼────┼────┼────┼────┼────┼────┤
 -5   -4   -3   -2   -1    0    1    2    3    4    5
```

5. 我总是紧守自己的秘密　　　　　　　　　　　我乐于与他人分享

```
  ├────┼────┼────┼────┼────┼────┼────┼────┼────┼────┤
 -5   -4   -3   -2   -1    0    1    2    3    4    5
```

6. 我总是以自我为中心　　　　　　　　　　　　我总是关怀别人

```
  ├────┼────┼────┼────┼────┼────┼────┼────┼────┼────┤
 -5   -4   -3   -2   -1    0    1    2    3    4    5
```

7. 我无责任感　　　　　　　　　　　　　　　　我有责任感

```
  ├────┼────┼────┼────┼────┼────┼────┼────┼────┼────┤
 -5   -4   -3   -2   -1    0    1    2    3    4    5
```

8. 我总是怀疑自己的能力　　　　　　　　　　　我总是相信自己

```
  ├────┼────┼────┼────┼────┼────┼────┼────┼────┼────┤
 -5   -4   -3   -2   -1    0    1    2    3    4    5
```

9. 我不愿合群　　　　　　　　　　　　　　　　我乐于交友

```
  ├────┼────┼────┼────┼────┼────┼────┼────┼────┼────┤
 -5   -4   -3   -2   -1    0    1    2    3    4    5
```

10. 我不喜欢自己　　　　　　　　　　　　　　　我完全接纳自己

```
  ├────┼────┼────┼────┼────┼────┼────┼────┼────┼────┤
 -5   -4   -3   -2   -1    0    1    2    3    4    5
```

四、团体评估的具体方法

团体评估主要是指通过不同的方法,搜集有关团体目标达成的程度、成员在团体内的表现、团体特征、成员对团体活动的满意程度等信息,帮助团体领导者及团体成员了解团体辅导的成效。由于不同的团体评估的重点不同,选取的评估方法也会有区别。例如,在治疗性团体评估中,团体领导者更关注成员思维和行为的改变;在互助和成长团体评估中,团体领导者会更关心成员间的沟通状况,人际关系和相互支持的人际网络的建立。因此,团体领导者进行团体评估时必须根据团体的目标而制定一套适合的评估步骤与方法。

(一) 行为计量法

行为计量法是要求团体成员自己观察某些行为出现的次数并进行记录,或者请成员互相之间,或者请与成员有关的人(老师、家长、朋友等)观察及记录成员的行为,以评估成员的行为是否有改善。例如,在为脾气急躁的人开设的人际关系改善团体中,团体领导者希望通过一些团体活动减少成员发脾气的次数,学习以建设性的方法与他人相处。为此团体领导者可以设计一份行为观察表,让成员记录他们在团体外与人交往时发脾气的次数,然后进行评估,有针对性地指导,也称系统观察法。

行为计量法除了可以记录外显行为,也可以记录成员的情绪和思维。记录方法可以用表格或图示。行为计量法的长处是具体、可操作,记录过程也是成员自我监督的过程,有助于行为改变;不足之处在于费时,可能加入观察者的主观情绪,准确度难以把握。

(二) 标准化的心理测验

心理测验是一种对人的心理和行为进行标准化测定的技术。心理测验在因材施教、各类人才的培养与选拔、心理障碍和智力缺陷的客观诊断、心理疾病的早期发现、治疗效果的评定等方面都是一种有效的工具。心理测验的种类很多,通常分为智力测验、人格测验、能力测验、职业适应性测验、临床诊断测验等。在团体评估中,运用信度和效度较高的心理测验量表,可以真实而准确地反映出团体成员行为情绪的变化情况,以评估团体辅导的效果。例如,为提升大学生自信心而组织的自信心训练团体在开始时用自信量表、自尊量表施测,了解成员的自我评估状况。团体辅导结束后,再做一次后测,比较一下参加团体前后相关指标的变化。用心理测验来了解团体成员个人的变化是评估团体辅导效果常用的方法,但是要注意选用标准化的量表、还要考虑文化背景等因素。有些国外学者认为行为或人格特质在短时间内难以有大的改变,辅导前后测得的结果差异不会达到显著水准,难以令人满意。

(三) 调查问卷

调查问卷是指由团体领导者设计一系列有针对性的问题,让团体成员填写,搜集成员对团体辅导过程、内容、成员关系、团体气氛、团体目标的达成、团体领导者的态度及工作方式等方面的意见。问卷内的问题可以是开放式的,也可以是封闭式的。自行设计的问卷虽然被质疑其科学性,但它的好处在于能让成员自由发表他的想法和感受,因此能搜集到一些其他方法难以获得的宝贵的第一手资料(如表5-9所示)。

表5-9 团体成员的感想

第一单元

1. 我觉得今天的活动……

2. 我觉得团体的气氛……

3. 我觉得团体的伙伴……

4. 我觉得团体领导者……

5. 我觉得我在团体中……

6. 我喜欢今天的……

7. 今天让我印象最深刻的一句话是……

因为……

8. 我对今天活动的建议是……

	非常同意				非常不同意
	5	4	3	2	1

9. 今天,我的收获是:

(　　)① 认识我的伙伴

(　　)② 认识我们的团体

(　　)③ 了解生涯的含义

(　　)④ 了解影响一个人做决定的因素有很多

(　　)⑤ ……

姓名:＿＿＿＿＿＿　　日期:＿＿＿＿＿＿

表5-10 单次团体带领评估表(团体成员填写)

我们很想了解你对今天的团体有什么看法和反馈,这可以帮助我们能确定团体是否符合你的需要和目标。请真实地填写下列各题。这对我们将有很大的帮助。

姓名:　　　　　　日期:

	非常不同意				非常同意
(1) 我觉得今天的团体内容与我的需要和目标是有关的	1	2	3	4	5
(2) 我发现今天的团体对于我要达到的目标是有帮助的	1	2	3	4	5
(3) 在今天的团体中,我觉得有被了解和支持的感觉	1	2	3	4	5

（续表）

（4）我觉得今天的团体时间是充分的	1	2	3	4	5
（5）在今天的团体中我觉得自己是投入和积极的	1	2	3	4	5
（6）在今天的团体结束时我对于自己的进步是有希望的	1	2	3	4	5
（7）我发现今天的团体任务对我是有帮助的	1	2	3	4	5
（8）我觉得团体带领者对经验团体的处理是恰当的	1	2	3	4	5

今天有什么特别让你觉得有帮助的，而你希望未来可以增加的事情

今天有什么特别让你觉得没有帮助，而你希望能减少的事情

其他意见

团体主题：   团体带领者：

团体主办单位：

除了上述三种主要方法外，还可以通过团体成员的日记、自我报告、团体领导者的工作日志、观察记录等方法来评估团体的发展和效果。

五、团体效果追踪的技术

（一）追踪的意义

追踪技术是指团体结束以后的一段时间内，跟踪团体成员，了解辅导效果所采用的方式与技术。团体结束后的追踪聚会、问卷或访问等评估团体的能力，也是团体领导者需具备的。因为，团体固定聚会的结束，并不意味着团体真正结束了，团体对成员的影响究竟是什么，成员从团体中获得的收益有哪些，成员将团体中学习成果应用到真实生活的情况如何，这些都是未知的。所以，跟踪观察和评估两个问题与团体发展的成功结束有密切关系，对团体之后的追踪观察和评估是很重要的。团体辅导的真正的目的是希望团体成员能将在团体中所学到的一切扩大到生活领域中，长久地发挥积极影响。因此，衡量团体辅导的效果，不能只看团体结束时的问卷和访谈。采用什么方式能准确地了解到成员回到生活中持续的改变状况是一个非常复杂的问题，涉及许多影响因素。一般团体领导者采取的对团体成员的追踪观察常用技术有追踪访谈和追踪聚会。

（二）追踪访谈

追踪访谈是指团体结束后几个星期到几个月之后对团体每个成员做一次或者若干次个别访问，每次个别访谈二十分钟左右，借此了解成员达到个人目标和实现个人承诺的程度，也可以督促成员继续改变。个别访谈的方式可以是直接面谈，也可以用电话、网络和写信等

方式。成员可以在访谈中表达他们不愿在团体中坦然的感受，因为是个别访谈使成员感到团体领导者对自己的关怀和重视。个别访谈还为团体成员提供了一个理想的机会同团体领导者讨论进一步寻求专业帮助的必要性和所需要的信息。同时运用个别访谈和团体跟踪观察两种追踪方法，可以较真实和完整地为团体领导者提供有关团体收效程度的信息。在团体结束后，有些成员可能去寻找其他方式以继续他们在团体中开始的发展过程，在离开团体一段时间后，这些团体成员可能会更乐于参加其他团体或寻求个别咨询，以便解决某些他们认为需要进一步探索的问题。因此，跟踪访谈和观察是团体成员与团体领导者讨论团体结束后个人进一步发展的理想方式。

（三）追踪聚会

追踪聚会是指团体结束后几个星期到几个月之后，安排具体时间邀请团体成员回到团体，满足成员情感的需求，更重要的是了解成员将学习成果运用到实际生活后的状况，了解团体的真实效果。有些团体领导者在团体结束前就会决定一个时间（例如一个月，或三个月，或半年后）实施团体式的追踪观察，常常会采用追踪聚会。团体领导者在追踪的团体聚会里，可以鼓励、支持和肯定成员离开团体后的努力和成功，并提醒成员他们曾经设想的自我理想状态，以及为达到这种自我理想状态所必须采取的积极行动。当然团体领导者也可以给成员提供继续成长或解决困难的资源。

追踪聚会还可以强化成员持续改变的信心，激发起成员的责任心。例如，成员知道他们在结束后的一个时期还能聚集在一起，他们要在这个聚会上做自我报告，那么这次聚会的来临有可能为他们提供一个激励，使他们能坚持自己的决定，对他们所做的改变负责，积极采取步骤去实现它。在追踪的聚会上，成员可以讨论、分享他们自团体结束后，如何努力将在团体中的所学转换到生活中，以及他们无法转换的困扰和阻碍，他们的成功、喜悦和失败及悲伤等，有些成员表达一些在团体结束后与团体有关的想法和感受，如后悔当时在团体中没有更主动积极、当初某个人对自己的影响等，团体领导者可以借机处理或提供其他服务资源的相关信息。

●●● 板块 3： 知识学习——团体领导者的专业成长和训练 ●●●

🔲 教师寄语

亲爱的同学，经过一学期的课程学习，相信你已经掌握了团体辅导的基本知识和技术，有的同学也尝试设计团体方案甚至参与带领团体。恭喜你已经踏上了学习团体辅导的道路，但请你记住，这仅仅是万里长征的第一步，要成为一名合格的团体领导者，还需要付出很多努力。就像团体结束阶段一样，你一定想知道结束课程之后自己还需要做哪些努力？ 自己会经历怎样的专业成长道路？ 那么在课程的最后，就让我们一起来学习团体领导者的训练方法和专业成长历程。

📄 **学习目标** ‖‖‖

1. 了解团体领导者所需接受的知识和实务训练。

2. 了解协同领导者的特点和注意事项。

3. 了解团体领导者应遵循的专业伦理。

　　在团体辅导应用过程中有些人员只是接受了短期的训练,或参加过几次团体辅导就作为团体领导者带领团体辅导,甚至只是带过几个团体练习就以为自己是在做团体辅导,这很可能导致团体辅导的误用和滥用,引发专业危机,违反专业守则和伦理道德,损伤团体成员的利益和权益,破坏团体辅导的信誉和品质,所以,团体领导者的专业培训是一个很重要的课题,团体领导者的教育和培养是一个相当专业性、多元化、持续性和挑战性的成长过程。想成为一个团体领导者,想掌握团体辅导的专业技能,必须要经过专业的、系统的训练。

第一节　团体领导者与协同领导者

一、团体领导者的知识训练

　　心理学家的训练有两个模式:科学家模式和实践者模式。科学家模式以培养科学研究人才,以学术研究为导向,课程内容重视专业理论、研究方法、统计分析等;实践者模式以培养从事临床工作为导向,课程偏重于心理诊断、心理辅导和心理治疗以及实习和督导训练等。团体领导者属于实践者模式,有效的领导者要具备人文科学、行为科学、社会科学、基本的咨询理论和实务技巧、团体辅导和咨询的理论和技巧。美国团体工作专业者协会 1983 年在《专业团体工作者训练的专业标准》中规定了专业知识和技术能力两者的内涵,并提出团体工作者要有在督导下的临床团体经验。

（一）专业知识

（1）了解各种团体咨询的主要理论及其区别,包括它们之间的差别和共同概念;

（2）团体动力学的基本原则和团体过程的主要条件;

（3）对个人优点、缺点、价值观的了解以及其他能影响其发挥团体领袖功能的个人性格;

（4）团体工作特有的道德及专业守则;

（5）有关团体工作研究的最新资料;

（6）团体成员的行为对团体工作的影响;

（7）团体咨询的优点及局限性,以及分辨适合与不适合进行治疗性干预的处境;

（8）团体发展过程中,成员相互影响的特质和身为团体领导者的责任。

（二）技术能力

（1）对当事人参与团体的准备状态做出评价和筛选；

（2）对团体有明确的了解和界定，并能清楚地向成员解释它的作用和进行的程序；

（3）发现团体成员有自我破坏行为时，能以有建设性的方法加以阻挠；

（4）为成员示范适应的行为；

（5）准确及有效地解释一些非语言能表达的行为；

（6）能有效及适时地运用技巧；

（7）能在团体过程中的紧急时刻做出干预；

（8）能运用团体辅导的主要技巧、策略及步骤；

（9）为团体和参与的个别成员增进具有治疗功能的因素；

（10）能有效地与助手合作；

（11）能有效地完成每一个聚会，并懂得如何结束团体过程；

（12）能运用跟踪过程来维持和支持成员成长；

（13）能运用估量程序来评价团体的效果。

（三）临床实务

（1）评价团体过程的录音/录像资料；（2）观察团体工作的过程；（3）以团体成员的身份参加团体；（4）在有督导的情况下协同领导团体；（5）实务经验：一个人独立带领团体，对团体过程做出严谨的评估和自我分析，并从督导那里获得指导反馈；（6）见习经验：在督导指导下作为团体领导者进行实务工作。

由此可见，团体领导者的专业要求是从知识、技术和临床实习三个层面来完善的，作为团体领导者要有这样的自觉，在个人发展过程中，要不断吸取新的知识，并要在实际中积累经验和熟练技术，并注重提高个人素质。

表 5-11　团体辅导观察记录表

单元名称			
团体进行 次数和日期		团体成员 所坐位置	
一、活动过程			
二、成员反应			
三、团体领导者表现			
四、特殊事件			
五、反馈与作业			

二、团体领导者的实务训练

团体领导者在成长过程中取得一定的学位、学历、执照或证书，只是证明有了一定的资历和教育背景，这意味着完成了一定程度的知识训练工作，但学历或学位教育不能等同职业能力，所以，对团体领导者的训练应包括教育和实务两个方面，他们除了具有专业知识之外，还须了解团体发展过程、成员的心态和感受、团体的运作，学习他人的领导经验及其他团体工作事宜。

（一）团体领导者实务训练过程

要从事团体辅导的人需要接受一定时期的实务训练，包括具有团体成员、个别咨询经验、团体观察员、团体协同领导者、实习领导者（接受督导）和团体领导者独立带领等实务经验（如图 5-1 和表 5-12 所示）。

图 5-1　团体领导者成长训练过程

1. 团体成员阶段

在团体领导者的培养和训练中，须有作为团体成员多次参加团体的经验，感受团体成员参与团体的心态和处境、感受与经验，才能在领导团体时较好地理解成员，把握团体动力。

2. 个别咨询经验阶段

绝大部分团体领导者要有个别咨询的经验，才能把辅导的基本技术和技巧运用到团体中，而且能将团体辅导与个别咨询相结合，尤其当团体动力或成员问题无法在团体中处理时，须借助团体之外的个别咨询。

3. 团体观察员阶段

通过观察有助于体会团体的动力发展、成员的反应和变化情况、他人的领导技巧和理念，以培养个人的观察力、敏锐度，提升领导能力。

4. 团体协同领导者阶段

跟随一个经验丰富的团体领导者实际带领团体，体察带领团体时的心理和行为，在协同领导的过程中，彼此反馈，相互讨论，提升自我的专业成长，积累实际的工作经验。

5. 实习领导者（接受督导）阶段

一个人独自带领团体，可安排一个有经验的团体领导者担任观察员，或督导师从旁指导，训练实习领导者成为一个完全的团体领导者。接受督导是专业成长不可或缺的环节。

6. 团体领导者独立带领阶段

团体领导者须不断充实自我，加强在职的专业训练，参加各种研讨会和工作坊，学习团体辅导的新知识和新技能,不断提高自己的专业能力。

表 5-12 团体领导者的实务训练流程

实际训练过程	具体内容与要求
团体成员 ↓	首先必须有多次作为团体成员参加团体的经验,去感受团体成员参加团体时的心态、感觉。这样才能在带领团体时理解和明白成员
个别咨询经验 ↓	必须具备个体咨询的经验,熟练掌握个体咨询的技巧,并能将这些技巧运用到团体中
团体观察员 ↓	通过观察员的角色有助于观察到团体的过程发展、团体成员的各种反应、团体领导者的领导技巧,进而培养个人的观察力和敏感度
团体协同领导者 ↓	担任副组长,与一个有经验的团体领导者配合共同带领团体,在团体活动过程中彼此反馈、互相讨论,以提升自我的专业能力
实习领导者(接受督导) ↓	实际一个人独立带领团体,同时有一个经验丰富的团体领导者担任观察员,接受督导指引,既有助于专业提升,也确保了成员权益
团体领导者独立带领	自主地带领团体。同时不断充实自己,加强在职训练,学习各种新的团体理论与技术,提高工作能力。如读书,参加工作坊、研讨会。必要时寻求督导师的协助

(二) 团体领导者培训的清华模式

团体带领者是决定团体成败的重要因素,是整个团体的灵魂。与个别咨询相比,团体工作有着更为复杂和多元的动力,这对团体领导者的胜任力有更高的要求。清华大学心理学系临床与咨询心理学研究室樊富珉教授团队自1991年将团体辅导与咨询引进国内,并开始了长达30多年的探索、实验和研究,总结出具有专业胜任力的团体带领者培训的过程,开设了六门团体辅导与治疗相关的课程,形成了团体领导者系统培训模式,并开发了团体领导者胜任力量表。

1. 团体领导者胜任特征研究

肖丁宜、樊富珉等人针对团体领导者胜任特征模型进行了研究。该研究运用行为事件访谈法,搜集了13名团体咨询与治疗师的质性访谈数据,提炼出了团体心理咨询与治疗师的基准性胜任特征和鉴别性胜任特征,并最终归纳得出包含10个胜任特征族(包括专业素养、分析判断、思维认知、行动能力、个人成长、积极心态、沟通交流、友善待人、管理驾驭、伦理规则)的团体领导者胜任特征模型(如图5-2所示)。

2. 团体领导者胜任力结构研究及评估量表的编制

郭颖、张英俊、樊富珉在上述团体领导者胜任特征研究的基础上,通过质性研究的方法,采用KSAOs模型(如图5-3所示)来界定胜任力的维度,即将胜任力划分为知识、技能、能

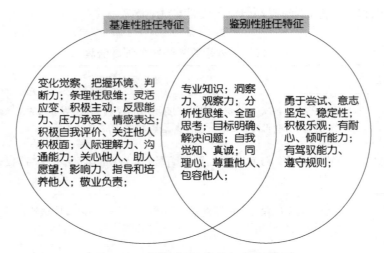

图5-2　团体领导者胜任特征模型

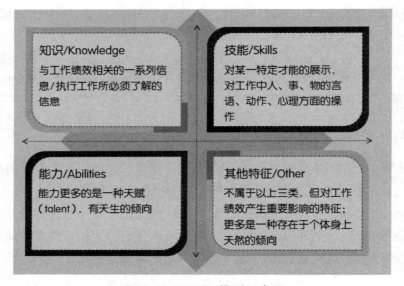

图5-3　KSAOs模型示意图

力和其他特征四个维度，建构了团体领导者的胜任力结构，并初步编制了团体咨询师的胜任力维度表（如图5-4所示）。

　　根据上述胜任力维度而编制的"团体咨询师胜任力维度表"共包含21个项目，4个维度：知识、技能、能力、其他特征。量表符合心理测量学标准，具有良好的信效度。

　　3. 具有胜任力的团体领导者培训课程

　　要成为合格的团体领导者，从业人员必须接受专业训练，熟练掌握团体过程的相关知识和技能。美国团体专家特罗泽在所著的《咨询师与团体》一书中谈到，要成为有效的团体领导者有五个必要条件：第一，对于团体过程的认识和了解（理论部分）；第二，参与团体的经验

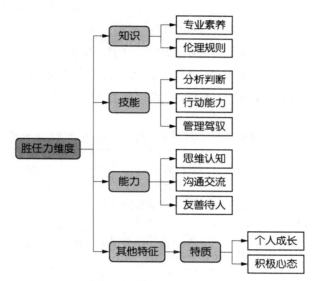

图 5-4　团体咨询师胜任力维度

（经验部分）；第三，领导力中使用的策略、技能和技术发展（技术部分）；第四，从多种途径去观察团体领导者和团体过程（观察部分）；第五，作为一个团体领导者，在督导下完成团体工作（督导部分）。要具备这些条件，至少要有团体观察员、团体参与者、团体实践者的角色体验。

　　根据我们的研究和专家的建议，清华大学心理学系形成了团体领导者培训的六个阶段五门课程的培训体系（如图 5-5 所示）。五门团体训练课程包括：成功心理训练（团体体验48 学时）、团体心理辅导（基本理论与团体辅导方案设计，32 学时）、团体心理咨询（团体动力、过程与团体咨询设计，32 学时）、团体心理治疗（非结构人际动力团体体验、观察与带领技术，32 学时）、团体辅导与咨询研究（阅读团体研究文献、学习研究方法、设计研究计划、实施研究过程等，48 学时）。此外，团体工作的实习与督导（作为团体观察员、团体带领者，每周带领 2 小时大学生团体辅导连续 12 周，并接受导师每周一次 1 小时的团体督导，36 学时）。

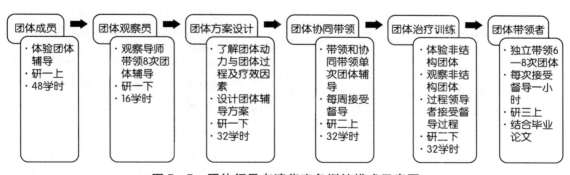

图 5-5　团体领导者清华实务训练模式示意图

在五门团体工作相关课程中，给应用心理专业硕士开设的"团体心理辅导"课 32 学时，2 学分，分成八个单元，每个单元用 4 学时进行教学和实务演练。课程教学目标是：第一，了解团体心理辅导的基本理论；第二，了解团体心理辅导的应用领域；第三，体验团体心理辅导的过程；第四，了解团体辅导方案设计；第五，学习团体辅导常用技术；第六，尝试带领单次团体辅导。该课程的教学主题、教学重点、教学内容、教学形式如表 5-13 所示。

表 5-13　清华大学心理学系"团体心理辅导"课教学安排

单元 （4 学时）	教学主题	教学重点	教学内容	教学形式
第一单元	团体辅导的原理及应用	区别团体辅导、团体咨询与团体治疗；熟悉团体辅导的六大特点；知晓团体辅导应用价值	团体辅导及其相关概念；团体辅导的特点及目标；团体辅导的多元应用领域	讲授
第二单元	自我探索团体辅导	发现更好的自己	了解自己和他人的独特及优势；提升自信；欣赏他人；善用性格优势	团体体验
第三单元	团体辅导的过程及有效性因素	清楚团体辅导过程与阶段特征；明确团体领导者职责；了解团体辅导为什么有效	团体辅导的发展阶段；团体领导者在各个阶段的任务；影响团体辅导有效性的因素	讲授
第四单元	压力管理团体辅导	在压力中成长	评估压力；澄清压力来源；发掘自身压力应对资源；集思广益，找到更多压力管理的有效方法	团体体验
第五单元	团体辅导的技术与评估	学习团体辅导常用技术；了解结构式练习的作用并会设计练习；了解效果评估的常用方法	团体辅导基本策略与技巧；协助成员投入团体的方法；结构式练习的运用；团体辅导效果评估方法	讲授
第六单元	社会支持团体辅导	凝心聚力在一起	澄清个人社会支持来源；维护和善用社会支持系统；心怀感恩珍惜拥有	团体体验
第七单元	团体辅导的组织与实施	了解团体辅导前的准备重点；知晓团体方案设计的内容与步骤；了解实施过程的要点，遵循专业伦理	团体辅导前的准备；团体辅导方案设计；实施团体辅导过程；团体辅导伦理议题	讲授
第八单元	生涯发展团体辅导	生涯探索与初步规划	多角度了解自己；思考人生的目标；了解职业偏好；做出初步生涯决定	团体体验

三、团体中的协同领导者

协同领导是指两个人以上共同带领团体。因为在团体辅导与咨询中,一个领导者在注意处理某个成员时,可能会无法去照顾和注意其他成员,无暇去观察或了解其他成员的反应,尤其是在团体成员人数比较多的情况下。此时,如果有另外一个领导者协助,就可以减少这些困扰。或者当一个领导者非常投入在团体情境中,如果能有另一位以参与观察的角度洞察团体动力,则能予以更好的协助;或者在领导训练课程上,经常会安排一个初学的、经验不足的领导者,跟随一位资深、经验丰富的领导者一起带领团体,从协同带领过程中学习。正因为如此,协同领导者的模式可能是团体辅导与咨询中最有效率的一种模式。

(一)协同领导者的优点和限制

1. 协同领导者的优点

协同领导的目的是能对团体及成员产生积极的效益,协同领导如果配合默契,互相支持,关系融洽,发挥各自优势,将产生以下优点。

(1)团体成员能得到较多且较好的关注、了解与照顾。因为一个团体领导者要带领多个成员会有力不从心的时候,就会产生照顾不周的情况,而那些没有得到适当关注的成员的积极性会逐渐减少,甚至会感到被冷落、被忽视。

(2)两位领导者可以彼此互补和支持,两人合作能拓展领导者的认知和观察视角,两人的两种视角能激发更多的灵感和更好的策略,而且,每个领导者都有自己的长处、经验、特点和价值,成员可以从他们身上获得更多的效益。

(3)如果协同领导者是异性的话,可以协助那些与父母关系有困扰的成员,重新体验家庭氛围,并有所突破。有研究说明,对于来自破碎家庭的学生,协同领导的方式可以帮助他们对父母角色产生积极正向的认同。

(4)每个成员可以得到两个领导者的反馈,而每位领导者有其不同的观点和看法,不同的反馈有时会给团体注入新的活力,并提供反省和进一步探讨的机会。

(5)两位协同领导者彼此如何对待关系及如何探讨关系,都可以成为团体成员良好的示范。

(6)协同领导者能相互提供有价值的反馈;他们可以探讨团体活动中发生的内容,哪些地方较成功,哪些地方需要进一步改进,使每次团体辅导的情况有及时的反馈。

2. 协同领导者的限制

如果协同领导默契不够,或关系不和,也可能会出现困扰,影响团体动力的发展,协同领导有以下限制和不足。

(1)领导者的竞争问题。协同领导最主要的缺点是两个领导者可能无法建立并维持相互信任的工作关系。两个领导者的辅导风格可以有所不同,观点也可能有差异,但如果他们能相互尊重,就能坦诚相处,可以合作而不是竞争地工作,就不会出现为了证明自己而努力贬低对方的情况。如果两个领导没有彼此信任和尊重，团体成员会感到团体缺乏和谐，整个团体也会受到很大的负面影响。所以，当协同领导者的关系出现问题时，对团体会有很大的破坏性。

（2）领导责任的归属问题。虽然团体有协同领导时可以减轻领导者的压力，但也容易产生责任归属的问题以及工作分配比例不均的问题。有时协同领导者被领导者赋予较多的责任和工作任务，可能没有分享相当的领导权利。

（3）团体一分为二的问题。无论是活动设计、成员分组或时间分配，可能会因协同领导者的设置而造成"两半"的形象。如两个领导者分别带一半的成员做活动，或各自负责前后时间的活动，会造成成员分组的选择困扰和学习争议。

（4）角色分工刻板化的问题。有时成员会将两个领导者视为"严父"和"慈母"，或认为是一强一弱的配合，角色刻板化可能会导致两者的行为僵化，阻碍团体动力的发展，或把协同领导者视为"非专业人员"，只是做些杂事的人，只是放音乐、发练习、改作业等。

（5）配合不好，形成对立的现象。如果协同领导者在带领团体时方式、风格和技术等容易发生冲突，不能有默契的合作，甚至产生激烈的矛盾，不但使成员因感到领导之间的对立而无所适从，而且会极大地破坏团体气氛，严重的情况下还会造成团体分裂和冲突。

因此，选择一位合适的协同领导是一件很重要的事情。不和谐的协同领导者之间的权力之争容易导致团体解体。如果协同领导者们无法和谐地进行团队工作，团体就会效法他们而四分五裂。哪怕协同领导者们只是微妙的不和，也会为成员提供一个不良的榜样，而且领导者之间的摩擦可能会引起成员之间的不公开的敌意和竞争。

（二）协同领导者的注意事项

1. 协同领导者的理论取向

协同领导者的团队有互补的特性和好处，但最好以相同的理论基础而结合，如果两个领导者的理论取向和方法差异太大，会增加彼此合作的难度，也容易产生分歧和矛盾，而协同领导者之间的关系对团体发展是非常关键的。

2. 协同领导者的沟通

协同领导者应一起定期讨论任何影响他们各自的问题，如他们对共同工作的感受，如何看待团体和成员，怎样才能增强相互的功能，如何弥补团体中出现的问题等。理想的情况是他们在每次团体开始前共同讨论和准备，团体结束之后都能一起回顾和反思，以便他们能计划未来的活动，表达各自的看法，排除团体中或他们之间的困扰，尤其是他们有不同意见时，只有通过沟通的方式解决而不能把彼此间的分歧带到团体中去。而且，彼此间的沟通也是相互学习的机会。

3. 协同领导者的位置

在团体辅导过程中，协同领导者可以随时交换位置，但他们不要坐在一起，最好按"十点二十分"的位置入坐（如图5-3所示），使两个人的注意力可以均匀分配，又不会有成员被切半的感觉。团体辅导可以有一人主带,一人配合;团体咨询中每个领导者都可以主持团体,两个人不断保持互动的情形能够提高团体效率,使团体发展的节奏更快。

4. 协同领导者的性别

男女两性共同领导的模式在大多数团体中是比较受欢迎的,异性的协同领导者有独到的作用:也许能更强烈地激发成员将团体想象为原生家庭;成员对两个领导者的关系会产生一些幻想和错误的认知,而对这些错误的探索在团体中是有益的;不过,有时同性的协同领导者效果会更好些。

5. 两位领导者合作时应注意的事项

(1) 每一位领导者必须了解自己的长处、短处、特点等,并在此限制中工作。

(2) 每个领导者需要必须信任和尊重。

(3) 两位领导者应该对团体辅导过程具有经验。

(4) 每一位领导者需要善用另一伙伴的长处,少用其短处。

(5) 每一位领导必须避免争夺"谁是真正的领导者"。

(6) 每位领导者在其团体带领上要有灵活处理问题的能力。

协同领导者必须是能够共处的两个人,会运用彼此的能力,并且不会在团体中争强斗胜,因为领导者在团体中的竞争会伤害团体和成员,当团体中某些成员对某个领导者忠诚,而另外一些成员对另一个领导者拥护时,协同领导者需要保护团体,避免团体分裂,应该把此现象带到团体里讨论并处理。

第二节　团体辅导的专业伦理

心理辅导是一个专业的助人过程,是一个极其严肃的工作,专业性强,要求高。咨询师在辅导过程中的态度、言行,往往会对接受辅导的人产生重大影响。个别咨询尚且如此,团体辅导因难度大,影响面广而对团体领导者的要求更高。在团体辅导中,不仅团体领导者对成员有很大的影响,成员之间也会有很大的影响,如果团体领导者对团体动力缺乏足够的理解,片面地只看到团体积极的一面,而忽视了团体中可能存在的伤害和破坏,就很有可能会使团体扭曲,不仅起不到积极的作用,更为严重的可能会给成员带来伤害。所以,团体领导者对专业伦理的把握非常重要。

一、团体辅导专业伦理及其内容

(一) 团体专业伦理及功能

首先需要说明的是,这里所说的团体包括各种类型和功能的团体:如治疗团体、咨询团体、成长团体、心理教育团体和工作团体。虽然这些团体在成员、目的、焦点、方法以及带领者方面有所区别,但团体领导者所面对的伦理议题非常类似。

在团体辅导中，专业伦理是团体领导者的行事准则，是建立在专业价值基础之上所提供建议的一套行为标准。团体辅导是一种助人的过程，牵涉到多个人的互动，团体领导者在团体中的行为与决定，会直接影响团体活动的进行与成员的利益。一位优秀的团体领导者除了应具有辅导专业技巧、良好的人格特质外，更需要正确的伦理观念和行为准则。在带领团体的过程中，团体领导者应遵守适当的专业原则与标准，以增进团体的成长与成员的利益。

团体辅导专业伦理之所以重要是因为：第一，团体工作是一种助人的专业工作，团体成员是否得到帮助，是否会受到伤害，与团体领导者的能力水平直接相关，为了保证专业服务的质量，对团体领导者的行为必须要有一定的规范。第二，团体辅导与咨询涉及多个人的互动，不只是个别咨询中咨询师与来访者的单一关系，团体涉及成员之间互动的复杂关系，要想使团体成员通过互相关系从中受益，必须共同遵守一些行为准则。

适当的团体伦理可能产生以下几种重要的功能。

（1）保证团体领导者有足够的专业能力与资格可有效地带领团体，从而使团体成员获益。

（2）团体领导者在带领团体过程中有实施规则，能较顺利地带领团体。

（3）团体伦理规范有助于厘清团体活动过程中，团体领导者与成员间，以及成员与成员间的权利与义务，能负起各自应尽的责任。

（4）团体伦理规范可协助团体领导者与成员在团体活动过程中面对问题做出决定，常能用以解决可能面临的道德两难困境。

（5）团体伦理规范可协助寻求成为专业性团体领导的人，必须愿意去审视自己的伦理水准和自身的能力，更能谨慎地运用辅导技术。

（二）团体伦理的基本原则

（1）自主性（Autonomy）：指增进个人在选择自己生活方向自我决定的能力。在团体中，成员感觉他们有权去做自己的决定是非常重要的。

（2）慈善性（Benefience）：指增进别人的益处。在团体中，团体领导者与成员皆应彼此友善相待。

（3）无害性（Nonmaleficence）：指避免做伤害的事。在团体中，应使成员确知他们自己的行为改变而不会做出伤害别人的事。

（4）公平性（Fairness）：指对待所有人的一律平等。在团体中，成员们不应该因为他们的某些身份，如性别与种族，受到不平等待遇。

（三）团体辅导专业伦理的内容

团体领导者在带领团体时，从成员的甄选、团体活动历程、团体活动的结束与追踪，甚至实验研究，都应该考虑伦理问题。以下，我们通过列举几个心理辅导与治疗专业组织制定的团体伦理，让读者从中了解团体专业伦理。

1. 我国台湾地区辅导人员伦理守则中的团体辅导伦理规范

我国台湾地区"台湾辅导与咨商学会"经由专业学习讨论研究,并经全体会员大会通过,订立的辅导专业人员伦理守则,其中有关团体辅导的十一条伦理标准可供团体领导者参考。

(1)组成团体之前,团体领导者应实施甄选,以维护全体成员的利益。

(2)领导团体时,应明确告诉团体成员有关团体的性质、目的、过程、使用的技巧,预期效果及团体原则等,以协助当事人自由决定是否参与。

(3)尊重团体成员的人格完整是团体领导者的主要责任。领导团体时,应采取一切必要及适当的安全措施。

(4)团体领导者不要为自我表现,选用具有危险或超越自己知能和经验的技术或活动,以免对团体成员的身心造成伤害。倘若为了成员的利益,需要采用某种具有挑战性的技术或活动时,应先熟悉该项技术或活动之操作技巧,并事先做好适当的安全措施。

(5)领导团体时,应会同成员制定团体行为原则,以规范成员的行为。以免对团体生活造成不利影响或对成员身心造成伤害。

(6)团体领导者应具有适当的领导团体的专业知能和经验。

(7)领导开放性或非结构性团体,或以促进自我成长及自我了解为目的之团体时,宜采取协同领导,以策安全。并应特别注意成员的素质及性格,慎重选择,以避免因某些成员消极或破坏性的行为影响团体辅导效果。

(8)团体领导者应尊重团体成员参与或退出团体活动的权利,不得强制成员参与或继续参与他不愿参加的活动,以免对团体成员的身心造成伤害。

(9)团体领导者应特别注意保密原则,经常提示成员保密的伦理责任。同时,预告成员重视自己的隐私以及表露个人内心隐秘的限度。

(10)若需要将团体活动过程录音或录像,团体领导者应先告诉成员录制的目的及用途,征得成员的同意,并严守保密原则。

(11)为实验目的而实施团体辅导时,研究者应预先声明研究的性质、目的、过程、技术与活动、研究结果资料的运用及安全措施等,以让受试者自由决定是否参与。

2. 美国团体工作专业者协会的专业伦理

美国团体工作专业者协会1980年制定了团体领导者的道德标准,共二十条,具体内容如下。

(1)团体领导者应常常反省自己的个人身份。他们要反省自己的需要和行事的风格,以及这些因素对成员的影响。此外,他们也需要清楚了解,并助成员了解团体领导者在团体过程中的角色和功能。

(2)团体领导者应清楚了解自己设计的是什么样的团体。因此,他们必须能够说出团体的目标及参加者的资格。

(3)团体领导者必须设计出一套方法,以致可以甄选符合资格的成员,并排除不符合资格者。

(4)团体领导者有责任去要求未正式进入团体,而正在接受深度心理治疗的准成员,要先征得他的治疗师同意,才正式加入团体。

（5）准成员可以预先知道他们作为成员的责任，而且团体领导者可以鼓励他们预先订立契约，并要求他们尽量完成这些责任。换言之，团体领导者应该让成员知道：作为一个团体成员，就应建立一些可行的个人目标，适当地开放自己，尝试新的人际交往方法；从自己对别人的影响这一面，小心检查自己的人际交往方式，表达个人的思想和感情；主动地聆听，从他人的角度去看事物，尊重他人，给予别人真诚的支持，面对他人，并与他人建立真诚的关系；并且，愿意在团体以外也尝试新的行为模式。

（6）准备参加团体的人，必须清楚了解团体将会采用什么技巧，以及他们将参与什么练习。他们应明白，团体的活动需根据哪些规则进行。

（7）团体领导者应避免在团体内尝试采用自己未曾试过的设计。同时，他们应该在自己带领的团体内，向成员说出自己的资格，当团体是由一位资深的治疗者，和一个受训学员共同领导时，团体领导者应该让成员知道与明白这个组合。因为这种不同的领袖经验，倘若不故意作隐瞒时，无论对于团体和实习学生，都有一定的价值，当然，团体领导者与助手必须定期讨论，来处理在团体过程中不断出现的问题。

（8）团体领导者应在团体开始之前说明团体辅导着重的焦点。例如：教育性团体会采用教诲的形式；治疗性团体比较着重感情的经验；发展性团体会协助成员发挥潜能；而补救性团体着重治疗病症及消除错误的行为等。

（9）团体领导者应该保护成员的个人权利，由他们自决选择在团体中分享的内容和参加的活动。团体领导者也要对可能侵犯成员权利及其自决权的压力有敏锐的辨察，及时做出干预。

（10）对于自己在团体中所用的练习，团体领导者应该创设一套理论，并且有能力做出说明。此外，团体领导者应采用一些他们能力范围之内，最好是一些他们在当成员时曾接受过的练习及技巧。

（11）由于理论应尽量结合实践，团体领导者应常常留意有关团体过程的研究发现，从而加强团体的效能。而且他们需要对多方面的理论有清楚的认识，从而创造出一个有个人风格的团体领导。

（12）团体领导者不应该利用他的团体成员。某些成员会有一种倾向，就是把他们的团体领导者理想化，而同时贬低自己在团体内所有的能力。有道德的团体领导者不会借机摆布和控制自己的成员；他绝对不会和成员发生性关系，因为这样是滥用他的权力去满足自己的需要。有些团体领导者会因为自己经济上或心理上的需要，以致在并非有治疗需要的情况下，随意将成员留在团体的时间加以延长。

（13）团体领导者应在团体辅导开始前，以及在团体辅导过程中适当的时候，对成员说明他们可能会面对的心理及生理上的危险。

（14）团体领导者应在团体辅导开始前、进行中及结束时，向成员说明保密的重要性，及需要在团体开始时协议好保密的限制。

（15）一些成员会以协助他人为名，把自己的价值观加诸他人身上，并指使摆布他人。对于这种行为，团体领导者要及时干预，在适当时团体领导者可对成员坦诚表明自己的价值观，但不应把自己的价值观强加于成员身上，而应该尊重成员自己的思想能力。同时应该促进成员彼此间的尊重。

（16）团体领导者应小心留意成员中有否出现心理衰老的情况。若发现，可能反映出该成员不适合留在该团体，需要终止其参与。如有需要，团体领导者应提供转介服务。

（17）团体领导者不仅应容许，更应该鼓励参加者去讨论他们在团体内的作用，及他们对于团体经验的反应。团体领导者可于每一阶段结束前，花一些时间让成员发表他们对活动的感想和意见。

（18）应预先告诉成员，当他们把从团体中学到的东西应用到日常生活时，可能会遇到的负面反应。若能对此问题做出探讨，将有助于团体对有关课题进行更深入的探索，及帮助成员学习怎样面对挫折。

（19）安排后续的聚会。除了让成员知道其他团体成员的进度外，也可让团体领导者检讨团体经历对个别成员的冲击。个别成员也可以在有需要的时候，在团体结束之后，通过个别的面谈来继续自己的成长经验。

（20）团体领导者有专业责任去定出一些衡量有效性的标准，其中一个监察方法是要团体领导者对某些组织负责。团体领导者最低限度应通过非正式的研究，加深了解自己的领导方式，及判断该方式的有效性。

3. 国际团体治疗学会的伦理指引

国际团体心理治疗与团体过程学会（International Association for Group Psychotherapy and Group Processes，简称 IAGP）制定的团体治疗伦理指引简易版共有 14 条，由台湾团体治疗学会蒋欣欣教授翻译。内容如下：

（1）时时尽最大努力不去伤害你的病人。

（2）你与病人的关系必须保持私人与专业之间完好无缺的界限。维持合宜的费用，禁止与患者发生性关系。

（3）接受你的临床技术是有限制的，将超过你能力所及的患者转介给其他专家处理。

（4）以尊重的态度与同事沟通，特别在彼此意见相左的时候。

（5）必须花时间与同行建立关系，特别是那些与你合作的治疗师，患者与你有密切合作者，让你的患者获得更好的服务。

（6）持续从你的患者以及同行身上学习，永远记得在你面前的任务是复杂的。

（7）总是保护你与患者交流的机密性。除非患者有伤害自我的倾向或是被特别点名的特殊案例。

（8）尊重你的患者之间的歧异，他们的世界观与你大不相同。

（9）意识到身为治疗师的你对于国际社会的义务。当有可能时，运用你的技术，促进相互理解，消除冲突。

（10）对于身为团体心理治疗师的特殊角色保持谦逊的态度。绝不低估你对患者的影响力，绝不夸大你能帮助他们什么。

（11）尽可能努力照料，有特殊需求或是身体障碍的患者。

（12）遵守诚实的价值，以及《联合国世界人权宣言》揭露的原则。

（13）当开始进行你的患者为被试者的科学调查时，必须获得患者的知情同意。

（14）努力让自己的工作是时时快乐和喜悦的。你在这样的工作中可以感受到无人可及的重大责任，以及深度的满足。

（四）我国团体专业伦理的建设

1996 年，在清华大学出版社出版的国内第一本团体咨询的著作中，樊富珉就提到团体带领过程中团体领导者要有伦理意识，避免团体领导者不道德的行为伤害团体成员，包括缺乏团体专业训练的人带领团体、强迫参加团体、在团体中做不恰当的实验、让团体成员坦诚自己的经验但没有安全的氛围和保密的承诺、借团体对成员进行指责攻击而给团体成员造成痛苦等。

2005 年，高等教育出版社出版的樊富珉撰写的《团体心理咨询》一书，专门论述了团体专业伦理的重要性，并提出 10 条伦理条目，涉及胜任力、善行、自主权、保密、责任、专业关系、知情同意等伦理议题。如表 5 - 14 所示。

表 5 - 14　团体领导者应遵循的专业伦理

---

(1) 团体领导者必须接受系统的团体训练，具有专业的资格；**胜任力**

(2) 团体领导者必须遵守社会的道德标准；**善行**

(3) 尊重当事人的权益，保护当事人利益不受侵害；**善行**

(4) 尊重成员参加团体的自愿选择权；**自主权**

(5) 个人及要求团体成员保密；**保密**

(6) 精心选择团体活动方式；**责任**

(7) 团体领导者必须了解自己的限制不做超越能力的事，必要时转介；**胜任力**

(8) 不利用成员满足自己的需要；**权利**

(9) 不对自己的家人朋友咨询，避免建立双重关系；**专业关系**

(10) 团体心理咨询的资料，如文字记录、录音、录像、测验资料及其他文件属于专业资料，必须获得当事人的同意；若使用在研究、教育训练中，应当对当事人的身份完全保密。**保密与知情同意**

但由于国内心理咨询与心理治疗专业化发展相对比较晚，当时专业伦理并没有引起足够的重视。

2007 年是我国大陆地区在心理咨询伦理建设方面的重大发展的标志年。2007 年，中国心理学会常务理事会批准了在中国心理学会临床与咨询心理学专业机构和专业人才注册系统注册所需的注册标准与伦理守则，标志着注册系统正式成立。同年，中国心理学会临床与咨询心理学专业委员会制定了第一版《中国心理学会临床与咨询心理学工作伦理守则》，其中针对专业关系、隐私权与保密性、职业责任、心理测量与评估、教学培训和督导、研究和发表、伦理问题处理这七方面做了系列的伦理规定，目的是让心理师、寻求专业服务者以及广大民众了解心理治疗与心理咨询工作专业伦理的核心理念和专业责任，并借此保证和提升心理治疗与心理咨询专业服务的水准，保障寻求专业服务者和心理师的权益，增进民众的心理健康、幸福和安宁，促进和谐社会的发展。该伦理守则发表在《心理学报》2007 年第 5 期上。2018年,修订后的伦理守则第二版发表在《心理学报》2018年第11期上。

表5-15 中国心理学会临床与咨询心理学工作伦理守则

2007年第一版伦理守则	2018年第二版伦理守则
<ul><li>总则</li><li>专业关系(13条)</li><li>隐私权与保密性(7条)</li><li>职业责任(8条)</li><li>心理测量与评估(6条)</li><li>教学、培训和督导(9条)</li><li>研究和发表(7条)</li><li>伦理问题处理(8条)</li><li>附录:本守则所包含的专业名词定义</li></ul>	<ul><li>总则</li><li>专业关系(18条)</li><li>知情同意(5条)</li><li>隐私权与保密性(7条)</li><li>职业胜任力和专业关系(6条)</li><li>心理测量与评估(6条)</li><li>教学、培训和督导(13条)</li><li>研究和发表(13条)</li><li>远程咨询(网络、电话咨询)(5条)</li><li>媒体沟通与合作(6条)</li><li>伦理问题处理(9条)</li><li>附录:本守则所包含的专业名词定义</li></ul>

　　2011年10月,中国心理卫生协会团体心理辅导与治疗专业委员会(以下简称团体专委会)在北京正式成立,其宗旨是促进团体心理咨询与团体心理治疗的推广、发展和提高,并通过对团体心理咨询与治疗的研究、教学、培训和临床实践,发展各种类型的团体咨询与团体治疗形式,为国内团体工作的专业人员提供同伴支持网络,并开展团体咨询与治疗领域的国际学术交流和合作。团体专委会的主要工作任务包括普及并推广团体心理咨询与团体治疗;举办团体心理咨询与治疗专业人员的培训;制定团体心理咨询与治疗专业人员的培训标准和伦理守则;推动团体心理咨询与治疗的临床实践工作及研究工作的开展;举办学术会议及活动,促进专业人员之间的交流;出版团体心理治疗相关书籍以及内部通讯;开展团体咨询与治疗领域的国际学术交流和合作;接受政府及相关学术机构委托,开展和团体心理辅导与治疗相关的教育和活动。

　　2016年开始,清华大学心理学系临床与咨询心理学研究室组织研究翻译了国外有影响的团体咨询与治疗专业组织的伦理规范,包括国际团体治疗学会、美国团体治疗学会、美国团体工作专业者协会、英国团体分析学会等,并进行比较分析,在《中国临床心理学杂志》2017年第5期上发表了题为"团体咨询与团体治疗的伦理"一文。此后,由樊富珉主持、张英俊、尹静等博士参与的国内第一部"团体工作伦理守则"进入了编制阶段,2019年已经完成多次修改,目前正在征求意见过程中。制定出我国团体工作伦理守则,将有助于规范团体辅导与咨询工作,使团体辅导与相关团体工作走上更加专业化的发展之路。

二、专业伦理中的几个重要议题

　　侯志瑾等人翻译的美国伊丽莎白·雷诺兹·维尔福(Welfel, Elizabeth Reynolds)所著的《心理咨询与治疗伦理》一书中,提到与团体咨询与团体治疗相关的伦理议题包括:专业能力与团体咨询、团体咨询与心理治疗的知情同意（风险和责任更大）、团体干预中的保密与沟通特权、团体咨询与心理治疗中的多重关系、与未成年人的团体工作伦理、同时进行个体咨询和团体咨询服务的伦理、非自愿团体参与的伦理、多元文化团体的伦理议题。根据我们30年的团体辅导与咨询教学、研究、培训的经验，将团体辅导与咨询的伦理议题概括为七个方面，如图5-6所示。并着重论述四个议题的具体内容。

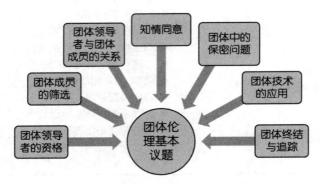

图5-6　团体工作伦理的基本议题

（一）团体成员的权利

团体成员经常没有意识到自己的责任和权利，在团体辅导初期，团体领导者和成员应该讨论他们的权利，可以使成员更加主动和积极地投入团体，也体现了团体领导者对成员的诚实和尊重。成员在决定参加团体之前，有以下权利。

（1）知道他们将要做什么，他们可以了解团体目标；

（2）清楚团体的程序和基本规则；

（3）在加入团体前与团体领导者面谈，以确定该团体是否适合自己的需要；

（4）向团体领导者提出各种问题，并探讨自己关心的事宜；

（5）询问有关团体领导者所受训练和个人专业资历；

（6）知道团体持续的时间，团体的次数，以及团体运用的技巧和策略；

（7）了解参与团体可能存在的心理风险；

（8）清楚有关保密的限制；

（9）如果认为团体并不如所预期的那样，或者此时此刻并不适合他的意愿或需要的话，成员有权退出团体；

（10）有权决定对涉及团体的任何研究的范围；

（11）如果在团体过程中的录音或录像会限制团体成员的参与，成员们有权要求停止；

（12）要求团体领导者采取合理的安全保护措施，尽可能减少团体的潜在风险；

（13）有拒绝不适当团体压力的自由；

（14）有权拒绝团体领导者或其他成员所施加的价值观。

团体领导者应告知成员的是他们参加团体既有某些权利，也会有相应的责任，如准时参与活动、有主动性、担当风险、愿意开放自己、对他人要做回应、保守秘密、提出自己的需要等。

（二）团体领导者与团体成员的关系

团体领导者和成员的双重关系会破坏团体领导者的客观性和专业判断。团体领导者在团体中应保持专业关系的界限，尽可能不与成员产生双重关系，如果双重关系不能避免，团体领导者要做评估，尽量减少双重关系可能带来的问题。有些团体领导者会以帮助成员的名义将成员留在自己身边；有些团体领导者会滥用专业身份以及团体领导者的有关权力，在团体和以后的专业活动期间，与团体成员进行任何个人的或社会性的交往；有些团体领导者在团体过程中与某些成员发生不恰当的个人关系；有些团体领导者为了个人的动机，滥用他对团体成员的影响力，使成员对其产生依赖，或者和成员在团体之外交往以满足自己的需要；有些团体领导者甚至和成员发生性关系，这些专业关系之外的关系都是应禁止和避免的。

（三）团体领导者价值观的影响

从理论上讲，团体领导者应有意识地保持中立的立场，努力使自己的价值观脱离领导功能之外，但在实际操作中，团体领导者保持中立态度是很难的，团体领导者重要的是要清楚自己的价值观，并清楚地认识到这些价值观可能会影响他们的工作，甚至会影响成员的行为。

当团体领导者的价值观和成员的价值观有冲突时，可以公开地表达，而不是隐蔽或假装不存在观点的分歧，团体领导者把自己的价值观强加给成员和表达自己的观点有本质的区别。在团体领导者强加其价值观的情况下，成员没有得到应有的尊重，他们不被看成是有能力发现有意义的价值体系并能选择有价值的生活的人；在团体领导者表达自己价值观的情形下，成员们可以自由地对自己和领导者的分歧进行质疑，但他们仍可以自主选择，团体领导者应激发成员寻找自己的价值追求，而不是替他们做决定，所以，合乎伦理的做法是团体领导者帮助成员清楚并确定自己的价值。

（四）团体技术的运用的伦理

美国团体工作专业者协会的基本原理是"除非团体领导者在一项技术的使用上受过完备的训练，或是处于一个熟悉此技术措施的专家的督导之下，否则团体领导者不应当尝试使用该技术"。在团体中使用各种技术是要有理由和根据的，技术应是促成成员变化和推动成员探索与互动的手段。它们应该合乎伦理地使用而不是滥用或误用。如团体领导者使用自己并不熟悉的技术，或利用技术来显示他们的权威和能力，甚至用来压制成员。团体中许多技术会促使成员表现出强烈的情绪，团体领导者要恰当使用激发成员情绪的技术，避免成员陷入情绪之中不能自拔。团体领导者使用身体活动的技术时，要保证成员免受伤害，并做好应对这些活动可能会出现的意外的准备。因此，团体领导者使用技术时要根据团体具体的情境，把它们作为帮助成员尝试新行为的方式；同时，应恰如其分地，以高敏度的方式，本着对成员负责的态度运用技术。

三、团体辅导的伦理实践

带领团体是一个过程，无论是团体辅导的准备阶段，还是进入到团体中开始带领，经历初创阶段、过渡阶段、工作阶段，到结束阶段，团体辅导与咨询的每一个阶段都需要符合伦理的思考，都有需要面对的伦理问题。

（一）团体形成前的伦理问题

团体形成前，团体领导者要完成方案设计、撰写计划、甄选成员、布置场地等工作，团体领导者在带领团体前如果能事先认识专业规范，培养正确的伦理判断，重视个人修养，澄清团体目标和功能，就能有效地运作好团体，避免以后发生人际矛盾、专业争议、伦理冲突和法律责任等问题，保证团体成员的权益，保证团体辅导的质量，维护和提高专业声誉。团体形成前涉及的伦理问题有以下几点。

（1）团体领导者须衡量自己的专业知能是否能够胜任团体工作，学习团体辅导的知识和积累临床经验。

（2）团体领导者应有甄选的技术，适当地选择团体成员，以维护全体成员的利益。

（3）团体领导者有责任提供相关信息（如表 5-16 所示），协助成员完成加入团体的心理准备和学习准备。

（4）团体领导者须清楚团体性质，详细设计团体活动内容。

（5）团体领导者要明确告诉成员关于团体的性质、目的、过程、使用的技术和预期效果。

（6）团体领导者应兼顾成员在团体外成长的权益，比如对不适合入组的成员提供转介或介绍个体咨询等帮助。

（二）团体过程中的伦理原则

当团体辅导或咨询开始时，团体领导者的能力、团体动力和成员的差异都会影响团体过程的发展，团体领导者要组织运作团体，激发成员的动力，达到团体目标和满足个人需要，所以，在实际运作的过程中，团体领导者的角色、能力、精神和敬业态度，成员在团体内外的行为反应，都会涉及伦理问题。团体领导者要高度重视，以免违反专业守则而侵犯了成员的权利，或对成员的身心造成伤害。在团体中，领导者应注意的伦理问题有：

（1）团体领导者应会同成员订立团体行为规则。

（2）团体领导者须谨慎地运用团体技术。

（3）团体领导者应配合团体的发展适时地让成员了解团体进展、活动目的。

（4）团体领导者有责任安排协同领导者协助带领团体。

（5）团体领导者应具有敏感度，适时觉察并妥善处理团体内特殊成员出现的问题，保障其他成员的权益。

（6）团体领导者可表露自己的价值观，但应避免强加给成员，或暗示成员接受。

（7）应告诉成员有关团体录像或录音的用途，尊重成员的选择。

（8）团体领导者应平等重视每个成员并尊重成员在团体内的反应。

（9）团体领导者要特别注意保密问题，并提醒团体成员保密。

表 5－16　团体辅导入组前的相关告知

亲爱的朋友：

　　欢迎你参加"和谐人际关系团体"，我们即将与你共度美好的十二周时光。相信你在成员面谈时，已对本团体的性质、功能和目标有所了解。如果你仍然有疑惑，随函附上有关资料供你参考。

　　任何成功的团体体验，都可以让人感受到人际的温馨与成长的喜悦，前提是需要你的支持与参与。

　　此刻你不妨先问自己下列问题：

　　"我为什么要参加这个团体？"

　　"我想要的是什么？"

　　"对此团体我有什么期望？"

　　"我将以何种态度参与？"

　　……

　　一个有效、专业的成长团体，是需要大家与团体领导者共同努力，才能达成目标的。换句话说，你必须摆脱主观的成见，以坦诚开放的精神积极投入，投入越多，收获也越多，就像撞钟一样，撞击强度越大，回响也越大。在这个温馨的团体中，愿意开放自我、分享经验的人，也越容易从别人的反馈中得到成长。

　　未来团体过程会如同你我的成长经历一样，或许会有些挑战，或许会有些不如意，何不给自己一点坚持、一点勇气，你将会享受那"突破与超越自我"的喜悦。所有的朋友将和你、我一起在团体内互动、交流与学习，我们将真诚地、尊重地、互助地、信任地相处。别小看了你在团体里的影响力！期待你的参与，让我们踏上团体的旅程——一个知性与感性的旅程。

　　　　　　　　　　　　　　　　　　　　　　　　领导者＿＿＿＿＿＿敬邀

　　　　　　　　　　　　　　　　　　　　＿＿＿＿＿年＿＿＿＿＿月＿＿＿＿＿日

（三）团体结束后的伦理问题

　　一般人认为团体结束后，团体领导者就完成了任务，在不自觉的情况下，可能会发生违反专业伦理的事情，如结束后，成员与成员之间，成员与团体领导者之间发生不正当关系、团体资料泄密的问题，所以，在团体结束后，团体领导者仍要坚守的伦理道德有：

（1）团体领导者有义务协助成员整合学习体会，并将其应用到生活中。

（2）团体领导者引导成员建立团体结束后团体成员互动模式的共识。

（3）团体领导者应避免接受成员的馈赠酬偿。

（4）团体领导者有责任妥善管理及运用团体记录资料。

（5）团体领导者应接受督导师的专业指导，从中反思和总结团体工作的效果。

●●● 板块 4： 参考练习 ●●●

练习 5 - 3：礼物大派送

1. 目的：总结团体的收获，通过赠与和收受象征性的礼物，增强成员之间的积极反馈，表达彼此的感谢之情，为离别做准备。

2. 时间：40 分钟。

3. 准备：一张有姓名、送礼和收礼栏目的白纸，笔。如下表所示：

表 5 - 17   练习用表

序号	成员名单	赠与成员的礼物	从成员那里获赠的礼物
1			
2			
3			
4			
5			
6			
7			
8	自己的名字		

小组分享：_____

收到礼物后你的感受：_____

4. 操作程序：

（1）请每位成员在成员名单一栏填上团体成员的名字，自己写在最后。

（2）在赠与成员的礼物一栏写上自己准备送给团体内每个人的礼物名称（可以是具体的，例如书籍、汽车模型、健身卡等；也可以是抽象的，例如假期、学位、快乐等，一定要针对每个成员的需求）并清楚送礼的目的。一般都会想到在团体过程中每个成员表达的个人需要。

（3）然后转圈集中送礼，例如，所有的人都给 1 号成员送礼，要明确地说出送什么礼物，为什么送这个礼物。得到礼物的人将别人赠送给自己的礼物填在收礼栏内。

（4）说说收到礼物的感受并表示感谢，相互祝福。

（5）讨论离别时的情感和以后的展望。在感谢的心情中——惜别，并带着小组成员的礼物和祝福走进新生活。

练习5－4：滚动心里话

1. 目的：了解团体成员参与团体的收获,分享各自在团体中的成长,连接彼此,温暖彼此,结束团体。

2. 时间：30分钟。

3. 准备：每组(8—10人)圆球或抱枕一个,轻音乐,音箱。

4. 操作程序：

(1) 团体领导者取以圆球或抱枕,滚向或抛向某位成员(例如甲)。

(2) 邀请甲表达参加团体的感受和心得。

(3) 甲说完,再将圆球滚向另一位乙,乙表达,再传。

(4) 所有成员表达后,团体领导者带领成员反馈本次团体过程,整合团体感受。

(5) 播放轻音乐,成员互相嘱咐道别,结束团体。

练习5－5：化装舞会

1. 目的：发挥个人想象力与创造力,以化妆形式,将参与团体后个人的新面目具体表现出来,喻示走向新生活。

2. 时间：约60分钟。

3. 准备：布置可以跳舞的场地;准备录音机、录音带、化妆品;自备道具,如面具、纱巾、饰物、书本等。

4. 操作程序：

(1) 团体领导者事先通知大家下次团体将举行舞会,请每位成员先思考团体对他的影响,然后以化妆的方式表现出来。

(2) 活动开始时,先放轻松的音乐,每个成员自己化妆。

(3) 然后展现新的姿态和形象,与团体中每一个人互相握手并自由交谈。

(4) 接着每个成员轮流站到中央,听取其他成员对他打扮的印象和感觉,然后自己介绍为什么这样打扮,含义是什么,想表达哪些成长后的变化。

(5) 全部评价和介绍结束时,可以参考他人意见改妆后,随舞曲翩翩起舞。可以选择告别的舞曲,如《今夜无眠》《友谊地久天长》《相逢在未来》《同一首歌》等。

练习5－6：把心留住

1. 目的：结束团体,用心形卡代表成员的心愿与期盼,通过捧着他人的"心",体验到人间温情亲情；并对未来生活有适当的期待。

2. 时间：60—70分钟。

3. 准备：彩笔、心形小卡片、录音机、录音带。

4. 操作程序：

（1）播放轻柔的音乐，团体领导者给每个成员发若干张心形卡片（数量根据团体人数而定），请成员在每张卡片上写出自己所拥有的和想要拥有的好的特质或东西，一张卡片写一种。

（2）请成员衡量自己及其他人的需要，送出自己的心意。

（3）全部送完后，围圈坐下，请每个人谈谈送礼物的心情如何；为什么送这些"心"；接受礼物的心情如何；设想送礼物的人的用意是什么；带着这么多成员送的"心"，离开团体后你打算怎样生活。

5. 注意事项：团体领导者要把握团体气氛，不要过分依恋、伤感，而应该充满活力、期盼、憧憬、尽兴。

练习5－7：笑迎未来

1. 目的：了解成员在团体辅导过程后的进步与改善，讨论成果与彼此反馈，结束团体辅导。

2. 时间：60—80分钟。

3. 准备：白纸、彩色笔。

4. 操作程序：

（1）团体围圈而坐，由一位成员当主角，大家讨论对他现在的印象以及刚参加团体时有何不同，看看他参加团体后改变了什么，请他自己说说感受。

（2）接着再换另一位成员。依此类推，对每位成员进行反馈。

（3）结束时每人发一张纸，请成员在纸顶端写上"对×××（自己姓名）的祝福"，然后向右传给每位成员，每人都写下自己对他人的祝福和建议，或用绘画形式表达。

（4）每位成员细细阅读他人的祝福，并对他人怀着深深的感谢，一一握手道别。

练习5－8：天使揭秘

1. 目的：通过别人的观察了解自己经过团体辅导后的改变，体验在团体辅导中被关注、被尊重的感觉，增加改变的勇气和信心。

2. 时间：60分钟。

3. 准备：第一次团体辅导时，每人分配到一个秘密任务，默默地观察一名团体成员，不能被他觉察到。在秘密任务单上，一张印有上下两个图框的白纸，在上面图框内绘出你第一次对观察对象的印象，在下面图框内绘出你结束前最后一次对观察对象的印象，写出你看到的他的变化。

4. 操作程序：

（1）团体领导者要求每个成员将自己的秘密任务单都贴到墙上。

（2）每个人去找一找哪张画上的人是自己。

（3）找到你的观察者交流第一次相识的情景，以及现在的看法和对未来的期望。

（4）总结自己在团体中的改变，感谢团体成员对自己的用心。

（5）在团体中自由发言，分享收获。

练习 5-9：我的收获

1. 目的：通过成员在纸上写下有关团体的学习心得，并且与成员分享，回顾和总结自己团体活动的经验和收获。

2. 时间：50 分钟。

3. 准备：每人 A4 大小的白纸一张、笔一支。

4. 操作程序：

（1）团体领导者将纸笔发下，请成员在纸上写下有关团体活动的感受和体会。如"在团体活动中我所学到的三四件事""团体活动中对你最有帮助的经验是什么""你的个人目标完成的状况如何""怎样才能将团体活动中所学到的运用到日常生活中"等。

（2）写完后，成员分 4—6 人小组彼此交流。

（3）每个小组推荐一个代表到大团体中分享。

（4）团体领导者根据成员的分享概括成员在团体活动中的收获。

练习 5-10：祝福串连

1. 目的：了解经过团体辅导后彼此的改变，讨论团体辅导的结果，圆满地结束团体辅导。

2. 时间：60 分钟。

3. 准备：纸笔、礼物。

4. 操作程序：

（1）由一个成员开始，大家轮流讨论，对他现在的印象与刚参加团体时有什么不同，或者他参加团体后，改变的是什么；然后该成员述说自己的感受。接着换另外一个成员接受讨论，依此类推。

（2）给每个成员一张白纸，请他们在纸的顶端写上"对某某（自己姓名）的祝福"。

（3）递给右边一位成员，其他成员在白纸上写上一句或数句祝福的话或用绘画的方式来祝福，然后由他右手旁边的成员念出其他成员对其左边成员祝福的话。

（4）结束活动后，所有成员站起来，手臂搭在左右成员的肩上围成圈，唱着温馨的歌曲，随后轮流握手道别。

练习 5－11：成长雕塑

1. 目的：整理团体辅导中的收获，明确自己的成长和变化，交流彼此的收获，增强继续改变的信心。

2. 时间：30 分钟。

3. 准备：一定的空间、数码照相机。

4. 操作程序：

（1）团体领导者请每个成员安静地想一想自己在参加团体后有哪些收获，能否用一个动作表达自己成长后的状况。

（2）每个成员依次走到团体中间，摆出自己的动作，与他们配合在一起，形成动作造型。

（3）请每一个成员说说他的动作有什么含义，想表达对成长的哪些感受，团体给他带来的改变（每个人说时，大家给予温馨的反馈）。

（4）团体领导者数"一、二、三"，大家重新一起摆出成长后的动作，形成精美的造型，用照相机记录下来。

练习 5－12：大团圆

1. 目的：通过身体的接触带来温暖和力量，使成员在结束前肯定团体的收获，感受团体的力量，体验在一起的感受，获得支持与信心。

2. 时间：约 20 分钟。

3. 准备：足够的空间，空旷的房间。

4. 操作程序：

（1）在团体最后一次活动结束时，团体领导者请大家站立，围成圆圈，将两手搭在两侧成员的肩上，聚拢静默 30 秒。然后轻轻地哼唱一首大家熟悉的歌曲，如《友谊地久天长》《明天会更美好》《我的未来不是梦》等。

（2）成员可随着歌曲旋律自由摇摆。

（3）从儿童歌曲到乡村歌曲，尽量找大家会的，全部投入，一首接一首。

（4）使全体成员在一个充满温馨、甜蜜而有内聚力的情景中告别团体，走向新生活。留下一个永远的、美好的、极有象征性的、难忘的记忆。

团体辅导结束后的一段时间，还可设计追踪咨询和聚会的活动，如读书会，谈心会，郊游，团体领导者以此来评以估团体成效，同时也可鼓励和督促成员继续成长。

··· 板块5：单元作业 ···

忆一忆

1. 团体在结束阶段的主要特点和可能出现的问题是什么？

2. 团体领导者在结束阶段的主要任务有哪些？

3. 在团体结束阶段的常用领导技术有哪些？

4. 评估团体辅导效果可以采用哪些方法？

5. 团体领导者需要接受的专业训练有哪些？

6. 团体领导者都应该遵守哪些专业伦理？

练一练

1. 角色扮演，练习团体领导者在团体结束阶段的常用技术。

2. 分组实践，体验团体结束阶段的主要活动。

3. 分组实践，每个组的成员设计一个用于结束阶段的团体练习。

4. 分组报告，小组成员汇报自己设计的团体方案，包括相应的团体效果评估方法。

5. 请每名成员根据一学期所学，撰写一份个人的团体领导者训练和成长计划。

第六单元　团体辅导之应用篇(一)——班级团体辅导

··· 板块1： 团体练习导入 ···

教师寄语

　　各位同学,本单元是团体辅导的应用篇,我们将向大家介绍一种在学校十分常用的团体辅导模式——班级团体辅导,这种团体辅导结构化很强,简单易操作,便于推广和反复应用,在我国的大、中、小各级各类学校非常受欢迎,有着广阔的应用范围。非常适合团体辅导初学者进行实践。

　　在单元开始前,我们先一起来体验两个班级团体辅导中的常用练习。

团体练习 6-1：生日圈

　　1. 目的：让全班学生通过练习进入团体状态,随机调整学生的座位。同时,了解非语言在沟通过程中的功能,觉察自己非语言表达和观察的能力。

　　2. 时间：10 分钟左右。

　　3. 准备：场地要宽敞,全程非语言。

　　4. 操作程序：

　　(1) 团体领导者让所有学生站成一大圈,按照团体领导者的要求,在不说话的前提下,用非语言的方式表达,按照彼此出生月份日期的大小顺序站成一圈(不考虑出生年份)。团体领导者需要先定位,如 1 月 1 日,然后按顺时针从 1 月到 12 月排顺序。如果同月同日,可以自由依次排列。

　　(2) 如有条件,可以限制活动空间仅有一排的宽度,让同学间两两互换达到排序的目的,增加成员之间的互动和练习的难度。

　　(3) 练习过程中如有违规者说话,团体领导者要及时提醒。

　　5. 注意事项

　　(1) 这个活动通常会让学生很兴奋,在练习中学生可以打破最初的沉默,消减陌生感,同时还可以按照生日分配,生日相近的人站在一起,说不定还会让学生遇到与自己同年同月同日生的人,消除新同学之间的陌生感,增加新鲜感。

　　(2) 如班级人数较多,可分为几组进行。每组 30 人左右为佳。

　　(3) 注意安全,要求成员的衣着宽松,以便于做动作和练习。

团体练习 6－2：找相似

1. 目的：增进班级成员的互动与相互了解，拉近心理距离；体验团体成员的一致感并为开启分享奠定基础。

2. 时间：10—15分钟。

3. 准备：全班同学分成若干各小组，每组8—10人。

4. 操作程序：

（1）成员围成圆圈，每人之间相隔一人的距离。

（2）全体成员用手心手背的方式，随机确定第一个开始的人，此后按顺时针转。

（3）第一人说：我很想知道在我们的小组里有谁和我一样，具有什么特点（如喜欢踢足球、喜欢吃烤串，每次只说一个特点，越具体越好），言毕，有相同特点的人一起往圈内跨一大步，就知道小组里谁和自己一样。

（4）接着，顺时针第二位询问并找相似的成员，全组一共转两至三圈，也就是每人有2—3次机会向小组成员询问，找到和自己相似的人。

（5）团体领导者邀请成员分享在活动中的发现和感受。

5. 注意事项：

（1）该练习对陌生团体和熟悉团体都适用。如新生班级使用，可加快成员之间的认识和了解；如熟悉的班级使用，可以了解到班级同学不为他人所知的特点，加深彼此的了解。

（2）该团体练习既可以用在团体初期的热身，也可以用在工作阶段班级成员之间的深入了解。

（3）因为该练习是以行动的方式进行的，往前跨或往后退会增加练习的新鲜感和吸引力。

（4）提问者询问结束后，必须和相似的同学一起往圈里走一步，切记不要在圈里问，因为这样后面的同学会听不到，因而无法选择。

⋯ 板块2：　技术点拨——班级团体辅导方案的设计 ⋯

回 教师寄语

各位同学，要设计好一个班级团体辅导方案，需要做许多准备工作，比如了解辅导对象的特点和需求，积累相关理论背景知识，做一些调研和预研究。同时要明确班级团体辅导的主要目标，根据目标制定合理的计划，设计相应的练习。在初步设计好方案后，还可以先对小部分人做预实验，根据成员反馈修订方案。磨刀不误砍柴工，设计方案的过程越细致、越科学，最后的团体辅导实施效果往往才会越好。本节将介绍一个由清华大学刘晓玲、樊富珉设计并带领的"贫困地区中学生班级团体辅导"方案设计。

📖 学习目标

1. 了解班级团体辅导成员的心理特点研究途径。
2. 了解中学生班级团体辅导方案设计的理论基础。
3. 了解中学生班级团体辅导方案设计的具体内容。

第一节　班级成员的心理特点

本节介绍的班级团体辅导是针对初中学生而设计的，辅导对象是陕西省曾经的贫困地区蓝田县初中二年级学生。要设计促进初中生心理健康发展的班级团体辅导方案，首先必须从了解初中生心理发展所处的阶段，以及他们共有的心理特征入手。

一、初中学生的心理发展特点

中学生正处于青少年期，是人体生理发育的第二高峰，是由儿童向成人发展的过渡时期，也是人生发展变化的重大时期，俗称"心理断乳期"。由于生理的发展，带来了不同于儿童期的重大心理变化。这个时期的个体生理成熟优先于心理成熟，于是在心理特征上就表现出半独立性与半依赖性、半成人与半儿童、理智性与冲动性、逆反性与顺从性、开放性与闭锁性、言与行、自觉性与幼稚性等矛盾错综复杂的特点。身处此阶段的青少年感到心理上激荡不安，心绪难宁，矛盾重重。因此，国外很多学者又把这个时期叫作"疾风骤雨期"或"危机期"。初中学生的心理特点主要源于以下五大矛盾。

（一）自我意识与社会角色的矛盾

青少年时期是自我意识迅速增长的时期。自我意识表现为自我评价、自我尊重、自我监督等。从少年时代开始，他们就感觉自己是"大人"了，希望跟父母和其他成年人一样获得平等的独立生活权，他们与父母的教育发生冲突时，有些学生往往会出现"脱离家庭约束"的幼稚想法，这一时期被称为青少年的反抗期。在这一年龄的少年，虽在主观上感到自己已经是有能力、有气魄的成人，但他们的思维和行动还没有脱离稚气，常常做出一些不自量力的举动，他们渴望独立，但没有经济来源，生活中遇到问题时又不得不请教父母。这种高傲的成人意识被事实无情地阻隔时，他们又渴望得到父母和成年人的帮助指导。

进入青年期，这种成人感和独立性越来越强，他们渴求自治，期待个人的见解能够得到社会的承认与尊重，并试图在平等的基础上，重新建立与父母或其他成年人的关系。他们不想依赖成年人，但自己又不具备经济基础和物质条件，他们凡事都有自己的见解，会发表自己的看法,但受到思维和认识能力的限制,意见多,建议少。

(二) 要求他人尊重与不能充分尊重他人的矛盾

心理学家马斯洛(A. H. Maslow)在他的需要层次理论中,把自尊放在很重要的位置上,成年人看重自尊,青年人更要面子。由于他们自我意识的不断提升,他们的自尊心、自信心越来越强烈,如他们渴望自己的观点、看法得到成年人的重视,他们不希望别人对自己指手画脚,横加指责,他们渴求平等的对话。然而在要求他人尊重自己和自己尊重他人之间却存在着矛盾。有的学生自以为是、唯我独尊、唯我最强,在某些方面自视清高,看不起别人,听不进不同意见,不能正视社会环境,不能摆正个体与集体、自身与他人的相互位置,不懂得尊重他人,这同样是典型的不成熟心理,更需要老师进行正确的教育和引导。渴望被尊重是人格独立的必然,不懂得尊重他人,则是人格不成熟的表现,两者的矛盾性是青少年心理的客观存在。

(三) 理想我与现实我的矛盾

理想我是将来要实现的我,是现实我努力的方向;现实我则是生活中实实在在的我,两者是不同的。当这两种形象混淆起来时,就会产生矛盾。一方面社会对中学生有所期望,另一方面是他们对自己也有所评价。当周围的人对自己的评价或自己的亲身经历让他们感觉到自己不过如此,社会对自己的选择是严格甚至是苛刻的,这一切会让他们在理想我与现实我之间产生矛盾,这种矛盾带给学生的是苦闷、抑郁等消极的情绪体验。

(四) 情感波动性与内隐性的矛盾

进入青春期后,由于神经系统和内分泌的影响,青年学生身体的生长发育十分迅速,同时性机能趋向成熟,容易产生情感上的动荡。从身心调节的正常规律来看,这种动荡应该通过适当的释放才能获得平衡。但是青少年个性的发展和控制能力的增强,使他们内在的情感释放被压抑起来。他们在情绪表现上呈现冲动性、不稳定性、爱走极端的特点。他们已懂得情绪上的大喜大悲是不成熟的表现。他们有心里话想找人倾诉,可碰到长辈或其他熟悉的人时,又迟迟不肯开口,对一个想了解的问题常常要绕圈子,不切入主题、成年人感觉孩子想的问题多,不听话、难管;孩子则认为大人太武断专横,不能理解他们。青少年得不到成年人的理解、安慰、鼓励、帮助,便会把注意力转移到同龄人中,那些对他们富有同情心,给他们提供支持的伙伴会被他们接纳。

(五) 性发育迅速成熟与性心理相对幼稚的矛盾

这可以说是青少年在青春发育期所遇到的最突出的矛盾。性器官、性机能的迅速发育成熟,要求青少年的性心理发育紧紧相随,但由于青少年认识能力和个性发展的限制,特别是在教育引导不及时、不得力的情况下,青少年的性心理发育表现出相对的幼稚性。学生盲目早恋和冲动性的异性交往行为,便是这种幼稚性的表现,是学生性心理发育不成熟的标志。学生早恋带有很大的好奇和模仿的成分,尽管陷于这种现状的学生,都表白自己是认真的,不是儿戏,但他们对什么是真正的爱情及其所包含的社会责任和义务缺乏了解。

由此可见,中学生的心理辅导应该针对中学生成长的课题,这些课题包括:自我探索、自我认知、人际沟通、情绪管理、压力应对、人际关系、异性交往、性心理健康、人生规划、亲子关系等。

二、贫困地区初中生心理健康状况调查

在设计班级团体辅导方案之前,研究者为了了解贫困地区初中生的心理健康现状以及心理辅导的需求,为班级团体辅导找到准确的干预目标,通过问卷调查和访谈等方式,对团体成员——贫困地区初中生的心理健康状况做了深入调查,具体内容如下。

(一) 师生访谈

利用随机抽取访谈对象的方式,对陕西省蓝田县蓝田初中(县城)和文姬中学(农村中学)的初中生共 8 名进行了深入访谈,访谈内容涉及学生的心理健康状况、影响心理健康的因素、对班级团体辅导的需求等。同时又采用焦点小组访谈的方式,对蓝田初中和文姬中学的20 名班主任老师进行访谈,内容涉及初中生的心理健康状况、存在的问题、可能的影响因素、对班级团体辅导的需求。结果发现,该地区的初中生存在一些共性问题,主要归纳为以下四点。

1. 普遍学习压力大

一方面,父母期望比较高,要求比较严格,给学生带来很大压力;另一方面,学生希望通过升学考试的方式脱离贫困地区,改变自身及家庭的贫困状况,因而导致学习压力过大。

2. 人际关系的困惑

初中生渴望与人交往,尤其是与同伴交往,但在交往中缺乏有效的沟通技巧,极易与同学发生矛盾,影响良好同学关系的建立。此外,贫困地区的家长为生活所迫,常年在外打工,极少有时间回家,不少留守青少年感到跟父母关系疏远,容易产生不被关心和不被理解的情感,从而致使贫困地区初中生在与父母沟通方面存在很多的问题。通过对老师的访谈,发现班级中有些学生跟老师的关系存在很多问题,主要表现为不尊重老师。

3. 情绪不稳定,缺乏调节方法

通过访谈发现,贫困地区初中生在情绪方面的主要问题是常常会觉得心烦,情绪低落,情绪不稳定,又缺乏情绪调节和管理的有效方法。

4. 生涯发展迷茫

由于该地区在进行调研时还属于国家级贫困县,教育水平相对比较低,能够升入普通高中的学生人数很有限,能进入大学的更是凤毛麟角,大部分初中生要面临毕业后外出打工,或者升入职业高中的现实,但研究者访谈的学生都渴望参加中考,升入普通高中,甚至想参加高考,但对于选择文科还是理科,以及以后选择哪所大学,何种专业,今后做什么则十分

迷茫。

（二）问卷调查

在访谈的基础上，研究者又采用心理健康 GHQ—20 量表、中国中学生心理健康量表、自尊量表和自编初中生调查问卷对陕西蓝田地区的部分初中生进行了问卷调查，共随机抽取了 500 名学生作为调查对象，回收了 476 份有效问卷。

问卷调查结果显示，该地区初中生的心理问题的检出率为 53.1%，其中有轻度心理问题的检出率为 49.5%，有中度及以上心理问题的检出率为 3.6%。各因子检出率为 44.0%—63.7%，其中轻度心理问题的检出率为 26.4%—52.8%，而中度及以上心理问题的检出率为 6.8%—24.0%，可见，贫困地区初中生的心理问题检出率较高，表明存在心理问题的学生较多，但多数为轻度心理问题，存在中度及严重心理问题的学生相对较少。该地区初中生的心理问题多集中于情绪（焦虑、情绪不平衡等）、认知（强迫、敌对）和行为（适应不良、学习压力、人际关系紧张与敏感）三个方面。总的来说，贫困地区初中生主要的心理问题具体表现在：自尊水平低，焦虑，情绪不稳定等情绪问题多，存在强迫、敌对等倾向，学习压力过大，人际关系不良以及适应不良。

此外，年级对贫困地区初中生心理健康状况的影响不大；男生的偏执、人际关系紧张与敏感，学习压力方面的问题显著高于女生，其他方面男女生之间不存在显著性差异；学习成绩对贫困地区初中生的心理健康有着显著影响，学习成绩较好的学生心理健康问题显著少于学习成绩较差的学生。

以上调研所获得的信息为设计初中生班级团体辅导的目标和内容提供了有针对性的参考。

第二节　班级团体辅导方案设计的理论依据

在了解团体成员特点和需求的同时，研究者又选择了合适的心理学和心理咨询理论作为班级团体辅导方案设计的理论依据。

一、埃里克森心理社会发展理论

埃里克森（E. H. Erikson）认为个体在出生之后依靠与环境的接触和互动而发展成长，人的一生是一个连续不断的人格发展过程。在发展过程中，个人的自我成长需求在社会环境的限制下会产生一些"发展危机"。在不同的年龄阶段会产生不同性质的发展危机。埃里克森将人生全程按照危机性质的不同划分为八个时期（如表 6-1 所示）。

初中生处于心理社会发展的第五个时期，埃里克森认为，这一阶段是全程八阶段中最为重要的时期，也是人格发展历程中最为关键的时期。这个时期个体所面临的发展危机主要是"自我统合"和"角色混乱"之间的矛盾。

　　自我统合也称"自我同一性"，是一种关于个人自我一致的心理感受，是一种关于"我是谁""我在社会上应该占什么样的地位""我将来准备成为什么样的人"以及"我怎样努力成为理想中的人"等一连串的感受。埃里克森指出，这一时期的青少年，身心两方面都产生了很大的变化，个人开始从六个层面思考关于"自我"的问题：（1）我现在想要什么？（2）我有何身体特征？（3）父母如何期望我？（4）以往成败经验如何？（5）现在有何问题？（6）希望将来如何？把这六个问题思考的结果进行统合，然后用来试图回答"我是谁？"和"我将走向何方？"两类大问题。

表6-1　埃里克森人生发展阶段理论

阶段	年龄段	心理社会课题	发展顺利者特征	发展障碍者特征
1	0—1岁（婴儿期）	信任—不信任	对人信任有安全感	安全感缺失对人不信任
2	1—3岁（儿童早期）	自主—怀疑	能自我控制行动有信心	自我怀疑行动畏首畏尾
3	3—6岁（学前期）	主动—内疚	有目的方向能独立进取	畏惧退缩、无自我价值感
4	6—12学龄期	勤奋—自卑	具有求学做人、待人的基本能力	缺乏生活能力、充满失败感
5	12—20青年期	自我认同—角色混乱	自我概念明确追寻方向肯定	生活缺乏目标、时感彷徨迷失
6	20—24成年早期	亲密—孤独	成功的感情生活奠定事业基础	孤独寂寞、无法与人亲密相处
7	24—55成年中期	繁殖—停滞	热爱家庭培养后代	自我恣纵不顾未来
8	55以上老年期	完满—绝望	随心所欲、安享晚年	后悔、遗憾、失望

　　处于青春期的初中生，如果不能对自我进行有效的统合，就会导致"角色混乱"的危机，可能会导致失去生活的自信心、价值感和充实感，迷失前进的方向，并最终影响其以后的发展。

　　所以，对贫困地区初中生的班级团体辅导，必须帮助初中生有效地统合自我，对"自我"形成一个清晰而统一的概念，从而接纳自我，提升自信，并能够对自己将来的发展有所规划。

二、威廉姆的班级辅导理论

　　阿德勒的个体心理学中提到，社会兴趣（Socialinterest）是衡量个体心理健康的主要标准。他认为，一个健康的个体是以他人或者社会为导向的，能够感到与他人的联系，被他人接纳，与他人平等共处，能够理解他人的情感和观念。他认为很多儿童和青少年的很多心理问题是由社会兴趣发展不充分导致的。安斯巴赫（Ansbache）1968年在综述了阿德勒的社会兴趣理论后，提出了发展社会兴趣的三个步骤：（1）发展个体的合作能力和社会责任感；（2）促进心理健康的技能：理解自己和他人的能力；共情能力；沟通能力；合作能力以及奉献社会的能力；（3）与客观技能相协调的主观态度。

威廉姆（G. William）将安斯巴赫的三步扩展为五步，作为班级辅导（Classroom Guidance）的内容：（1）了解自己和他人，通过辅导活动让个体了解自己和他人的相似及不同之处；（2）共情的能力，帮助个体了解各种不同的情绪，学会辨别自己和他人的情绪，以及情绪对个体的影响，学会共情；（3）沟通能力，帮助个体学习有效地倾听和准确简洁地表达自己的思想和感情；（4）合作能力；（5）责任感，要让个体明白他们对自己的行为选择以及行为的后果——无论是积极的还是消极的，负有责任。

此外，班级团体辅导方案的设计还依据了认知行为疗法。选用该疗法的理由是通过问卷调查和访谈发现，贫困地区初中生的心理问题多为一些不恰当的认知所导致的情绪问题，以及行为方式层面的问题。在心理辅导中，认知行为疗法对改变个体对某一事物的认知、情感和行为比较有效。

第三节　班级团体辅导方案计划书

在分析了团体成员的特点和班级团体辅导方案的设计理论依据后，就可以对班级团体辅导方案进行具体的设计了，包括明确团体目标、团体性质、团体时间、团体领导者和成员要求、团体辅导场所，以及团体练习安排等内容。

一、初中生成长班级团体辅导计划书

（一）班级团体辅导目标

本班级辅导的总体目标是提高初中生的心理健康水平，协助他们健康成长。

本班级辅导的具体目标是：帮助初中生认识、探索并接纳自我，树立并增强其自尊自信；改善与同学、与父母的关系，提高人际交往和团队合作的能力，尤其是建立异性之间正常的交往；缓解压力，尤其是学习压力，学会时间管理的策略；学会调节自己的情绪，培养积极的情感能力和积极的认知能力；初步规划未来并为之努力。

（二）班级团体辅导的性质

本班级辅导的性质是成长性、教育性和预防性团体辅导。以班级成员的健康发展和预防并解决成员的心理困扰为目标。适合全体班级成员参加。

（三）班级团体辅导的老师

了解初中生心理发展特点，并接受过班级团体辅导培训的班主任、学校心理辅导专兼职教师。

（四）班级团体辅导时间和次数

班级团体辅导共分为 12 个单元，利用班会时间，固定为每周 1 次，每次 1 课时，即 45 分钟，共持续 12 次，约一学期。同时，辅导老师也可以根据班级状况和同学的需要，选择其中一个单元或者几个单元实施辅导。

（五）班级团体辅导的对象

初中学生，以班级为单位进行。全班学生参加。

（六）班级团体辅导进行场地

在学校专门的团体辅导室，或在教室，有可以移动的桌椅，方便辅导过程中同学们围成大圈而坐。并根据需要，分成若干个小组，每组 6—7 人，小组讨论后，派代表在全班分享（如图 6-1 所示）。

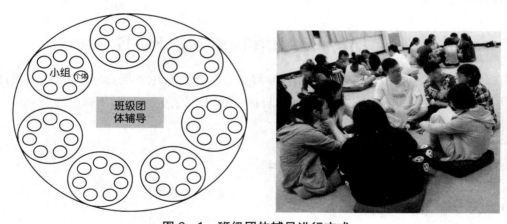

图 6-1　班级团体辅导进行方式

（七）班级团体辅导计划书

该班级团体辅导方案共 12 个单元，每个单元的名称分别为"有缘来相聚""相亲相爱一家人""Who am I""天生我材""我爱我家""做个受欢迎的人""五彩心情""画说生活""DAY DAY UP""调一调心灵的弦""未来的我""明天会更好"等。具体如表 6-2 所示。

表6-2　班级团体辅导计划书

单元	单元名称	单元目标	辅导过程	所需材料
1	有缘来相聚	团体成员互相认识熟悉，消除陌生感，建立团体凝聚力和信任感，阐明团体契约	简单介绍活动目的和意义 大风吹 寻找我的快乐组合 介绍和商定小组契约	胸卡 彩笔 双面胶 卡片
2	相亲相爱一家人	增强团队成员的信任感和团结协作能力	解开千千结 建高塔 相亲相爱手语操	报纸 剪刀 透明胶
3	Who am I	引导成员认识和接纳自我	我的西红柿 自画像	西红柿（或其他替代品） 白纸 彩笔
4	天生我材	帮助成员发现自己的优点，提升自信	"天生我材"练习 优点轰炸	"天生我材"练习表 报纸
5	我爱我家	改善与父母关系	当我小的时候 我所了解的父母 作业	白纸 练习表 音乐
6	做个受欢迎的人	提高人际交往能力，改善人际交往状况	单向沟通 倾听练习 我欣赏的男生女生	练习表
7	五彩心情	帮助成员认识了解情绪，并学会管理情绪	情绪脸谱 情绪知多少 情有可原	纸笔 彩笔
8	画说生活	帮助成员用积极的态度来看待生活，乐观地面对困难	命运纸牌 生活线 感恩的心	纸牌 轻音乐 彩色纸 彩笔
9	DAY DAY UP	帮助成员增强时间管理能力，更有效地学习	成长三部曲 一分钟的价值 时间馅饼	时间馅饼图 白纸
10	调一调心灵的弦	帮助成员缓解压力	压力大搜查 秘密大会串 放松训练	白纸 小盒子 冥想音乐
11	未来的我	了解你的才能	了解你的才能 两个未来的我	多元智能练习表
12	明天会更好	整理收获，帮助成员自信乐观地面对未来，结束团体辅导	写给自己的一封信 合唱：相亲相爱一家人	信封，卡片，白纸，音乐

二、其他班级团体辅导方案计划书

（一）我国台湾地区初中班级团体辅导计划实例

　　除了上面介绍的刘晓玲、樊富珉等人设计的初中生班级团体辅导实例，这里再介绍一个台湾萧文教授组织录制的《班级团体辅导》视频教学中提到的初中生班级团体辅导的实例（如表6-3所示）。由此可以看到，针对学生成长中每个人都将面临的共性的课题，如自我发展、人际关系、学业辅导、生涯规划、心理健康、环境适应等，常用班级团体辅导，让学生们讨论共同关心的问题，互相理解、互相支持、互相帮助，既经济又实用。

表6-3　初中班级团体辅导的计划实例（萧文）

内容＼年级	初一	初二	初三
环境互动	认识校内外资源	参与校园服务	社团与社区服务
自我发展	自我探索与了解	自我成长	成熟的自我认同
人际关系	如何成为受欢迎的人	异性交往	自我肯定
学习辅导	学习策略与技巧	学习诊断	升学辅导
生涯规划	我的未来不是梦	自我与生涯探索	工作与职业世界

（二）促进大学生健康成长的班级团体辅导方案设计

　　大学不仅重视专业教育，更重视学生品德、情绪与社会性方面的发展。团体辅导正是满足大学生发展需要的工具。大学生成长中有许多共同关心的发展课题，也有相似的烦恼需要面对。例如，认识自我、管理情绪、应对压力、人际沟通、亲密关系、思维训练、有效学习、生涯决定、人际关系、求职择业以及其他有关如何成为一个独立自主的人。班级团体辅导为学生们提供了一个成长的机会，探讨他们所关心的问题。参加班级团体辅导的大学生会利用团体中所习得的观念、改变的态度、学到的技巧与经验，来应对生活、健康、交友、学习、择业等方面遇到的各种问题，促进自身的全面健康发展。二十多年前，樊富珉就开始探索开发一套可以由辅导员和班主任掌握的大学生健康成长班级辅导方案，每个学期开一次三小时的班会，运用班级团体辅导的技能，协助大学生在团体中互助合作，自我教育，自我提升，克服不同阶段成长的困难，在班级的支持下走向独立、自主和充满希望。从2005年开始，设计者陆续进行了不同年级、不同学期大学生的需要和成长课题调研，不断丰富和设计了四个学年八个学期的班级团体辅导方案。每个方案都是单次班级团体辅导，时长是三个小时，由受过团体辅导训练的辅导员或班主任、学校心理咨询师来带领。设计者在不同类型的高校实施后，取得了非常满意的效果，发现大学生的班级团体辅导能够开发大学生的心理潜能、增进大学生心理健康、激发大学生自我教育、促进班级团队合作团结，还能提高班主任或辅导员的共情能力，深受大学生的欢迎。表6-4就是这八次班级团体辅导方案计划书。

表6-4　促进大学生健康成长的班级团体辅导计划书

时间	团体辅导名称	主题	辅导目标	主要练习
大一上	走进新生活	环境适应	形成班级团队;梳理入学后的感受;初步规划大学生活	认识我的新伙伴;大学生活五个最;大学生活拼图
大一下	我爱我的班	团队建设	建立班级凝聚力与信任感;培养互助合作团队精神	突围闯关;信任之旅;同舟共济;我的班级我的家
大二上	发现独特的我	自我探索	深入了解自我和他人,接纳自己和他人;提升自信	我的柑橘;独特的我;天生我材;优点热坐
大二下	恋爱时节	亲密关系	了解自己的择偶观和爱情类型;知晓男女在爱情表达上的差异	爱情双人舞;火星金星碰撞;理想伴侣拍卖;我唱我的爱
大三上	生涯初探	生涯规划	多维度了解自己;思考人生目标;做出生涯发展初步决定	自我盾牌;我的人生;生涯初步规划;我的未来不是梦
大三下	做生活的主人	时间管理	了解时间使用现状;学习有效时间管理方法;增强生活的掌控感	真我角色;时间流水账;生活馅饼
大四上	阳光总在风雨后	挫折应对	从以往挫折经验里找到积极应对资源;体验逆境中崛起的力量和潜能;提升抗逆力	逆境求存;浴火重生;从头再来
大四下	心的起航	毕业离校	回顾大学生活满怀感恩;展望未来发展充满自信	大学生活金三角;生涯幻游;我的五把金钥匙

··· 板块3：知识学习——班级团体辅导及特色 ···

教师寄语

各位同学，在前面的章节中，我们了解了班级团体辅导的设计和班级团体辅导案例。在下面的知识学习单元里，我们将向大家介绍班级团体辅导相关的基本知识，了解班级团体辅导的特点及优势，并以大学生四个学年八个学期的班级团体辅导实施为例，进一步协助同学们掌握班级团体辅导的知识与方法。

学习目标

1. 了解班级团体辅导的概念和发展。

2. 了解班级团体辅导的性质和特点。

3. 了解班级团体辅导的研究及应用现状。

第一节　班级团体辅导概述

一、班级团体辅导的概念

在中小学教育现场，"班级团体辅导"也被称为"心理健康教育课""心理健康教育活动课""心理训练课""心理活动课""心理辅导活动课""活动性心理教育课程""心理教育活动""班级辅导""班级辅导活动"等。

（一）班级团体辅导的不同理解

吴丽娟认为"学校班级辅导是我国的特产，以团体辅导的模式运用在班级"；班华认为"心理活动课是指有意识地运用有关心理学知识，使个体心理品质受到实际锻炼的课程，主要特征是在实际活动中培养心理品质，也称为心理训练课"。刘华山指出"心理辅导专门活动课是根据学生的身心特点和社会需要，有目的地对学生施加旨在促进其更有效地适应学校学习和社会生活的一种教育，其表现形式可以是活动或课程"；吴武典认为"实施班级团体辅导的基本原则是使学生的个性充分发展，同时又不损及群性。换言之，要使个人在大我中完成小我，在完成小我中又能促进大我，使大我与小我和平相处而并进。要使班级团体做到这一点，必须了解班级团体心理，运用团体辅导策略"。樊富珉认为"班级团体辅导是学校团体工作的形式之一，运用班级的特性，为班级全体学生提供发展性的心理健康服务，以及协助学生心理需求得到满足。班级团体辅导由教师与学生共同设计、进行与参与，是一种充分运用团体动力的助人历程"。

（二）班级团体辅导的定义

班级团体辅导虽然有多种不同的表述，但其实质是一样的：以班级为单位，以班级全体学生为辅导对象，以发展、教育和预防为主要功能的团体心理辅导形式。

本书认为，班级团体辅导是以班级为单位的团体辅导，辅导教师运用团体辅导的理论和技术，通过营造良好的班级气氛和班级内同学的人际互动，运用适合学生成长需要的活动，帮助学生调整自己的认知，改善与他人的关系，学习新的行为方式，预防并解决学生发展中的问题并激发学生潜能的教育活动。

二、班级团体辅导的发展

（一）班级团体辅导在欧美的发展

心理辅导起源于欧美，作为心理辅导主要形式之一的团体辅导也是从欧美最早发展起来的，至今已有百年历史。1907 年，美国艾奥瓦州山德瑞比高中开设的"职业和道德辅导"课，被认为是班级团体辅导的最早尝试。1908 年，康乃狄克州渥帕高中引进"职业信息"课。这些课程偏重教导式，为学生提供职业和生活信息，被视为职业性团体辅导的先驱。20 世纪 30 年代，班级团体辅导式的课程遍及全美各地，许多学校团体辅导的图书也先后出版。美国各级学校也实施"Homeroom"（同年级学生定期定点集会接受教师的指导），强化了教师的辅导功能。包括建立和谐的师生关系，协助学生自我探索。此类团体辅导的课程大多在班级教室中进行，人数约在 20—35 人，重要目标是提供正确的信息，用以协助学生改变自我和了解他人。领导者大多是教师或导师。此类课程活动常常应用各种教学媒体和团体动力概念，以引发成员的学习动机，并促进学生的团队精神。这可以说是最早的班级团体辅导。

（二）班级团体辅导在我国台湾地区的发展

班级团体辅导在我国台湾地区发展得比较早，也相对比较成熟。我国台湾地区的团体辅导在学习西方国家的基础上有所发展、有所创新，将团体的规模扩大到班级，在班级中再分成一个个小的团体，并将班级中的团体辅导工作作为学校整体心理辅导中的重点。钟志农对我国台湾地区班级团体辅导的发展做了梳理，发现早在 20 世纪 60 年代末，我国台湾地区颁布了"中学暂行课程标准"，将"指导活动"列为一个科目进入课堂；到 1983 年，修订后的"课程标准"将"指导活动"更名为"辅导活动"，以其来"统整实施各级学校辅导工作"。至 20 世纪 80 年代末，在"辅导活动课教科书编审委员会"审定的中学辅导活动教师手册中，又将"辅导活动"明确为"班级辅导活动"，并指出："班级辅导活动是全校辅导工作的一部分，也是学校辅导工作的基础。班级辅导活动做不好，整个辅导工作就不会成功。"1993 年，吴武典在《班级辅导活动设计指引》一书中，第一次将"班级团体辅导"的概念与"班级辅导活动"交错使用。例如，他在介绍该书内容的"序言"中指出：该书除了介绍班级团体的性质及一般班级团体辅导技巧之外，更具体地介绍了各种班级团体辅导活动方式，举例说明班级辅导活动的单元设计。因此，他将"班级团体辅导"与"班级辅导活动"作为同一概念来使用。1998 年，台湾政治大学教授李坤崇博士出版的《班级团体辅导》一书，系统地论述了"班级团体辅导"的意义、目标、功能、技术、过程、原则、方法以及评价等问题，较完整地构建了一个"班级辅导"的理论体系。

（三）班级团体辅导在大陆的发展

在我国大陆，班级团体辅导的起步较晚。2002 年 8 月，教育部颁布了《中小学心理健康教育指导纲要》，对中小学心理健康教育的总目标和分任务、内容、基本原则、组织实施、师资队伍、条件保障和其他需注意的问题作了详细的说明，并指出各地学校心理辅导的一项重点工作，就是心理教育课程的实验和发展，即在中小学开设专门的心理辅导活动课，将心理健康教育活动引入课堂，以课程的形式固定下来。原国家教委于 1997 年以思想政治课程的形式将心理教育课程纳入初一年级的课程计划中；江苏省教委于 1998 年也以类似的形式编制了供省内使用的"思想政治"课本；上海市虹口区与闸北区在20世纪90年代初期就旗帜鲜明地提出"心理辅导活动课程化"，主张将心理辅导从课外引伸到课内，设置课程排入课表，依据不同的年龄层次开展有分层目标和内容体系的课堂活动，同时还制定了上海市小学、初中、高中心理辅导活动课程实验大纲，正式把心理辅导活动课纳入课程计划之中。北京、山东、河南、天津、武汉、广州、长沙、石家庄、吉林等地也开展了包括心理辅导活动课这种以班级为单位的综合辅导活动，最大限度地满足全体学生的心理健康需求。2000年，江光荣，林孟平在《我国学校心理辅导模式探讨》中，受香港"全校参与辅导模式"的启发，提出了"班级为本的学校辅导模式"的设想：学校的心理辅导活动以班级为基本单位开展，班主任担任辅导员，以主题活动的方式进行，"以发展某一心理品质或解决某一普遍存在的心理问题为目标"。

"班级为本"的心理辅导设想提出之后，得到了广泛的关注，一些一线的教育工作者在教育实践中进行了尝试。北京、上海、武汉等城市的中小学开展了这一设想指导下的心理辅导活动。随后教育部将"班级为本"的心理辅导活动列入中小学现行教学计划内"活动课程"板块中，在很多学校的"校本课程开发"中占有重要的一席。

经过20多年的学校心理健康教育的发展，当前大陆地区学校心理健康教育正处在蓬勃发展的时期，虽然实践探索丰富，但是理论研究还比较薄弱。就班级团体辅导来说，对其性质、含义、目标、功能、内容、原则以及它的起源、发展和评价问题，专家学者与学校一线辅导教师的认识尚不统一，一直是目前学校心理健康教育与心理辅导领域有待于进一步探索、思考和总结的课题。

第二节　班级团体辅导的性质和特点

一、班级团体辅导的性质

根据美国团体工作专业者协会的分类，班级团体辅导属于辅导或心理教育性团体（Guidance/Psychoeducational Group），是学校心理健康教育活动的重要形式。班级团体辅导不同于"团体咨询"和"团体治疗"，主要是在认知和知识层面，通过一般教学和活动，传授知识、提供资料的预防性和发展性的活动。

吴正胜指出，班级辅导活动课以课程的形式，以具有一定程度的结构性团体形式来进行辅导，是将辅导与咨询服务普及于所有学生的最佳途径之一。他还归纳了国内外学者对课程性质的观点，提出班级辅导活动课程的性质如下：（1）具有发展性的辅导目标，是一种初级预防的功能。（2）以班级学生共同问题和需求为课题，不以个人问题为课题，以此与团体辅导做区分。（3）包括教育、职业、社会发展等向度。以发展个体的自我为核心，兼及情绪、人际、态度、价值、能力技巧等各层面的发展。（4）着重学生自发性的表达以及经验性的学习情境，是以多采用讨论式会谈的经验学习历程。（5）触及情绪、态度及价值等心理层面，教师需具备心理学的知识、辅导学的技能，了解儿童和青少年发展特征和需求。（6）是一种长期性、持续性的工作。

黄进南认为班级辅导活动依其性质而言：（1）是一种团体辅导；（2）以班级为单位；（3）以学生需求与问题为导向；（4）是一种有系统、有计划的教育方案。

许军民归纳了心理辅导活动课的五个特点：（1）从目标来看，它的发展性目标侧重于学生心理潜能的开发和心理品质的培养，帮助学生自我完善和健康成长。（2）从内容看，汇聚着人类在学习、生活、社会健康心理等方面的各种理论与方法，以学生心理年龄特征和需要为依据选择内容。（3）从学习活动方式上看，它是以经验为载体，学习方式必须是个体的自觉接纳，没有强制性的接受要求，更没有系统传授心理学知识的要求，而是以活动的方式，在教师的设计指导下，让学生在活动中体验、感受活动的内容及意义，学会做人、学习和生活。（4）从教育方法上看，主要通过活动训练，让学生感受实践，并通过辅导教师的指导语言和动作来调动个体的心理力量。（5）从教育评价来看，重过程参与，重自我评价，重经验分享，其评价是开放式的，没有一律的答案和固定的模式。

廖凤池认为班级辅导活动课具备六个特点：（1）班级辅导活动是发展性的辅导课程；（2）班级辅导活动是以学生为中心的活动课程；（3）班级辅导辅导过程必须和学生实际生活相结合；（4）班级辅导活动课的实施必须综合运用灵活的启发式教学技术和团体辅导的专业技巧；（5）班级辅导活动课是辅导学生的课程，不是游戏课；（6）班级辅导活动课应进行教学自我评价。

二、班级团体辅导的特点

（一）班级团体辅导的教育性与发展性

班级团体辅导是具有我国本土特色的辅导形式，班级团体辅导可以充分发挥班级的教育功能和促进学生发展的作用。这种形式在西方并不多见，西方国家的学校心理教育工作主要由专业的学校心理学家承担，多为矫治性的辅导，为问题学生提供专业的辅导与咨询。班级在我国学校教育中，尤其是中小学，是最基本的单位。班级既是行政班，又是教学班，学校的一切活动都是通过班级进行的。同时，班级也是学生学习和生活最重要的场所，是学生个性化和社会化发展的重要载体。每个班级的人数一般在40人左右，平时集体活动和上课都是以班级为主的形式参与的，是一个自然而然存在的团体。而且班级一旦分好后，一般中途不会有变动，人员稳定，很适合做团体辅导。班级团体具有心理性、社会性，是一个团体动力系统。班级本身就具有目标、结构、规范等要素，班级内充满了同学之间的互动，有着很强的团体动力，这些都为班级团体辅导提供了良好的条件，在这基础上，只要辅导者或班主任施以团体辅导的技术，班级就可以成为学生健康成长的最佳团体。

班级团体辅导强调学习情景与团体动力，通过学生们的集思广益，获得多重反馈和信息；通过带领团体的教师引导和催化，引发和发挥班级团体动力，达到助人的效果。班级团体辅导强调通过团体内的人际互动认识、探索自我，学习新的态度与方式。就班级成员而言，参与团体的经验具有重大的心理意义。团体提供给学生一个现实的社会的缩影，使他能将从团体中所获得的洞察与日常生活经验相连结，并在安全、信任的气氛中尝试去学习或改变行为。

（二）班级团体辅导与一般的团体辅导的区别

班级团体辅导与一般团体辅相比，有其独特之处，这也是学习班级团体辅导需要了解和掌握的地方。

1. 辅导对象

一般团体辅导可以根据辅导的目的对辅导对象进行筛选，但班级辅导无法筛选学生，它以全班学生为辅导对象，必须完全接纳班级中的每一个学生。即使成员不一定是自愿参与的，也不能筛选，所以在开始阶段可能会有抗拒或者很强的防卫心理，妨碍团体辅导的顺利进行。

2. 团体规模

一般的团体辅导规模较小，为8—12人。班级的规模要远远大于一般团体辅导的规模。在我国，中学班级一般规模为四五十人，多则七八十人甚至上百人。人数众多，规模过大，能否在团体辅导中照顾到每一个学生的需要，让所有的个体在班级团体辅导中都能得到发展，也是班级团体辅导面临的一个挑战。通常，在班级团体辅导实施时，都会从大团体热身开始，主题练习分小组（6—7人）深入讨论，最后结束时回到大团体总结（如图6-1所示）。

3. 团体辅导带领者

班级团体辅导的辅导者一般是学校的专职或兼职辅导老师来担任，但因为我国专业的心理辅导教师的缺乏，所以班级团体的辅导者一般由班主任或者兼职辅导老师担任。因为班主任跟学生接触的时间比较长，对学生的了解也更加深入，对他们的发展需求和发展问题也更加了解。但是确实存在专业训练不足的问题。

4. 团体性质

一般的辅导团体会出于辅导的需要而临时成立，随辅导的开始而开始，并随着辅导的结束，团体也随之结束。但班级团体辅导不同，班级本身就是一个真实存在的团体，在团体辅导之前就已经存在，而且并不随着团体辅导活动的结束而结束，而是会继续地存在下去。班级作为团体本身所处的发展阶段和特点，以及所具有的原有动力，会影响班级团体辅导的开展，尤其是在班级团体辅导的开始阶段，良好的班级氛围和动力可以促进班级团体辅导顺利地开展和进行，相反，则会阻碍班级团体辅导的进展。另外，因为班级这个辅导团体的持续稳定存在，会使得班级团体辅导的效果较为稳固和持久。这也是班级团体辅导的特别之处。

第三节　班级团体辅导的研究与应用

班级团体辅导的模式提出之后，不少研究者以及学校一线教育工作者分别从理论和实践等方面进行了相关的研究,在理论方面,樊富珉、胡三曼、吴增强、钟志农、陈汉红、吕明等论证了班级团体辅导在我国学校的可行性和适切性,从班级团体辅导的特点、内容、形式以及评价等方面都做了详细的论证,奠定了班级团体辅导在我国大、中、小学实施的理论基础。

关于班级团体辅导的干预效果的实证性研究已经在我国学校中开展。在高校,已经有班级团体辅导对提高大学生的心理健康水平的研究:樊富珉曾经在 1996 年对清华大学水利系和计算机系各两个班级进行过班级团体心理健康教育的实验,结果显示,实验班与对照班相比,班级团体辅导可以显著提高大学生的心理健康水平;刘琼珍等人发现,班级团体辅导对提高高职新生心理健康水平有显著效果,SCL - 90 的人际、焦虑、抑郁、强迫、偏执、恐怖和精神病性等 7 项因子在进行班级团体辅导干预实验后,均有显著性改善。

在中学,也有学校开始采用班级团体辅导对初中生的学习动机、入学适应、人际关系、青春期教育、生涯发展等问题进行干预研究。刘毅采用班级团体辅导对云南民族贫困地区初中生的社会支持进行干预,效果较为显著;刘晓玲、樊富珉等人 2006 年在陕西省蓝田县进行为期一年的实验,对贫困地区初中生心理健康状况进行了实证研究,在此基础上开发了班级团体辅导手册。此外,北京市、湖北省等一些地方编制了从小学到高三各个年级的、以班级为对象的心理素质教育教材;武汉在中小学开展青春期教育暨"现代少年"课程实验,对班级心理辅导的途径和方法进行研究;也有人对中学生偏常行为的特征、成因和矫治中的团体心理辅导等方面进行探索,取得了初步成果,这些研究都为学校班级团体辅导的实施提供了借鉴。

··· 板块 4: 活动应用——班级团体辅导实施与评估 ···

四 教师寄语

各位同学,在学习了班级团体辅导的理论基础和设计思路后,你们是不是对班级团体辅导具体怎样实施很好奇呢? 在本单元的最后,我们将向你们展示刘晓玲、樊富珉等人设计的贫困地区中学生班级团体辅导方案的具体辅导过程、实施过程,以及效果评估采用的方法。下面,就让我们一起来感受这个面向初中生的 12 次的班级团体辅导吧!

学习目标

1. 了解中学生班级团体辅导的活动过程。

2. 了解中学生班级团体辅导采用的练习。

3. 了解中学生班级团体辅导方案的评估和研究。

第一节　中学生班级团体辅导流程

第一次活动——有缘来相聚

（一）辅导目标

班级成员互相认识，消除陌生感，建立班级凝聚力和信任感，阐明辅导契约。

（二）辅导过程

表6-5　"有缘来相聚"辅导目标及操作

目的：让成员对活动有所了解 时间：约5分钟	简单介绍辅导的目的和意义 操作：在只有凳子的教室中，全体成员围成圈坐好，辅导老师对活动的内容、形式、持续时间做一简单介绍
目的：暖身，消除成员的陌生感，打乱原来的座位 时间：约5分钟	大风吹 操作：全体成员围圈坐好，团体领导者介绍活动规则：辅导老师说"大风吹，大风吹，大风吹到（具有某一特征的人，比如说戴眼镜的人）身上"，那么具有这些特征的人就必须立刻离开自己的座位，重新寻找其他座位坐下
目的：暖身，通过这一练习将成员分为若干组，并让他们初步感受团体对个人的重要性，增强团体凝聚力 时间：约20分钟	寻找我的快乐组合 操作：事先准备好与成员人数相等的纸条，用来分组，按照打算划分的小组数目写上与小组数目相等的几种不同的话。让成员每人抽取一张纸条，由同学自愿起来读自己抽到的纸条上的话，抽到写有同样话的同学为同一小组成员。最后，将全班同学分为若干小组（每组6—8人），也让同学们感受到由个人到团体的内心变化，并感受团体的形成。小组全部形成后，让小组成员一起为自己的小组设计组名，并共同为自己的小组设计一个标志，画在自己的胸卡上
目的：为保证团体正常发挥功能，实现团体领导者与成员之间的尊重与配合，建立团体成员需共同遵守的规范 时间：约15分钟	介绍和商定团体契约 操作：每个小组一张A4白纸，让小组成员共同讨论班级辅导规范，并在规定时间（5分钟）内尽可能多地写出辅导契约，最后团体领导者请每个组代表宣读本组的规范，并强调保密、守时、尊重、不批评不指责、包容接纳等基本原则。团体契约建立后，请每位成员在契约上签下自己的名字

（三）练习附录

1. **"寻找我的快乐组合"练习的材料如下**

we are together

找呀找呀找朋友

相亲相爱一家人

伸出友爱的双手

有缘千里来相会

海内存知己，天涯若比邻

友情是坚不可摧的

团结就是力量

2. 分组备选活动

准备几种不同颜色的彩色纸或者不同图案的卡片，让同学挑选自己最喜欢的，然后拿到相同颜色的或者相同图案的同学组成一组。设计组名和小组的标志"logo"，增加成员的互动和联系，齐心协力为小组建设而出力。

第二次活动——相亲相爱一家人

（一）辅导目标

增强团队成员的信任感和团结协作能力。

（二）辅导过程

表6-6 "相亲相爱一家人"辅导目标及操作

目的：通过这一练习，让成员体会团结协作解决困难，感受个人在集体中的作用以及团队对于个人的意义和重要性 时间：约10分钟	1. 解开千千结 操作： 将成员分为6—8人一个小组，辅导老师让每组成员手拉手围成一个圈，看清楚自己的左手边和右手边是谁，确认后松手，在自己的圈内自由走动，团体领导者喊"停"时，成员停住，相对位置不动，左右手分别拉住开始时分别拉住的成员的手，从而形成许多结或扣，要求成员设法解决难题，回复到起始状态，不能松手，但可以钻、跨、绕 手的位置若没有拉错，最后一定可以回复到起始状态。如果有的小组做得比较快，可以再做一次
目的：通过团体工作，了解合作的过程与重要性，学习互相配合，学习用非语言的方式表达，增进团体信任和生产力 时间：约35分钟	2. 建高塔 操作： 按第一次活动时组成的小组，辅导老师说明活动规则"每个小组用废旧报纸和胶带搭建一座高塔，全程不许说话，只能用非语言沟通，搭塔时间为30分钟"（发给每个小组30份旧报纸，一把剪刀，一卷胶带） 结束后每组推荐一人代表小组向全体介绍自己组的塔，说明塔名是什么，为什么，塔的特色是什么，这个塔是怎么搭建起来的，创意是怎么产生的，又是怎样执行的，小组内的每个成员的贡献都是什么，搭塔过程中的感受是什么。全部介绍结束后，评比哪组的塔最坚固，哪组的塔最高，哪组的塔最美丽，哪组的塔最有创意。最后，小组成员与自己小组的塔合影
目的：增强班级团体的凝聚力，促进成员有缘相聚、有福同享、有难同当的团体合作与互助意识	3. 相亲相爱 操作： 利用光盘或者教师现场教授，演示手语操"相亲相爱"，并解释歌词，分解动作一段一段教，所有学生一起学习

（三）练习附录

"相亲相爱一家人"练习材料（歌词）。

有福就该同享,有难必然同当;有缘才能相聚,有心才会珍惜。

第三次活动——Who am I

（一）辅导目标

引导成员认识和接纳自我。

（二）辅导过程

表 6-7　"Who am I"辅导目的及操作

目的：通过这一练习,帮助成员学习识别和接纳人和事物的独特性,并进而认识到自己也是独特的,促进他们对自我的进一步思考和探索 时间：约10分钟	1. 我的西红柿 操作：成员按小组坐好,每人发一个小西红柿,让成员花3分钟时间认真观察自己的西红柿,尽量调动一切感觉通道,视觉、听觉、嗅觉、触觉等,先用眼睛观察,然后闭上眼睛,感觉西红柿的触觉特征。5分钟后,小组内将西红柿混在一起,看看每个人是否能找到自己的西红柿。接着成员在小组内分享自己的西红柿有哪些特点,你是怎样找到的,找到后的感觉如何,找西红柿的练习给你哪些启发。最后每个小组推选一名同学在团体中分享自己小组的交流和自己的收获。 辅导老师在总结的时候可以引导成员认识人和事物的独特性,学习接纳这种独特性,并学习比较的方法
目的：强化成员对自己的认识,促进对自我的觉察,并加深对团体其他成员的认识和理解 时间：约35分钟	2. 自画像 操作：成员按小组坐好,辅导老师给每位成员发一张图画纸,每个小组一盒彩笔或油画棒。然后请成员画自己,把自己心中最能够代表自己的东西画出来,可以是任何形式的,如：抽象的、形象的、写实的、动物的、植物的等。作品没有好坏之分,关键在于能不能代表自己。画完后贴在墙上,开"画展",成员自由地观看他人的画,不加评论。欣赏完毕,请每一位画家对自己的画进行解释,大家也可以对他的画进行提问,画家答疑 这是一种独特的自我探索、自我分析、自我展示的方法,自画像用非语言的方法将画者的内心投射出来

（三）练习附录

"Who am I"练习材料。

做最好的自己（阅读诗歌）

如果你不能成为山顶的一株松

就做一丛小树生长在山谷中

（续表）

> 但须是溪边最好的一丛
>
> 如果你不能成为一棵大树,就做灌木一丛
>
> 如果你不能成为一丛灌木,就做一片绿草
>
> 让公路也有几分欢娱
>
> 如果你不能成为一只麝鹿,就做一条鲈鱼
>
> 但须做湖里最好的一条鱼
>
> 我们不能都做船长,我们得做海员
>
> 世上的事情,多得做不完
>
> 工作有大的,也有小的
>
> 我们该做的工作,就在你的手边
>
> 如果你不能做一条公路,就做一条小径
>
> 如果你不能做太阳,就做一颗星星
>
> 不能凭大小来断定你的输赢
>
> 不论你做什么,都要做最好的一名
>
> 让我们找到自己,保持本色
>
> 微笑着迎接新的挑战
>
> （译自 Douglas Malloch, *Be the Best of Whatever You Are*,译者不详）

第四次活动——天生我材

（一）辅导目标

帮助成员发现并认识自己的优点,提升自信心,学会欣赏别人的优点。

（二）辅导过程

表 6-8　"天生我材"辅导目的及操作

目的：通过这一练习,帮助成员了解自己的优点,珍惜自己的潜能,学习自我欣赏,自我肯定,学习欣赏别人,增进自信和信任 时间：约 20 分钟	1. 天生我材 操作：成员按小组坐好,辅导老师先介绍练习,每人一张"天生我材"练习表,请成员填写,然后,请成员在小组中讲出自己所填下的答案。要求：每位参加者说出同一项的答案后,再开始下一项。所有成员全部讲完之后,开始小组内讨论：你是否同意"每个人都有长处"? 原因是什么? 你向别人介绍自己的优点时的心情怎样? 这个练习让你对自己的认识跟以前相比有没有不同? 当你发现自己有这么多的优点的时候,你的感受是什么? 同学在介绍自己的优点的时候,你觉得跟以前自己对他(她)们的认识有没有不同? 当你发现别人有这么多的优点时,你的感受是什么?

（续表）

目的：学习发现别人的优点,学会欣赏别人,促进成员之间的互相肯定和接纳 时间：约 25 分钟	2. 优点轰炸 操作：成员按小组坐好,每个小组发一张颜色鲜艳的画报纸,用画报纸折一顶帽子,请一位同学坐在小组中央,将帽子戴在头上,接受小组其他成员的轰炸：小组每位成员面对面轮流说出他的优点及所欣赏之处(如性格、相貌、待人方式等),被轰炸者要真诚地对赞扬他的人说"谢谢"。小组所有成员依次全部接受"优点轰炸" 要求：必须称赞别人的优点,称赞时要具体,态度要真诚,要努力地去发现别人的长处,不能毫无根据地吹捧,这样反而会伤害别人。结束后,成员在小组内讨论,被称赞时哪些优点是自己以前觉察到的,哪些是自己以前所不知道的。被人称赞时的感受如何？称赞别人时感受如何？

（三）练习附录

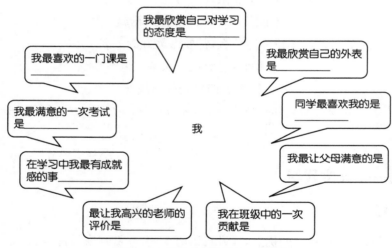

图 6-2　"天生我材"练习材料

第五次活动——我爱我家

（一）辅导目标

　　帮助成员重新认识父母的关爱,改善与父母的关系。

（二）辅导过程

表 6-9　"我爱我家"辅导目的及操作

目的：通过这一练习,帮助成员回顾幼年的生活和经历,重新认识并澄清自己与父母、家庭的关	1. 当我小的时候 操作：成员按小组坐好,辅导老师给每个小组发一盒彩笔或油画棒,每人发一张白纸,命题绘画,题目为"当我小的时候"。让成员回想小时候

（续表）

系,认识到家庭对自己的重要性和影响 时间:约20分钟	住过的地方、读书的地方、家里的人、周围的环境、平时所做的活动等。画完后小组内交流,小组内成员逐一向其他人介绍画的内容:画的是什么? 为什么选择画这些? 画上有没有爸爸妈妈? 他们在哪儿? 在做什么? 你自己在做什么? 帮助成员重新了解并澄清与家人,尤其是与父母的关系。辅导老师要对成员在练习中触发的情绪非常敏感,及时给予支持和处理,避免因此给成员带来伤害
目的:帮助成员重新整理并加深对父母的了解,用感恩的心对待父母,改善与父母的关系 时间:约25分钟	2. 我所了解的父母 操作:成员按小组坐好,辅导老师给每位成员发一张"我所了解的父母"练习表,填写完毕后,以小组为单位,每位成员依次分享自己对父母的了解。要求成员认真填写,不知道的可以空着,但不要随便填写。 交流之后,请成员思考: (1) 对于父母,我了解多少? 父母有哪些信息是我了解的? 这些信息我是怎么知道的? 哪些信息是我所不知道的? (2) 如果我对于父母非常了解,我的感受是什么? 如果对于父母我不太了解,我的感受是什么? (3) 做完这个练习,我的感受是什么? 作业: 请成员回家后仔细阅读《"贱贱"的爱》,并将"我所了解的父母"练习表补充完整,并在下次课上分享自己的感受

（三）练习附录

1. "我爱我家"练习材料

图6-3　"我爱我家"练习材料

2. 阅读短文

"贱贱"的爱

朋友阿忠因手术住院，我常去陪他，也因此认识了他那个仍住在乡下的老母亲。也许是心情不好，阿忠的胃口一直很差，这让他妈妈很焦虑，在这位没文化的人看来，不爱吃东西是很可怕的，更何况在医院里。

为了给儿子买份"对口"的饭菜，这位连电梯都不会坐，也毫无方向感的老母亲，在车水马龙的街头，不知要遇到多大困难呀！可是，每次母亲提来温热的饭菜时，阿忠总是有点不耐烦地皱着眉头，并大声叫她以后别"多事"了……可是妈妈每次总是慈眉善目地面对着儿子，那种心疼的神情，我看了都心疼。

这天，我又看见她汗流浃背地拎着汤面回来，气喘吁吁地说："我只敢跟别人坐电梯，结果人家只到三楼……"所以，她只好从三楼走到八楼，更可叹的是，千辛万苦上了八楼，发现走过头了，儿子住在七楼……

不知为什么，我的眼睛有点湿。这回，朋友阿忠一句话都不说，低头一口气把汤面吃个精光。我明白，这个时候，这个举动就是对母爱最好的回应。

表姐也曾在电话里给我讲她儿子的事，儿子说没空吃早餐，快迟到了，表姐趁他弯腰穿鞋准备出门的当儿，硬是把儿子平常最爱吃的巧克力甜甜圈塞进他的背包里，他发现了，臭着一张脸叫："老妈，你烦不烦！"不过，这回他没有当场扔掉甜甜圈。

可惜几分钟后，表姐下楼开启信箱时，发现那甜甜圈完整地、残酷地夹在报纸里。如此践踏一个母亲的爱心，表姐很伤心地问我："难道爱也有错误？"

台湾作家小野在一本书中写到他儿子租屋在外，他老婆雨中送葡萄去给儿子，结果三番两次被拒绝，小野气得吼她："真是贱啊！"可他太太完全不否认："是的，'贱贱'的爱，永不止息。"

（引自罗西：《"贱贱"的爱》，《新作文（小学低年级）》2007 年第 9 期，有删改。）

第六次活动——做个受欢迎的人

（一）辅导目标

提高人际交往能力，改善人际交往状况。

（二）辅导过程

表 6-10　"做个受欢迎的人"辅导目的及操作

目的：通过这一练习，帮助成员了解人际沟通是双向的过程，单向沟通可能会为人际交往带来一些困扰，学习如何避免或者减少人际误解，提升人际交往能力 时间：约 10 分钟	1. 单向沟通和双向沟通 操作：事先准备好两幅由几个简单几何图形组成的不同图形。 一、成员坐成一个大圈，由一名成员自愿到前边描述图形的内容，其他成员根据听到的信息，按照自己的理解画图。全程不可以提问。画完之后，邻近的同学互相看一下其他成员画出的图形，跟自己的是否相同？然后由描述的同学负责在黑板上（或者白板）上画出正确的图形。成员讨论有没有成员画的图形跟原图完全相同（一般而言，相同的极少）？自己画的与原图有哪些地方相同，哪些地方不同？为什么？ 二、再选一名成员充当志愿者，向成员描述第二幅图形，其他成员根据描述自己画，如有疑惑可以随时提问。画完后，再相互看一下其他成员画出的图形，然后由描述的同学将正确图形画出，成员再次讨论自己画出的图形与原图是否相同？为什么？
目的：帮助成员体会在人际交往过程中倾听的重要性，并学习怎样做一个好的倾听者，以改善人际关系 时间：约 10 分钟	2. 倾听练习 操作：成员按"1""2"报数，将成员分为"1""2"两个小组，助手将其中的"1"组成员先带出教室或活动室，安排任务：接下来的两分钟要求成员向自己的伙伴讲述一件最开心或者最有趣的事情。"2"组成员由辅导老师安排任务：接下来的一分钟内，要求成员认真倾听伙伴的话，当辅导老师发出一个口令，比如咳嗽，或者说"一分钟到"时，不再认真倾听伙伴的讲述 活动结束后，由"1"组成员谈谈自己的感受：自己在对同伴讲述的时候，同伴的表现怎样？自己的讲述是否顺利？有没有感觉到同伴中间有变化？如果有，是什么变化？他的变化对自己的讲述有没有影响？ 如果成员没有感觉到同伴在倾听中的变化，请"2"组成员告诉"1"组成员自己的任务，以及自己是怎样完成任务的
目的：通过这一练习，帮助成员更好地了解不同性别的想法，以及所欣赏的异性的特点，增加对异性的了解 时间：约 25 分钟	3. 我欣赏的男生和女生 将成员按性别分为若干小组，每组 6—8 人，每组一张"我欣赏的男生和女生"练习表，小组内头脑风暴，一人负责记录，其他成员一起开动脑筋想都欣赏什么样的男生和女生，想到的所有结果都要记录下来，中间不加任何评论，然后由每组选派一名成员向全体成员介绍自己小组讨论的结果，让成员有机会说出自己眼中欣赏的是什么样的男生、女生，男生和女生之间欣赏的男女生在哪些方面是相同的，哪些是不同的？从而帮助他们做一个受欢迎的学生

（三）练习附录

1. 沟通图

图形一：　　　　　　　　图形二：

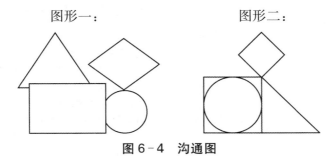

图 6-4　沟通图

2. **练习材料**

我欣赏的男生	我欣赏的女生

图 6-5 "做个受欢迎的人"练习材料

第七次活动——五彩心情

（一）辅导目标

帮助成员认识了解情绪，并学会管理情绪。

（二）辅导过程

表 6-11 "五彩心情"辅导目的及操作

目的：暖身，帮助成员对几种常见情绪有所了解 时间：约 5 分钟	1. 情绪脸谱 操作：事先准备好情绪脸谱图，画在黑板上，并将几种情绪名称打乱顺序写在黑板上，由同学一一连线，找到脸谱所对应的情绪名称
目的：帮助成员认识情绪，并学会表达和识别自己以及他人的情绪，并了解和掌握生活中不同的情绪是由哪些事情引发的 时间：约 20 分钟	2. 情绪知多少 操作：事先准备写有几种常见情绪的卡片，最好积极和消极情绪都包含 成员按小组坐好，每个小组派一名成员到辅导老师那抽取一张情绪卡片，然后各小组用非语言的形式，或者用情景哑剧将抽到的情绪表演出来，其他小组竞猜是哪种情绪。对表演竞猜的成员，以及竞猜成绩优秀的成员可以给予小礼物作为奖励 之后，小组成员头脑风暴，将生活中产生此种情绪的事情一一罗列出来。最后，推荐一名同学向其他成员介绍自己小组讨论的内容。帮助同学认识和梳理生活中引发不同情绪的各种事情
目的：帮助成员觉察并表达自己的情绪，并思考情绪产生的原因 时间：约 15 分钟	3. 情有可原 操作：请成员回想一下最近一个星期自己的情绪如何。与成员定出各种颜色所代表的情绪。请成员将这一周的情绪画在纸上，不同颜色代表这一周所有的情绪，而所画的面积代表该情绪所占的比重。等成员画好之后，在小组内分享。分享的内容可包括：(1)此画中的颜色分布比重；(2)为何分布成这样子；(3)是否有特殊事件发生等

（三）练习附录

图 6-6　"五彩心情"练习材料

第八次活动——画说生活

（一）辅导目标

帮助成员用积极的态度来看待生活，乐观地面对困难。

（二）辅导过程

表 6-12　"画说生活"辅导目的及操作

目的：让成员学会接纳生活，懂得并珍惜现在所拥有的 时间：约20分钟	1. 命运纸牌 操作：事先准备好写有不同命运的纸牌。 成员按小组坐好，团体领导者把纸牌放在一个盒子里，让成员随即抽取一张，不得更换。卡片上写有全新的一种命运安排。在小组内告诉其他成员全新的自己是什么样的，并说明自己是否满意纸牌上的自己

（续表）

	为什么？跟现在的生活相比，你更喜欢哪一种？如果是现在的生活，那么该怎样面对已经拥有的生活 要求：在制作命运纸牌时，应根据团体成员的实际情况设计，纸牌的内容要不太尽如人意，主要让成员意识到生活不可能是完美的，所有的生活都有好的一面，同时也有不好的一面，应该接纳并珍惜现在的生活 辅导老师要对可能引发的负面效应非常敏感，对成员给予支持并及时处理
目的：帮助成员对自己的生活做一下简单的回顾和评估，理解生活中都是有曲折和不如意之处的，要学会面对和接纳生活的不如意 时间：约20分钟	2. 生活线 操作：事先准备几种不同颜色的彩色纸。 每位成员选择一张最适合自己现在心情的彩纸。将彩纸对折，最左端代表生命的开始，依次向右延伸，折痕上部代表积极的生活事件，下部代表消极的生活事件，让成员回忆一下，然后画出自己的生活曲线，并对未来做一个预测。画完之后，贴上墙上，给一定时间让成员参观别人的生活曲线。然后讨论： (1) 有没有完全一样的生活曲线图？ (2) 与其他成员的生活曲线图相比，有哪些相同的地方？有哪些不同的地方？ (3) 看完其他成员的生活曲线图，你有什么发现？ 注：辅导老师要注意引导，让成员发现其实每个人的生活都不是一帆风顺的，都是有曲折的，生活中都有一些不如意的事情存在和发生，要学会面对和接纳生活中的不如意。并让他们看到所有人的生活曲线都是在向着积极的方向延伸发展的
目的：帮助成员以感恩之心看待生活，无论如意还是不如意之处 时间：约5分钟	3. 手语操：感恩的心 全体成员围成圈站好，团体领导者先将歌曲《感恩的心》的手语动作教给成员，然后播放音乐，成员跟着团体领导者一起做手语

（三）练习附录

1. 命运纸牌

（1）家中父母离异，经济困难，读书条件很差。

（2）父母下岗，家庭经济困难，不能支付目前的学习费用。

（3）与周围的同学人际关系紧张，很不受大家欢迎。

（4）学习成绩优秀，但人缘很差，不受老师和同学欢迎。

（5）家里很富有，但父母忙于工作，很少有时间陪伴自己。

（6）家庭条件很好，但学习成绩比较差，努力用功后效果仍然不明显。

（7）家庭条件很好，但自己患有小儿麻痹症，生活很不方便。

（8）以前家里很富有，现在却因意外事故而陷入经济拮据状态。

（9）自己除了学习，其他业余爱好基本没有。

（10）家庭条件很好，但父母二人不幸患有重病。

2. 阅读短文

挣脱"自我设限"

1920 年,美国田纳西州的一个小镇上,有个姑娘降生了。她的妈妈给她取了个"苔丝"的小名。苔丝渐渐懂事后,发现自己与其他孩子不一样:她没有爸爸,她是一个私生子。小伙伴不跟她玩,人们明显地歧视她。

上学后,歧视并没有减少。于是她变得越来越懦弱,开始封闭自己,逃避现实,不接触人。

在美国,有许多教堂,人们经常到那儿做礼拜。苔丝非常羡慕别的孩子一到礼拜天就跟着自己的父母,手牵手地走进教堂。她曾多少次躲在远处,看着人们兴高采烈地从教堂里面出来。有一天,她终于鼓起勇气,待人们进入教堂后,偷偷地溜进去,躲在后排倾听——牧师正在讲:

"过去不等于未来。过去你成功了,并不代表你未来成功;过去失败了,并不代表你将来就要失败。因为过去的成功或失败,只能代表过去,未来是靠现在决定的。现在干什么,选择什么,就决定了未来是什么。失败的人不要气馁,成功的人也不要骄傲。这个世界上不会有永远成功的人,也不会有永远失败的人。"

苔丝被深深地打动了,她感到有一股暖流充盈着她那孤寂的心灵。但她马上提醒自己:趁人们没有发现她时,赶快走。

第一次听过以后,就有了第二次、第三次、第四次冒险——但每次她都是偷听几句话就快速躲开。因为她胆怯、自卑,她认为自己没有资格进入教堂。

终于有一次,她听得实在入迷了,忘记了时间,直到教堂的钟敲响才猛然惊醒,但已经来不及了。人们已经挡住了她的去路。她只得随着人群慢慢移动。突然,一只手搭在了她的肩上,她惊慌地顺着这只手臂望去,正是牧师。

苔丝完全惊呆了,她不知所措,眼睛里满是泪水。

这个时候,牧师脸上浮起慈祥的笑容,说:

"过去不等于未来——不论你过去怎么不幸,这都不重要。重要的是你对未来必须充满希望。现在就做出决定,做你想做的人。孩子,人最重要的不是你从哪里来,而是你要到哪里去。只要你对未来保持希望,你现在就会充满力量。不论你过去怎样,那都已经过去了。只要你调整心态,明确目标,积极行动,成功就是你的了。"

从此,苔丝变了……在她 40 岁那年,她任职田纳西州州长。之后,她弃政从商,成为世界 500 强之一的公司的总裁。67 岁时,她出版了自己的回忆录《攀越巅峰》。在书的扉页上,她写下了这句话:过去不等于未来!

3.《感恩的心》歌词

我来自偶然　像一颗尘土

有谁看出　我的脆弱

我来自何方　我情归何处

谁在下一刻呼唤我

天地虽宽　这条路却难走

我看遍这人间坎坷辛苦

我还有多少爱　我还有多少泪

要苍天知道　我不认输

感恩的心　感谢有你

伴我一生　让我有勇气做我自己

感恩的心　感谢命运

花开花落　我一样会珍惜

第九次活动——DAY DAY UP

（一）辅导目标

帮助成员增强时间管理能力，更有效地学习。

（二）辅导过程

表6-13　"DAY DAY UP"辅导目的及操作

目的：暖身，让成员意识到成长中伴随着困难，学会正确地面对和看待困难与挫折 时间：约5分钟	1. 成长三部曲 操作：所有的成员都蹲在地上扮演"鸡蛋"，然后两人一组"石头剪刀布"，赢的一方成长为"小鸡"，"小鸡"半蹲着走路，输的一方继续为"鸡蛋"，蹲在地上。同为"鸡蛋"的两人继续"石头剪刀布"，赢的成长为"小鸡"，输的继续作"鸡蛋"，同为"小鸡"的两人也继续"石头剪刀布"，赢得成长为"大鸡"，"大鸡"站着走路，输的退化为"鸡蛋"。同类"大鸡"之间进行"石头剪刀布"，赢得成长为"凤凰"，可以回到座位，输的退化为"小鸡"。最后剩下各一个"鸡蛋""小鸡"和"大鸡"。让成员分享感受
目的：帮助成员认识到时间的意义和价值，学会珍惜时间 时间：约15分钟	2. 一分钟的价值 操作：成员按小组坐好，每个小组一张白纸，小组成员头脑风暴，尽可能地写下一分钟能够做多少事情。如果成员觉得很困难，辅导老师可以加以启发引导，比如"一分钟可以背诵8个单词"等。写完之后，每个小组选派一名代表向其他成员介绍
目的：通过这一练习，帮助成员梳理目前的时间规划，并制定合理的时间规划 时间：约25分钟	3. 时间馅饼 操作：按小组坐好，请成员填写"时间馅饼"练习表。大圆代表24小时，成员以圆心为基点，划分出睡眠、学习、运动、吃饭、看电视等所占据的平均时间。在小组内分享，讨论自己的时间安排是否合理，有没有哪些可以改进的地方。辅导老师要注意正确引导。然后让成员再次填写"理想的时间馅饼"，填完后再次在小组内讨论

（三）练习材料

时间馅饼

以大圆代表一天 24 小时，请根据你一天生活的平均活动状况，将各类活动所花费的时间按比例在左下图圆内画出（包括睡觉时间、三顿饭花费的时间、个人卫生时间、学习时间或工作时间、与人交流的时间、上网时间、运动时间、休闲娱乐时间、其他时间等）。圆内每格表示 1 小时。然后再想一想你个人期望的时间安排，请画在右下图中。

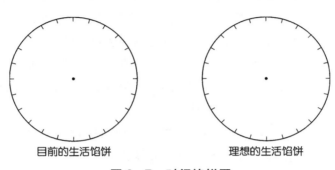

目前的生活馅饼　　　　　　　　理想的生活馅饼

图 6-7　时间馅饼图

第十次活动——调一调心灵的弦

（一）辅导目标

帮助成员认识压力、解决困扰、缓解压力。

（二）辅导过程

表 6-14　"调一调心灵的弦"辅导目的及操作

目的：帮助成员认识并整理学习以及生活中的压力事件 时间：约15分钟	1. 压力大搜查 操作：按小组坐好，请成员填写"我的压力清单"练习表，写完后在小组内分享每个人的压力，看看大家的压力都有哪些，有没有共同的压力
目的：帮助成员学会处理压力，并学习寻求帮助来解决个人的困扰 时间：约25分钟	2. 秘密大会串 操作：成员恢复大圈坐好，每位成员一张纸，辅导老师请每位成员把目前最大，以及最想解决的压力写在纸上，不署名。写完将纸折好，放在盒子中，辅导老师随机抽取一张，大声念出纸上的内容，请成员共同思考，一起出主意，帮助提问题的人解决困难。讨论完一张再讨论另一张。直至所有纸条上的问题都逐一解决。最后，辅导老师引导成员思考怎样从他人的经验中学习成长
目的：学习放松，缓解压力 时间：约5分钟	3. 放松训练（伴随轻松的音乐，辅导老师用舒缓的声音吟读附录中的放松指导语）
目的：规划未来	4. 课后作业：绘画"未来的我"

（三）练习附录

1. 放松训练的材料

> 我仰卧在水清沙白的海滩上，沙子细而柔软。我躺在温暖的沙滩上，感到舒服，能感受阳光的温暖，耳边听到海浪的声音，感到温暖舒适。微风吹来，使我有说不出的舒畅感觉。微风带走我的思想，只剩下一片金黄色的阳光。海浪不停地拍打海岸，思维随着节奏飘荡，涌上来又退下去。温暖的海风吹来，又离去，带走了心中的思绪。我感到细沙柔软、阳光温暖、海风轻缓，只有蓝色天空和大海笼罩着我的心。阳光照着我全身，身体感到暖洋洋的。阳光照着我的头，我感到温暖和沉重。
>
> 轻松暖流，流进右肩，感到温暖沉重。呼吸变慢、变深。轻松暖流，流进我的右手，感到温暖沉重。轻松暖流，流进我的右臂，感到温暖沉重。又流进我的后背，感到温暖沉重，从后背转到脖子，脖子感到温暖沉重。
>
> 我的呼吸变慢、变深。轻松暖流，流进我的左肩，感到温暖沉重。轻松暖流，流进我的左手，感到温暖沉重；流进我的后背，感到温暖沉重，从后背转到脖子，脖子感到温暖沉重。呼吸变慢、变深。轻松暖流，又流回左臂，感到温暖沉重。
>
> 我呼吸变慢，变得轻松。心跳也慢，有力。轻松暖流，流进右腿，感到温暖沉重。呼吸变慢变深。轻松暖流流进右脚，感到温暖沉重。呼吸变慢变深。轻松暖流，又流回右腿，感到温暖沉重。
>
> 呼吸变慢，越来越深，越来越轻松。轻松暖流流进腹部，感到温暖轻松；流到胃部，感到温暖轻松；最后流到心脏，感到温暖轻松。整个身体变得平静。心里安静极了，已经感觉不到周围的一切，四周好像没有任何东西。我安然躺卧在大自然中，十分自在。

2. 图画材料
我的压力清单

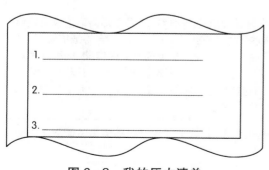

图 6-8　我的压力清单

图 6-9　压力来源漫画

第十一次活动——未来的我

（一）辅导目标

了解自己的才能，初步规划未来。

（二）辅导过程

表 6-15　"未来的我"辅导目的及操作

目的：帮助成员更好地了解自己的才能 时间：约 10 分钟	1. 了解自己的才能 操作：成员按小组坐好，填写"多元智能测试"，该测试共 20 个题目，分别对语言、音乐、逻辑数学、空间、身体动觉、自我认识和认识他人等 7 项才能进行测试。测试结束后，以小组为单位进行分享。讨论这个测试让你有什么收获？以前有没有认识到自己的这些才能？对你的未来有哪些启发？
目的：帮助成员对未来做初步的规划 时间：约 30 分钟	2. 两个未来的我 操作：根据多元智能测试的结果，以绘画的形式重新合理地设计"未来的我"。然后比较课前、课后两个"未来的我"有什么不同

（三）练习附录

了解自己的才能

1. 我在背诗及有韵律的词句时很出色。
2. 我能注意到你愁闷和高兴时的情绪变化。
3. 我常常问诸如"时间从什么时候开始"的问题。
4. 我很少迷路。
5. 我的动作很优美。
6. 我唱歌时音阶很准。
7. 我经常会问打雷闪电和下雨是怎样形成的等问题。
8. 经常说的一个词我用错了，你就会纠正。
9. 我很早就会系鞋带，出人意料地早会骑车。
10. 我特别喜欢扮演某种角色并编出剧情。
11. 出外旅行时，我能记住沿途标记，并指出我们曾到过这个地方。
12. 我喜欢听各种乐器，并能通过辨音认出它们。
13. 我地图画得很好，对物体描绘清晰。
14. 我善于模仿各种身体动作以及面部表情。
15. 就像喜欢根据大小和颜色把玩具分类一样，我善于划分种类。

（续表）

16. 我长于把动作与情感联系起来,譬如说：我发昏了才做这事。
17. 我能够相当精彩地讲故事。
18. 我能够对不同的声响发表议论。
19. 某人被引荐,我有时会说：你使我想起了谁。
20. 对别人能完成与不能完成的事我能做准确的评论。

表 6 – 16   "了解自己的才能"统计表

				得分
语言才能	1	8	17	
音乐才能	6	12	18	
逻辑数学才能	3	7	15	
空间才能	4	11	13	
身体动觉才能	5	9	14	
自我认识才能	10	16	20	
认识他人才能	2	10	19	

第十二次活动——明天会更好

（一）辅导目标

整理收获,帮助成员自信乐观地面对未来,结束团体练习。

（二）辅导过程

表 6 - 17　"明天会更好"辅导目的及操作

目的：整理收获,结束团体,帮助成员自信乐观地面对未来 时间：约 25 分钟	1. 写给自己的信 操作：每人一张信纸,一个信封,在信封上写下自己的地址,信纸上称呼写自己的名字,内容写： 我感谢自己的是： 我欣赏自己的是： 我祝福自己的是： 我希望自己的是： 写完后交给团体领导者,由辅导老师待辅导全部结束后寄还给每位成员
目的：结束团体辅导,帮助成员自信乐观地面对未来 时间：约 20 分钟	2. 手语操：相亲相爱一家人 操作：全体成员围成圈站好,辅导老师先将歌曲《相亲相爱一家人》的手语动作教给成员,然后播放音乐,跟着辅导老师一起做手语动作

第二节　中学生班级团体辅导方案的效果评估

一、班级团体辅导效果评估方法和工具

采用对照组实验组前后测设计,比较实验组和对照组被试在班级团体辅导前后的心理测量分数。前后测问卷主要采用一般健康问卷（GHQ—20）,中国中学生心理健康量表和自尊量表考察学生的心理健康水平和自尊等心理状况。

（一）一般健康问卷 GHQ—20

采用戈德堡（Goldberg）编制,清华大学心理学系李虹等人修订的一般健康问卷（GHQ—20）测量学生的心理健康水平。该问卷共 20 个题目,包括 GHQ—20 自我肯定,GHQ—20 忧郁和 GHQ—20 焦虑三个分量表。具有较高的信度和效度。GHQ—20 的 20 个题目以"是"和"否"计分,"是"记 1 分,"否"记 0 分。自我肯定量表得分越高,自我肯定程度越强,忧郁和焦虑量表得分越高,表明忧郁和焦虑程度越强;将自我肯定量表计分进行反向转换后与忧郁、焦虑量表分合成,形成心理问题总分,总分越高,心理健康水平越低。

（二）中国中学生心理健康量表

中国中学生心理健康量表由王极盛编制,共包括 60 个题目,采用五级评分。总量表包括强迫症状、偏执、敌对、人际关系紧张与敏感、抑郁、焦虑、学习压力、适应不良、情绪不平衡、心理不平衡 10 个分量表。其中 2 分—2.99 分,表示该因子存在轻度问题;3 分—3.99 分,表示该因子存在中等程度的症状;4 分—4.99 分,表示该因子存在较重的症状;5 分,表示该因

子存在严重的心理症状。总均分 2 分—2.99 分，表示存在轻度的心理健康问题；3 分—3.99 分，表示存在中等程度的心理健康问题；4 分—4.99 分，表示存在较严重的心理健康问题；5 分，表示存在非常严重的心理健康问题。

（三）自尊量表

自尊量表由罗森伯格（Rosenberg）编制，量表包括 10 个题目，由 5 个正向题和 5 个反向题组成，采用四级评分，总分范围为 10—40 分，分值越低，自尊程度越高。具有很好的信度和效度。

二、班级团体心理辅导实施的效果

（一）被试基本资料

陕西省蓝田县蓝田中学 74 人和文姬中学 91 人参加了实验，共 165 人，其中 74 人是实验组，参加十二次班级团体辅导。蓝田中学初中二年级随机抽取一个班级共 74 名同学作为被试，将 74 名被试随机分为两个同质小组，分别作为实验组 34 人和对照组 40 人；文姬中学初二年级 91 人作为被试，其中实验组 40 人，对照组 51 人。对实验组被试实施了共十二次的班级团体辅导，对照组不进行任何干预。

表 6‐18 蓝田中学实验被试基本信息

		实验组（34 人）	对照组（40 人）
性别	男	17	22
	女	17	18
年龄	12	—	4
	13	22	16
	14	9	12
	15	3	5
	16	—	3
家庭状况	父母都在身边	21	25
	父母一方在外打工	9	12
	父母双方都在外打工	4	3
家庭经济状况	非常富裕	—	2
	比较富裕	8	5
	一般	20	26
	比较困难	5	6
	非常困难	1	1

表 6-19　文姬中学实验被试基本信息

		实验组(40人)	对照组(51人)
性别	男	20	26
	女	20	25
年龄	13	9	11
	14	18	25
	15	11	14
	16	2	1
家庭状况	父母都在身边	20	20
	父母一方在外打工	17	22
	父母双方都在外打工	3	9
家庭经济状况	非常富裕	—	—
	比较富裕	4	—
	一般	17	30
	比较困难	14	18
	非常困难	5	3

（二）实验过程

图 6-10　初中生班级团体辅导实验流程

1. 前测

在实施班级团体辅导之前，对实验组和对照组被试同时进行心理健康状况问卷调查，采用 SPSS 对数据进行处理分析。

2. 实施班级团体辅导

在蓝田和文姬两所初中同时对实验组被试实施班级团体辅导，共六次，十二个单元。

3. 后测

班级团体辅导结束后，对实验组和对照组被试同时进行心理健康状况后测，采用 SPSS 对数据进行处理分析，结果如下：

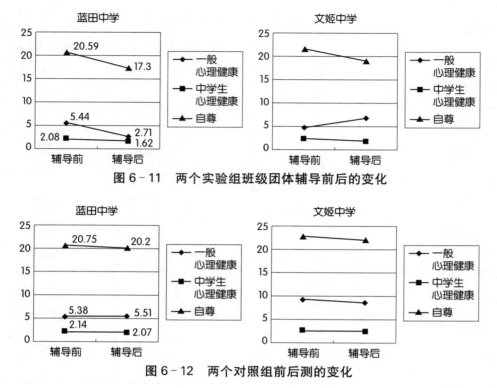

图6-11　两个实验组班级团体辅导前后的变化

图6-12　两个对照组前后测的变化

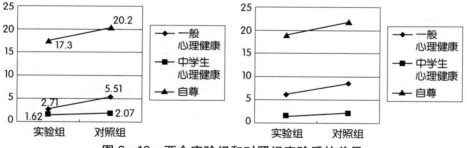

图6-13　两个实验组和对照组实验后的差异

　　从以上图表中可以看出，实验组被试在实施班级团体辅导之后，在心理健康水平上与实验前相比有了显著的改善，一般健康问卷（GHQ—20），中学生心理健康量表和自尊量表得分均有了显著的下降，表明实验组被试的心理健康整体水平以及自尊等有了显著的提高和改善，而对照组被试的心理健康水平前后没有显著差异。此外，实验组和对照组被试的心理健康水平在试验前没有显著差异，但在实验后则有了显著性的差异，实验组被试的一般健康问卷（GHQ—20），中学生心理健康量表和自尊量表的得分显著低于对照组被试，因此通过实施班级团体辅导，实验组被试的心理健康水平有了显著的提高，班级团体辅导的效果非常显著。

(三) 结论

　　陕西省蓝田县蓝田中学和文姬中学的初中二年级班级团体辅导的实验研究证明，该中学生班级团体辅导方案有针对性，有实效，有助于中学生心理健康水平的提高和人格成长的促进，具有在中学生心理教育和管理中应用和推广的价值。

··· 板块 5：单元作业 ···

忆一忆

1. 班级团体辅导有哪些特点？

2. 班级团体辅导的研究需要考虑哪些因素？

3. 设计一个班级团体辅导方案都需要经历哪些过程？

4. 一份班级团体辅导方案包括哪些内容？

练一练

1. 让学生们分组练习设计一个班级团体辅导方案。

2. 带领学生体验本单元所介绍的班级团体辅导方案中的具体练习。

••• 板块 1： 团体练习导入 •••

📖 教师寄语

同学们,本单元是团体辅导的应用篇之二,我们将向大家介绍一种在近些年受到越来越多关注的团体辅导模式——积极心理团体辅导,这种团体辅导借鉴了积极心理学的理念,旨在提升成员的主观幸福感,注重培养成员的性格优势,帮助成员更多地体验积极情绪,增进积极关系,适用面广泛,可以大量应用于学校、企事业单位、社会机构的心理教育团体中,也能够被心理咨询机构和医疗机构的咨询和治疗团体借鉴。在单元开始前,我们先来一起体验两个在积极心理团体辅导中常用的练习。

团体练习 7-1：优势接力

1. 目的：让学生通过游戏的方式发掘和分享自身优势,活跃气氛,提升自信,增进对彼此的了解。

2. 时间：10 分钟左右。

3. 操作程序：

(1) 让成员围成一圈,用接力的方式依次大声喊出自己的优势。

(2) 可以根据时间安排几轮发言,每轮发言团体领导者可以给提示,比如"请分享一个你在性格方面的优势""请分享一个你在能力方面的优势""请分享一个你在外形上的优势"……

4. 注意事项：

(1) 如果有同学在轮到自己发言的时候说没有想出来,可以先跳过这位同学,等一下再让其发言。

(2) 要鼓励同学明确具体地分享自己的某个优势。

团体练习 7-2：三件好事

1. 目的：发现生活中的美好,体现积极情绪,培养积极心态。

2. 时间：15—20 分钟。

3. 准备：每人一支笔、一张白纸。

4. 操作程序：

（1）邀请每一位团体成员想一想最近 24 小时内发生在自己生活中的三件好事，不一定是人生中重大的事情，如升职、加薪、结婚、获大奖。可以是日常生活中常见的小事，但能给你带来开心、喜悦、满足、欣慰、平静的感觉，如收到一条问候的微信、读到一本好书、吃到一道好菜、看到他人的笑脸、运动后的轻松、被他人感谢、公交车上有人给你让座等。请写下这三件好事。

（2）想一想这三件好事为什么会发生？

（3）在小团体中分享自己写的三件好事，听听他人的三件好事，感受每个人的快乐和满足。

（4）把这个练习带到生活中，坚持每天临睡前想一想当天发生在自己身上的三件好事，最好记录下来。连续坚持十天，看看自己会有什么变化。

5. 注意事项：积极心理学的研究发现，三件好事的练习可以使人降低抑郁水平，提升幸福感，并感知生活的美好，促进积极心态的养成。该练习坚持 7—10 天后，即使不再刻意去练习，也会持续提高幸福感。

··· 板块 2：技术点拨——积极心理干预 ···

教师寄语

各位同学，在学习积极心理团体辅导前，我们需要了解一下积极心理学对心理干预的影响，积极心理干预的概念、方式、特点，以及积极心理团体干预的类型，干预的模型，以及常用的练习。在技术点拨部分，我们将一一向你介绍。

学习目标

1. 了解积极心理干预的概念和常用方法。

2. 了解积极心理干预的有效性和改变机制。

3. 了解积极心理团体干预的目标、常用模式和练习。

第一节　积极心理干预概述

一、积极心理干预的概念

积极心理干预（Positive Psychological Intervention，简称 PPI）是以积极心理学为理论指导的心理干预，也称积极干预、快乐干预。它不仅仅包括针对心理障碍人群的病理性疗法，还包括对正常人的发展性辅导，其根本的出发点和理念是一致的——就是集中于关注人的积极力量和积极品质的发掘和培养。

积极心理学创始人塞利格曼（Seligman）在《积极心理治疗手册》中提到"积极心理干预"，指出积极心理学可以在心理辅导和治疗实践中应用。有不少学者谈到，积极心理干预是以培养积极的情感，积极的行为或积极的认知为目标的治疗方法或精心组织的干预活动。明确被标记为"积极心理学干预"的方法，是自 1998 年成立积极心理学以来被开发和评估验证的。只要该干预方法是基于实证研究支持的，并且其主要目的是增加幸福感（而不仅仅是减轻症状），无论该方法是在建立积极心理学之前或之后的，或是在其他任何心理学领域内发展起来的，都可以被视为积极的心理学干预。

我们将积极心理干预定义为：以积极心理学理论为基础，通过与其一致的理论模型来进行的心理干预，是以提升幸福感为目的的。

积极心理干预是在当代积极心理学运动背景下发展出来的一种心理治疗取向。积极心理学主要研究积极情绪、性格优势、有意义的关系，积极心理干预利用积极心理学的研究成果，在心理治疗中重视给生活注入快乐、投入和意义，进而增进当事人的幸福感。

二、积极心理干预的原理和方法

（一）积极心理干预的原理

塞利格曼在战略层面指出了将积极心理学应用到心理辅导和心理治疗的远大构想，也一直在临床实践中不断探索和总结有效的积极心理干预方法。在战略层面上，塞利格曼认为，心理治疗最好的深层战略应该是培养人的积极力量和积极品质，具体来说主要包括三个原则：第一是坚持慢慢灌输的原则；第二是培养积极力量的原则；第三是叙事的原则。在技术策略上，他认为好的心理治疗具有的技术策略应该包括以下几个方面：关心、权威性形象、亲和力、付出服务、信任、开放性、给问题以合适的命名、交流的技巧等。

积极心理干预认为，每个人都有认识和爱这两种能力，由于对现实的认识而派生出守时、有序、整洁、礼貌、诚实、节俭等现实能力；由于爱而派生出耐心、时间、交往、信心、信任、希望、信仰、怀疑、确定和团结等现实能力。积极心理治疗的立足点就在于激发被治疗者的这两种积极的基本能力。

激发来访者的认识能力，也就是从积极的角度激发来访者的感觉、理智、传统和直觉能力，使来访者通过与治疗者的相互交流而自己感悟到对问题的积极认识。激发来访者的爱的能力，就是激发对象的积极情感能力——包括爱人与被爱的能力，具体分解为四种基本关系——自我意识（与自我的关系）、人际关系（与你的关系）、归属关系（与我们的关系）、世界观、理想和信念（与原始我们的关系）。

此外，积极心理干预认为冲突是人的能力在发展中受到阻碍、忽视或片面发展而造成的，冲突主要可以归纳为四个方面：躯体/感觉、工作/成就、交往、未来。因此，咨询师会通过向来访者询问这四个方面的关系进行诊断和干预。

我国学者任俊总结出影响积极心理干预的要素主要有三点：（1）跨文化性——积极心理干预的一个重要方法是对每个人的文化现象做出具体分析，并在跨文化的基础上激发每个人自身的"积极"体验，使之变成积极的人格特质。（2）冲突——积极心理干预通过识别个体的冲突，寻找冲突中的积极因素，从而解决冲突。（3）积极人格特质——积极心理干预在个体水平上主要关注个体的积极人格特质，通过培养积极人格特质来使来访者激发起自身的力量而改变对问题的片面看法；积极心理干预着重提倡主观幸福感、自我决定、乐观情绪和快乐感这四种积极人格特质。

（二）积极心理干预的机制和具体策略

由于积极心理干预强调积极认知和积极情感的培养，在临床应用中，它常常使用认知疗法、行为疗法、理性情绪疗法等一些经典治疗方法；又因为其强调对来访者的尊重，所以治疗过程相对于认知行为疗法来说更为人本，吸收了个人中心疗法的一些理念；此外，由于积极心理干预强调跨文化影响的作用，它还常常使用家庭治疗、社区治疗等常用的治疗模式。积极心理干预机制主要有三个方面：

1. 认知层面

积极心理干预手法会引导来访者把注意力从负面的事件中移开，关注生活中积极的、有希望的一面。

2. 行为层面

当来访者在工作学习中使用自身优势和个性优势时，会带来投入和沉浸的积极情绪，从而使来访者能够更好地在学习与工作中发挥自己，形成一个良性循环。

3. 意义层面

来访者和咨询师一起设计如何在工作、爱、养育、友情和休闲中去使用自己的显著优势。

图 7 - 1　积极心理学的主要内涵以及干预示意图

（三）积极心理干预的主要策略

积极心理学的主要策略有：关注、权威形象、和睦关系、言语技巧、信任等。深度策略主要有：灌注希望、塑造力量和叙述，其内涵均是增强被治疗者的力量，而不仅仅是修复他的缺陷。

近些年来，国内外积极心理学者在临床实践中开创了许多干预方法，比如传授有关增强快乐的策略的课程、读书治疗、想想你的幸事、三件好事、感激日记、感谢访问、做善事、学会谅解、在家庭和朋友上投入时间和精力、关照身体、发展应对压力与艰难的策略、增进乐观等。

我国对于积极心理干预的实践研究相对较少，北京师范大学的刘翔平教授曾对乐观疗法进行探索，根据积极心理学对习得无助和悲观情绪的解释，设计出了归因训练和认知策略训练来矫正学习障碍学生的消极情绪，并分析了其有效性。

三、积极心理干预的功能和有效性

（一）积极心理干预的有效性

积极心理干预的目的是提升来访者的幸福感，无论是对于健康人群还是心理问题人群。大量研究证明，积极心理干预是有明显效果的。王一杰（Wong. Y Joel）等曾分析了以积极心理学为理论背景的优势中心疗法，强调在心理辅导实践中发现来访者的优势，帮助其识别并发扬优势，能够有效促进来访者的个人成长，提高心理辅导效果。塞利格曼认为，几乎所有胜任的心理咨询师和治疗师都在心理治疗中帮助来访者增强这些人格力量，其所发挥的作用比迄今所发现的特殊的治疗因素更大。积极心理干预必将提升心理健康，也将使心理治疗的效果进一步增强。

（二）积极心理干预的三大功能

1. 积极增进：关注所有的人

心理健康不应该仅仅是没有心理疾病，而应该是心理和精神的强健有力、生机勃勃的状态。积极心理干预不仅要帮助"正常"人过上更丰富、更令人满意的生活，而且要帮助存在心理障碍者也过上快乐的生活。

2. 积极预防：预防重于治疗

积极心理学极为重视心理疾病的预防。积极心理学发现，存在着具有缓解心理疾病作用的积极的人格力量或个性优势，诸如勇气、人际关系技巧、理性、洞察力、乐观、诚实、坚韧、现实主义、快乐能力、安适、心系未来、发现目的等。通过识别和增强人们身上的这些积极的人格力量，能够有效地对心理疾病进行预防。

3. 积极治疗：强化性格优势

塞利格曼认为，最好的治疗不仅能医治创伤，还能帮助人们认识和增强其人格力量和优势。采用积极心理学的方法，有助于直接或间接地缓解痛苦，消除其根源。无论是积极增进的功能，还是积极预防和积极治疗的功能，都是通过积极干预即培养积极情绪和增强人格力量来实现的。

（三）积极心理干预的有效性因素

第一，积极心理干预将来访者注意、记忆、期望方面的消极偏差引导到积极方向，而从进化的角度看，人天生就倾向于更关注自我和环境的消极方面，这样才能迅速修复那些破损，增加生存的可能性。

第二，积极心理干预能帮助来访者体验到更多的积极情绪，根据扩展和建构理论，积极情绪扩展即是思维—行动范畴，进而帮助建造个人资源，促进问题解决和个人发展。

第三，积极心理干预的很多练习都是围绕生活的积极方面进行写作，有证据表明，这一干预可以增强健康和幸福感。

第四，积极心理干预帮助来访者确认并运用自身的性格优势，使来访者有更多机会体验到沉浸（投入），沉浸体验与投入地生活有关，并且可以增加幸福感。

第五，积极心理干预的很多练习都可以改善来访者的人际关系，增进幸福感，比如画优势家谱、写原谅信，在别人分享好消息时给予主动—建设性反馈等。

第六，积极心理干预强调温暖、共情、真诚的咨访关系，这是干预的关键。

综上分析，积极心理干预因其有效性和简单丰富的干预策略，能广泛应用在学校、司法机构、医院、社区、家庭等领域。而其干预形式也可以和现有的许多心理干预形式相结合，创造出积极心理干预理念下的个体咨询、团体辅导、家庭治疗、课堂干预、社区干预等。

第二节　积极心理干预的模式和方法

一、积极心理干预的模式

无论是对于健康人群还是心理问题人群，积极心理干预的目的是提升来访者的幸福感，针对如何实现提升幸福感这一目标，心理学家们已经创造出了许多提升幸福感的有效方法，比如：参加符合个人价值观和兴趣、改善心情的有目的的活动、邀请来访者确认什么目标对自己是重要的，鼓励来访者以多种方式追求目标，运用性格优势，设想理想自我，写感恩日记和原谅信，表达乐观和希望，回想并写下积极生活事件，练习冥想，锻炼身体等。

我国积极心理学研究者曾光、赵昱鲲依据积极心理学的经典幸福理论和性格优势理论，以及前人的实践成果，总结出了积极心理干预6＋2模式图（如图7-2所示），提出积极心理干预的内容可包括：以引导个体发现和善用性格优势为核心，改善身心健康，帮助个体创造和体验更多的积极情绪，学会积极地投入，发现积极自我，建立和维系积极的人际关系，寻找和发现积极意义，创造积极成就。

图7-2　积极心理干预"6＋2"模式图（曾光，赵昱鲲，2019）

可见，积极心理干预的内容很丰富，而在实际临床实践中，并不是所有的积极心理干预模式都会覆盖到上图所有内容，有的可能以某一项为重点，有的可能选择其中几项为重点，只要干预的核心内容符合图中的某一个部分，就属于积极心理干预的范畴。随着临床实践的积累，国内外学者已经陆续总结并发表了一系列经过实证、有效的积极心理学取向的干预模式，如表 7 - 1 所示。

表 7 - 1   国外比较成熟的积极心理干预模式

序号	模式或项目名称及开发时间	开发者
1	积极心理治疗（2006,2008）	Tayyab Rashid & Martin Seligman
2	十四要点的幸福项目（1983）	Michael Fordyce
3	幸福治疗（2003—2004）	Giovanni Fava
4	生活质量治疗（2006）	Michael Frisch
5	以人为中心的治疗（1951,2003,2006）	Carl Rogers, Joseph h 和 Linley, Ken Sheldon
6	创伤后成长治疗（1999）	Lawrence Calhoun、Richard Tedeschi
7	焦点解决治疗（2007）	Steve de Shazer & Insoo Kim Berg
8	积极家庭治疗（2009）	Collie & Jane Conoley
9	针对严重心理问题基于优势的治疗（2006）	Robert Cloninger/Chaeles Rapp/Tony Ward

在众多积极心理干预实践中，以性格优势为核心，聚焦于帮助来访者发掘和善用自身性格的干预是最热门的。基于性格优势的干预是指采用一定的措施来识别、培养、使用与强化个人的性格优势，从而获得更高的幸福感、自我效能感与个人成就。由于塞利格曼等学者提出了 24 项性格优势，所以针对性格优势的干预主题十分丰富，当下基于性格优势的干预方法五花八门，其效果也不尽相同。归根结底，这些差别源于不同的干预者对性格优势可能有不同的解读。对性格优势的解读主要有以下两种：第一种是个人的显著优势，这非常个性化；另一种是指某一文化内普遍认同的某种或几种优势特质，这使得干预重点可以很聚焦、很有共性。在下面的内容中，我们将对这两种解读下的不同积极心理干预方法与效果进行详细介绍和比较。

二、针对个人显著优势的积极心理干预

性格优势是积极心理学家提出的重要概念。彼得森（Peterson）等人认为，性格优势（Character Strengths）是通过个体的思想、感情和行为表现出来的一组积极的人格特质。积极心理学家普遍认为：通过帮助人们了解并善用美德（Virtue）和优势（Strength），有助于促进人的发展。彼得森和塞利格曼提出了 6 大美德 24 种性格优势。性格优势理论的基本假设

认为，对个人而言，在其显著优势上努力要比在其相对弱项上努力获益更多。发挥个人长项能够令人满足，因此开发个人的显著优势应该能够提高人的卷入度与个人成就，从而提高幸福感。基于这种理念，研究者开发出了一系列优势干预（Strengths Intervention）方法，旨在通过识别和开发个人优势增加幸福感与个人成就。

塞利格曼等人在一项在线干预项目中，首次使用了针对显著优势的干预方法。他们采用的干预方法叫作"用一种新的方式运用显著优势"（Using Signature Strengths in a New Way）：被试首先通过 VIA - IS（Values in Action Classification of Strength，简称 VIA - IS）的测试得出自己最突出的五个性格优势（显著优势），在随后的一周内，每天用一种新的方式来使用这五个显著优势中的一种。作为对比，研究者们还选用了另一种干预方法——"识别显著优势"（Identifying Signature Strengths），即通过 VIA - IS 测出突出的五个性格优势，并在一周内更加频繁地使用它们。比较两种干预方法下被试的改变，前者能够在 6 个月内保持幸福感的增加与抑郁症状的减少，而后者只有短期的效果。相比之下，前者的干预效果更好。

首先，"用一种新的方式运用显著优势"这种干预方法能够通过测试来帮助被试识别自己的显著优势，属于在认知层面上的干预；此外，还能在随后的一周内促使被试积极探索发挥显著优势的新途径，属于行为层面上的干预。这种干预方法能够从认知与行为两个层面帮助人们更好地发挥自己的性格优势，因此受到了研究者的关注与进一步发展。有研究发现，对 50—79 岁的老年人进行"用一种新的方式运用显著优势"的在线干预，也能够在长时程内持续提高老年人的幸福感，降低抑郁水平，说明这种干预方法对不同年龄群体都有一定效果。米切尔（Mitchell）等人采用相似的在线干预：在前 10 位的性格优势中选择 3 项进行进一步发展，并将干预时程延长为 3 周。与对照组相比，接受干预的被试在健康、关系、社区等 8 个生活领域内的幸福感均有明显提升。

作为一种在线干预，"用一种新的方式运用显著优势"虽然卓有成效，但无可避免地存在缺乏人际互动的缺点。基于这一思路，心理与教育工作者进一步将这种干预方法扩展到了线下。奥斯汀（Austin）在一项新生心理健康教育项目中，引导学生认识到性格优势对过去与未来成功的重要性，并要求学生在学术环境下使用自己最突出的 5 个性格优势。无独有偶，中国的一项大学生心理健康课程也采用了针对个人性格优势的干预方法。学生在课程中学习性格优势的意义与在日常生活中使用优势的策略，留意自己在生活中对显著优势的使用，并以小作文的形式记录下来。此外，线下干预还注重积极心理学知识的讲授、学习建立新的性格优势以及对他人性格优势的认识。从线上到线下的转变，一方面可以增加人际互动，建立更好的人际关系；另一方面，线下干预，尤其是针对大学生的干预往往以课程形式进行，在干预时长上也有明显的增加，能够让受助者对干预的意义有更深刻的认识，养成更稳固的行为习惯。

除了干预形式的变革之外，干预的积极特质也有所扩展，不仅注重进一步开发受助者的显著优势，同时也关注受助者的"次级优势"（Lesser Strength），即弱项（weakness）。拉希德

(Rashid)在一门为期 15 周的课程中,一方面让学生在生活中更多地使用 5 种显著优势,另一方面,让学生制定一个改变一项自身弱点的计划。拉斯特(Rust)等人在一项为期 12 周的干预项目中,让参与干预的大学生部分发展两种显著优势,部分发展一种显著优势与一种弱项,每周进行一次书面日志的反馈。但这两项研究的结果存在一定矛盾:前者发现只有显著优势的提高能够预测幸福感的增加,而后者发现发展一种显著优势与一种弱项能够起到与发展两种显著优势相当的效果。由于相关研究尚少,发展显著优势的同时发展弱项的干预方法是否具有附加效果,还有待进一步探索。

三、针对特定优势的积极心理干预

性格优势理论所界定的 24 种性格优势中,希望、热情、感恩、爱与好奇五种特质与生活满意度高度相关。那么,能否通过对这些性格优势进行干预来增加生活满意度与幸福感? 沿着这一思路,一系列针对这些积极特质的干预措施应运而生。

甘德(Gander)等人通过为期一周的在线干预项目来培养人们的感恩、幽默、善良、爱与希望等特质,以期提高被试的幸福感,减少抑郁症状。具体方法如表 7-2 所示。

表 7-2 Gander 等人采用的干预方法

特质	干 预 方 法
感恩	感恩之旅(Gratitude Visit):撰写并寄出一封感谢信,来对一个曾经帮助过自己但还没有好好感谢的人表达感谢
幽默	三件趣事(Three Funny Things):每天写下当天经历的三件最有趣的事情,并解释为什么这件事会发生在自己身上
善良	历数善行(Counting Kindness):每天记录自己做过的善举、好事
爱	时间的礼物(Gift of Time):分别与三个在乎的人联系、见面,赠与他们一份"时间的礼物"
希望	关上一扇门,开启另一扇门(One Door Closes, Another Door Opens):每天记录下一件柳暗花明的事情

普鲁瓦耶(Proyer)等人通过苏黎世优势干预项目(Zurich Strengths Program)来考察与生活满意度相关程度高(好奇、感恩、希望、活力与幽默)与低(审美、创造力、善良、热爱学习、开放的心态)的优势特质对生活满意度、积极情绪和幸福感的影响,如表 7-3 所示。

无论是针对个人显著性格优势的干预,还是针对特定优势特质的干预,都已被证明有效且具有很好的推广价值,有关二者特点和差异的分析,将在后续内容中展开。

表 7-3 Proyer 等人采用的干预方法

特质	干预措施	
与生活满意度高相关	好奇	进行四种新的、需要投入与探索的活动，并用一篇书面报告来描述这一过程
	感恩	"感恩之旅"
	希望	"关上一扇门，开启另一扇门"
	活力	将更多的体育活动、社交活动与挑战性的工作加入日常生活中，制定一份时间表，描述这些"附加的"活动
	幽默	美琪(McGhee)的幽默习惯训练项目
与生活满意度低相关	审美	迪斯纳(Diessner)等人的审美干预项目
	创造力	进行托兰斯(Torrance)创造思维测试(Torrance Test of Creative Thinking)的练习
	善良	"历数善行"
	热爱学习	通过视听、纸笔等多种方式进行学习任务，在习得知识的同时写下学习过程与过程中的情绪变化
	开放的心态	从正反两面思考日常生活中的问题，记录下新的视角

第三节 积极心理团体辅导实践

　　根据所依据的心理学流派理论划分，团体辅导的类型可以有精神分析治疗团体，个人中心治疗团体，认知行为团体，阿德勒团体等。从理论上讲，任何心理治疗流派都可以以个别咨询和团体中心的方式实施，积极心理干预也不例外。前文已经提到，由于积极心理干预强调跨文化影响的作用，因此它常常被应用于家庭治疗、社区治疗等常用治疗模式，所以积极心理干预能够并且很适合与团体辅导模式相结合，它能够借助小组成员的文化差异，促进成员彼此之间产生跨文化的认知和情感的积极影响。所以，在积极心理干预的实践探索中，我们首先尝试将积极心理干预和团体辅导的形式结合，探索其在心理辅导工作中的有效性。

一、积极心理团体辅导的概念与特点

　　积极心理团体辅导是以积极心理学的理论为依据，以团体干预的方法为形式，以提升团体成员积极心理健康与幸福感为目标的团体心理辅导。积极心理团体辅导的内容与目标主要有两点：提升成员的幸福感，以及强化成员的性格优势。从理论层面，积极心理学领域的许多经典理论都可以成为积极心理团体辅导的理论基础，如 PERMA 理论[①]、性格优势理论，资源取向理论等。与积极心理干预类似，积极心理团体辅导的干预特点也主要体现在以下几个方面。

---

① PERMA 为幸福五元素"Positive""Engagement""Relationship""Meaning""Accomplishment"首字母缩写。

（一）培养积极的情绪体验

激起积极的情绪体验是积极心理干预的重要起效因素，而在积极心理团体辅导里，既可以通过游戏活动和音乐艺术等方式直接激起成员的积极情绪体验，也可以通过培养积极认知的方式来帮助成员将可能的消极情绪调整为积极情绪。

（二）培养积极认知

用积极的视角看待自我、事件、关系以及生活，是积极心理学一直倡导的理念，在积极心理团体辅导中，可以设计一系列的团体练习来培养成员积极的认知方式，帮助成员发现事物的积极意义。

（三）发掘和善用性格优势

积极心理学认为，性格优势能够促进个体的自我实现，全面达到心理健康的状态。积极心理团体辅导可以将积极心理干预中有关性格优势干预的经典练习运用到团体辅导中，帮助成员善用性格优势。

二、积极心理团体辅导的干预模式

（一）塞利格曼等进行的积极心理团体干预研究

塞利格曼很早就尝试积极心理学的团体治疗并进行实践研究，在宾夕法尼亚大学对有轻微—中等程度抑郁症状的人群进行团体干预实验，他使用的积极心理团体模式主要包括以下活动：发现和运用自身优势、寻找生活中的高兴事件、培养感恩的想法和行动等（如表7－4所示）。

表7－4　塞利格曼积极心理团体干预模式

单元	内 容 描 述
1	使用你的优势：被试参加显著优势调查（VIA－IS）测试，知道自己的五个显著优势，想想看如何在日常生活中更多地使用它们
2	三件好事/恩赐：每天晚上，写下当天发生的三件好事，以及它们为什么会发生
3	墓志铭/自传：想象一下，在经历了丰富和满足的生活后，你去世了。你希望自己的墓志铭是什么样的？你希望人们记住你什么
4	感恩回访：想一个你曾非常感谢，但又未好好感谢过的人。给他写一封感谢信，并通过电话或当面读给他听
5	主动/建设性的反馈：当你听到别人好消息的时候，表现出积极热切的反应便是一个主动/建设性的反馈。每天至少这样给别人反馈1次
6	品味：每天至少花时间慢慢做你平日通常匆忙完成的事（如：吃饭、洗澡、去上课）。做完后，写下你做了什么，做起来有哪些不同，在你的感觉上又有哪些不同

一共有 40 名被试，他们在 BDI 量表上症状得分为 10—24 分，均有轻微至中等程度的抑郁症状。被试被随机分为实验组（19 人）和控制组（21 人）。实验组接受积极心理学的团体干预。控制组不接受任何干预。团体共 6 周，每周两小时。每次时间的前半段作为对上周家庭作业的分享与总结，后半段讲解本周的活动。结果发现，这种取向的团体辅导可以缓解个体的抑郁情绪症状，提高其生活满意度，对于治疗抑郁症病人有很好的效果。

在早期有关积极心理干预的研究中，许多研究的对象更多集中在症状群体（如抑郁症群体），以积极心理学为取向的针对健康人群的发展性辅导效果的研究相对较少，而积极心理团体辅导实践就更少了。

（二）本土进行的积极心理团体辅导探索和研究

近些年来，随着积极心理学理论和积极心理干预实践的发展，有关积极心理团体辅导的实践研究也逐渐丰富起来，清华大学心理学系樊富珉团队在积极心理团体辅导领域连续开展了近二十年的实践探索，取得了丰硕成果。积极心理学取向的团体辅导主题丰富，对象涉及社会各个群体，并在实践中总结出了经过科学验证有效且具有推广价值的一系列积极心理团体辅导方案。举例如表 7-5 所示。

表 7-5　积极心理团体辅导举例

清华大学心理学系临床与咨询心理学研究室开发的部分积极心理团体辅导
基于积极心理学的贫困生自强团体辅导
提升主观幸福感的短程团体辅导
积极心理取向的生命教育系列团体辅导
强化性格优势系列团体辅导
促进大学生健康成长提升幸福感的辅导员系列团体辅导
促进地震灾后青少年创伤后成长的积极心理艺术团体辅导
存在积极心理学对大学生生命意义干预的团体辅导
提升希望水平改善大一新生学习适应的团体辅导
社区居民提升感恩能力的团体辅导
宽恕、信任、沟通、共情等人际和谐促进积极心理健康系列团体辅导
大学生乐观团体辅导
基于 PERMA 理论的研究生积极心理品质培育团体辅导
中小学教师成长性思维训练团体辅导

···　板块 3：　知识学习——积极心理团体辅导相关理论　···

🔲 教师寄语

　　各位同学，在前面的章节中，我们学习了与积极心理团体辅导相关的技术知识，如积极心理干预的概念、特点、有效因素，常用干预模式和方法，以及积极心理团体辅导的干预框架等。在本单元的知识学习板块，我们还将进一步介绍积极心理学和积极团体辅导的相关理论。

🔳 学习目标

1. 了解积极心理学的概念和特点。
2. 了解积极心理团体辅导有关的经典理论。
3. 了解积极心理团体辅导的起效因素和功能。

第一节　积极心理学概述

一、积极心理学的基本概念和特点

　　积极心理学（Positive Psychology）是揭示人类优势和促进其积极机能的应用的科学。积极心理学是 21 世纪美国心理学界兴起的一个新的研究领域、一种新的研究视角和趋势，是针对长期以来心理学主要关注心理障碍、问题、痛苦、困惑等消极心理状态治疗的模式而提出研究人类的优势和幸福的科学。积极心理学利用心理学目前已比较完善和有效的实验方法与测量手段，来研究人类的力量和美德。积极心理学主张研究人类积极的品质，充分挖掘人固有的潜在的具有建设性的力量，促进个人和社会的发展，使人类走向幸福。

　　积极心理学的创始人是美国著名心理学家马丁·塞利格曼，他在 1998 年就任美国心理学会主席一职时首次提出了"积极心理学"这一概念，他认为"在没有社会混乱的和平时期，致力于使人们生活得更美好应该成为社会科学和心理学的主要使命"，积极心理学正式诞生的标志是 2000 年，美国《心理学家》杂志发表了塞利格曼和米哈伊的署名文章"积极心理学导论"。

　　积极心理学中的"积极"一词是由"positive"翻译而来，其具体含义比较丰富，有乐观也有积极的含义，我国港台地区通常把它译成正向心理学。美国的许多著名心理杂志已经对这一概念做了明确界定，任俊等人对其进行分析和归纳，概括出"积极"的三重含义：（1）积极是对前期集中于心理问题研究的病理学式心理学的反动；（2）倡导心理学要研究人心理的积极方面,如幸福的根源和要素、乐观主义、积极情感与健康的关系等;(3)强调用积极的方式来对心理问题做出适当的解释,并从中获得积极意义。

积极心理学的研究对象是人性积极的一面,其研究目的在于寻找人性积极方面的现象世界背后的规律——一种使普通人生活幸福的规律。积极心理学的主要研究内容有三个方面:(1)从主观层面研究人的积极心理体验。主要研究各种积极情感体验的作用及其产生机制,如主观幸福感、生活满意度、快乐等积极体验;强调人要满意地对待过去,幸福地感受现在,乐观地面对未来。(2)从个体层面研究积极的特质,也就是性格优势。主要研究各种积极人格特质的作用及形成过程,重点研究人产生积极行为的能力和潜力等,比如乐观、天才、创造力等。(3)从群体层面研究积极的社会组织系统,研究积极的社会大系统和积极小系统,如公民美德的培养、社会责任感、利他主义、职业道德等。

二、积极心理学倡导的积极心理健康理论

主观幸福感是积极心理学研究的重要内容,因为积极心理学主要是从正性和积极的角度来研究心理健康,关注人的优势和幸福,美德和力量。这与传统的心理学关注人的心理疾病和痛苦,减少消极心理状况不同(如图7-3所示)。近些年来,许多积极心理学家对主观幸福感及其影响因素做了丰富的研究。

疾病模式	积极模式
精神疾病、愤怒、焦虑、抑郁、变态心理	幸福、满足、愉悦、兴奋、快乐、健康心理
关注人的弱点	关注人的优势
克服不足	接受自我
避免痛苦	寻找快乐
逃避不愉快	追求幸福

图7-3　心理健康的疾病模式和积极模式

在过去的几十年里,国外学者对于主观幸福感提出了多种理论,早期理论建构的重点在于证明外部因素如事件、情境和人口统计学变量是如何影响主观幸福感的,如迪纳(Diener)对影响主观幸福感的外部因素与内部因素做了区分,但研究发现外部因素的影响较小,因此后来的研究主要着力于内部因素,即个人内部建构决定生活事件如何被感知,从而影响幸福体验。近30年来,国外关于主观幸福感心理机制研究的理论进展呈现多元化的特点,目前比较有代表性的理论有:自我决定理论、适应和应对理论、目标理论、期望值理论、社会比较理论、人格—环境交互作用理论等,各种理论模型分别从不同侧面解释幸福感的作用机制,对于促进人们对主观幸福感本质的了解做出了不同贡献。总的来说,目前主观幸福感理论模型还处于多元探索时期,正朝着进一步完善、整合和发展的方向迈进。

国外对于主观幸福感影响因素的研究重点在于探讨个人气质特征、认知方式、目标、文

化背景、适应、应对策略等对主观幸福感的影响。早期的经典研究发现：性别、年龄、收入、宗教信仰、气质等人口统计学变量对于主观幸福感都存在影响作用，但是只能解释个体快乐差异的一小部分。后来的研究探讨了许多更深层次的因素，发现经济因素与主观幸福感的关系比较复杂，但并不是决定幸福感的最主要因素，而人格因素（如内外向、神经质、责任心、乐观等）、文化因素（如积极的自尊、个人主义—集体主义、关系满足、生活意义等）与主观幸福感的关系非常密切，有着更重要更复杂的影响作用。

表 7–6　增进幸福的策略

领域	策　　略
人际关系	1. 与和自己相似的，能够友好清晰地沟通的，相互宽容谅解的人结婚
	2. 与大家庭保持来往
	3. 和少数人保持亲密的友谊
	4. 与熟人合作
	5. 参加宗教和精神活动
环境	1. 人身安全、经济保障、让自己和家人舒适，但不要卷入消费主义踏轮
	2. 定期享受宜人的气候
	3. 住在风景优美的地方
	4. 住在有悦人的音乐和艺术的地方
身体状况	1. 维持良好的健康
	2. 定期参加体育锻炼
生产力	1. 在富有挑战性的任务中运用本身有内在乐趣的技能
	2. 在有趣和有挑战性的工作中获得成功和证明
	3. 为内在一致的系列目标努力工作
休闲	1. 适度饮食、营养充足
	2. 休息、放松、适度休假
	3. 与一群朋友参加合作性的休闲活动如音乐、舞蹈、身体锻炼计划、兴奋性活动（水上游览/冲浪）
习惯化	对于想通过追逐物质满足而额外增加幸福的愿望，要承认对以前能够带来幸福的物质商品及状态的习惯化是不可避免的
比较	对于媒体意象进行消极比较导致的自尊降低，可以通过与你的直接的参照群体以及比你差的人们比较进行自我矫正，记住媒体意象的虚假性，检验媒体意象的来源和幸福的可靠性，设置与自己的能力和资源相匹配的现实的个人目标和标准
对同等收益和损失	面对由对收益和损失的不对等反应而带来的失望，可以在面临巨大的成功和胜利时只期望一个小小的幸福，而在面对小小的损失和失败时就准备接受自己的幸福有一个巨大的降低

（续表）

领　域	策　　略
痛苦情绪	1. 面对抑郁,可以回避痛苦的情境。把注意力集到这个情境中的不痛苦的方面,质疑那些悲观主义和完美主义的想法,让自己活跃起来,寻求支持
	2. 面对焦虑,可以质疑那些源于恐惧的想法,通过进入威胁性的情境来锻炼自己的勇气,使用应对方式来减少焦虑
	3. 面对愤怒,可以回避引发愤怒的情境,将注意力集中到困难情境中的不痛苦的方法,严正要求攻击性的人不要太过分,撤离并练习自己的移情能力

（引自 Alan Carr 著,郑雪等译校:《积极心理学》,中国轻工业出版社 2004 年版,第 35 页）

国内学者在对主观幸福感进行本土化研究的过程中,更多地自下而上探索影响主观幸福感的因素。例如郑立新和陶广放认为,影响个人生活满意度的因素有主、客观因素,主观因素包括个体的人格特质、价值观念,对待事物的态度和取向等与认知有关的因素,客观因素包括个体的实际生活和工作环境、自身健康情况、个人和家庭经济收入等,这些研究取得了一定的成果,对心理健康工作有一定的指导意义。

第二节　积极心理团体辅导的相关理论

一、积极性格优势理论

（一）性格优势的概念

作为积极心理学的核心研究领域之一,"性格优势"被定义为反映在个体的认知、情绪与行为等各个心理层面的积极特质。性格优势并不是特定的某种积极特质,而是一系列积极特质的有机整体,是在一个系统框架下对多种积极人格特质的整合概念。

最初,人们对性格优势并没有一个统一的认识与界定标准,往往以社会普遍认同的美德作为研究对象;为了给性格优势一个科学的界定,积极心理学家开发出了几种不同的分类方法。帕克(Park),克里斯托弗·彼得森(Christiopher Peterson)和塞利格曼在回顾了精神病学、青少年发展、哲学、宗教、心理学等多个领域中涉及性格优势和美德的大量文献的基础上,总结出了在各种文化中普遍存在并受到重视的 6 种核心美德,并进一步扩展出了 24 种性格优势,建构起了性格优势的价值实践分类体系 VIA – IS,如表 7 – 7 所示。

表 7 - 7　VIA - IS 界定的核心美德与性格优势

核心美德	性格优势
智慧和知识 (Wisdom and Knowledge)	创造性(Creativity)
	好奇心(Curiosity)
	开放的心态(Open-Mindedness)
	热爱学习(Love of Learning)
	远见(Perspective)
勇气(Courage)	勇敢(Bravery)
	毅力(Perseverance)
	正直(Authenticity)
	活力(Zest)
仁慈(Humanity)	爱(Love)
	善良(Kindness)
	社会智力(Social Intelligence)
正义(Justice)	合作精神(Teamwork)
	公平(Fairness)
	领导力(Leadership)
节制(Temperance)	原谅和宽恕(Forgiveness)
	谦虚(Modesty)
	谨慎(Prudence)
	自控(Self-Regulation)
超越(Transcendence)	审美(Appreciation of Beauty and Excellence)
	感恩(Gratitude)
	希望(Hope)
	幽默(Humor)
	信仰(Religiousness)

（引自 Park, N. , Peterson, C. , & Seligman, M. E. (2004). Strengths of character and well-being, *Journal of Social and Clinical Psychology*, 23(5), 603 - 619.)

　　VIA - IS 将位列前五名的性格优势界定为"显著优势"（Significant Strength）。跨文化研究表明，不同国家的显著优势略有不同。例如，美国人的显著优势是善良、爱、幽默、诚实与感恩；英国男性的显著优势是开放的心态、公平、好奇、热爱学习与创造性，女性的显著优势则是公平、善良、开放的心态、好奇与热爱学习。在中国，周雅与刘翔平发现，中国大学生的显著优势是爱、正直、感恩、审美与善良。曹新美等人则发现，北京中小学教师显著的优势是诚实、感恩、公平、谦虚和宽容。

作为一套较为成熟的性格分类体系，VIA-IS 虽然拥有良好的信度，但也有研究指出，该分类体系的 6 种核心美德分类不甚合理，不同测量指标之间存在一定的重叠现象。此外，在一些基于工作场合的研究中，人们开发出了 StrengthFinder、Realise2 等性格优势分类体系。这些分类体系更侧重于那些促进工作成功与个人发展的特质，可以与 VIA-IS 在不同场景下互为补充。

（二）性格优势的效能

VIA-IS 将性格优势定义为道德上重要的特质，它们的发挥能够促进自我实现与幸福。性格优势对幸福感（well-being）的作用受到了研究者的广泛关注。

幸福感由情感成分（即较高的积极情感与较低的消极情感）与认知成分（即生活满意度（satisfaction with life））组成。其中，生活满意度反映了个人对生活的整体评价。高的生活满意度与心理问题，如抑郁、人际关系不良等的减少有显著相关；此外，生活满意度高的个体能够更好地解决问题，有更优秀的工作表现与更强的抗压性，身体也更健康。

在幸福感的影响因素方面，有研究表明，收入、智力、教育等仅能解释生活满意度 15% 的变异性，说明客观因素对幸福感的影响不大。海蒂（Headey）与韦尔林（Wearing）的动力平衡模型认为，幸福感更多受到人格因素的影响：个体具有常态的幸福平衡水平，而这取决于个体先天的人格特性。而性格优势作为人的积极特质，也包含在人格特性之内。帕克·彼得森与塞利格曼的在提出 VIA-IS 的同时，对 24 种性格优势与生活满意度进行了相关性检验，发现希望、热情、感恩、爱与好奇这五种特质与生活满意度有高相关，而审美、创造力、判断力、热爱学习这四种特质与生活满意度的相关性较低。周雅与刘翔平以中国大学生作为研究对象，分别对 24 种性格优势与幸福感的情感成分与认知成分的相关程度进行考察，发现除谨慎与谦虚外，其余 22 种特质均与幸福感的情感成分存在高度相关；希望、社会智力、远见、爱与毅力和生活满意度高度相关，宽容、谨慎、谦虚、创造力与生活满意度无显著相关。这些研究结果证实了性格优势与幸福感的关系，也为研究者进一步探索性格优势对幸福感的影响作用提供了依据。

因此，在日常生活中认识自己的性格优势，或者通过良好的干预方法强化优势，对人们建立正面的态度和快乐的生活非常有帮助。积极心理学家基于性格优势理论，也探索出了许多积极心理干预模式，相关内容已在本单元的技术点拨板块中详细介绍。

二、幸福 PERMA 理论

主观幸福感是积极心理学研究的重要内容，许多积极心理学家对主观幸福感及其影响因素做了丰富的研究，在过去的几十年里，国外学者对于主观幸福感提出了多种理论。最新的富有影响力的幸福理论是塞利格曼 2011 年在 *Flourish：A Visionary New Understanding of Happiness and Well-being*《持续的幸福》中提到的，积极心理学的目标不只是过上满意的生活,而是使人生更加丰盈蓬勃;积极心理学的焦点主题不是生活满意度,而是构建幸福理论。

塞利格曼在构建最新的 2.0 幸福理论时,尝试依据以下标准,总结归纳出与幸福有关的重要元素:(1)它对幸福 2.0 有所贡献;(2)许多人都把它当作终极追求,而非追求其他元素的途径;(3)它的定义及测量也与其他元素无关。

依据上述标准,塞利格曼归纳出五个元素,并将幸福 2.0 理论称为 PERMA 理论,在该理论中,幸福的元素被描述为五点:积极情绪、投入、人际关系、意义和目的、成就。

（一）积极情绪

积极情绪(Positive Emotions):包含幸福和快乐,兴奋、满意、自豪和敬畏等。这些情绪常被认为与积极结果相关,例如,更长的生命和更健康的社会关系。

积极心理学家芭芭拉·弗雷德里克森将积极情绪分为以下十种。

表 7-8   积极情绪表

喜悦	周围的一切都是安全的,并且按照预定的方式发展,甚至比我们期待的更好,也不需要我们付出多大的努力
感激	毫不吝惜地、充满创意地给予回馈,交织着喜悦和由衷赞赏的真正的愉悦体验
宁静	当我们的周围安全而熟悉,自身不需要付出太多努力的时候。但与喜悦不同,宁静要低调得多。宁静让我们想要坐下来,沉浸到里面,这是一种聚精会神的状态
兴趣	完全被吸引,被牵引着去探索,将自己沉浸于我们正在接触的事物当中
希望	希望的核心,是相信事情能够好转的信念,希望常常在绝望中产生
自豪	自豪紧随着我们的成就而绽放。我们投入了努力,并取得了成功。并点燃我们在相似领域里取得更大成就的梦想
逗趣	在安全和轻松的环境背景下逗乐和打趣
激励	发现了真正的卓越,能够启发和振奋我们
敬佩	发现了比自己更大的东西
爱	人类永恒的追求

积极情绪对于幸福感的作用主要有以下几个方面:

第一,激活一般的行为趋势,同时也与特定的行为倾向相联系,如产生快乐、冲破限制、保障机制的愿望;兴趣产生探索、掌握新的信息和经验,并在这个过程中促进自我发展的愿望,自豪产生想与他人分享成功和求得在将来取得更大成就的愿望。

第二,积极情绪的扩展和建设理论,主要是指积极情绪会扩展个体的瞬间思维活动序列。消极情绪会缩小个体的瞬间思维活动序列,缩小个体的认知范围,让个体在当时的情境中只产生某些特定的行为,而积极情绪能使个体冲破限制,产生更多的思维,思维灵活性更强。芭芭拉·弗雷里德克森认为其中的原理是个体在积极情绪的状态下能构建更广泛的瞬间思维—行为指令库,让个体能更容易看到更多可供选择的行为或者看到更多机会(如图 7-4 所示)。

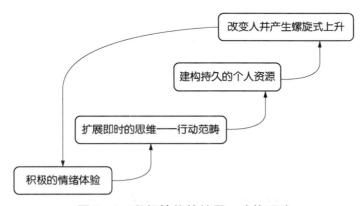

图 7-4　积极情绪的扩展—建构理论
（引自 Alan Carr 著,郑雪等译校:《积极心理学》,中
国轻工业出版社 2004 年版。）

第三,积极情绪有利于心理和身体健康。研究表明,乐观等积极情绪能提高身体的免疫力,同时降低焦虑和抑郁等水平。芭芭拉·弗雷里德克森假设,积极情绪与最佳心理健康模型相联系,当积极情绪与消极情绪比例达到 9∶2 时,能预测丰富的人生。

(二) 投入

投入(Engagement)是指参与到吸引和建立自己兴趣的活动中,投入需要对手头的任务保持热情和专注。积极投入与积极情绪一样,也是 PEMAR 理论里的重要元素。投入是一种全身心专注于工作而忘掉自我的一种状态,当个体投入到工作中时通常会产生一种"心流"的状态。积极心理学家米哈里·契克森米哈伊(Mihaly Csikszentmihaly)将"心流"定义为:人们对某一活动或事物表现出浓厚的兴趣并能推动个体完全投入某项活动或事物的一种情绪体验,同时认为"心流"一般是个体从当前所从事的活动中直接获得的,回忆或想象则不能产生这种体验。

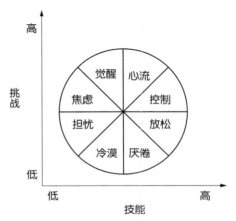

图 7-5　心流八通道模型图

人们进入"心流状态"时会产生"心流体验"，能够被做的事深深吸引，自身的兴趣完全融入其中，专注在自身注意的事情上，并且丧失其他不相关的知觉，就好像被活动吸引进去一般。

（三）人际关系

人际关系（Relationship）：人类通过关系与他人接受、分享和传播积极性，也可以通过积极地彼此互动来加强关系。

有人曾经要求积极心理学创始人之一——彼得森用两个字来描述积极心理学是讲什么的，他回答说"他人"。哈佛大学精神病学家乔治·瓦利恩特（George Vaillant）发现，被人爱的能力是关键；社会神经科学家约翰·卡乔波（John Cacioppo）认为，孤独对生活产生的消极作用极大。塞利格曼认为，社会性是人类已知的最成功的高等适应形式，它甚至比眼睛的进化作用还大，积极的人际关系给幸福带来了深刻的正面影响。

哈佛大学医学院麻省总医院精神科医师、精神分析治疗师罗伯特·瓦尔丁格，正在继续其前面三任自 1940 年以来一直进行的两项精神医学领域最负盛名的"人生全程心理健康研究"，一项是"哈佛精英研究"，另一项是"波士顿背街男孩研究"。在过去的 75 年里，从这两个项目中产生了大量的学术论文、书籍，许多成果影响了精神医学、心理治疗的理论与实践。其中的哈佛精英研究发现了人际关系对人毕生发展的重要意义。

扩展阅读

哈佛大学已历时 75 年的成人发展研究，旨在探索影响人健康和快乐的因素。通过对 724 名被试进行的 75 年追踪研究发现，良好的人际关系能让人更加快乐和健康（不是财富，不是名望，也不是更加努力工作）。具体的研究结论有：

1. 社会关系对我们是有益的，而孤独寂寞可能有害健康，研究发现，那些与家人更亲近的人，更爱与朋友邻居交往的人，比那些不善交际、离群索居的人更快乐，更健康，更长寿。

2. 真正有影响的不是你有多少朋友，而是这些关系的质量。比如，成天吵架，没有爱的婚姻对健康的影响比离婚还大，而关系和睦融洽对健康有益。

3. 幸福的婚姻不但能保护我们的身体，还能保护我们的大脑。研究发现，如果在 80 多岁时，你的婚姻生活还温暖和睦，你对自己的另一半依然信任有加，那么你的记忆力就不容易衰退。

摘自《环球人物》2016 年第 4 期。

（四）意义和目的

意义（Meaning）指归属于和致力于某样你认为超越自我的东西，也被称为目的，它提出了"为什么"的问题，涉及工作、关系和生活的其他方面。追求意义感就是去了解有比自己更重要的东西存在。塞利格曼认为，意义不是单纯的主观感受，从历史、逻辑和一致性的角度出发所作出的冷静客观评判，可能与主观判断不同。

（五）成就

成就（Accomplishment）是对成功和主导权的追求。成就感可以激活 PERMA 的其他元素，比如积极情绪中的自豪。成就感可以基于个人、群体、兴趣，也可以基于工作。短暂的形式是成就，长期的形式就是"成就人生"。塞利格曼认为，成就对于部分人来说是一项终极追求，哪怕它不能带来任何积极情绪、意义、关系。但是对于追求成就人生的个体来说，在追求成就的同时，往往也可能同时体会到投入，在胜利时感受到积极情绪。

三、后现代资源取向相关理论

在积极心理学的发展浪潮下，除了以塞利格曼等人提出的性格优势理论及幸福理论之外，还有许多研究者和临床心理学家在研究和实践中总结出来的一些经典的积极心理学视角的理论，我们统一称其为后现代资源取向的相关理论，后现代资源取向的理论往往接受多元真实并主张是个人创造了他们的现实，基本前提是，人们是充满资源的、有能力的、健康的、有弹性的，并且有能力去发现足以改变他们生活方向的解决之道。在临床治疗领域具有代表性和影响力，且均已被团体辅导借鉴的两个理论是短程焦点解决取向的理论和叙事治疗取向理论。

（一）短程焦点解决取向的理论

短程焦点疗法（Solution-Focused Brief Theropy），是四十多年前在美国密而瓦基的短期家庭治疗中心发展出来的，至今仍在不断发展中。SFBT 深受后现代建构主义的影响，相信每个人都基于自己的重要信念去建构其主观世界，人们通过语言的过程建构了个人的真实，而个人的知识会驱使人们对自己的经历进行建构、创造、支配及赋予意义。

1. 基于后现代建构主义的观点

后现代建构主义认为，个人所处的生态系统会反映其建构社会的观点，而无法呈现绝对真理的真实，每个人对于世界都有一套以个人与文化为基础的"知识"，并且根据这些知识去做选择，这就促成了人的世界的多元复杂性。因为每个人对现实的理解和假设都来自于语言沟通，因此语言构成了人们对现实诠释的基础，治疗师非常重视探讨来访者的语言模式及其对事件赋予的意义，鼓励来访者参与谈话过程，帮助来访者看到自己讲述的故事如何影响自己的生活，促使来访者改变对问题的看法，并赋予其力量说出有正向意义的故事。在心理咨询和治疗中，后现代建构主义治疗师和来访者共同合作建构真实的角色，也和来访者一起寻找可处理的解决方法。

2. 心理治疗的基本假设和原则

在后现代建构主义的影响下，SFBT 以解决问题为导向，视来访者为了解和帮助自身的专家,治疗过程聚焦于改变发生的可能性,以及一小步的改变,注重探讨来访者的目标、资源、例外的积极正向经验,以及未来愿景。SFBT 的基本假设和原则有:

(1) 每位来访者都是独一无二的,有与生俱来的资源去帮助自己,SFBT 强调心理健康,相信来访者是自己生活环境中的专家,重视开发和利用来访者的资源与力量。

(2) 只有来访者能改变自己,治疗师不能改变来访者,因此治疗师要和来访者一起制定治疗目标。

(3) 没有一件事是负面的,建构解决之道的基础是看到问题不存在的例外时刻。

(4) 改变一直在持续发生,小的改变会带来大的改变,正向的改变是一定会存在的。

(5) 解决之道不见得一定会与问题有直接关联,问题不见得能被解除,但解决之道是可以尝试被建构的。

(6) 没有问题就不必处理,方法有效就多做,无效就改用其他方式。

(7) 治疗目标应该是可行的、实际的、具体的、步骤化的、用正向语言叙述的。

(8) 治疗师应该以合作的态度和来访者共事。

许维素教授参考其他学者的研究成果,比较了问题导向的心理治疗和 SFBT 的差异,如表 7-9 所示。

表 7-9　问题导向心理治疗和 SFBT 的比较

	问题导向	SFBT
看待来访者的角度	1. 视来访者是"生病的"	1. 视来访者是"被困住的"
	2. 来访者是学习者,治疗师是专家	2. 来访者是自己问题的专家、是教师,治疗师是催化员
	3. 问题解决方法来自来访者之外	3. 问题解决方法来自来访者本身
	4. 视来访者的不合作行为是抗拒的,故意的	4. 视来访者的不合作行为是错误沟通所致,是缺乏共同参与的表现
治疗焦点与目标	1. 治疗的过程是自由发展的、无时间限制的	1. 治疗是有结构的,有时间限制的
	2. 治疗焦点放在来访者的过去历史与固定不动的问题上,及其弱点、限制与不足之处	2. 治疗焦点放在来访者的效能、力量、曾经尝试过的经验,以及未来的、可改变的、可解决之处
	3. 治疗师寻找的是原因与持久的特质	3. 治疗师寻找的是例外与可能的解决方法
	4. 治疗目标是由治疗师设定,且是抽象反省性高、教育导向或自我觉察导向的目标	4. 治疗目标由治疗师及来访者共同参与设定,且是可描述、可评量、可执行的行为导向目标

(引自许维素著:《焦点解决短期心理治疗的应用》,世界图书出版公司北京公司 2009 年版,第 5 页。)

3. 心理治疗的五个基本阶段

基于 SFBT 的基本假设和原则，永（Jong）和伯格（Berg）在 1998 年将 SFBT 分为以下五个基本阶段。

（1）问题描述阶段（describing the problem）；

（2）发展出"设定良好"的目标（developing well-formed goal）；

（3）探索例外（exploring for exceptions）；

（4）会谈结束前的反馈（end-of-session feedback）；

（5）评量来访者的进步（evaluating client's progress）。

在开展会谈的过程中，SFBT 较少关注问题本身，主要关注问题的解决，通过讨论来访者对问题的期待，引导来访者关注什么有效并多做有效的方法，关注一小步的改变，认为小的改变会带来更大的改变。SFBT 发展出了一系列问话技巧，如例外问题、因应问句、奇迹问题、评量问句等。

4. 短程焦点解决理论在团体辅导中的应用

短程焦点解决取向的理论在团体辅导中也得到了实践应用，称为焦点解决团体治疗（SFGT），在 SFGT 中，团体领导者的角色在于建构积极正向的团体环境，创造合作凝聚的团体气氛，并以解决导向的领导技巧介入。而 SFGT 的团体类型很多样，常见的有一次团体、主题式短期团体、结合其他取向的团体、训练教导团体，以及组织咨询团队团体。沙里（Sharry）曾设计过几项 SFGT 中运用的团体活动，如水晶球冥想、脑力激荡、角色扮演、解决之道的绘图活动，对录像带中的表现予以正向反馈。

许多研究者也探索了 SFGT 的有效性，发现焦点解决取向的团体治疗能有效改善受创人群的情绪和行为问题。台湾学者也发现，SFGT 能有效改善个体的害羞困扰，提升个体在生涯转化中的自我控制和重要他人支持。沙里分析了焦点解决取向团体的疗效因子，许维素将其与亚隆（Yalom）提出的团体疗效因子进行对比，认为 SFGT 几乎覆盖了亚隆提出的大部分疗效因子，还有存在因素未包含，但是 SFGT 还多了团体赋能感这项独有的疗效因子，如表 7-10 所示。

可见，以短程焦点解决取向为理论基础的积极心理团体辅导已经受到了一些实践者和研究者的关注，它重视优势、力量、资源、例外等正向层面，关注问题解决的各种可能性；努力激发成员重构自己的生命故事，产生新的正向思考；此外，它特有的团体氛围会促进团体领导者与成员发现潜藏的资源并为之欣喜和振奋。尽管 SFGT 有着许多优越性，但是相关的实践和研究仍然还在发展中；而在中国大陆地区，短程焦点解决取向的个体咨询才引入十余年，相关的团体辅导实践和研究就更少了，因此，将短程焦点解决取向作为理论基础开展积极心理团体辅导，未来在国内还有很大的发展空间。

表 7 - 10　沙里 SFGT 治疗因素与亚隆(1995)团体治疗因素对照表

沙里(2001)的 SFGT 治疗因素	亚隆(1995)的治疗因素
团体支持	普遍性
	团体凝聚力
	情绪宣泄
团体学习	信息传递
	人际学习
	社交技巧的发展
	行为模仿
	早期家庭生活经验得到矫正性的重现
团体乐观性	注入希望
助人机会	利他性
团体赋能感	无
无	存在因素

（引自许维素著：《焦点解决短期心理治疗的应用》，世界图书出版公司北京公司 2009 年版。）

（二）叙事治疗取向理论

1. 叙事治疗取向理论的基本观点

叙事治疗取向理论认为，对于说故事的人来说，每一个故事都是真实的，但没有绝对的真实。而问题是在社会、文化、政治和关系背景下被界定的，并非存在于个人，因此叙事治疗试图将来访者与他们的问题分开，从不同的观点检视自己的故事，最终创造一个替代性的生命故事。人们可以因为学会将他们自己与问题切割而感到被赋能。可以看到，叙事治疗取向也深受后现代建构主义的影响。

2. 叙事治疗的团体工作

在叙事治疗的团体（或个体咨询）中，团体成员（或来访者）会感到自己不是问题，问题才是问题；团体领导者（咨询师）通过协助成员（来访者）将自己原本充满问题的故事创造成替代性的故事，建构出有意义的目标以朝向更好的未来。在叙事治疗团体中，团体领导者会从叙事治疗的观点，引导成员看到社会的标准和期望是如何内化成个人受束缚的狭隘的生活方式，团体领导者会邀请成员用新的语言去描述他们的经验，协助成员获得更多的效能感和正性体验，从而更好地面对生活。

在治疗关系中，叙事治疗师并不认为自己对来访者的生活拥有特别的知识，他们尊重来访者对于自身经验的理解，通过仔细地倾听，以及好奇、坚持和尊重地询问，和来访者一起探讨问题的影响，以及做些什么能降低问题的影响，最终由咨访双方共同建构出充满生机的替代性故事。

3. 叙事治疗的技术

在治疗技术上，叙事疗法强调咨访关系的品质，并在这种关系中创造性地使用技术。叙事治疗经典的技术之一是"外化对话"，通过这类问话技术让来访者理解"个人不是问题，问题才是问题"，从而帮助来访者将问题从个人认同里分开。来访者学会不再固着在自己的问题故事里，而是能发展出替代性的更积极更有建设性的故事。叙事治疗所使用的一系列问话，都旨在逐步发现和建构来访者的经验，因此治疗师的问话是中立、没有导向性的，在问话的过程中，来访者也获得了从不同向度去探讨生活的机会。而治疗师对于每一个来访者，也没有预先的处方，没有固定的议程和公式可以遵循。

要特别强调的是，在叙事治疗中，"问题"并不被视为病态的表现，而是日常的困难和生活的挑战。叙事治疗认为，"问题"并非存在于个人之中，而往往是在社会、文化、政治和关系背景下被界定的。因此治疗师通常会对"问题"作社会文化层面的理解，了解来访者背后那些具有统治性和压迫性的社会文化内涵，这往往是来访者问题情境的一部分，当来访者了解了那些压迫性的社会文化是如何影响他们的之后，才可能创造出替代性的故事。

综上可以看到，在以短程焦点解决取向和叙事治疗取向为代表的后现代资源取向的心理治疗里，治疗师往往处于一个"不知道"的位置，相信来访者或者团体成员才是他们生活里真正的专家，通过强调正向的经验，让来访者主动投入解决自己的问题。后现代资源取向的心理治疗倾向于创造一种接纳的气氛，促使个人能利用自身资源去创造建设性的改变。

第三节　积极心理团体辅导的起效因素

积极心理干预原理主张在治疗过程中寻找来访者身上的积极资源，培养积极的情绪体验、积极的认知应对方式和积极的性格优势。这些目标都有助于提高个体的心理健康水平。而在积极心理团体辅导中，能促进团体成员幸福感提升的功能和起效因子主要有以下几点。

（一）发掘和善用个体的性格优势

积极心理干预的理念强调培养积极的性格优势，即一些具有积极力量的人格特质和性格特点，如乐观、感恩、仁爱、勇敢、创造力等 24 个性格优势。积极心理学的性格优势理论认为，培育和增长个体的个性优势，能够促进个体的自我实现，这也是心理健康提升的表现。寻找个体的性格优势，发现个体的积极资源，善用性格优势是提高个体自尊很好的方式。根据自我觉知一致性理论，寻找自身积极资源的过程其实是积极的自我觉知过程，而积极的自我觉知使人能够客观全面发展地看待自我，从而产生积极的自我体验。清华大学樊富珉团队已经开发了感恩、乐观、希望、宽恕、韧性(复原力)、团队合作、创造力等近十个性格优势团体辅导方案，并经过实验验证了这些团体辅导可以有效地强化这些性格优势，提升团体成员的幸福感和心理健康。

（二）培养积极的情绪体验

培养积极的情绪体验是积极心理团体辅导的重要目标之一。而培养积极的情绪体验，能够直接促进个体的心理健康水平。根据弗雷德森（Fredrickson）等人提出的积极情绪扩展—建构理论，积极的情绪和情感体验能够扩展个体的瞬时思维行为系统，而且能构建持久的个人资源，从体力资源、智力资源到社会资源和心理资源，并将其迁移到以后的其他情景和情绪状态中，有助于促进个体更好地生存和获得成功；此外，积极情绪还可以消除消极情绪的影响。大量研究表明，拥有乐观、希望、愉快等个性品质的个体，倾向于发现积极意义、体验积极情绪、用较少的防御评价相关的个人信息，使用有效的应对策略并且快速摆脱悲痛的体验。积极的情绪体验能构筑应对生活中逆境的个人资源。

弗雷德里克森等人也认为积极情绪可能是增强这种螺旋上升、促进健康和幸福的有效成分。在实践研究中，许多研究者通过培养积极情绪提高了个体的心理健康。吴汉荣、徐海晏等人发现，情绪健康教育对培养学生的积极情绪，提高心理健康水平有重要作用。曾延风采用理性情绪行为疗法对抑郁大学生进行团体和个别干预，发现促进积极情绪的培养能够提高个体的心理健康水平。可见，培养积极情绪的相关活动是可以成为积极心理团体辅导的重要干预内容之一的。杜伽德（Tugade）等人曾发现，积极情绪体验能促进个体获得有效的情绪控制，加速心血管病人从积极情绪中恢复过来。因此，培养积极的情绪体验能够提高个体的幸福感和心理健康水平。

（三）培养积极的认知应对方式

培养积极认知是积极心理干预的重要目标之一。根据认知应对方式理论，积极的认知应对方式能够促进个体在面对挫折或压力时采用更有效的应对方式，减少负面情绪的产生，促进主观幸福感的提升，从而促进心理健康水平的提高。此外，积极的应对方式往往与积极的内在认知和归因紧密相关，根据归因风格理论，归因是个体对导致自己或他人行为结果的原因的知觉和推断。积极的归因能够提升自尊，提高个体的主观幸福感，因此也能提高心理健康水平。通过培养积极认知，能够提高个体的心理健康水平。在健康心理学领域，越来越多的心理学家发现认知因素是影响个体健康的重要因素。埃利斯（Ellis）和耶格尔（Yeager）认为认知影响人的心理健康，每个人都有自己的人生哲学与行为风格，而我们的情绪根源于我们的信念、评价、解释及对生活情境的反映。布鲁姆（Broome）和韦格纳（Wegner）发现人们对情境的认知与控制可以使人避免焦虑。还有一些研究者从宗教信仰的角度出发，发现信仰对个体的心理症状也有影响作用。认知作为影响心理健康的中间变量，与应对方式、情绪、自尊、主观幸福感等都存在一定联系，通过改变个体的认知，培养积极的认知方式，能够促进个体形成健康的应对方式，产生积极的情绪体验，全面提高自尊和主观幸福感。综上分析可以得出，通过培养积极认知来促进心理健康，是积极心理团体辅导的重要起效因素之一。

（四）团体辅导能够促进积极心理健康

除了积极心理干预的原理之外，团体辅导本身的治疗因素也能够提升幸福感。根据团体动力的原理，团体内信任、坦诚、安全的氛围和凝聚力会使成员产生强烈的归属感和安全感，满足归属和安全的需要，而团体中成员之间善意的互动，又可以在一定程度上满足成员爱的需要。根据马斯洛的需要层次理论，团体成员在团体中满足了自己的许多种重要需要，可以带来幸福感和满足感。除此之外，根据社会支持理论，积极良性的社会支持会促进个体的自尊和主观幸福感，提升心理健康水平。综上所述，团体辅导所产生的良好团体气氛和团体成员的积极互动都是积极心理团体辅导的起效因素。

（五）积极心理干预和团体辅导相结合的优越性

积极心理干预与团体辅导的干预理念和起效因素并不是绝对孤立和割裂的，由于心理治疗理念和人性观的相似，二者的某些起效因素在许多情境下其实已经融合，并共同发挥辅导效果。第一，积极心理干预的跨文化积极影响，刚好可以在团体辅导的形式下进行；第二，积极心理干预强调性格优势的培养，而爱与感恩等重要品质刚好可以通过团体内成员的良性互动行为来塑造；第三，积极心理干预强调建设积极的环境和群体组织，这刚好可以通过团体辅导的团队建设来实现。总的来说，积极心理干预与团体辅导的结合是一种心理干预优势的巧妙融合，既可以保证各自干预理念的实现，又可以在某种程度上互补，促进彼此辅导优势的更好发挥，具有明显的优越性。

···　板块 4：活动应用——积极心理团体辅导方案　···

四 教师寄语

各位同学，在学习了积极心理干预和积极心理团体辅导的理论和方法后，本书最后将向你们展示我们团队近十余年来在积极心理团体辅导领域的探索和研究成果，这些干预方案主题丰富，有聚焦于显著性格优势提升的辅导方案，也有以某个性格优势为主题的干预方案，如感恩团体干预，希望团体干预；这些干预方案的时间和规模也各不相同。下面，就让我们一起来感受一下主题丰富的积极心理团体辅导吧！

学习目标

1. 了解和学习感恩团体辅导。

2. 了解和学习希望团体辅导。

3. 了解和学习性格优势团体辅导。

第一节　发现和善用性格优势团体辅导

一、性格优势团体辅导方案设计的理论依据

什么是性格优势？性格优势是积极心理学家提出的重要概念。彼得森等认为，性格优势是通过个体的思想、感情和行为表现出来的一组积极的人格特质。塞利格曼等认为，每个人如果能在每天的生活中运用与生俱来的一系列性格优势，将会最大限度地促进个体的参与感与意义感，提升幸福感。

积极心理学认为：通过研究美德（Virtue）和优势（Strength），并且了解其与正面情绪的关系，有助于促进人的发展。彼得森和塞利格曼提出人们有六大类美德，24 种可测量的优势，如表 7 - 11 所示。

表 7 - 11　六类美德 24 种性格优势表

美德	含义	性格优势
智慧与知识	认知的力量，包含对知识的习得和使用。	创造性、好奇心、开放的心态、热爱学习、远见
勇气	情感的力量，包括面对来自内外阻碍目标实现等逆境的意志锻炼	勇敢、毅力、正直、活力
仁慈	人际之间的力量，包括对别人呵护和友好	爱、善良、社会智力
正义	公民的力量，是健康社区生活的基础	合作精神、公平、领导能力
节制	阻止无节制/过分的力量	宽恕、谦虚、谨慎、自我控制
超越	与更广泛外界建立联系和提供生活意义的力量	审美、感恩、希望、幽默、笃信

研究者发现，发现和善用这些性格优势，进行有意义的活动，人们会产生愉快的情绪。一个人的性格优势能有效地预测一个人的主观幸福感。一个人在多大程度使用优势人格特质与一个人有多幸福存在强相关，希望、活力、感恩、爱和好奇跟人生满意度相关最密切，对于高中学生，他人倾向的性格优势如友善、团队合作与低抑郁率存在强相关，升华相关的特质则与高幸福感相关。

从临床的角度看，积极心理干预是基于优势取向的，关注来访者的优势和韧性，鼓励来访者利用个人资源，实现个人成长，追求幸福。而性格优势理论所提出的具体的个性优势则给积极心理干预提供了明确的干预主题和方向。

本书在本单元的技术点拨板块里已经详细介绍了常见的性格优势干预方法，这些干预方法的核心理念虽然都是基于性格优势的干预，但在很多方面，如干预时长、人际互动程度等都相差甚远。不同的干预方法所产生的干预效果、测量指标也不尽相同。下面对其进行

一个简单的比较。

从干预时长与人际互动程度的角度来看，从仅仅一封邮件到长达一学年的课程，不同干预方法的时长可谓差别巨大。可以看出，在线干预的时长往往较短（6小时以内），而线下以团体辅导或者课程形式的干预时长则往往能够达到12到30小时。根据一项元分析的结果，干预时长越长，干预效果越好。然而需要注意的是，与在线干预相比，线下干预同时还能够提供针对个人的书面或者面对面的反馈，即更多的人际互动。人际互动程度对干预效果究竟有何影响，这类研究尚有所欠缺。由于干预过程中关系的建立对干预的效果也有一定影响，我们完全有理由推测干预时长与人际互动程度之间可能存在一定的交互作用。这也可能成为未来研究的一种方向。

从干预效果的测量指标与工具角度分析，在已有的干预方法中，对干预效果的测量指标主要是幸福感、生活满意度等。测量幸福感的量表主要有斯特恩幸福感量表（Steen Happiness Index，简称 SHI），PANAS 与 PWI-A；测量生活满意度的量表主要有生活满意度量表（Satisfaction With Life Scale，简称 SWLS）与其学生版（Student Life Satisfaction Scale，简称 SLSS）。此外，部分研究还采用自尊、学业自我效能与学业成就作为干预效果的测量指标。

从干预效果的角度分析，无论是基于个人显著优势还是特定性格优势的干预，都具有良好的即时效果，即在干预后有显著的幸福感增加或抑郁症状的减少。然而在长程上的效果有所不同，如塞利格曼对比了"感恩之旅"与"用一种新的方式运用显著优势"两种干预方法在干预后测、一个月后与6个月后的效果，发现"感恩之旅"在后测以及一个月内都有显著的幸福感增加，而"用一种新的方式运用显著优势"在后测时效果不明显，在6个月后却体现出显著的幸福感增加。此外，研究者还发现，对于不同的个体，即使干预的特质相同也有不同的效果。普鲁瓦耶等人对一批被试的好奇、感恩、希望、热情与幽默进行干预，发现干预相对弱势的特质能在更大程度上提高被试的幸福感。他们还发现，干预项目能够间接训练被试的自控能力，从而促进干预的成功。

综上可见，基于性格优势理论的积极心理团体辅导方案还有许多探索空间，下面将向大家介绍我们设计的发现和善用性格优势团体辅导方案。

二、"发现更好的自己"性格优势团体辅导（单次）

（一）团体目标

进一步了解自己，找出自己的性格优势并欣赏之，在生活中善用自己的优势；了解和欣赏别人的性格优势，从而增强自信心，培养乐观的态度和积极的情绪，以及良好的人际关系，提升幸福感。

（二）设计依据

积极心理学认为：通过研究美德和优势，并且了解其与正面情绪的关系，有助于促进人的发展。彼得森和塞利格曼提出人们有六大类美德,24 种可测量的优势:(1)智慧与知识:创意、好奇、开明、爱学习、智慧;(2)勇气:勇敢、坚毅、诚实、活力;(3)仁慈:爱、善良、人际交往能力;(4)正义:公民性、公平、领导能力;(5)自制:宽恕与怜悯、谦虚、谨慎、自我控制;(6)超越自我:审美和优秀、感恩、希望、幽默、灵性。发现和善用这些性格优势,进行有意义的活动,人们会产生愉快的情绪。因此,在日常生活中认识自己的优势,或者通过良好的干预方法强化优势,对人们建立正面的态度和快乐的生活非常有帮助。

本团体辅导的理论依据有:

(1)塞利格曼等人所指出的:心理学不仅要研究病态、弱点和损害,还要研究力量和优势。干预不仅是修复被损坏的东西,而且是培育最好的东西。

(2)心理学不仅要帮助"正常"人过上更丰富、更令人满意的生活,而且要帮助存在心理障碍者也过上快乐的生活,因为他们也有这样的愿望。"我们相信,甚至连那些背负最沉重的心理包袱的人所关心的都比仅仅解除痛苦要多得多,那些苦恼的人想要得到更多的满足和喜悦,而不仅仅是减少悲伤和烦恼。他们想想增强性格优势,而不仅仅是克服弱点。他们想要过有意义、有目的的生活。"

(3)欣赏并感激自己不但可以提升自信,了解自己的性格优势,并从中学习改善自己的不足,强化内省及自我认知的能力,加强积极的信念及积极的情绪,巩固积极的行为。

(4)欣赏他人是对别人行为的一种承认和赞美。欣赏和感谢他人对提升主观快乐程度都有重要的影响。欣赏别人的优势能给别人带来快乐,也能给自己带来快乐,可以优化人际关系,带出积极的情绪和信念,使人的行为更有方向,更专注于积极的事情。

（三）团体规模与时间

40 人左右,团体时间 3—4 小时,为单次团体辅导。

（四）团体带领者

一到两名团体领导者,具备基本团体辅导技巧,了解积极心理学的相关知识。

三、团体辅导过程

（一）团体辅导方案与实施

表 7-12　"发现更好的自己"团体辅导目标及操作

	暖身活动——相似圈
目的:分组,提高团体凝聚力,促进成员彼此熟悉 时间:约10分钟	操作:用报数的方式将团体成员随机分组,每组 8 人。让成员在小组内做相似圈练习,小组成员围成圈站立,每个人轮流以"我想知道有谁跟我一样……"发言,在团体中讲出自己的一个特点(或爱好、个性、背景信息等),和发言者有共同点的成员向圆心处迈一步,以此在小组内找到成员之间更多的共同点。每个人发言三次

（续表）

目的：暖身，相识，让成员通过游戏增加熟悉感 时间：约 15 分钟	暖身活动——表达性连环自我介绍 操作：小组内的每个成员想一个代表自己的动作，当第一个人介绍自己的时候，一边说"我是 XXX"，一边做出自己的动作，依次按顺序介绍下去，后面的人介绍自己的时候需要一边说"我是某某旁边的某某……旁边的某某"，即需要喊出前面已经自我介绍过的成员的名字，同时还需要依次做出前面成员的动作，在喊名字做动作的时候，整个小组的成员都要参与
目的：保证团体正常发挥功能，选组长，定组规，进一步提升团体凝聚力，建立团体成员需要共同遵守的契约和规范 时间：约 25 分钟	建立小组，讨论团体契约 操作：把团体成员分成几组（每组约七、八人），发给每个组一张 A4 纸，首先让成员分享自己参加的团体的目标，团体领导者介绍团体的目标；接下来，让组内成员头脑风暴，共同探讨团体规范，并在规定（5 分钟）时间内尽可能完善地写出许多条团体契约，最后团体领导者请每个组代表总结出 5 条规范，并宣读本组的规范，强调保密、守时、不批评不指责等原则，鼓励团体成员对规范提出自己的建议。最后用黑色粗白板笔把团体规范写在大白纸上。团体契约建立后请每位成员在写有契约的大白纸上签上自己的名字 注意事项：此后每次团体活动时都可以将契约挂于活动室内，强化成员对契约的重视
目的：让成员从过往经历中发现自己的优势 时间：约 35 分钟	让我自豪 操作：发给成员"让我自豪"的练习材料，引导成员通过梳理以往生活中经历过的成功经验，从纵向角度发现自己的优势，并在小组内分享。要注意引导成员不只是分享自己的成就历史，也要总结出相应的性格优势，以及分享做完练习后的感受
目的：让成员从横断面发掘自己的优势 时间：约 60 分钟	天生我才 操作：发给成员"天生我才"的练习材料，引导成员在横断面上发掘自己各方面的优势，每位成员分享完之后，组内其他成员对其进行积极反馈，即告诉发言成员自己看到或感受到的其身上的优势。发觉自己梳理以往生活中的成功经历，从纵向角度发现自己的优势，并在小组内分享
目的：通过测验的方式引导成员进一步发现自己的优势 时间：约 25 分钟	我的优势所在 操作：发给成员"我的优势所在"的练习材料，帮助成员通过优势问卷找到自己的最强五项性格优势，并思考如何在生活中运用这些优势。注意让成员在填写问卷时跟随直觉，在思考如何应用这些优势时，尽可能想得具体和操作性强一些
目的：通过积极反馈，强化自信 时间：约 20 分钟	积极反馈 小组成员彼此给予积极反馈，说明从组内分享中了解到自己最欣赏他人的地方，给予赞美、肯定
目的：团体总结与结束道别 时间：约 40 分钟	小组结束与道别 操作：小组成员牵手围成圈，一人用一句话分享自己今天的收获，同时向其他成员道别

（二）练习附录

1. "让我自豪"练习材料

请填写1—2件不同年代你引以为豪、引以为荣的事件。

（例如：我7岁时身高才1米1,但能在深水池中连续游泳200米,成为全班游泳最好的人。）

年代	积极事件	当时的感受	为什么做到 （哪些性格优势发挥了作用）
小学			
初中			
高中			
大学			
现在			

2. "天生我才"练习材料

我最欣赏自己的外表是：	我最欣赏自己的性格是：
我最欣赏自己对学习的态度是：	我最欣赏自己做事的态度是：
我最欣赏自己对家人的态度是：	我最欣赏自己对朋友的态度是：
我最欣赏自己从困难中崛起的经历是：	我最欣赏自己的一次成功经验是：

3. "性格优势问卷"练习材料

指导语：请您仔细阅读下面各题,在符合自己情况的数字上划"○"。"1"表示从来没有,"2"表示绝大多数时间没有,"3"表示多半时间没有,"4"表示半数时间有,"5"表示多半时间有,"6"表示绝大多数时间有,"7"表示所有时间都有。每一条只能选择一个数字,请认真填写。

序号	优势 和美德	从来 没有	绝大多数 时间没有	多半时间 没有	半数 时间有	多半 时间有	绝大多数 时间有	所有时间 都有
1	创造性或灵活性	1	2	3	4	5	6	7

（续表）

序号	优势 和美德	从来 没有	绝大多数 时间没有	多半时间 没有	半数 时间有	多半 时间有	绝大多数 时间有	所有时间 都有
2	好奇心或兴趣	1	2	3	4	5	6	7
3	开放、虚心或好的判断力	1	2	3	4	5	6	7
4	爱学习	1	2	3	4	5	6	7
5	远见或智慧	1	2	3	4	5	6	7
6	勇敢和勇气	1	2	3	4	5	6	7
7	坚定不移和持之以恒、勤奋、刻苦	1	2	3	4	5	6	7
8	诚实或真诚	1	2	3	4	5	6	7
9	热情或激情	1	2	3	4	5	6	7
10	爱或依恋	1	2	3	4	5	6	7
11	仁慈或慷慨	1	2	3	4	5	6	7
12	社会智力（人际）或社会技巧	1	2	3	4	5	6	7
13	忠诚和协作	1	2	3	4	5	6	7
14	公平　正直	1	2	3	4	5	6	7
15	领导能力	1	2	3	4	5	6	7
16	宽恕或仁慈	1	2	3	4	5	6	7
17	谦虚	1	2	3	4	5	6	7
18	谨慎、判断力	1	2	3	4	5	6	7
19	自制或自我调节	1	2	3	4	5	6	7
20	对美的欣赏或敬慕	1	2	3	4	5	6	7
21	感恩	1	2	3	4	5	6	7
22	希望或乐观	1	2	3	4	5	6	7
23	有趣或幽默	1	2	3	4	5	6	7
24	信念或精神	1	2	3	4	5	6	7

你认为自己排在前五项的性格优势是（请按顺序填写内容）：

（1）　　（2）　　（3）　　（4）　　（5）

你打算怎样在今后的学习、工作和生活中善用你的优势？

第二节　感恩团体辅导及其方案

一、感恩团体辅导方案设计的理论依据

（一）感恩及其效能

1. 感恩是人类重要的个性品质

感恩（Gratitude）不仅对个体的心理健康有积极作用，对构建人与人、人与社会之间的良好的关系同样有着积极的促进作用。心理学报告曾经显示，用800多个特质词语对人类特质进行描述，感恩是最为人尊重和喜爱的品质之一，仅次于真诚、有爱心以及值得信任。而不懂感恩被认为是最让人讨厌的特质之一。

2. 感恩对人际和谐有积极促进作用

在表达感恩之情时，具有感恩意识的人们经常使用助人行为或亲社会行为，随后，由感恩激发的这些行为会促使个体与社会产生良好的联系并结交新的朋友。在熟悉的人际关系中，感恩能提升个体对关系的满意度，促进人际亲近。比如在朋友或情侣中表达感谢能使双方的关系更亲近。此外，即使在不熟悉的人际关系中，感恩的表达能增强人们对社会力量（个人对同伴利益有多大程度的责任感）的看法。感恩能提升个体对关系质量的感知，感恩会激发个体宽恕的意愿，个体的感恩水平与低自恋相关，感恩的青少年会报告感知到更多的同伴和家庭支持；感恩能增进关系，促进人际关系的建立和保持，增强关系的联接和满意度，有研究还证明感恩能促进人际冲突的解决，增强人际互助行为。大量横向和纵向研究表明，感恩对良好的人际关系有重要影响作用，是关系的维持和发展的重要因素。

3. 感恩有助于激发亲社会行为

感恩与大五人格中的宜人性呈正相关。此外，许多研究者都通过量表法、实验法等多种研究方式发现，感恩情感能激发个体在人际活动中产生更多的亲社会行为；创伤后应激障碍患者每日进行感恩练习的程度与个体表现出的亲社会行为程度存在正相关。

4. 感恩促进个体积极心理健康

研究表明，感恩是促进个体社会适应作用最大的人格特质之一，临床心理学家们也通过大量实证研究发现，通过干预增加个体的感恩水平能有效减少个体的适应不良，同时促进个体的积极人际关系、认知能力、心理弹性等。

（二）解释感恩效能的经典理论

1. 道德情感理论

道德情感理论（Theory of Moral Sentiments）将感恩看作一种道德情感，认为感恩是一种推动个体关心他人和传递支持性社会联系的道德情感，主要具有三种道德功能：第一，道德晴雨表，感恩给受惠者记录了他人赠与礼物或恩惠的信息；第二，道德动机，感恩驱动受惠

者给予施惠者或其他人亲社会行为；第三，道德强化物，感恩既可以强化施恩者的亲社会行为，也可以强化受助者的亲社会行为。感恩可能是潜在的互惠利他行为的动力机制，既是道德行为的情绪反应，也是道德行为的推动者。因此，感恩具备的这些道德功能使其成为建立信任的社会关系，促进人际和谐的必要催化剂。

2. 情绪拓展建构理论

情绪拓展建构理论（The Broaden and Build Thoery）认为积极情绪不但能够拓宽个体的思想行为脚本，而且能建构个体相对持久的资源。因此，感恩这种积极的情绪体验可以拓宽人们的思维模式，促使个体从更积极的角度去看待他人的施惠行为和人际互动，从而做出利他的亲社会行为来促进人际和谐。此外，感恩还有助于构建个体多种多样的心理和社会资源，比如激发持久的忠诚和义务，提升个体的积极情绪、幸福感，增强个体的朋友关系、社会支持等。

（三）积极心理学提升感恩的方法

目前，国内外已有一些较为成熟的感恩干预策略和方法：感恩记录、感恩拜访、感恩沉思、分享感恩经验等。

1. 感恩记录

感恩记录（Gratitude List）即让被试定期列举和记录生命中值得感激的人和事件，又叫细数恩惠（Counting Blessing）。这种方法是目前感恩干预中使用最多的一种方法，记录的时间长短有所不同，可以每日写，也可每周写；记录方式可以是上网记录，也可以是纸笔记录。许多研究者发现这种干预方法能有效提高个体的感恩水平、积极情感、人际关系、主观幸福感、生活满意度，同时减少消极情感和躯体症状。

2. 感恩拜访

感恩拜访（Gratitude Visit）通常是要求参与者写一封感谢信，并把它寄给施恩者或在施恩者面前阅读。这种更直接的人际互动式的感恩干预方式已被许多研究者通过实验证明，它能有效提升不同人群（小学生、成年人等）的感恩水平、人际和谐、主观幸福感等。

3. 感恩沉思

感恩沉思（Grateful Contemplation）与感恩记录类似，不同之处是它通常让被试沉思或记录比感恩事件更为广泛的积极生活经历，且时间很短（几分钟），只干预一次。沃特金斯（Watkins）等人发现通过让大学生只进行 5 分钟的感恩沉思就能显著唤起其更多的积极情感，减少其消极情感体验。这种方法在已有的感恩干预研究中应用较少，但其相对于感恩记录法来说更可控，且可用于迅速激发即时的感恩体验和积极情绪，这对临床治疗和科学研究都有重要意义。

4. 分享感恩经验

一些国外学者通过"分享感恩经验"的方法来干预感恩。这种方法要求参与者在记录感恩事件的基础上，还要向同伴分享自己的感恩事件和体验。实验证明，向同伴分享感恩经历比单纯记录感恩经历能显著唤起个体更多的积极情绪和幸福感。

（四）通过情绪、认知和行为层面提升感恩

根据前人经验可见，提升感恩可以从情绪情感、认知、行为表达三个层次进行。

1. 从情绪情感层次提升感恩

干预的目的在于让个体将注意力集中于自己的感受和体验，然后推及其他类似的情境之中，通过让个体对感恩情绪的追忆达到这一目的。沃特金斯等人进行的感恩沉思，埃蒙斯（Emmons）、麦卡洛（Mcculiough）等人进行的感恩记录、感恩沉思等类似的研究表明，被试通过对身边感恩事件的回顾，实验组报告了更多的积极情感、更少的消极情感并且被试感恩的水平有所提升。因此，我们希望通过对个体感恩情绪的激发进而对个体随后的行为活动产生影响，从而对感恩水平的提高起到促进作用。

2. 从认知层次提升感恩

干预的目的在于让个体识别恩情，认识到感恩的各个方面。感恩包括了富足感、简单感激（即对非社会来源的事物的感激）、感恩他人 3 个维度，不同维度的感恩的内容和来源也是不同的。戈登（Gordon）等人也认为"班级讨论、练习以及鼓励孩子反思生活中感恩的来源"等干预方式对于发展孩子的积极心态是有效的。此外，格雷厄姆（Graham. S）也曾提到将阅读感恩作品运用到感恩干预中。并且，在感恩的过程中让个体认识到施恩者的积极意图，有助于个体自觉地形成回报的冲动和报恩的行为。

3. 从行为表达层次提升感恩

干预的目的主要是培养个体的感恩行为。本方案主要参照塞利格曼等人对成人、弗罗（Froh）等人对儿童和青少年进行的"感恩拜访"及"盲人与引路者"等活动，对个体的感恩行为表达层次进行干预，让个体通过自己的行动体验感恩的内容。

二、"常怀感恩，幸福人生"团体辅导（单次）

（一）团体目标

引发感恩的情怀，学习运用语言和非语言的方式表达感恩之情；发现更多提升感恩能力的有效方法，与他人更和谐地相处，感受幸福人生。

（二）团体规模与时间

人数约 30 人，具备基本的社交能力与人际沟通能力。

团体辅导时间约 3 小时。

（三）团体带领者

1—2 名了解感恩的理论、熟悉团体辅导带领技术和过程的团体辅导师。

（四）辅导过程

表 7 - 13　"常怀感恩，幸福人生"团体辅导目标及操作

目的：让成员通过歌曲进入团体状态，引发感恩情感 时间：约15分钟	**暖身活动——聆听歌曲《感恩世界》** 操作：团体领导者说明团体目标后，让成员报数分组（6—8人）。播放歌曲《感恩世界》，请大家分组围圈而坐，闭目专心聆听歌曲《感恩世界》，引发感恩情怀，请大家在小组内分享自己聆听歌曲的感受
目的：引导成员用艺术方法表达感恩 时间：约35分钟	**主题绘画——感恩** 操作：发给成员白纸和彩笔，请成员以"感恩"为主题进行绘画创作，引导成员用艺术的方法体验感恩情怀，用非语言的方式表达感恩。绘画完毕后，成员在小组内分享，表达自己对感恩的感受和理解（注意控制绘画时间约十分钟）
目的：让成员练习对重要他人表达感恩 时间：约35分钟	**书写练习——我想对你** 操作：发给每位成员练习纸"我想对你说"，请成员选择三个自己想要感谢的重要他人，写下想对他们说的话。写完后在小组内分享
目的：让成员在行动上践行对重要他人的感恩 时间：约10分钟	**行为实践——发感恩短信** 操作：请成员从"我想对你说"练习中选择一个自己很少有机会表达感恩的对象，用手机现场编辑短信，表达感恩之情
休息	15分钟
目的：引导成员思考与提出提升感恩能力的方法 时间：约25分钟	**脑力激荡——怎样提升感恩的能力** 操作：请成员在固定小组内通过脑力激荡讨论法，尽可能多地在有限时间内想出提升感恩能力的具体方法，要求方法具备可操作性。规定15分钟组内讨论，时间到了之后，以小组为单位在团体中分享各组成果
目的：让成员在团体内表达感恩，相互祝福和告别 时间：约25分钟	**总结道别——感恩赠言** 操作：发给成员练习纸"感恩赠言"，邀请成员填写给每位小组成员的赠言（一句感谢的话语），在小组内分享，同时记录从其他成员处获赠的感恩话语。引导成员自由表达，同时分享团体即将结束所引发的各种感受
目的：温暖团体的气氛，增进团体的凝聚力，让成员在音乐和手语操中体验感恩 时间：约15分钟	**手语操——感恩的心** 操作：全体成员围成一个大圈，团体领导者发给全体成员《感恩的心》歌词，讲授歌词的含义和手语操的动作，让成员跟着模仿。播放音乐，邀请大家跟着音乐，边唱边做边体会，促进大家在歌声中用一颗感恩的心去面对周围的人和事，去面对生活中的一切

（五）练习附录

1. "我想对你说"练习材料，如表 7-14 所示

表 7-14　感恩团体辅导练习：我想对你说

在你人生成长的历程中，得到过许多人的关爱和帮助，如果让你选择三个你最想感谢的人，你会选择谁？为什么？你会对他（她）说什么感谢的话？

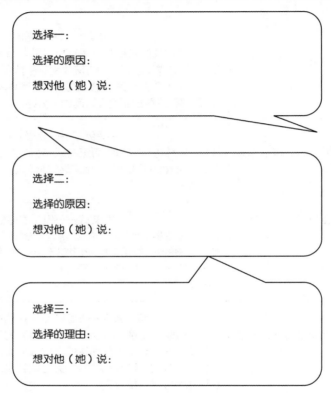

选择一：

选择的原因：

想对他（她）说：

选择二：

选择的原因：

想对他（她）说：

选择三：

选择的理由：

想对他（她）说：

2. "感恩赠言"练习材料，如表 7-15 所示

表 7-15　感恩团体辅导练习：感恩赠言

序号	小组成员	赠与成员感谢的话	获赠的感谢的话
1			
2			
3			
4			
5			
6			
7			
8			

三、"懂得感恩体验幸福"团体辅导(八次)

(一) 团体目标

提升团体成员的感恩水平,通过情感、认知、行为三个层面的干预,促进成员在情感层面体验感恩情绪;在认知层面通过调整成员的合理认知,增强其在人际间的感恩态度;在行为层面通过引导成员实践感恩行为,得到正性反馈,从而提升其感恩水平,感受和体验幸福感。

(二) 设计依据

本感恩团体方案的干预方法考虑了不同层面的干预视角:(1)从感恩对象的角度,引导个体提升对自己、父母、重要他人、朋友、生活等不同对象的感恩;(2)从干预层面的角度,同时从情绪层面、认知层面、行为层面进行干预和提升;(3)从干预方法的角度,同时使用感恩记录、感恩拜访、用音乐美术等艺术方法唤起感受、调整认知等方法。

(三) 团体规模与时间

在校大学生 15—30 人左右,具备基本的社交能力与人际沟通能力;8 次单元,每周一次单元,每次 2.5 小时,共 20 小时。

(四) 团体带领者

一到两名高校教师或辅导员,具备基本团体辅导技巧,了解大学生心理特点,有积极心理学的知识,有感恩相关训练的理论和方法。

(五) 辅导过程

第一次单元：有缘千里

1. 单元名称：有缘千里
2. 单元目标：破冰,建立团体;自我介绍;确立团体目标
3. 单元内容

表 7-16　"有缘千里"单元团体辅导目标及操作

| 目的：让学生通过游戏进入团体状态,随机调整学生座位
时间：约10分钟 | 暖身活动——刮大风
操作：成员围坐在一个圆圈内,椅子数目比人数少一,先选取一个成员作为团体领导者,站在圈中说："大风吹",其他人回应："吹什么",团体领导者说出在座的人某项特征,如："吹所有戴眼镜的人",具有该特征的人应立刻起立,交换位置,同时带领者也要找一个空位坐下,一个环节结束必有一人没有座位,此人作为下一轮的带领者,重复上述过程。一般进行 6—7 轮左右,到大家比较累的时候停止
注意事项：注意安全,要求成员的衣着应便于活动;喊口令时控制节奏 |

（续表）

目的：暖身，让成员通过游戏和身体接触减少陌生感 时间：约10分钟	**暖身活动——相识接龙** 操作：全体成员先围成圈站立，待团体领导者示范后开始游戏。成员可以去结识团体中任何一个人，步骤是：两人同时伸出右手，拇指相对，旋转之后握手，嘴里念道："以前不认识，今天见到你，握个手问个好，我叫××（说出姓名），你可以叫我××（昵称或姓名）"，如果两人以前认识，则可以说："以前就认识，今天又见到，衷心祝福你。"然后二人猜拳，输了的人站到赢家身后，双手搭在其肩上，跟随赢家。赢家再去找新的人相识。依此类推，成员之间彼此接龙，最后会一个搭一个地形成一条彼此搭肩连接起来的长龙 注意事项：可以鼓励学生尽量跟不认识的人玩游戏
目的：暖身，让成员通过游戏和身体接触减少陌生感，同时体会团体对个人的重要性，增强团体凝聚力 时间：约10分钟	**暖身活动——桃花朵朵开** 操作：开始时让全体成员围圈手拉手，充分体会大家在一起时的感觉。然后，团体领导者说"桃花朵朵开"，成员问"开几瓣？"领导者说"开N瓣"，大家必须按照N人一组分成若干组，并且迅速和自己的组员蹲下，手拉手举起来；教室里形成很多朵花的感觉；团体领导者再重复喊出不同的数字，鼓励成员和不同的人组成新的小组 注意事项：注意关注游戏中被"单"出来的学生，不要增加其焦虑
目的：让成员彼此相识，建立互动关系 时间：约10分钟	**彼此相识——知你知我** 操作：团体领导者先让成员在房间里自由漫步，见到其他成员，微笑着握握手。给一定时间让成员自然相遇，鼓励成员尽可能多地与其他人握手。当指导者说："停"，每个成员和正在面对或握手的人就成了朋友，两人一组坐下，互相做6分钟左右的分享 分享内容包括：自我介绍，内容包括：姓名、身份、性格特点、兴趣爱好等个人资料。自己的三个优势，且每个优势需要附带一个事例证明 为了增加游戏效果，每个人在对同伴介绍自己时，先说一句"认识我是你三生有幸" 注意事项：团体领导者可以利用喊口号的权力尽可能把陌生人配对
目的：扩大交往圈，让更多的成员相识 时间：约15分钟	**滚雪球——对对碰** 操作：将刚才自我介绍的两个组合并，形成4人一组。每位成员将自己刚才认识的朋友向另外两位新朋友介绍，每人2—3分钟
目的：进一步扩大交往范围，引发个人参与团体的兴致，让更多的成员相识 时间：约25分钟	**滚雪球——循环自我介绍** 操作：两个4人小组合并，8人围圈而坐。从其中一个人开始，每人用一句话介绍自己，一句话中必须包括几项内容，如姓名、专业、家乡、年级、一个与众不同的特征等。规则是：当第一个人说完后，第二个人必须从第一个人开始讲起，第三个人一直到最后一个人都必须从第一个人开始讲起，直到最后一人复述完所有人的信息，任务完成 注意事项：团体领导者可以根据实际情况调整每组人数，以及每个人介绍的信息量

（续表）

目的：建立团队，提升学生的团队凝聚力 时间：约 40 分钟	车轮约会——循环沟通 操作：成员按 1、2 报数，分成两组，里一圈和外一圈，里圈面朝外，外圈面朝内，一一对应，面对面而站（或坐）。每次 2—3 分钟交流，每次交流的主题根据团体领导者的指示来定。团体领导者叫停，里圈不动，外圈站起来向右挪一位，坐下继续与新的朋友交流下一个话题。如此循环往复，一圈下来，就认识了不少人。这种方法有点强制谈话，变化很大且快，成员常常会很兴奋。这个活动一举两得，可以让成员迅速熟悉起来。但是这个活动人数不宜太少或太多，太少不成圈，太多时间花费多，一圈 8—10 人较好 注意事项：交流的话题团体领导者可以自己设计，或者是让成员自我介绍，或者是分享一些有趣的问题，如"你喜欢的一首歌""你最自豪的一件事""你本周的一个愿望等"
目的：引导成员澄清目标，为保证团体正常发挥功能，实现团体领导者与成员之间的相互尊重与配合，建立团体成员需要共同遵守的契约和规范 时间：约 25 分钟	建立规范——讨论团体契约 操作：把团体成员分成几组（每组约七、八人），发给每个组一张 A4 纸，首先让成员分享自己参加团体的目标，团体领导者介绍团体的目标；接下来，让组内成员头脑风暴，共同探讨团体规范，并在规定时间内尽（5 分钟）可能完善地写出许多条团体契约，最后团体领导者请每个组代表宣读本组的规范，并强调保密、守时、不可身体攻击等原则，鼓励团体成员对规范提出自己的建议。最后用黑色粗白板笔把团体规范写在大白纸上。团体契约建立后请每位成员在写有契约的大白纸上签下自己的名字 注意事项：此后每次团体活动时都可以将契约挂于活动室内，强化成员对契约的重视
目的：引导成员在生活中体验感恩 时间：5 分钟	布置家庭作业：感恩记录 操作：让成员在下个单元前的一周时间里，每天记录 3 件让自己感恩的事件。可以是感恩父母、师长和同伴，也可以是感恩好天气和美丽的景色。记录尽可能地详细，充分表达自己的情感

4. 练习附录

车轮约会问题集锦

如果每天突然多出来两个小时，我会用它做什么？

如果我突然有五百万元，我会怎么使用它？

如果我突然有三个月假期，我会怎么使用它？

如果我可以选择世界上任何一个角落，我会选择去哪儿居住？

如果我的宿舍突然着火而只能抢出三样东西，我会抢救什么，为什么？

三十年后，我希望自己在什么地方？做些什么？

如果我的生命只剩下一个月，我会做些什么？

临死前，如果我还可以说三句话，我会说些什么？对谁说？

我死后，希望我的墓志铭上写着什么？

五十年后，当我在天堂俯瞰世界时，我希望能看到什么？

第二次单元：感恩的心

1. 单元名称：感恩的心

2. 单元目标：团队建设，增进彼此情感，体会团体中的此时此地的感恩

3. 单元内容

表 7-17　"感恩的心"单元团体辅导目标及操作

目的：暖身，让学生通过分享作业再次体验感恩 时间：约 10 分钟	暖身活动——分享感恩记录 操作：让成员分小组而坐，分享上周的作业，回顾上周发生的让自己感恩的事件，或自己感恩的人，体验感恩之情
目的：暖身，让成员通过游戏回顾感恩感受，并在小组内寻找共鸣 时间：约 10 分钟	暖身活动——感恩相似圈 操作：所有学生围成一圈，自由发言"我想知道有谁跟我一样很感恩XXX"，如"有谁跟我一样很感恩室友曾在我生病的时候照顾我""有谁跟我一样感恩曾经遇到了好老师""有谁跟我一样感恩今天晴空万里"，有相同感受的同学向圈内迈出一步，不说话，但大家就可以迅速在团体中发现与自己曾体验过相似感恩之情的人
目的：让成员通过助人与受助的体验，唤起彼此之间的感恩感受 时间：约 60 分钟	盲人与引路者(信任之旅) 操作：让团体成员围成内外两个圈，内圈做"盲人"，外圈做"拐棍"来帮助盲人，两人一组("盲人"不知"拐棍"是谁)，"盲人"原地转三圈，暂时失去方向感，然后在"拐棍"的搀扶下，沿着指导者选定的路线，绕室外练习。其间"拐棍"不能讲话，只能用手势、动作帮助"盲人"体验各种感觉。练习结束后，两人坐下交流当"盲人"和"拐棍"的感觉，并在团体内交流。然后互换角色，再来一遍(盲人和"拐棍"的组合可以改变)，再互相交流 交流讨论集中在以下几方面：对于"盲人"，你看不见后是什么感觉？你对伙伴的帮助有何感受？对于帮助你的人，他做的哪些细节让你感恩？对于"拐棍"，你怎样理解你的伙伴？你是怎样想方设法帮助他的？对于你帮助的人，有哪些让你感恩的地方 注意事项：团体领导者事先要选择盲行路线，道路最好有一定阻碍，如上楼、下坡、拐弯、室内外结合等。每人准备蒙眼睛的眼罩或者头巾
目的：对成员讲解有关感恩的小知识 时间：约 15 分钟	感恩小知识 操作：将"感恩小知识"发给大家，向大家讲解与感恩有关的小知识，如积极心理学层面的感恩理论，感恩的效能，如何提升感恩等
目的：引导成员运用感恩回顾的方式从日常生活中体验感恩 时间：约 40 分钟	发生在我身上的三件好事 操作：成员按照上次团体所分的小团体围坐成圈，发给大家练习"发生在我身上的三件好事"，邀请大家回顾自己在近期生活中发生的好事，体验感恩，写完后在小组内分享，最后邀请大家在大团体中分享
目的：温暖团体的气氛，增进团体的凝聚力，让成员在音乐和手语操中体验感恩 时间：约 15 分钟	手语操——感恩的心 操作：团体领导者发给全体成员《感恩的心》歌词，讲授歌词的含义和手语操的动作，让成员跟着模仿。播放音乐，邀请大家跟着音乐，边唱边做边体会，促进大家在歌声中用一颗感恩的心去面对周围的人和事，去面对生活中的一切
目的：引导成员在生活中体验感恩 时间：约 5 分钟	布置家庭作业：感恩记录 操作：让成员在下次单元前的一周时间里，每天记录 3 件让自己感恩的事件。可以感恩父母、师长和同伴，也可以感恩好天气和美丽的景色。记录尽可能地详细，充分表达自己的情感

1. 练习附录

（1）感恩小知识

感恩小知识

一、什么是感恩

我们的生活中，总会遇到一些好事，也会碰到一些倒霉事。对于那些"好事"，你感到庆幸，随后忘怀于心；对于"倒霉事"，你觉得懊恼，难以释怀，不断抱怨"早知如此，何必当初"。然而，没有人有天生的好运气，你仍脚踏坚实的土地，身边有亲朋好友相伴，还有对事业与爱情的追求依然炽热，这一切都深深得益于天地滋润，父母恩养，师长教导和朋友协助，我们不能对此视而不见，听而不闻。也没有人永远不幸，我们总能从"倒霉事"中收获教训与发现新的机遇，从而接近下一个幸运，这也值得我们感恩。而反之我们若是纠缠其中，埋怨他人与命运，只会徒增更多痛苦与烦恼，既无法解脱，也不能肩负起自己应负的责任。

1995 年，马丁·塞利格曼提出"积极心理学"的概念，并把"感恩"作为 24 种积极人格特质中的重要一项。从此，感恩成为了被研究得最多和最广泛的课题之一。心理学家罗伯特·埃蒙斯（Robert Emmons）认为，感恩由两个关键的要素组成——一个是对善的肯定，即确认世上存在好的东西，并且我们从中得到了一些礼物和好处；另一个要素是，我们认识到这些善的源泉不在于我们自身，而是其他人，或有神论者所认为的某种更强大的力量，他们给予我们这些或大或小的礼物，因此我们也在自己的生活中实现善，报答他们的好意。

除此之外，南加州大学的一群心理学家还做了一个有趣的脑实验。实验的领导者赫伦·福克斯（Gleen Fox）说："仿佛有一条细线串起了一系列微妙的感恩行为，比如当你为他人撑住将要关上的门，这将最终引发一些伟大的行为，如他人给你捐献一个器官"，因此他决定探索是什么脑功能引发了这一切的感恩行为。

首先，他们需要刺激被试产生感恩情绪。他们收集了 48 个获救幸存的感人故事，让 23 个实验者阅读、评价感恩分数并用 fMRI 扫描和记录他们的脑部活动。研究发现，感恩提高了两个基本脑区的活动水平，分别是前扣带回（ACC）和前额皮质（mPFC）。这两个脑区负责情绪加工、建立与回馈人际合作、道德判断与理解他人的心理活动。这意味着，感恩并不仅仅是一个报答的行为，它还是一个复杂的社会情绪，包含了道德感、与他人建立联系以及站在他人的角度上思考问题。因此，感恩也是一个我们与他人、与社会相联系的途径。

二、为什么要感恩

了解感恩的含义与运作机制后，我们还需要明白，学会感恩对我们有什么好处呢？如果我们学会了感恩，也许我们会发现景色变得更加美丽，也许我们会觉得自己变得更加幸福，也许我们会觉得工作变得更加顺利……

从被给予生命到成为现在的我们，成长的过程不仅有欢笑、快乐和幸福，同时也有泪水、痛苦和挫折。我们离不开父母和师长的关爱，也离不开朋友和同伴的扶持，我们离不开社会的培养，也离不开自然的养育。这又怎能不让我们感恩呢？而感恩父母和师长，感恩朋友和同伴，感恩社会和自然，又会让我们成长得更顺利、更快乐，感恩让我们成为更好的自己。

以下是研究发现的感恩的部分好处（直接或间接的研究支持）：

- 感恩让我们更加幸福
- 感恩能减少我们的焦虑与抑郁
- 感恩有利于我们的身体健康
- 感恩能让人们睡得更好
- 感恩能让人振作
- 感恩能增强我们的人际关系
- 感恩有利于儿童成长

还有无数的研究发现，感恩对我们的社会交往、身体健康与心理健全大有裨益。无论你是面临死亡的老人，还是患有乳腺癌的妇女，抑或是残疾的青年，不管你是谁，你正在经历怎样的人生，你都能从感恩中享受到这些好处。

三、测试你的感恩水平

请在以下 6 个句子旁标记同意程度（1—7 代表从强烈不同意到强烈同意）

1. 在我的生命中有如此多值得感恩的事情。
2. 如果我必须列出我觉得值得感恩的每一件事，这个列表一定会很长。
3. 当我看这个世界时，我看不到多少值得感恩的事。
4. 我对形形色色的人都心存感激。
5. 随着年龄的增长，我发现自己更懂得去感激组成我生命历史一部分的人物、事件。
6. 光阴流逝了几许，我才懂得感谢一些人或事情。

答案选项按同意程度从"强烈不同意"（记为 1 分）至"强烈同意"（记为 7 分）共分为 7 个等级，第 3、6 题反向计分，采用 7 级计分，问卷总分 7—35 分，得分越高，感恩倾向越强。

（2）"三件好事"活动练习

发生在我身上的三件好事

想一想：从昨天这个时刻到现在 24 小时内发生在你身上的三件好事，是一个令你感到开心、欣慰、满足、高兴、愉悦的事。不一定要轰轰烈烈，哪怕是问候的短信，一个友善的微笑。想一想这件事为什么会发生？

1. _____

2. _____

3. _____

现在你的感受是

（3）"感恩的心"歌词（略）

第三次单元：感恩自己

1. 单元名称：感恩自己

2. 单元目标：探索自我，增进彼此了解，提高成员自信，引导成员对自身优势感恩

3. 单元内容：

表 7－18　"感恩自己"单元团体辅导目标及操作

目的：暖身，让学生通过分享作业再次体验感恩 时间：约15分钟	暖身活动——分享感恩记录 操作：让成员分小组而坐，分享上周的作业，回顾上周发生的让自己感恩的事件，或自己感恩的人，体验感恩之情
目的：暖身，让成员通过冥想体验感恩，进入团体主题 时间：约15分钟	冥想——拥抱自己感恩自己 操作：让团体成员按照团体围坐成圈，播放轻柔的音乐。首先指导团体成员进行放松训练，观察大家都达到了放松的状态，开始说指导语： "现在想象你的面前有另外一个自己，看着他，你有没有因为他长得不够漂亮而责怪过他？你有没有因为他成绩不好埋怨过他？你有没有因为一些无法做到的事情而讨厌过他？好好想一想？"留出一段时间让大家回忆 "你真正地接纳过他，喜欢过他，感谢过他吗？看着那个受伤的自己，你觉得心疼吗？委屈吗？你想对他说点什么吗？" "跟自己说声对不起，因为总是莫名的悲伤；跟自己说声对不起，因为曾经为了别人难为了自己；跟自己说声对不起，因为伪装让自己很累；跟自己说声对不起，因为好多东西我没有好好珍惜；跟自己说声对不起，因为倔强让自己受伤了。" "看着你面前的自己，用最真诚的语气对他说'谢谢你，不管怎样这些年都一直陪伴着我，以前我对你不够好，从今以后我一定好好对待你，真的谢谢你'。"大家分享感受
目的：引导成员感恩自己 时间：约50分钟	感恩自己的一封信 操作：从来到人间后，自己能一步一步走到今天，可能经历过成功和喜悦，也可能经历过挫折和忧愁，回望过去和现在的自己，你有什么想要感谢自己的地方吗？可以是自己所具有的某种品质和精神，也可以是自己的某个特点。请感恩它们对你一路上的陪伴和支撑……给自己写一封感谢信
目的：邀请成员彼此分享对自己的感恩，通过小组任务提升团体凝聚力 时间：约40分钟	感恩组诗 操作：成员在小组内对成员分享自己的感谢信：布置小组任务，发给每个组一张大白纸，请小组成员每人从自己的信中摘出一句，组成小组的"感恩诗"，将感恩诗写在大白纸上，每个小组轮流向全体成员分享
目的：促进大家群策群力，思考和总结感谢自己的方式，同时增进团体凝聚力 时间：约20分钟	脑力激荡：怎样提升感恩的能力 操作：发给每组一张 A4 大小的白纸，给大家 10 分钟头脑风暴的时间，让每个组的成员充分讨论，写出尽可能多的感恩自己的方法，最后每个组派一名代表在大组分享，比比哪个组的办法最多

（续表）

目的：引导成员在生活中体验感恩 时间：5分钟	布置家庭作业：感恩记录 操作：让成员在下次单元前的一周时间里，每天记录3件让自己感恩的事件。可以感恩父母、师长和同伴，也可以感恩好天气和美丽的景色。记录要尽可能地详细，充分表达自己的情感
目的：引导成员在生活中体验感恩 时间：约5分钟	布置家庭作业——做一件感恩自己的事 操作：让成员从成员列举的感恩自己的方法中选择一件自己很久没做的事作为下周的行为作业，用实际行动感恩自己

第四次单元：感恩父母

1. 单元名称：感恩父母

2. 单元目标：引导成员回顾父母对自己的养育和付出，提升成员对父母的感恩之情，引导成员在行为上感恩父母

3. 单元内容

表7-19　"感恩父母"单元团体辅导目标及操作

目的：暖身，让学生通过分享作业再次体验感恩 时间：约15分钟	暖身活动——分享感恩记录 操作：让成员分小组而坐，分享上周的作业，回顾上周发生的让自己感恩的事件，或自己感恩的人，体验感恩之情
目的：暖身，通过视频唤起感恩情绪 时间：约10分钟	暖身活动——观看感恩视频 操作：给成员播放感恩视频——中央电视台公益广告，唤起成员对父母的感恩情绪
目的：让成员思考父母养育自己所付出的精力和代价，唤起对父母的感恩之情 时间：约50分钟	成长的代价 操作：请成员按固定小组围坐成圈，每组分得一张大白纸，每组同学集体讨论，计算出自己成长所需要的成本，并写在卡片上。例如：奶粉、尿布、玩具、衣物的费用；母亲的细心照料，幼儿园上学的天天接送，父母每天精心准备的一日三餐；零花钱，学习和辅导班费用，电脑手机等购买费用；住房的房租费用等；爸爸妈妈日渐衰老的面容和对自己付出的经历等。父母在养育我们的过程中付出的金钱和心血……对比各组的讨论成果，比比哪组同学想到的成长代价最多，用心感受父母给予我们的恩泽
目的：引导成员尝试更多了解自己的父母，唤起感恩之情 时间：约30分钟	父母调查表 操作：邀请成员填写"我所了解的父母"，并在小组内分享，引导成员尝试去更多地了解父母。分享感受
目的：进一步唤起成员对家庭的感恩 时间：约40分钟	我的家 操作：成员在小组内讨论"家庭与你的意义是什么？"，每人举1个例子，不能重复。例如：家是医院——生病有人照顾我；家是旅馆——供我吃饭、睡觉；家是避风港——在我伤心难过时有人陪伴……让成员用头脑风暴的形式，以组为单位写出家庭对自己的意义 在大组内分享，并引导大家思考和讨论：当你受到父母的照顾时，你的感受是什么？你对父母的爱做出过哪些回应

（续表）

目的：引导成员在生活中体验感恩	布置家庭作业——感恩记录 操作：让成员在下次单元前的一周时间里，每天记录 3 件让自己感恩的事件。可以感恩父母、师长和同伴，也可以感恩好天气和美丽的景色。记录要尽可能地详细，充分表达自己的情感
目的：让成员在行动上践行对父母的感恩 时间：约 5 分钟	布置家庭作业——做一件感恩父母的事 操作：请成员用手机现场编辑短信，表达对父母的感激之情，并发送给父母

4. 练习附录

表 7 - 20　我所了解的父母

	爸爸	妈妈
生日		
工作的主要内容		
最喜欢吃的食品		
鞋子尺码		
兴趣爱好		
年轻时的理想		
最得意的一件事		
最后悔的一件事		
最大的优势		
对我的期望		

第五次单元：感恩生命中的贵人

1. 单元名称：感恩生命中的贵人

2. 单元目标：引导成员回顾自己在生命中遇到的贵人，提升成员对朋友、亲人、师长等人的感恩之情，引导成员在行为上感恩

3. 单元内容

表 7 - 21　"感恩生命中的贵人"单元团体辅导目标及操作

目的：暖身，让学生通过分享作业再次体验感恩 时间：约 15 分钟	暖身活动——分享感恩记录 操作：让成员分小组而坐，分享上周的作业，回顾上周发生的让自己感恩的事件，或自己感恩的人，体验感恩之情
目的：暖身，让学生通过阅读文章唤起感恩情绪 时间：约 10 分钟	阅读短文——感恩是一种恩赐 操作：给成员发放阅读材料"感恩是一种恩赐"，让成员轮流阅读，分享感受

（续表）

目的	内容
目的：让成员盘点自己的社会资源，唤起对身边重要他人的感恩 时间：约 35 分钟	我的百宝箱 操作：发给成员练习"我的百宝箱"，引导成员在填写练习的过程中盘点自己的社会支持资源，体验对人际关系中各种重要他人的感恩，提升成员幸福感
目的：让成员回顾生活中的重要他人，体验他人对自己的重要性 时间：约 40 分钟	诺亚方舟 操作：讲述情景：洪水暴发，你有一艘诺亚方舟，可以载十个人（父母除外），请将他们的名字写在纸上；方舟渐渐漏水，你需要删去一个一个人，直到留下最后三个人。你删去了，他们就离开了方舟，淹没在洪水中…小组内分享你留下的最后三个人是谁并总结讨论；全班分享
目的：让成员练习对重要他人表达感恩 时间：约 40 分钟	我想对你说 操作：发给每名成员练习"我想对你说"，请成员将"诺亚方舟"练习中最后剩下的三个人填入该练习，写下想对他们说的话
目的：引导成员练习表达感恩 时间：5 分钟	布置家庭作业——感恩拜访 操作："我们大多数人都享有一件值得感谢的事或一个帮助自己的朋友。虽然我们大多数人会对他人说"谢谢"，以表示感谢，但有时"谢谢"两个字显得太单薄了。在本练习中，你将有机会以一种更好的方式来表达你的感激之情。想想这些人——父母，朋友，教练，队友等，尤其是那种对你十分关怀，但你从来没有机会正式表示过感谢的人。选择一个你能在接下来的一周单独与他见面的人，你的任务是写一封感谢信给这个人，并亲自登门拜访这个人，将信直接念给他听，也可以选择通过视频或音频念给他听，并分享彼此的感受。"
目的：引导成员在生活中体验感恩 时间：5 分钟	布置家庭作业：感恩记录 操作：让成员在下次单元前的一周时间里，每天记录 3 件让自己感恩的事件。可以感恩父母、师长和同伴，也可以感恩好天气和美丽的景色。记录要尽可能地详细，充分表达自己的情感

4. 练习附录

（1）每天都是恩赐

> 曾经有一个女孩这样说过：妈妈去世后才知道做家务是多么辛苦。妈妈在世的日子里，我不曾洗过一件衣服。
>
> 当你发现人生无常的时候，你是否为自己拥有的一切而心怀感激？
>
> 我们有所爱的人，有爱我们的人；有父母的爱，兄弟姐妹、朋友、恋人或丈夫妻子、儿女的爱，这是多么的难能可贵！
>
> 我们有健康的身体，可以做自己喜欢做的事，吃自己喜欢的东西，这是多么幸福！
>
> 我们有睡觉的地方，有一个可以歇息的怀抱；每天早上醒来可以呼吸一口新鲜的空气；可以看到蔚蓝的天空、朝露、晚霞和月光。这一切原来不是应得的！

　　　　我们有一颗乐观的心灵,有自己喜欢的性格和外表,有自己的梦想,可以听自己喜欢的歌。这一切都是恩赐!

　　　　当我们拥有时,我们总是埋怨自己没有些什么;当我们失去时,我们却忘记自己曾经拥有些什么。

　　　　我们害怕岁月,却不知道活着是多么美好。我们认为生存已经没有意思,却忘记许多人正在生死之间挣扎。

　　　　什么时候,我们才会为自己拥有的一切心怀感激?

（2）"我的百宝箱"练习材料

当我有好消息时,最想跟谁分享?（　　　）

当我要搬很重的东西时,我会找谁帮忙?（　　　）

当我生病的时候,希望谁陪我去医院?（　　　）

当我有烦恼困惑时,最想找谁倾诉?（　　　）

当我孤独时,最想找谁陪伴?（　　　）

当我经济出现问题时,最可能找谁帮忙?（　　　）

当我要去旅行时,想谁和我同行?（　　　）

当我数学/语文/英语/物理/化学/生物遇到不懂的题目,分别想找谁解答疑惑?（　　　）

当我学业有成就时,最想跟谁分享喜悦?（　　　）

⋯⋯⋯⋯⋯

讨论:看着自己的百宝箱,有什么感受?

听了同组成员的百宝箱,你有什么新的启发?

（3）"我想对你说"练习材料（略）

第六次单元：感恩生活

1. 单元名称：感恩生活

2. 单元目标：引导成员回顾自己的成长经历和日常生活,提升成员对生活的感恩之情

3. 单元内容

表7-22　"感恩生活"单元团体辅导目标及操作

目的：暖身,让学生通过分享作业再次体验感恩 时间：约15分钟	暖身活动——分享感恩记录 操作：让成员分小组而坐,分享上周的作业,回顾上周发生的让自己感恩的事件,或自己感恩的人,体验感恩之情

（续表）

目的：让成员回顾日常生活中那些值得感恩的小细节，唤起成员对生活的感恩 时间：约25分钟	冥想——感恩每一天 操作：（放松冥想）想想你"正常的一天"是怎样的？ 这"正常的一天"有什么可以感激的呢？ 以小组的形式进行，每小组在领取到的纸笔上列出每一天可以感恩的事情，15分钟计时，到时后看看哪个组最多。并留出5分钟时间各小组派出代表分享
目的：让成员体会成长路上并非一帆风顺，挫折和艰辛是难免的 时间：约25分钟	成长三部曲 操作：在最初状态，所有成员都是鸡蛋（以蹲下为标志）；"鸡蛋"可以自由活动，与同类进行猜拳，如果赢了，就进化成小鸡（以半蹲为标志）；小鸡再与同类（只能是小鸡）猜拳，如果赢了，就进化成大鸡，如果输了，就退化成鸡蛋；大鸡再与同类（只能是大鸡）猜拳，如果赢了，就成功回到座位上，如果输了，就退化成小鸡。依此类推，每个成员直到成功回到座位才能退出游戏。团体领导者引导大家分享感受。每个人在成长过程中往往都不是一帆风顺的，可能经历许多挫折，但是只要坚持不懈，在经历了无数次失败之后一定可以茁壮成长，取得成功
目的：引导成员回顾过往经历，唤起感恩情绪 时间：约40分钟	人生金三角 操作：发给每位成员练习"人生金三角"，请成员回顾人生经历中的重要事件，唤起生命中的一些重要感受
目的：让成员回顾自己的人生经历，唤起感恩情绪 时间：约40分钟	我的感恩人生 操作：发给每个人一张A4大小的白纸，邀请成员沉思一下自己人生中值得感恩的瞬间，将它们画成四格漫画。15分钟绘制漫画，以小组形式进行交流，最后五分钟每组派人展示
目的：引导成员在生活中体验感恩，践行感恩 时间：5分钟	布置家庭作业——感恩七天挑战 操作：发给成员"感恩7天挑战"的说明，要求成员给自己准备一本笔记本，每天花10分钟的时间做感恩练习。7种感恩练习，在未来的一周内每天做一种

4. 练习附录

（1）人生金三角（如图7-6所示）

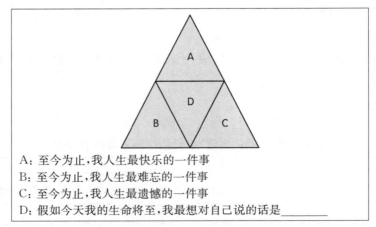

A：至今为止，我人生最快乐的一件事
B：至今为止，我人生最难忘的一件事
C：至今为止，我人生最遗憾的一件事
D：假如今天我的生命将至，我最想对自己说的话是_____

图7-6　人生金三角

（2）感恩七天挑战

准备一本笔记本，每天花 10 分钟的时间做感恩练习。7 种感恩练习，第一周开始每天做一种，第二周和第三周再循环一遍这 7 种练习，在你做这 7 种练习时，要确保你每次在自己的感恩日记里记录的内容是不同的。比如说，在三个星期里你会有三次写到感恩信，那么这三次需选择不同的人来写你的感恩信。

第一天：三件值得感激的事情（The Three Blessings）
第二天：对谁，因为什么（To Whom for What）
第三天：收到礼物的我（The gifted self）
第四天：稀缺感恩（Scarcity）
第五天：想象缺失的感恩（Absence of Blessing）
第六天：感恩信（The Gratitude Letter）
第七天：从坏到好（Remember the Bad）

第一天，三件值得感激的事情（The Three Blessings）

是什么让这样的好事发生？

你觉得它发生是为什么？

它对你的意义是什么？

你怎么做才能让它以后继续发生？

你跟其他人分享了这件好事吗？

第二天，对谁，因为什么（To Whom for What）

在这个练习中，你将把注意力集中在你生命中那些值得你感激的事情和让这些事情发生的人身上。谁让你受益了？你的伴侣？邻居？同事？你的学生？你最喜欢的球队？想想今天发生的事情，然后写下 5 件你感激的事情并且写上你所感激的人。

你可以按照这样的格式写：我感激今天发生的_____因为（谁）_____

第三天，收到礼物的我（The Gifted Self）

在这个练习中你将花一点时间把注意力集中在你所收到的"礼物"或者好处上。这些礼物可能是每天生活中的享受，你生活中的人，你自己的优势或者天赋，自然中的美景，或者来自别人的善举。我们可能通常都不会把这些东西视为礼物。慢慢在心中重复"礼物"这个词或者说"我被给予了很多天赋和礼物"。观察你的情绪和你的感受。花时间充分感受你感恩的深度。然后开始在你的感恩日记里记录。

这个练习的第二部分是关于回馈。收到礼物通常会点燃我们回馈的渴望。问问你自己："我想以怎样的方式回馈我收到的礼物？"发挥你的创造力！你有没有可能把这样的礼物继续传递给别人？你能把你收到礼物的这件事跟谁分享？你能有意地做一件好事吗？比如为排在你后面买咖啡的人付款，为排在你后面的车付停车费？也许你生活的小区里有一位老人需要人帮忙买东西，或帮助他爬楼梯等；帮助迷路的人；教小朋友一项技能。把我们得到的这份恩赐和礼物传递下去，才是对我们感恩的心最好的诠释。

第四天，稀缺感恩（Scarcity）

当你发现一件美好的事情马上就要结束时，你会更加地珍惜当下的拥有并且竭尽全力地去充分利用剩下的时间。一种"现在或者永不"的感觉会促使我们把每一天过到最好。

在这个练习中，选择一个马上要结束的活动、事件、经历或者关系（连接）。记得你仅有非常有限的时间去做某事或者跟某人在一起了。也许是你在从事的一项工作，你参与的一个课程，一个你所在的团队，或者你所生活的地方。你生命的这个篇章即将结束。选一个还有 1 到 3 个月的时间就要结束的你的经历。想想你只剩下这么短的时间跟某人在一起或者做某事了，写下你为什么感激他们或者它们。

第五天，想象缺失的感恩（Absence of Blessing）

很多美好的事情我们之所以视为理所应当，是因为我们对它们太习以为常了。在这个练习里，我们将想想一件好事如果从来没有发生在我们身上，我们的生活将变得如何。通过这样的方式，我们会发现自己之前从来没有注意到的让我们感恩的东西。在头脑里想象我们如果从来没有得到或者遇到某件好事，会让我们对它的发生更加感激。

想想你生命中非常让你感激的一个方面，然后写下如果它从来没有发生，你的生活会有什么不同。（比如，"如果我从来没有遇到我老婆，我的生命会怎么样？"而不是"我真的很感激我遇见了我老婆"）

第六天，感恩信（The Gratitude Letter）

有人说感到感激而不表达就像包装了一个礼物却不把它送出去一样。出于各种各样的原因，我们通常不对那些值得我们感激的人表达我们的谢意。我们想当然的认为他们知道我们对他们是多么的感激。

在这个练习中，想想你生命中的某一个阶段让你特别感激的一个人，然后写封信给这个人。这个人可能是你的一个老师、一个教练、一个好朋友或者是父母。你可以自己决定是否把这封信寄出去。在这封信里，请非常具体地描述你为什么对这个人感恩，他是怎样影响了你的人生的，你是多么经常想起他所做的一切努力。他当时做了什么，这些事情是怎样对你现在的人生仍旧有着深远的影响的？这个人可能是你之前从来没有好好想过并且感激的人。你可以用任何让你舒服的媒介去表达（手写书信，电子邮件，甚至是视频）。花至少 10 到 15 分钟的时间来写这封信。你的信应该在 250 个字左右。不管你是否真的把这封信给那个你感激的人，想象一下他看到这封信时的感受。

第七天，从坏到好（Remember the Bad）

培养感恩的一个策略就是想想坏事。想想你最糟糕的时刻，让你伤心的那些事情和你曾经的损失。把注意力集中在你是怎样度过你生命中最艰难、最创伤的那段时间的——你抵制了诱惑，你在一段糟糕的关系当中幸存了下来，你从黑暗之中走了出来。记住那些糟糕的经历,然后看看现在你的生活。

有些时候我们会因祸得福,坏事情会变成现在让我们感激的事情。选择一个你生命中在最开始的时候让你觉得不开心或者不想要的经历。现在尝试着把注意力集中在这件事情所产生的积极结果上。

现在回顾这件事,从结果上来看,哪些是让你特别感激的? 这件事情让你收获了什么? 你是怎样成长的? 你在其中发现了自己的什么优势? 这件事情是怎样让你更好地面对未来的挑战的? 这件事情是怎样让你更加珍惜生命中真正重要的事情和人的?

总结一下,这件事情的结果中哪些是你觉得特别感激的?

尝试着写下 3 个让你不太愉快的经历。

第七次单元:感恩再多一点

1. 单元名称:感恩再多一点

2. 单元目标:通过绘画、认知调整等方式提升成员体验感恩的能力

3. 单元内容

表 7 - 23　"感恩再多一点"单元团体辅导目标及操作

目的:暖身,让学生通过分享作业再次体验感恩 时间:约15分钟	暖身活动——分享感恩七天挑战作业 操作:让成员分小组而坐,分享上周的作业,回顾上周感恩七天挑战练习中让自己印象深刻的内容,以及让自己感恩的人或事件,体验感恩之情。
目的:引导成员用艺术的方法表达感恩 时间:约40分钟	主题绘画——感恩 操作:发给成员白纸和彩笔,请成员在 10 分钟之内以"感恩"为主题进行绘画,引导成员用艺术的方法体验感恩情怀,用非语言的方式表达感恩 绘画完毕后,成员在固定小组内分享,表达自己对感恩的感受和理解
目的:提升大家的感恩唤起能力,训练通过调整认知来引发感恩 时间:约35分钟	感恩宾果 操作:以固定小组为单位,每组一张练习"感恩宾果",每组每个人按顺序选择填一个格子(内容要合理),最快将填过的格子连成一条线的小组,赢得比赛。分享:哪些格子最难填? 为什么? 你能做什么让自己能满足更多格子呢
目的:引导大家思考如何表达感恩,感恩的方式 时间:约35分钟	情景剧——仙鹤报恩 操作:参照《仙鹤报恩》剧本,请 3 位同学进行角色扮演,分别饰白鹤、老大爷、老大娘、旁白。思考讨论:如果你是白鹤,你会有其他什么报恩方式呢
目的:引导学生思考与总结如何提升感恩情怀 时间:约15分钟	脑力激荡——怎样提升感恩的能力 操作:请学生在固定小组内脑力激荡,尽可能多地在有限时间内想出提升感恩能力的方法,要求方法有可操作性和有效。规定时间到了之后,以小组为单位在团体中分享

（续表）

目的：暖身，让成员在游戏中体验感恩和幸福 时间：10分钟	感恩大串联 操作：所有成员围成大圈，每个成员想一个动作，边做动作边喊"我感恩我拥有……，谢谢你"，其他同学模仿该动作，并一起为之欢呼"恭喜你拥有……"
目的：引导成员在生活中体验感恩，践行感恩	布置家庭作业——感恩七天挑战 操作：将"感恩七天挑战"的练习发给成员，请成员在接下来的一周继续进行密集感恩训练，提升自己体验感恩的能力

4. 练习附录

（1）仙鹤报恩剧本

很早很早以前，在某个村子里，住着一个老大爷和老大娘。这两位老人生活很贫苦，但都是十分善良的人。有一天，老大爷挑柴到街上去卖。这是一个严寒的冬天，寒风呼呼地吹着，天上飘着鹅毛大雪，山间、田野，都被雪花覆盖，简直成了银色的世界。要是柴卖不出去，当天的饭就没有着落。老大爷想到这里，鼓起勇气，踏雪前进。突然，对面传来"啪哒、啪哒"踹雪的声音，仿佛有什么东西在雪中挣扎着。老大爷想：到底是什么东西在雪地里乱动呢？于是，他走到跟前一看，原来是只仙鹤掉进了捕鸟兽的圈套，两只脚被绳索捆住了，因此，正在"啪哒、啪哒"地挣扎着。可是越挣扎束缚得就越紧，看来是绝对跑不掉的。老大爷看见后，觉得怪可怜的，他说："等一等，等一等，幸亏被我看到了，要是给别人看见，一定会把你抓走。现在我来给你解开绳子吧。"说罢，老大爷放下柴，把束在仙鹤脚上的绳子解开了。绳子脱落后，仙鹤就用力向左右张开两只翅膀，"啪哒、啪哒"地飞向高高的天空。它从死亡中被搭救出来，该有多么高兴啊！"嘎嘎嘎"的叫声响彻云霄，仙鹤在老大爷的头顶上盘旋了三圈，然后飞向山那边去了。老大爷望着飞向远处山边的仙鹤的影子逐渐地变小。老大爷看着仙鹤去后，自言自语地说："总算做了一件好事，今天好像运气不错！"想到这里，老大爷的心情变得愉快起来，又挑起柴担，赶集去了。"卖柴！卖柴！谁要买柴——"老大爷一边喊一边踏着大雪，穿街走巷。他想到自己救了仙鹤，做了一件好事，更加精神抖擞。不一会儿，柴卖完了，老大爷返回家去。但一回到家中，他突然感到身上特别寒冷。"哎哟，好冷，好冷！"说着，他叉开腿把手伸向地炉烤火。一边烤着火，一边和老大娘谈起今天碰到的事。

"老伴儿，老伴儿，今天我做了一件好事呐。"他把救了仙鹤的经过说了一遍。老大娘听罢，说："嗬，您真是做了件好事呐。"老两口都感到十分高兴。说话之间已经到了傍晚，该是做晚饭的时候了。老大娘说："唉，我得做晚饭了。"她刚想站起来，突然听到"咚咚咚"有人敲门的声音。仔细一听，有个娇滴滴的声音在叫门："对不起，有人在家吗？"老大娘怀疑自己的耳朵。她想：这么大的雪，还会有谁来呢？她问："谁呀？"打开门一看，原来外面站着一位满身是雪的人。老大娘说："唉，冒这么漫天大的雪，一定很冷吧！快，快请进来！""嗯，谢谢！那么打搅了。"随着话音走进来一个十七八岁的姑娘。老大爷关心地问："下这么大的雪，您是哪家的姑娘，找我们有什么事呀？"姑娘回答说："是这样，我在前面小镇上有个熟人，我是来找他的，没想到赶上了这么大的雪。天也黑了，又迷了路，真把我难住了。很对不起，不知能不留我在您家借宿一晚，随便睡在堂屋或堆房的角落里都可以。"老大爷听了后和老大娘商量："这孩子怪可怜的，应该留她住下。老伴儿，你看怎么样？"老大娘说："留她住下也没关系，只是咱们家穷，没有被子盖，也没有像样的东西吃，真过意不去……"老大娘还没说完，姑娘接着说："哪里的话，只要肯留我过夜，我不需要盖被子，吃什么都成。"老大娘听了后说："只要你能谅解的话，我们是没问题的，来，快上来烤烤火。"姑娘十分高兴，擦了擦脚走进去。进去后也不烤火，马上从长袖兜里掏出红色的布带，边挽起长袖边说："老大娘，让我帮您做晚饭。""不用，不用！咱们穷人家，没有什么活需要你帮忙的。请你就在这边烤火吧！"老大娘虽然这么说，姑娘却不听，恳求着说："请让我替您老做吧！"老大娘见姑娘再三恳求，于是就让她做了。原来姑娘不但饭做得香，菜也炒得好吃。她又殷勤，又细心，连一颗米也没有撒掉。她伺候老大爷老大娘吃完后，自己才吃，饭后也将家里收拾得干干净净。刚安顿下来，马上又绕到老大爷背后说："老大爷，老大爷，您白天跑了一天怪累的，一定腰酸背疼吧！我虽然按摩得不好，让我替您老按摩吧。""不，不，你才是累了吧。今晚下大雪、天气冷，你再往这儿靠近点。好好地烤烤火！"老大爷怎么说她也不听，所以只好让她按摩了。她按摩得非常好，使人舒服得快要睡着了。给老大爷按摩完后，接着又给老大娘按摩。就这样，她当晚在这里睡下了。第二天天刚麻麻亮，姑娘比老大爷老大娘起得还早，她已经生好了地炉的火，把堂屋打扫得干干净净，早饭也预备好了。让老大娘连水也不用沾一滴，所有的活都替她做妥了。可是，当天又下了一天大雪，门也推不开，只好又让她住下了。接着一连下了好几天大雪，姑娘一直住了四五天。有一天姑娘对二老说："老大爷、老大娘，我有一件事恳求……"说到这儿她想说又停，像很难开口的样子。老大爷和老大娘很喜欢这姑娘，就催促她说："请照直说吧！不论你有什么要求，只要我们办得到的，一定满足您……""那我就直说了。"她说："我的双亲新近去世，我想来投奔前面镇上的熟人，才来到这里。但所谓熟人，也只是父亲生前的朋友，至今也没有见过面。因此，这样去投奔总有点不好意思，想去又没有勇气。这几天来到这里，给二老添了许多麻烦。真是有缘千里来相会，为长久打算，干脆想请两位老人家收容我做女儿。要是能那样，虽然自己没有多大本事，也愿尽力孝敬二老。"老大爷老大娘听了这番话，心里高兴极了。"是吗，是吗？哎呀，那太好了。我们家里正好没儿没女，怪寂寞的。要是能认你这么伶俐的姑娘作女儿，这真是老天爷赐给我们的福了！"打那以后，他们把姑娘当作自己的亲生女儿看待。

从此，姑娘不论风里雨里，人前人后都是一个劲地干活，对老大爷老大娘十分孝顺。有一天，姑娘对老大爷说："我想学织布，请您上街时给我买回点线来。"老大爷满口答应："好的，好的！"老大爷从街上买了线回来，姑娘把织布机安放在最里边的房间中央，然后用屏风严严密密地围住。她对老大爷老大娘说："往后我要织布了。当我织布的时候，不管有什么事，你们都不能往屏风里看呀！请你们千万不要往里看。"老大爷老大娘回答道："好的，好的。不论有什么事，绝不偷看，你放心织布好啦！"姑娘进入屏风，不久就织起布来了。老大爷和老大娘围炉而坐,听见了有节奏的织布声:"叽——咚,叭哒、叭哒,叭哒、叭哒、叽咚!"老两口打心眼里感到佩服。这一天,姑娘连饭也没顾上吃,一个劲地埋头织布。到了晚上,才从织布的地方走出来。第二天,从屏风里又传出了"叽——咚,叭哒、叭哒,叽——咚,叭哒、叭哒"的织布声。她又拼命地在织布。第三天的晚上,老大爷和老大娘听见好像有卸开织布机的声音,只见姑娘从屏风里走出来。她手里捧着一匹布,送到老大爷老大娘面前说:"请你们看看,这是我织的……"老两口异口同声地说着:"哎呀呀、哎呀呀!"他们接到手中一看,这是一块闪闪发亮、有白色图案的、非常漂亮的料子。老两口很佩服地说:"多漂亮的料子啊!我一辈子也没有见过这样的东西。""这叫做织锦。明天请您老拿到街上去卖,然后再买些线来。"到了第二天,老大爷拿到街上去叫卖:"织锦哟,谁要?——漂亮的料子、织锦,想要的快来买——"正在吆喝时,一位侯爷刚好经过那里。他吩咐说:"织锦,这倒是稀罕的东西。喂!拿来给我看一看。"老大爷递过去给他看了。侯爷说:"好漂亮的织锦,我买了!"于是给了老大爷许多金币。老大爷得到这许多金币,心里十分惊喜。他买了些线,又给姑娘和老大娘买了礼物,还买了许多其他东西,带回家里。不用说,全家都十分高兴。过了一夜,姑娘又装好织布机,叽——咚、叭哒、叭哒地开始织布了。到了第三天,姑娘织成了一匹比上一回还要漂亮的织锦。老大爷把它拿到街上去,送给侯爷看,于是,又得到了许多金币。老大爷甭提多高兴了,他心里想:咱们家的姑娘真了不起,好样的!这次他又买了许多线和礼物回家。于是,姑娘又开始"叽——咚、叭哒、叭哒"地第三次织起布来。可是,到了第三天,老大娘迷了心窍说:"姑娘的织锦织得多么精巧,让我偷偷地瞧一眼……"老大爷不禁一惊,连忙制止老大娘。姑娘有约在前,这怎么能成呢?可是,老大娘固执地不听劝告。"只稍微看一下。"老大娘不顾拦阻,冲到里屋,扒在屏风的接缝处悄悄往里面一看,不禁大吃一惊。原来姑娘不在里面,只有一只仙鹤,正张开大翅膀,用自己的嘴拔掉自己身上的羽毛,夹在线里,拼命地织。这时,仙鹤的羽毛已经拔掉了一大半,现出光秃秃的很可怜的样子。"老伴儿、老伴儿!"老大娘跌跌撞撞跑回来,将看见的情形告诉了老大爷。当天晚上,姑娘捧着织好了的织锦走出来。双手匍匐地下跪着对两位老人家说:"长时间给你们添了麻烦。我就是那次下大雪的时候,被绳索套住后来得救的仙鹤。为了报答您老的恩情,才变成一个姑娘。"

(2)"感恩宾果"练习材料

夏天没有空调的宿舍里,我感恩,因为———	我感恩竞争对手,因为———	我的成长经历中有遗憾,但我还是感恩,因为———	我和舍友有摩擦,但我依旧感恩,因为———
我感恩我的前男(女)友,因为———	我没有帅气的外表/靓丽的容颜,但我依旧感恩,因为———	我离家多年在外读书,但我依旧感恩,因为———	花了很多心血却没有取得好成绩,但我依旧感恩,因为———

（续表）

期末有很多 deadline，但我依旧感恩，因为_____	大学到现在，我还是单身，但我依旧感恩，因为_____	总会有人不理解我，但我依旧感恩，因为_____	我最近因为忙而睡不好，但我依旧感恩，因为_____
读了一个自己不是很喜欢的专业，我依旧感恩，因为_____	家里经济困难，我依旧感恩，因为_____	家庭关系不和睦，我依旧感恩，因为_____	疫情还未平息，但我依然感恩，因为_____

第八次单元：让爱出发

1. 单元名称：让爱出发
2. 单元目标：引导成员总结收获，展望未来，互相告别，结束团体
3. 单元内容

表 7-24　"让爱出发"单元团体辅导目标及操作

目的：暖身，让学生通过歌曲进入团体状态，随机调整学生座位 时间：约 15 分钟	暖身活动——听歌曲《感恩世界》 操作：请大家分组围圈而坐，闭目专心聆听歌曲《感恩世界》，引发感恩情怀，请大家在小组内分享自己聆听歌曲的感受
目的：引导成员分享在团体中的心得和体验，总结在团体中的收获 时间：约 30 分钟	感恩我所收获的 操作：发给每个小组一张大白纸，邀请成员在小组内分享在团体中的收获，再以小组为单位在大纸上写出团体成员在小组中的收获和成长。最后在全班分享
目的：引导成员展望未来，在团体结束的生活中践行感恩 时间：约 30 分钟	感恩行动计划 操作：发给每人一张 A4 大小的白纸，每个人列出自己今后每天、一年、五年、五十年的感恩行动计划；小组内分享；全班分享。全体起立，举起右手宣誓：每个人都宣读自己的感恩计划
目的：学习表达感恩之情，促进成员的相互感恩，提升成员幸福感 时间：约 30 分钟	感恩高帽 操作：让成员分组而坐，发给每组一张报纸，让组员合作将其折成一顶高帽子。每个组的成员围圈而坐，请一位成员坐或站在团体中央，其他人轮流对他表达感恩之情，感谢他带给自己的感动、启发和帮助……每个成员到中央戴一次高帽。参加者要注意体验被人感谢时的感受如何；怎样用心去发现别人值得感恩的地方，怎样做一个心存感恩的人；练习结束时，大家心情愉快，相互接纳性增高
目的：让成员在团体内表达感恩，相互祝福和告别 时间：约 30 分钟	感恩赠言 操作：发给成员练习"感恩赠言"，邀请成员在练习中填写给所有小组成员的赠言（感恩话语），在小组内分享，同时记录从其他成员处获赠的感恩话语。引导成员自由表达，同时分享团体即将结束所引发的各种感受

（续表）

	大团圆
目的：用赠言的仪式相互祝福与告别 时间：15分钟	操作：请全体成员起立，发给每名成员一张 A4 大小的白纸，用别针别在身后；发给每个人一支笔，在教室内自由走动，给彼此留言，将送给对方的祝福和感谢写在当事人身后的白纸上 注意事项：为了烘托气氛，可以播放欢快的音乐

第三节 提升希望水平的团体辅导及其方案

一、希望团体辅导方案设计的理论背景

积极心理学是 20 世纪末西方心理学界兴起的新思潮，它认为人类身上存在许多积极的性格优势，主张通过充分挖掘和培养人的积极性格优势促进其个人发展和幸福。

希望作为 24 种性格优势中的一种，是积极心理学领域中的研究热点，早已被研究者看成一种积极的人格力量和保护因素。根据施耐德（Snyder）提出的希望认知理论，希望（Hope）是一种指向目标的思维，由路径思维（Pathways Thinking）与动力思维（Agency Thinking）两个维度组成，路径思维是个人对自己有能力找到一种或多种实现目标的途径的信念，动力思维则指个人对自己实现目标的途径的主动性与坚持的信念。

（一）希望的效能

1. 希望能显著预测个体的成就

研究者发现，希望能显著预测个体的成就。在学业成就方面，对于小学、中学或大学这些不同年龄段的学生来说，希望水平的高低与学业成就都有显著正相关。甚至在用统计学手段控制了入学成绩、阶段性考试成绩、生活满意度、自我效能感等影响因素后，希望对于学业成就仍然有一定程度的解释作用。在工作成就方面，研究者发现，高希望能显著预测工作者的工作投入程度。针对不同工作领域工作人员的希望研究发现，高希望的销售、抵押贷款经纪人和行政管理人员都有较高的工作绩效。

2. 希望与更好的心理适应紧密相关

许多研究表明，希望与更好的心理适应紧密相关。大量研究表明，希望与主观幸福感、自我价值感、生活满意度、情绪管理、整体适应性等存在正相关。此外，个体的希望水平与焦虑和抑郁症状呈负相关。张（Chang）等人发现，在控制了评价和应对策略等影响因素后，低希望与抑郁仍然存在显著相关，希望甚至可以作为病理性恶劣心境（Dysphoria）的显著预测因素。

3. 希望对创伤后成长有预测作用

对正在或已经经历了创伤事件的人群来说，希望作为保护因素，对于身处充满挑战和压

力的环境中的个体来说,希望能缓冲负面心理状态或心理损害对个体的影响,缓解个体的焦虑或紧张等负面情绪,从而帮助其适应环境。拉贾兰(Rajandram)等人发现,在口腔癌患者中,希望中的动力思维和路径思维对抑郁的预测作用不同,相对于路径思维而言,动力思维与焦虑和抑郁的负相关更高,而且动力思维能单独预测被试的抑郁。一项针对长期工作在高压和创伤环境下的急症专业救护人员的研究显示,高希望特质的救护人员表现出的创伤后应激障碍症状和倦怠症状较少。对于经历了创伤事件的个体来说,希望与个体的创伤后成长(Posttraumatic Growth)显著相关,且能独立预测16％的创伤后成长幅度。此外,希望还与个体身上的其他积极个性品质显著相关,如霍(Ho)等人发现,希望能预测个体的复原力。沃霍尔(Worrell)等人通过纵向研究发现,在面对生活困难和压力时,高希望青少年的心理健康受影响较小,而低希望的青少年会对生活有更多不满和内化行为。哈根(Hagen)等人在年龄更小的幼童身上发现,对于母亲正在接受监禁的儿童来说,在拥有同样的压力和社会支持的条件下,希望水平高的儿童表现出更好的适应能力。

4. 希望有助于改善校园适应

在校园适应方面,低希望的人更容易受到校园课堂气氛、考试焦虑、校园适应、生活压力事件的影响。沃霍尔等人通过研究发现,当学生面临来自社会和生活等较高的压力时,希望感的高低能预测学生未来的辍学和升学情况。而许多研究都发现,希望感低的学生更容易出现学校适应问题和情绪困扰。施耐德等人发现,低希望的学生往往有较高的考试焦虑,因为负面信息和想法能降低个体的希望感水平,从而使希望水平与焦虑水平有负相关关系。克拉默(Cramer)等人通过对比精神病患和普通大学生的差异,发现希望水平高的人在明尼苏达多项人格量表的适应综合调整分量表(Adaptive Composite Adjustment)上的得分相对更高。

(二) 希望的干预方法

尽管特质希望具有类似于人格因素的相对稳定性,但作为一种思维和认知风格,它又是可以通过干预而改变的。在2010年的国际教育和教育心理学大会上,塔尔汗(Tarhan)等人就提出"四重思维"(Quadruple Thingking)教育模型(希望思维、批判性思维、创造性思维、关怀性思维),强调应该把希望思维的培养纳入教育和培养学生的重点。许多研究者通过实践探索了培养特质希望这种稳定认知风格的方法。现有的希望思维干预方法可以概括为三种形式:独立系统的希望思维干预法、将培养希望思维的技术融入一般心理咨询、针对普通群体的希望心理教育。

1. 希望干预策略实施步骤

希望干预模式可以针对个体,也可以针对团体。无论是哪种形式,希望干预策略一般都包括以下步骤:(1)介绍希望的基本概念与理论模型;(2)探索个体追求的目标;(3)设计和产生通向目标的方法;(4)增强动力思维来提升个体实现目标的意志力和动机。在具体干预过程中,可以采用多种形式和方法来完成不同步骤的干预工作。比如记录表、团体讨论、体验式练习或讲故事等。

2. 希望干预的具体方法

在具体干预过程中，可以采用多种形式和方法来完成不同步骤的干预工作。比如记录表、团体讨论、体验式练习或讲故事等。施耐德指出，聚焦于解决问题或寻找办法的策略是提升希望水平的最好方式。许多临床学者都尝试过用有创造性的方法来针对不同的希望成分进行干预，比如讲希望故事、订立现实有意义的目标、探寻问题解决技巧、正向自我对话、回忆过去的成功经验等。在针对儿童的希望干预上，施耐德等人主张从树立合理目标、锻炼克服困难的意志力、发展应对策略三方面提升儿童的希望水平。

我国学者陈海贤和陈洁针对希望干预的不同环节总结了相应的具体策略：（1）灌注希望：可以采用叙事疗法，或者通过咨询师和来访者建立联接的过程；（2）确立目标：探索和了解来访者的兴趣和价值观，选择积极的趋向目标而不是消极的回避目标，设置具体清晰的目标；（3）加强路径思维：分解目标，寻找替代方法，电影冥想技术；（4）加强动力思维：回顾成功经验，发展积极思维，选择难度适合的子目标，观察学习法等。

3. 希望干预与心理治疗结合

希望思维的干预方式可以以个体方式进行，也可以以团体方式进行。

一些临床工作者或研究者将希望理论和干预技巧整合到其他心理疗法中，比如提升心理资本的干预、培养个体性格优势的干预、大学新生适应的干预、危机干预方案等。希望思维干预与传统的认知行为治疗更是可以有机结合。泰勒（Taloy）曾指出，希望干预与认知行为治疗学说并无抵触，二者均工作于个体的认知层面，希望思维可以作为一种元理论。传统的认知行为治疗重在改变病人的不合理认知进而调整其情绪，其工作重点在于分析和改变负性认知；希望思维训练的工作重点在于帮助病人设定目标，强化动力，寻找方法，因此会重在寻找病人曾有过的正面想法和成功经验。有的临床工作者将二者结合起来，把希望思维干预训练作为传统认知行为治疗的后期巩固训练。

4. 提升学生希望水平的实践

在大学和中学校园里，也有教育工作者尝试用课堂教育的方式提升学生的希望水平。通过向学生讲授与希望理论相关的知识，并指导学生有步骤地制定目标、寻找解决办法，培养克服困难的决心和实现目标的动力。在提高学生希望水平的同时，也促进了学生学业成绩、心理健康水平和抗压能力的提升。实践证明，无论是正常学生还是存在某些问题的弱势学生，培养希望思维都有利于缓和学生的负性心理因素和增强正性心理因素。对于年幼一些的儿童来说，讲希望故事是培养儿童希望思维的最佳方法。通过在虚构的故事人物身上赋予订立目标、探寻不同方法、保持动力持之以恒等能力和品质，就能在儿童身上起到榜样作用，使儿童逐渐学会希望思维。

（三）希望的干预效果研究

在临床心理学中，希望被许多心理学家认为是促进治疗性改变的重要因子。施耐德曾指出希望是很多心理疗法的共有因子，塞利格曼和亚隆分别强调了灌注希望在临床心理治疗中的重要作用，前者认为灌注希望是好的心理疗法的深层次策略，后者将灌注希望作为团体疗效因子之一。尤其是资源取向的后现代心理咨询流派，更普遍强调发现个体资源，提升个体希望的重要性。舍文斯（Cheavens）等人更进一步发现，希望中的动力思维比路径思维更能对个体的负性情绪缓解起到重要的作用。

许多研究或实践工作者针对不同的人群，探索了希望干预模式在不同议题上的干预效果。克劳斯纳（Klausner）等人对患抑郁症的老人进行希望干预，采用设置目标，并引导老年人思考如何实现目标、采用什么方法，并提高其动机等方式，控制组采取回顾人生不同阶段的方式来改善晚年心境，发现十次干预活动后，两组被试的希望特质得分都显著提高，但与对照组被试相比，希望干预组被试的抑郁状态显著改善，情绪变得积极，与家庭成员的关系也显著改善。麦克德莫特（McDermott）等人通过给儿童讲希望故事，发现每周半小时，连续8周的干预能显著提高儿童的希望水平。我国学者田莉娟以希望的两因素模型为理论基础，对中学生开展了以班级团体辅导为形式的希望干预，发现希望干预能显著提升学生的希望特质和心理健康水平。张青方等人发现，通过增强希望特质的团体干预训练，能显著增强大学生在社交、学业、异性交往、职业选择方面的希望特质，从而促进大学生自我统一性的发展。

欧瑞尼（Oranit）等对大一新生进行了包含提升凝聚力、培养自我效能感、提升希望等内容的干预，接受干预后，希望分数有所提升的学生在期末考试中倾向于获得更好的成绩，而凝聚力和自我效能感的分数也是与希望水平相关的。大卫（David）等人仅仅对大学生进行了90分钟的希望干预，就发现了干预组被试在后测和一个月后的追踪测试中，比对照组报告有更高的希望水平、生活目标和职业期待。

还有一些研究者尝试了用提升希望的方式干预癌症患者、终末期病人或不育症妇女，发现希望对于提高其幸福感，缓解病情带来的痛苦有积极作用，也有研究者强调了希望干预在婚姻治疗中的重要作用。

总的来说，希望思维的干预模式是相对成熟和结构化的，但根据不同的干预对象可以采用灵活的方式和技巧。而希望干预在改善情绪、提升幸福感、提高绩效等领域的效果也是有目共睹的。但根据实践经验，现有的希望干预模式仍存在一定局限，还有可探索的空间。在实践中研究者发现，现有的希望干预方式对于提升动力思维的方法更多，如冥想、讲希望故事、讨论目标等，其主要功能是促进个体内省自我需要、强化动力、提升自信等，干预重点更偏认知和态度层面，容易通过共性的辅导产生效果。但现有的希望干预在提升路径思维方面的有效方法较少，主要是因为路径思维是个体基于目标性质和自身技能的感知，需要向来访者教授实现目标的具体方法和技能，促进个体知识技能的提升，才能提升路径思维（即感知自己有更多实现目标的途径）。由于个体的目标多样，实现目标的办法也会更具多元化和针对性，所以要通过统一辅导提升个体实现目标的途径和能力有一定困难。因此，也有一些研究者尝试将培养希望思维的干预模式和其他干预主题相结合，以提升干预效果。施耐德就曾提到过希望干预对认知行为疗法的普遍促进作用。

二、"踏上希望之旅"团体辅导（单次）

（一）团体目标

确定目标，建立希望；开发路径，增强信心；提升动力，充满希望；积极行动，朝向目标。通过梦想的描绘链接可行目标的建构；经由优势力量、成功经验与自发应对探讨，引发自信与改变动力；强调一小步的行动与进展的掌握，规划达成目标的路径。

（二）设计依据

积极心理学性格优势理论认为，希望是性格优势的一种，希望是对未来充满期待，相信自己的未来是可以靠自己创造的，并且努力去实现它。

美国堪萨斯大学临床心理学杰出教授，临床、社会、人格、健康等心理学领域国际著名的学者，积极心理学领域的开创者之一施耐德生前与沙恩·洛佩斯合作，撰写了积极心理学领域第一部综合性的教科书，也是目前最具权威性的积极心理学专著——《积极心理学：探索人类优势的科学与实践》。他最为著名的研究是关于希望和宽恕。

施耐德认为，希望是一种目标导向的思维，它包含个人对自己有能力找到达到目标的有效途径的认知与信念（路径思维），以及个人对自己激发沿着既定目标前进的必要动机的认知及信念（动力思维）。希望由目标思维、路径思维和动力思维组成。确立目标是希望的关键。目标的性质和特点会影响希望水平。

希望团体辅导需要帮助团体成员发现和制定符合自己价值的、积极的、清晰的目标。首先，探索和了解团体成员的兴趣和价值观。只有当目标设立真正符合团体成员的兴趣和价值观时，才能激发团体成员的希望。其次，选择积极的趋向目标而不是消极的回避目标。研究表明，希望水平高的人更多地树立积极的趋向目标，希望水平低的人则更多地树立一些回避目标。团体成员更容易从积极目标中得到强化。（例如，"增加与他人的交流"的目标要好于"减少和他人冲突"的目标）。最后，设置具体、清晰的目标，避免笼统、模糊、抽象的目标。

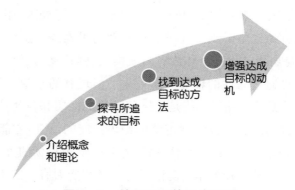

介绍概念和理论

探寻所追求的目标

找到达成目标的方法

增强达成目标的动机

图 7-7　希望干预策略步骤图

生活幸福，事业有成，这些目标虽然积极正面，但是过于模糊和抽象。人们很难对抽象目标的进程进行监控，也很难从抽象目标中得到积极的正面的反馈。

（三）团体规模与时间

人数 24—40 人；单次团体辅导时间 4 小时，也可以分成两次，每次 2 小时。

（四）团体带领者

对积极心理学理论以及希望理论有一定的了解，1—2 名熟悉团体辅导带领技术和过程的团体领导者。

（五）辅导过程

表 7－25　"希望之旅"辅导目标及操作

目的：团体热身 时间：约 10 分钟	团体热身 操作：播放歌曲《在希望的田野上》，激发团体成员的热情，温暖团体的氛围。说明工作坊目标，以及希望的理论 指导语：今天的团体辅导，主题是提升希望感。希望是人们对未来充满期待，相信自己的未来是可以靠自己创造的，并且努力去实现它的一种信念。希望是人重要的性格优势，希望理论提出者施耐德教授认为，希望可以促进心理健康，提升主观幸福感。通过这次希望之旅的团体辅导，期望各位能明确自己未来的目标，指导实现目标的路径，充满热情和期盼，朝向目标积极行动
目的：团体热身，团体成员相识，建立小组 时间：约 30 分钟	成员相识和建立小组 操作：邀请每人填写"理想我"（希望自己成为怎样的人），找三个人形成三人组，彼此分享（10 分钟）。再与另一个三人组合并，形成 6 人小组，他者介绍（每人选一位刚才交流的伙伴介绍给新的成员，内容是理想我中印象深刻的内容），形成可以工作的小组 指导语：首先请每位填写"理想我"，无所谓对错，没什么好坏，真实填写你脑海里想到的。填写完后，去找两位你不熟悉的成员，三人一组分享各自的内容，看看哪些相似，哪些不同。填写的内容反映了你是怎样一个人，或者你希望成为怎样的人。三人分享后，再去找一组，形成 6 人小组，每人介绍一位刚才认识的朋友他所说的内容 分享重点：自己填写的内容；通过这些内容你觉察到自己希望成为怎样的人，为什么你希望成为那样的人，对你有何意义
目的：通过选组长、订立组规，形成小组的文化，促进成员的互动，为成员提供参与团体辅导的行为规范，确保团体的工作效能 时间：约 30 分钟	订立组规 操作：在彼此有一定了解的基础上协商选出组长，再给 5 分钟时间讨论小组的规范，一般 4—5 条，简洁明了。将组规写在 A3 大小的白纸上，每个成员签名承诺遵守。最后花几分钟时间，邀请每个小组发言，介绍小组规范，互相参考 指导语：下面请各组成员自我介绍，至少要包含：工作单位、工作性质（做什么具体工作）工作年限、姓名。之后选一位成员担任组长，并在组长的带领下制定小组的规范。小组规范是成员的行为常模，比如保守秘密，专心聆听，坦诚相待，全身心投入，不批评不指责等。只有这样，成员才可以安心地在团体内分享和交流。组长的任务是协助团体总带领者掌控好时间，始终让小组保持在温暖安全支持的气氛中，鼓励每一位成员积极分享，鼓励成员之间的积极反馈，当小组出现冲突和困难时积极协调解决

目的：思考和澄清目标，让成员明确自己人生的目标，以及围绕具体目标所想到的相关因素 时间：约45分钟	**澄清目标与相关因素** 操作：让成员思考人生的梦想与目标，完成绘画练习"希望曼陀罗"；先给每个成员发一盒油画棒和一张练习纸。说出指导语，给10—15分钟时间自由创作。待大家都创作完毕，邀请组长组织大家分享交流自己的希望曼陀罗。中心的目标是什么，所想到达成目标的影响因素是什么。分享完毕，组长邀请成员说说这个练习给自己带来了哪些觉察和启发？小组成员分享，通过团体过程，让成员澄清自己的具体目标 指导语：这是一个澄清你人生目标的绘画练习。请你先认真想一想自己人生的目标是什么，然后在"希望曼陀罗"练习纸的中间圆圈画出你的目标，越具体越好。不用担心自己是否学过绘画，也不要担心画出来的好看不好看、像不像、别人是否看得懂，这些都不重要，只要你自己明白就可以。你可以用线条、用图形、用简笔画、抽象或者具体地表达你想到的目标。然后，再想想看，在什么时候，什么情境下，你做了什么，可以让你朝着目标推进一些？请将你想到的场景逐一画在其他的几个圆圈里。尽量画满 分享重点：根据曼陀罗绘画，说说自己的人生目标以及与目标相关的因素；通过练习是否更加明确自己的人生目标和追求。听了其他成员的分享后你有哪些启发，学习到了什么
目的：引导成员实践希望思维，将人生目标分解，确定一个具体目标，评估难度，信心与动力，找到可以行动的方向和路径 时间：约40分钟	**达成目标的动力评估与路径** 操作：完成纸笔练习"目标金字塔"，邀请成员确定一个具体目标，评估完成目标的难度、信心与动力，找到可以行动的方向和路径；给每位成员发一张"目标金字塔"练习纸，请花8—10分钟思考并填写，能写多少写多少，暂时没有想到的可以留空。然后，花30分钟小组内交流分享，每人大约3—5分钟时间，每个人在表达的时候，其他小组成员可以给予反馈和表达欣赏。每个人讲完，组长可以问问大家，说完自己的也听完其他人的分享，这个练习给你带来了什么？小组成员可以继续交流。组长最后总结 指导语：刚才我们通过"希望曼陀罗"练习明确了自己的人生目标，在这个练习中，请你再把目标具体化，设定一个可以实行的小目标，然后，评估一下这个具体目标实行的难度有多大，你为实现这个目标的动力有多强，信心有多少，用量化的指标，按照1—10分给予评分。接着，请你回想一下，以前是否有过类似的成功经验，以往的经验对今天的你有极大的鼓励作用。最后，请想一想为了实现金字塔顶这个目标，你现在可以具体做些什么。例如，你想成为高级教师，需要提升自己的学历，找到自己感兴趣的研究方向，向有经验的前辈学习等 分享重点：分享每个人的目标金字塔；认真聆听其他成员的目标金字塔；看看那些可以给自己提供参考并学习；经由这个练习，你有哪些感受和启发？
目的：围绕目标提升路径思维。通过希望四分格，可以在平静放松的状态下，寻找自身朝向具体目标可以善用的资源和解决方法，经由奇迹问句和描述，灌注希望，坚定信念，善用资源，增加行动的动力 时间：约60分钟	**希望四分格** 操作：先进行冥想放松练习10分钟，找到个人近期的一个具体目标，思考达成此目标有哪些方法，想象实现此目标后可能拥有的生活状态。此练习开始时，可以先播放放松的音乐，渲染气氛。随着指导语，首先通过放松让成员处在平静和松弛的状态，再一步一步带领成员完成绘画。每一幅画布置完，要耐心等待。当大多数成员完成后再进入下一幅，指导者要有耐心等待。四幅画全部完成后，各组小组内分享，每人平均有5分钟的时间。其他成员可以带着好奇心提问或反馈。最后，邀请每组派一个代表到大组分享这个练习给小组成员带来的收获和启发。结束后，大团体带领者要说明该练习的意义和价值 指导语：这是一个表达性艺术的绘画练习。通过四幅画，寻找自身朝向具体目标可以善用的资源和解决方法，强化希望，明确路径，增加动力。先请各位坐好，尽快让自己放松下来，平静下来，慢慢闭上眼睛。（开始播放放松的音乐）请调整你的呼

（续表）

	吸,深深地用鼻腔吸气,慢慢地用口腔呼气,重复三次。现在请你想象来到海边,大海风平浪静,蓝蓝的天,白白的云,海鸥飞翔。你伫立在海边,迎面吹来的是凉爽的海风,脚下踏着的是松软的沙滩,凉凉的海水拍打着你的脚面,你好像整个人都融入了大自然,格外的轻松。请你好好享受这种完全放松了的感觉。(停留 30 秒)现在,请你想象要告别大海回到教室,坐在你的小组里,继续保持和享受放松和平静的状态。等我数到"三"的时候,再请你慢慢睁开眼睛,伸伸懒腰,转动一下你的身体,看看你小组的成员。(停留 1 分钟)现在,请你拿出希望四分格练习纸,第一幅画请画出你此时此刻的状态;第二幅画是画出你当下最想实现的一个目标,越具体越好;第三幅画的内容是为实现第二幅画里的目标你可以运用哪些方法、善用哪些资源,把你能想到的实现目标的方法一一画出,第四幅画是设想如果完成了这个目标你的生活会是一种什么状态,把想象到的状态画出来。(每一幅画指导语讲完,要耐心等待团体成员创作,都完成了以后,再说下一幅画的指导语,一幅一幅引导) 分享重点:在练习过程中自己的感觉是怎么样的;这四幅画的内容是什么;通过这个练习你有哪些觉察和发现;从别人的分享中你有哪些参考和启发
目的:总结团体收获与心得感受,成员告别,结束团体 时间:约 30 分钟	总结:希望故事或感悟 操作:在小组内讲一个激励自己的希望故事,或者总结自己参加辅导的收获;彼此道谢;回到大团体,每人用一句话说说参加希望团体辅导的感受与心得;顺时针轮流讲;最后一起齐声朗诵诗歌:《我希望》

（六）练习附录

1. "理想的我"练习材料

假如我是一种动物 我希望是? 因为_____	假如我是一种花 我希望是? 因为_____	假如我是一棵树 我希望是? 因为_____
假如我是一种食物 我希望是? 因为_____	假如我是一种交通工具我希望是? 因为_____	假如我是一种电视节目 我希望是? 因为_____
假如我是一部电影 我希望是? 因为_____	假如我是一种乐器 我希望是? 因为_____	假如我是一种颜色 我希望是? 因为_____

假如我有万能的力量,
我希望_____
因为_____

2. "希望曼陀罗"练习材料(如图7-8所示)

请你在中间的圆圈内画出你的一个梦想或目标(越具体越好)。想想看,在什么时候,什么情境下,你做了什么,可以让你朝着目标推进一些? 请按照顺时针顺序,将你想到的场景逐一画在其他的几个格子里。尽量画满。

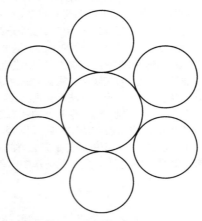

图7-8 希望曼陀罗

3. "目标金字塔"练习材料(如图7-9所示)

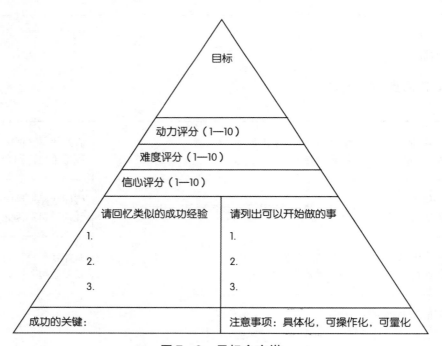

图7-9 目标金字塔

4. "希望四分格"练习材料(如图7-10所示)

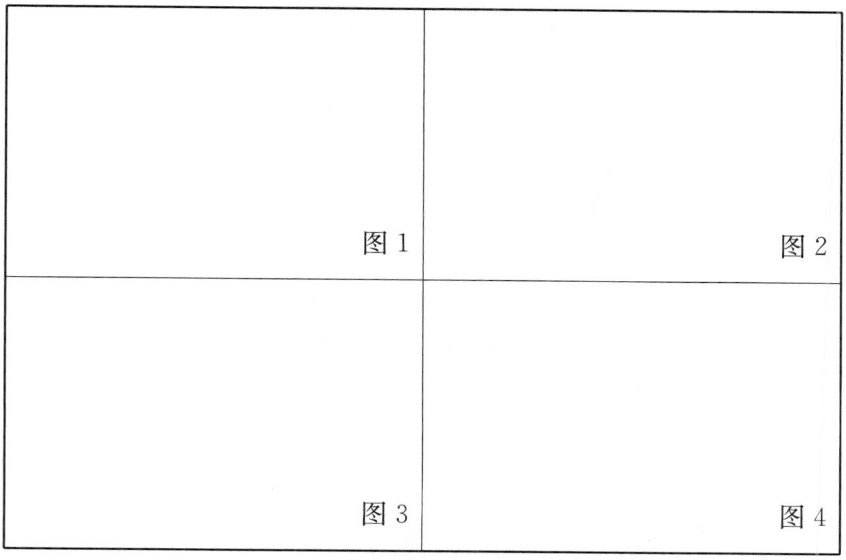

图 1	图 2
图 3	图 4

图7-10　希望四分格

5. "我希望"练习材料

我希望，
太阳升起之时，我与大地上的万物一起苏醒。
平静地生长，风调雨顺，安详宁静。

我希望，
蓝天之下，有清风掠过，沉重的身体变得轻灵。
每一次呼吸，都幻化成云朵，
千姿百态，随心所欲。

我希望，
在自己熟悉的城市。
无论走到哪个角落，一公里内都有我的朋友，
敲响每一扇房门，都会有热情的笑脸相迎。

我希望，
一生都有朋友相伴，喜乐有分享，冷暖有相知。
同量天地宽，共度日月长。

我希望，

相知者能相爱，相爱者能相知。有相怨，无相恨，人间太平。

我希望，

老者慈善从容，幼者聪颖无忧。

少年有理想，壮年有担当，老年有依归。

我希望，

得意者不嚣张，失意者不猥琐。有钱人不跋扈，没钱人不落魄。

成功者有天地，失败者有退路。

我希望，

睡眠深沉，在幽长的甜美之乡，换骨脱胎，重新生长。

我希望，

人们衣食无忧的同时，更能内心无忧。生活脱贫，精神脱困。

我希望，

有朋自远方来，岁月不改其性，红尘不染其心，倾心畅谈，大杯痛饮。

我希望，

远游之日无牵挂，居家之时无妄思。行无羁，思无邪。

我希望，长河悠远，岁月无痕，大地不老，阳光普照。

三、"提升希望感的大学新生学习适应"团体辅导方案（五次）

（一）团体目标

　　通过提升大学新生的希望水平，改善新生的学习适应现状。具体的团体目标包括：帮助大学生明确自己的远期和近期目标，细化学习目标；提升动力思维，提高大学生的学习动力和自我效能感；提升路径思维，引导大学生总结和收获更多的学习方法，强化目标管理技能；此外，通过团体辅导的方式增进大学新生的社会支持。

（二）设计依据

本方案借鉴了希望理论、团体辅导理论、短程焦点疗法等作为理论依据。

希望理论认为影响希望的要素包含目标、动力思维、路径思维，因此提升希望需要同时在这三方面努力。基于此理论，希望干预模式需要包含以下几步骤：（1）介绍希望思维的基本概念与理论模型；（2）探索个体追求的目标；（3）设计和产生通向目标的方法；（4）增强动力思维来提升个体实现目标的意志力和动机。

团体辅导是团体情景下的一种心理咨询形式，通过团体内人际交互作用，运用团体动力和恰当的心理咨询技术，协助个体认识和探索自我，调整和改善人际关系，学习新的态度与方式，从而促进自我实现的过程。团体辅导通过培养包容尊重信任的团体氛围，以及提升团体凝聚力，能有效增进团体成员彼此间的亲密关系和情感支持，是提升社会支持的有效方法。

短程焦点疗法作为具有积极心理学色彩的后现代心理辅导流派，强调看到症状的意义和功能，调动个体的资源解决问题等。其常用的评量问句、应对问句、奇迹问句以及赞美、建构等方法都是效果好且操作性强的咨询技术，本方案将借鉴短程焦点疗法的具体技术来设计干预活动。

此外，本方案对于学习适应的改善作用的起效因素主要有以下几点。

第一，希望能直接激发个体在学习适应中的自我调整。根据希望理论，希望包括动力思维（即实现目标的意愿和信心）和路径思维（即实现目标所需要的方法和手段）两个维度，希望干预通过讨论目标、强化动力、探讨方法等手段，直接提升个体希望的两维度水平，当学习目标被明晰且动力思维提升时，就会直接强化学生的学习动机，唤起更多的内在学习动力；当路径思维提升时，学生会感知到自己有更多的学习方法和策略，从而提升自身学习能力感知。总的来说，希望通过激发个体的内在学习动机，可以唤起学生对学习的渴望和热情，增强学业自我效能感，这比引导个体克服学习困难、应对学业压力的辅导思路，显得更加积极主动。

第二，希望能作为压力"缓冲器"，促进个体适应学习环境。霍（Ho）等人曾总结希望对于健康和幸福的两条作用途径：一方面起保护作用，帮助个体在面对生活逆境时保持健康；一方面帮助个体对于已存在的问题，采取适应性的应对方式。因此提升希望水平能促进新生在面临众多学业应激源时，采用更积极正向的应对。根据贺福（Hobfoll）等人提出的资源理论，当个体在应激状态下时，如果具有更多维持自身良好状态的资源，就能更好地适应。许多研究显示，希望可以缓解个体在创伤和压力中可能受到的伤害，希望还能预测个体的复原力。此外，拉扎勒斯（Lazarus）等人提出的"认知评估理论"认为，即个体应对压力的过程分为认知评估和应对两个步骤，前者是指个体对环境要求做出评价和解释，并对自身能够抵抗应激源的资源进行评估的过程；后者是指个体面对应激源时，为适应应激情境、调节自身情绪所做出的行为或认知策略。不论是认知评估还是应对，其结果除了受应激源特点（如可预测性、可控性、紧迫性等）等环境因素的影响外，还和个体的人格特质、核心目标、价值观、需要和动力、自我效能感等个体因素有关。而特质希望作为个体指向目标的思维，会直接影响个体对压力源的评价和应对方式。

（三）团体辅导目标

本团体辅导方案主要从以下几个方面来提升学生的希望水平：具体分为明确学习目标、强化学习动力、增强路径思维三个分目标，并辅以提升社会支持的次要分目标。这些辅导重点也与前期调研访谈所发现的新生学习适应的共性议题相呼应，如目标缺失、学习动力不足、心理落差引发的自卑感、对大学的课程教学和考试模式适应困难、时间管理问题、建立社会支持等。

（四）团体规模与时间

高校本科新生 15—30 人左右，团体分 5 次单元，每周一次单元，每次 2.5 小时。

（五）团体带领者

1—2 名团体辅导师或高校辅导员，具备基本团体辅导技巧，了解大学生的心理特点。

（六）团体辅导过程

第一次单元：重拾希望

1. 单元名称：重拾希望
2. 单元目标：建立团体，讲解希望理论的内容，引导成员分享学习适应现状，明确团体目标
3. 单元内容

表 7-26　"重拾希望"单元团体辅导目标及操作

目的：让学生通过游戏进入团体状态，随机调整学生座位 时间：约 10 分钟	暖身活动——刮大风 操作：成员围坐在一个圆圈内，椅子数目比人数少一，先选取一个成员作为带领者，站在圈中说："大风吹"，其他人回应："吹什么"，带领人说出在座的人的某项特征，如："吹所有戴眼镜的人"，具有该特征的人应立刻起立，交换位置，同时带领者也要找一个空位坐下，一个环节结束必有一人没有座位，此人作为下一轮的带领者，重复上述过程。一般进行 6—7 轮左右，到大家比较累的时候停止 注意事项：注意安全，要求成员的衣着应便于活动；在喊口令时控制节奏
目的：让成员彼此相识，建立互动关系 时间：约 5 分钟	滚雪球——知你知我 操作：指导者先让成员在房间里自由漫步，见到其他成员时，微笑握手。给一定时间让成员自然相遇，鼓励成员尽可能多地与其他人握手。当指导者说："停"，每个成员就和面对的或正在握手的人成了朋友，两人一组坐下，互相做 6 分钟左右的分享 分享内容包括：自我介绍，内容包括：姓名、身份、性格特点、兴趣爱好等个人资料。自己的三个优势，且每个优势需要附带一个事例证明。为了增加练习效果，每个人在对同伴介绍自己时，先说一句"认识我是你的荣幸，我是一个很优秀的人，我有三个突出的优势……" 注意事项：团体领导者可以利用发指令的权力尽可能将陌生人配对

（续表）

目的：扩大交往圈,让更多的成员相识 时间：约10分钟	滚雪球——对对碰 操作：刚才自我介绍的两个组合并,形成4人一组。每位成员将自己刚才认识的朋友向另外两位新朋友介绍,每人2—3分钟
目的：进一步扩大交往范围,引发个人参与团体的兴致,让更多的成员相识 时间：约25分钟	滚雪球——连环自我介绍 操作：两个4人小组合并,8人围圈而坐。从其中一个人开始,每人用一句话介绍自己,一句话中必须包括几项内容,如姓名、专业、家乡、年级、一个与众不同的特征等。规则是：当第一个人说完后,第二个人必须从第一个人开始讲起,第三个人一直到最后一个人都必须从第一个人开始讲起,直到最后一人复述完所有人的信息,任务完成 注意事项：团体领导者可以根据实际情况调整每组人数,以及每个人介绍的信息量
目的：引导成员聚焦到学习适应主题上,审视自己目前的学习状态 时间：约30分钟	学习现状检核 操作：发给成员"学习现状调查表",邀请成员在填写的过程中觉察自己的学习状况,然后在小组内分享,最后在大组里分享。通过这个活动,让成员思考自己的学习困扰和现存问题,明确参加团体的目标
目的：让成员进一步澄清目前在学习上的困扰,引导成员用资源取向的视角解决问题 时间：约40分钟	突破学习困境 操作：让成员填写"突破困境"的练习,用绘画的方式,在左上角的空格内画出自己近期在学习方面的压力和困扰;在右上角的空格里画出这个困境带给自己的影响;在左下角的空格里画出这个困境解决后的状况;在右下角空格里画出要解决这个困境可以做出的努力和行动办法
目的：讲解希望理论,提升成员参与团体的动机 时间：约10分钟	讲解希望理论 操作：通过视频讲解的方式,向成员介绍希望的含义、内容和效能,强调希望思维对学习适应的促进作用,一方面让成员了解希望理论,促进自我调节,另一方面也能激发成员参与辅导的动机
目的：引导成员澄清目标,建立团体规范 时间：约20分钟	讨论团体目标和团体契约 操作：引导成员通过讨论和分享进一步确立自己参加辅导的目标,接下来,让成员共同探讨团体规范,并强调保密、守时、不可进行身体攻击等原则。团体契约建立后,请每位成员在写有契约的大白纸上签上自己的名字

4. 练习附录

（1）我的学习状态扫描问卷

请你思考一下自己近期的学习状态,在下面的描述中选择出最符合你情况的程度。

	非常 不同意	不同意	有点 不同意	有点 同意	同意	非常 同意
1. 如果我发现自己处于困境中,我能够想到一些办法去化解它	1	2	3	4	5	6
2. 目前,我正积极地追求着我的学习目标	1	2	3	4	5	6

（续表）

	非常 不同意	不同意	有点 不同意	有点 同意	同意	非常 同意
3. 我所面临的学习问题有很多解决的途径	1	2	3	4	5	6
4. 我认为我现在具备成功的潜能	1	2	3	4	5	6
5. 我有很多方法去实现我的学习计划	1	2	3	4	5	6
6. 我正在接近自己设定的学习目标	1	2	3	4	5	6
7. 学习任务对我来说，更像是一种挑战，而不是负担	1	2	3	4	5	6
8. 对于各种学习任务和作业，我总是拖延	1	2	3	4	5	6
9. 我喜欢自己的专业	1	2	3	4	5	6

10. 我的学习动力有几分：_____

我的学习压力有几分：_____

我对现在所上课程的喜爱程度有几分：_____

（10分为满分，表示很有动力和兴趣）

11. 在每学期的考试周来临之前，我通常会在距离考试周多久开始复习_____

12. 你每门课都预习吗？（从不/偶尔/经常/总是）

如果你有预习的习惯，你通常会花_____小时来预习一门课？

13. 你逃过课吗？（从不/偶尔/经常/总是）

14. 你课后复习吗？（从不/偶尔/经常/总是）

15. 你对待作业的习惯通常是：（有时间尽快做/截止日期前才做）

（独立完成/参考别人的作业）

16. 当你完成以上学习扫描后，你会给自己目前的学习状态打几分：_____（10分为满分）

（2）"突破学习困境"练习材料

第二次单元：梦想与现实

1. 单元名称：梦想与现实

2. 单元目标：引导成员思考人生目标，明确近期目标，提高制定和完成学习目标的能力；训练成员的预先应对技能

3. 单元内容

表 7 - 27　"梦想与现实"单元团体辅导目标及操作

目的：团体合作，靠集体的力量解决困难，体会团队支持对个人的意义和重要性 时间：约 20 分钟	**暖身活动——解开千千结** 操作：团体领导者让每组成员手拉手成为一个圈，看清楚自己的左手和右手拉的人是谁，确认后松手，在圈内自由走动，团体领导者叫停，成员定格，位置不动，伸手去拉刚才左右手拉住的人，从而形成许多结或扣，不能松手，但可以钻、跨、绕，要求成员设法解决难题，回复到起始状况。练习需要成员有耐心，互相配合，齐心协力。当排除困难、解决问题时，请成员分享活动的感受
目的：引导成员思考未来的人生理想和目标 时间：约 40 分钟	**我有一个梦想（十年后的我）** 操作：请成员独自作画，以"我有一个梦想"或"十年后的我"为题目作画，然后在小组内分享自己的作品。通过这个活动，让成员通过感性的方式思考和澄清自己的人生目标
目的：让成员进一步讨论自己的目标，以及目标管理的方式和困扰 时间：约 40 分钟	**那些与目标有关的话题** 操作：邀请成员进行话题讨论，针对与目标有关的话题进行探讨，比如自己在寻找目标及目标管理方面的感悟、困难和经验等
目的：训练成员从希望思维的角度去进行目标管理，提升目标管理能力 时间：约 45 分钟	**目标金字塔** 操作：发给成员"目标金字塔"练习，邀请成员填写并分析，让成员学习从希望思维的角度确立和管理目标，学会借鉴短程焦点疗法的评量问句和应对问句等技术评估目标，同时提升实现目标的动力和信心，拓展实现目标的方法和策略
目的：让成员通过作业来巩固希望思维，练习目标管理技能 时间：约 5 分钟	**布置家庭作业** 操作：布置家庭作业，邀请成员为自己制定下周的学习目标，并实践"目标金字塔"所列出的行为，这个环节侧重于训练成员的学业预先应对行为，因为大部分成员列出的行为清单都与预习、提前完成作业、复习备考等内容有关

4. 练习附录

"目标金字塔"练习材料（略）

第三次单元：动力都去哪儿了

1. 单元名称：动力都去哪儿了

2. 单元目标：引导成员发掘自身学习动力，教给成员提升动力的方法，进一步训练成员的预先应对学习技能

3. 单元内容

表 7‑28　"动力都去哪儿了"单元团体辅导目标及操作

目的：让成员回顾作业,在相互交流中进入团体状态 时间：约 25 分钟	暖身活动——检核目标完成情况 操作：回顾上周学习目标完成情况,一方面让成员进入讨论状态,另一方面培养成员的目标管理能力,养成目标回顾和调整的习惯,在小组内交流分享
目的：暖身,让成员提升动力思维,提高自我效能感 时间：约 50 分钟	那些年那些成功 操作：邀请成员填写"那些年那些成功"练习,然后在小组内分享,这个练习能提升成员针对学习目标的动力思维,通过让成员回顾过去的成功事迹,并总结经验和策略,从而提升成员的自信,增强其对目标的控制感
目的：暖身,让成员提升动力思维,唤起学习动力 时间：约 40 分钟	我的动力来源 操作：邀请成员填写"我的动力来源"练习,然后在小组内分享,这个练习也能提升成员的动力思维,旨在让成员回顾过去学习的动力来源以及提升自身学习动力的方式
目的：让成员做阶段回顾,提高参加团体的动力 时间：约 30 分钟	近期学习状态扫描 操作：让成员通过填写练习来回顾近期学习状态,并在小组里分享,旨在让成员看到自己的进步和转变
目的：布置家庭作业,让成员进一步训练希望思维 时间：约 5 分钟	布置家庭作业 操作：布置两项家庭作业,一是完成下周"目标金字塔",继续练习提升希望思维的方式;二是要求成员向师长进行采访,搜集有用的学习方法,此作业一方面能让成员了解更多学习方法,提升"路径思维",另一方面训练成员主动求助,提升其社会支持

4. 练习附录

(1) "那些年那些成功"练习材料

那些年,那些成功

请将下面的线段作为你的"生命曲线",线段起点代表你的出生,线段终点代表你为自己估算的能活到的岁数(可以根据你的身体健康状况,以及你的家族平均寿命)。请根据线段比例在线段上合适的位置标出你现在的年龄。这个年龄之前的线段代表你已经度过的生命,线段右边的部分代表你余下的生命。

请在已经度过的生命中,找出三件你的成就,它们是你引以为豪的成功,这些成就可以是任何领域的。请标出你获得这些成功的年龄点,并写出这些成功的内容,想想看,你是凭借什么取得这些成功的。

请在余下的生命线上,为自己设定一个梦想和目标,并标出你希望自己实现这个目标的年龄。请写出这个目标的内容,并想想看你可以如何利用曾经的成功经验来实现未来目标。

出生＿＿＿＿＿＿＿＿＿＿＿＿＿＿＿＿＿＿＿＿＿＿＿＿＿＿＿＿＿＿＿＿＿＿＿

我的那些成功：

1.

2.

3.

我的成功秘诀：

（2）"我的动力来源"我的动力来源（如图 7 - 11 所示）

我的未来目标：

过去的成功经验可以怎样帮我实现未来目标？

动力追踪

请至少回忆一个你印象中自己最有动力的时刻,填写在中间的圆圈,寻找当时的动力来源,想想看你通常是因为什么而充满动力,特别是学习的动力,填写在圆圈周围的云朵里。

图 7 - 11　我的动力来源

第四次单元：学习方法面面观

1. 单元名称：学习方法面面观

2. 单元目标：引导成员思考大学学习方法,应对课程学习和考试的各种方法技巧,进一步训练成员的预先应对学习技能

3. 单元内容

表 7－29　"学习方法面面观"单元团体辅导目标及操作

目的：让成员回顾作业，在相互交流中进入团体状态 时间：约 10 分钟	**暖身活动——检核目标完成情况** 操作：回顾上周学习目标完成情况，一方面让成员进入讨论状态，另一方面培养成员的目标管理能力，养成目标回顾和调整的习惯，在小组内交流分享
目的：暖身，让成员通过游戏和身体接触减少陌生感 时间：约 25 分钟	**分享采访心得——大学学习方法** 操作：邀请成员在组内分享上周作业，以新闻发布会的形式让成员分享和讨论彼此搜集的有效学习方法，提升对课程学习及考试模式的共性适应技巧，以及提高路径思维
目的：让成员获得更多解决学习困扰的方法，提升路径思维，同时感受社会支持 时间：约 50 分钟	**热座：互帮互助** 操作：发给每位成员一张纸，让成员在纸上写下一个自己在学习上遇到的问题，然后让成员在小组内轮流阅读，并针对每张纸上的问题写下自己的见解和经验。最后成员在团体内分享感受。这个练习能引导成员提出更个性化的适应议题，引导成员群策群力，贡献应对常见学习困难的方法，不仅能进一步丰富成员实现学习目标的途径和方法，从而提升其路径思维，同时也能促进成员互帮互助，资源共享，提高其寻求社会支持的意愿
目的：让成员提升路径思维 时间：约 35 分钟	**希望曼陀罗** 操作：发给成员"希望曼陀罗"练习，让成员在中心填写自己在学习上的一个目标，在其他表格内按顺序填写尽可能多地实现目标的办法，最后在团体中分享。注意让成员写的方法操作性要强。这个练习能训练成员的开放性思考习惯，学会用更发散和多样化的思维方式来寻求实现目标的途径和方法
目的：提升成员的路径思维，提升成员的时间管理能力 时间：约 30 分钟	**时间馅饼** 操作：让成员填写"时间馅饼"练习，在第一个圆圈内画出现在每天的时间分配情况，然后在第二个圆圈中画出理想中的时间分配计划，不仅是标出每天的生活内容，而且要标出每部分内容所用的时间，在团体中分享和交流。这个练习针对成员的时间管理议题，旨在提升其时间管理能力
目的：让成员通过作业来巩固希望思维，练习目标管理技能	**布置家庭作业** 操作：布置家庭作业，邀请成员为自己制定下周的学习目标，并继续实践"目标金字塔"所列出的行为，继续训练成员的学业预先应对行为

4. 练习附录

（1）"希望曼陀罗"练习材料

请你为自己设置一个与学习有关的梦想或目标，将它填在九宫格的中央。

想想看，在什么时候，什么情境下，你做了些什么可以让你朝着目标推进一些？请按照顺时针顺序，将你想到的场景填写在其他八个格内……如果 8 个格不够，可以不断延伸扩展，越多越好……加油！相信你可以办到！

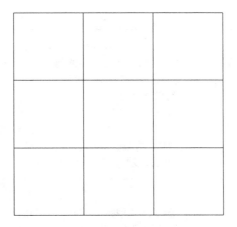

（2）"时间馅饼"练习材料

团体练习：时间馅饼

以大圈代表一天二十四小时，请按你自己现在一天生活的平均活动状况，在上图圈内画出比例图。如：自己一天需睡眠八小时，则圆的三分之一即为睡眠占据，其余继续依自己的活动状况填入馅饼内。在下图圈内画出你希望的比例图。比较一下两幅图有何区别，以及你打算怎样改善。请与组内成员分享。

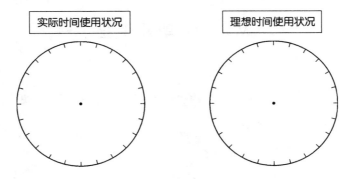

练习后我的心得：＿＿＿＿＿＿＿＿＿＿＿＿＿＿＿＿＿＿＿＿＿＿

第五次单元：明天会更好

1. 单元名称：明天会更好

2. 单元目标：引导成员总结经验与收获，强化自身资源

3. 单元内容

表7-30 "明天会更好"单元团体辅导目标及操作

目的：让成员回顾作业，在相互交流中进入团体状态 时间：约20分钟	暖身活动——检核目标完成情况 操作：回顾上周学习目标完成情况，一方面让成员进入讨论状态，另一方面培养成员的目标管理能力，养成目标回顾和调整的习惯，在小组内交流分享

（续表）

目的：让成员总结自己在学习上的优势和局限，对今后有更多调整策略 时间：约 30 分钟	**总结自己在学习过程中的局限和优势** 操作：引导成员针对几周的行为作业，发现自己在学业目标管理过程中的特点、优势和局限，增强成员对自身的了解。通过在小组内的分享，彼此交流经验
目的：让成员巩固希望思维，提升希望水平 时间：约 40 分钟	**目标金字塔** 操作：引导成员总结前面几次的目标金字塔作业，复习已学到的希望思维方式，以及在学习上预先应对的有效行为策略，巩固所学
目的：让成员总结个人优势，提升自信和希望感 时间：约 40 分钟	**希望个人资源图** 操作：邀请成员用绘画的方式绘制自己的个人资源图，并在团体内分享，通过该练习再次丰厚成员的资源优势，提升自信和希望，使其能量满满地展望未来
目的：互相祝福和道别，结束团体 时间：约 20 分钟	**大团圆** 操作：使用"大团圆"的方式，让每个成员在背后贴一张白纸，邀请成员向其他人送祝福和鼓励，最后每个人在团体中分享自己收到的祝福，将团体中的成长和收获延续到现实生活

··· 板块 5：单元作业 ···

忆一忆

1. 积极心理干预有哪些主要方法？

2. 积极心理学的主要理论都有哪些？

3. 积极心理团体辅导的起效因素都有哪些？

练一练

1. 请演练一下本单元开始时两个积极心理团体辅导练习。

2. 请根据感恩和希望单次团体辅导方案，练习和体验一下积极心理团体辅导的魅力。

3. 依据性格优势理论，从 24 项性格优势中选择一项，设计一个基于性格优势干预的积极心理团体辅导。如，宽恕、坚韧、团队合作。

主要参考文献

1. 林孟平著:《团体咨询与心理治疗》,生活书店出版有限公司 2021 年版。

2. 樊富珉主编:《团体辅导与危机心理干预》,机械工业出版社 2021 年版。

3. 樊富珉、何瑾、贾烜编著:《辅导员团体辅导工作技能》,高等教育出版社 2021 年版。

4. 樊富珉、金子璐编著:《品格与责任:儿童与青少年学校团体辅导教师实践手册》,人民日报出版社 2019 年版。

5. 樊富珉主编:《结构式团体心理辅导与咨询应用实例》,高等教育出版社 2015 年版。

6. 樊富珉、何瑾编著《团体心理咨询的理论、技术与设计》,中央广播电视大学出版社 2014 年版。

7. 樊富珉、费俊峰主编:《大学生心理健康十六讲》,高等教育出版社 2020 年版。

8. 樊富珉著:《团体心理咨询》,高等教育出版社 2005 年版。

9. 樊富珉主编:《团体咨询》,北京大学医学出版社 2007 年版。

10. 樊富珉编著:《团体咨询的理论与实践》,清华大学出版社 1996 年版。

11. 陈丽云、樊富珉、梁佩如等编著:《身心灵全人健康模式:中国文化与团体辅导》,中国轻工业出版社 2009 年版。

12. 陈丽云等编著:《身心灵互动健康模式:小组辅导理论与应用》,民族出版社 2003 年版。

13. 徐西森著:《团体动力与团体辅导》,广东世界图书出版公司 2003 年版。

14. 吴武典等编著:《团体辅导》,空中大学 2002 年版。

15. 许育光著:《团体咨商与心理治疗:多元场域应用实务》,五南图书出版股份有限公司 2013 年版。

16. 詹妮斯·迪露西亚瓦克等著,李松蔚、鲁小华、贾烜等译,樊富珉审校:《团体咨询与团体治疗指南》,机械工业出版社 2014 年版。

17. 詹姆斯·特罗泽著,邵瑾、冯愉涵、周子涵等译,樊富珉审校:《咨询师与团体:理论、培训与实践》,机械工业出版社 2017 年版。

18. 塞缪尔·格拉丁著,张英俊、郭颖、刘宇译,樊富珉审译:《团体咨询与治疗权威指南》,中国人民大学出版社 2021 年版。

19. ダリル・ヤギ著,上林靖子监修.《スクールカウンセリング入門 》,劲草书房 1998 年版。

20. 野岛一彦编集:《グルプ ？・アプロ チ》,SHIBUNDO 现代のエスプリ 2003 年版。

21. 國分康孝编:《エンカウンタ》,誠信书房1990年版。

22. 玛丽安·施奈德·科里,杰拉德·科里,辛迪·科里著,王沂钊、萧珺予、傅婉莹译:《团体谘商:历程与实务》,新加坡商圣智学习亚洲私人有限公司台湾分公司2014年版。

23. 约翰·谢里著,周玉真译:《焦点解决团体工作》,心理出版社股份有限公司2006年版。

24. 罗斯玛丽·莫尔加内特著,张子正等译:《青少年团体谘商:生活技巧方案》,五南图书出版公司1998年版。

25. 张老师主编:《团体领导者训练实务》,张老师出版社1986年版。

26. 许维素著:《焦点解决短期心理治疗的应用》,世界图书出版公司北京公司2009年版。

27. 马丁·塞利格曼著,赵昱鲲译:《持续的幸福》,浙江人民出版社2012年版。

28. 阿兰·卡尔著,丁丹等译:《积极心理学:有关幸福和人类优势的科学》,中国轻工业出版社2013年版。

29. 何敏贤,袁雅仪,段文杰著:《发现自己的抗逆力:正向心理学的应用和技巧》,社会科学文献出版社2014年版。

30. 彭凯平著:《吾心可鉴:澎湃的福流》,清华大学出版社2016年版。

31. 曾光、赵昱鲲等著:《幸福的科学:积极心理学在教育中的应用》,人民邮电出版社2018年版。

32. 克里斯托弗·彼得森著,侯玉波,王非等译:《打开积极心理学之门:中英文双语版》,械工业出版社2010年版。

33. 乔治·伯恩斯主编,高隽译:《积极心理学治疗案例:幸福、治愈与提升》,中国轻工业出版社2012年版。

34. 刘安屯主编:《成长营活动手册》,心理出版社1995年版。

35. 吴增强、蒋薇美著:《心理健康教育课程设计》,中国轻工业出版社2007年版。

36. 钟志农著:《心理辅导活动课操作实务》,宁波出版社2007年版。

37. 吴正胜著:《中学辅导活动课程的设计与实施之研究》,彰化师范大学辅导学系辅导研究所1990年版。

38. 刘晓玲:《提高贫困地区初中生心理健康水平的班级团体辅导研究》,清华大学硕士学位论文,2008年。

39. 何瑾:《希望思维预测学习适应的应激应对模型:机制与干预》,清华大学博士学位论文,2015年。

40. 金子璐:《正念训练与团体辅导对创业者领导力心理要素的干预》,清华大学博士学位论文2021年。

41. 吴洁琼：《基于 PERMA 模型的研究生积极心理品质团体辅导:过程及效果》,清华大学硕士学位论文,2019 年。

42. 郑芙蓉：《基于 MERMA 模型的大学生心理健康效果及影响因素》,清华大学硕士学位论文,2020 年。

43. 刘舒婷：《大学生乐观团体辅导对心理健康的影响》,清华大学硕士学位论文,2020 年。

44. 郭颖、樊富珉、张英俊、刘宇：《团体咨询师胜任力量表的编制》,《心理与行为研究》2021 年第 6 期。

45. 贾烜、樊富珉、何瑾：《团体辅导凝聚力问卷的编制》,《中国临床心理学杂志》2022 年第 1 期。

46. 倪聪、朱旭、段文婷、吴玉婷、李昕、王汀雨、黄挚靖、李博阳、桑志芹、樊富珉、方晓义：《新冠肺炎疫情下单次网络团体心理辅导的效果》,《中国临床心理学杂志》2022 年第 1 期。

47. 张婕、刘宇、杨偲琪、荆磊、何丽琼、樊富珉：《新冠肺炎疫情期间大学生网络视频团体辅导过程-效果研究》,《科技导报》2021 年第 18 期。

48. 邵瑾、樊富珉：《团体成员共情的影响因素及作用模型——基于扎根理论》,《心理科学》2021 年第 4 期。

49. 李杨、樊富珉：《记录、分享和反馈积极事件对大学生积极情感的影响》,《中国临床心理学杂志》2018 年第 1 期。

50. 付丽莎、李杨、樊富珉：《积极反馈对沟通双方积极情感的影响:积极共情的调节作用》,《中国临床心理学杂志》2020 年第 3 期。

51. 金明珠、杭菊、田静、樊富珉：《团体咨询在高校青年教师岗前培训中的应用》,《现代教育技术》2018 年第 9 期。

52. 邵瑾、樊富珉、鲁小华、许育光：《团体咨询成员的相互共情及其与效果的关系——社会关系模型在团体咨询研究中的应用》,《心理科学》2018 年第 2 期。

53. 冯愉涵、张逸梅、樊富珉：《国外团体咨询与治疗伦理守则综述》,《中国临床心理学杂志》2017 年第 2 期。

54. 肖丁宜、樊富珉、杨芊、邵瑾、贾烜：《团体心理咨询与治疗师胜任特征初探》,《心理科学》2016 年第 1 期。

55. 邵瑾、樊富珉：《1996—2013 年国内团体咨询研究的现状与发展趋势》,《中国心理卫生杂志》2015 年第 4 期。

56. 张秀琴、何瑾、樊富珉：《叙事心理治疗及其在少数民族大学生团体辅导中的应用》,《民族教育研究》2014 年第 5 期。

57. 何瑾、樊富珉：《贫困大学生自尊、应对方式和主观幸福感的关系》,《中国健康心理学杂志》2014 年第 3 期。

58. 鲁小华、樊富珉：《基于依恋视角的团体咨询与治疗研究综述》，《中国临床心理学杂志》2013 年第 1 期。

59. 何瑾、樊富珉：《团体辅导提高贫困大学生心理健康水平的效果研究——基于积极心理学的理论》，《中国临床心理学杂志》2010 年第 3 期。

60. 白羽、樊富珉：《团体辅导对大学生网络依赖干预效果的研究》，《中国心理卫生杂志》2007 年第 4 期。

61. 史卉、樊富珉：《一个成长性团体的治疗性因素》，《中国临床心理学杂志》2007 年第 1 期。

62. 白羽、樊富珉：《大学生网络依赖及其团体干预方法》，《青年研究》2005 年第 5 期。

63. 樊富珉：《我国团体心理咨询的发展：回顾与展望》，《清华大学学报（哲学社会科学版）》2005 年第 6 期。

64. 官锐园、樊富珉：《人际交往团体训练对大学生人格发展影响的实验研究》，《中国心理卫生杂志》2002 第 7 期。

65. 何瑾、樊富珉、程化琴、尚思源、陶塑：《希望干预改善大学新生学习适应的效果》，《中国临床心理学杂志》2015 年第 4 期。

66. 任俊、叶浩生：《积极心理治疗思想概要》，《心理科学》2004 年第 3 期。

67. 郑裕鸿、范方、喻承甫、罗廷琛：《青少年感恩与创伤后应激障碍症状的关系：社会支持和心理弹性的中介作用》，《心理发展与教育》2011 年第 5 期。

68. 张萍：《感恩情感的形成机制及其干预》，上海师范大学博士学位论文，2012 年。

69. 刘诗、樊富珉：《基于积极心理学的团体辅导对提升大学生主观幸福感的干预研究》，第十三届全国心理学学术大会。

70. 陈海贤、陈洁：《希望疗法：一种积极的心理疗法》，《桂林师范高等专科学校学报》2008 年第 1 期。

71. 周雅、刘翔平：《大学生的性格优势及与主观幸福感的关系》，《心理发展与教育》2011 年第 5 期。

72. 许军民：《关于心理辅导活动课实践的思考》，《教育探索》2002 年第 1 期。

73. 段文杰、白羽、张永红、唐小晴、王志章、李婷婷：《优势行动价值问卷（VIA-IS）在中国大学生中的适用性研究》，《中国临床心理学杂志》2011 年第 4 期。

74. Austin, D. (2005). The effects of a strengths development intervention program upon the self-perceptions of students' academic abilities. Azusa Pacific University, Azusa, Ca. Dissertation Abstracts International, 66(05A), 1631 - 1772. (UMI No. AAT3175080).

75. Clifton, D. O. , & Harter, J. K. (2003). Investing in strengths.

76. Cameron K S , Dutton J E , Quinn R E . (2003) Positive Organizational Scholarship: Foundations of a New Discipline. 111 - 121.

77. Diessner R , Rust T , Solom R C , et al. (2006). Beauty and hope: A moral beauty intervention. *Journal of Moral Education*, 35(3), 301 - 317.

78. Duan, W. , Ho, S. M. , Tang, X. , Li, T. , & Zhang, Y. (2013). Character strength-based intervention to promote satisfaction with life in the Chinese university context. *Journal of Happiness Studies*, 1 - 15.

79. Gander, F. , Proyer, R. T. , Ruch, W. , & Wyss, T. (2013). Strength-based positive interventions: further evidence for their potential in enhancing well-being and alleviating depression. *Journal of Happiness Studies*, 14(4), 1241 - 1259.

80. Linley, P. A. , Maltby, J. , Wood, A. M. , Joseph, S. , Harrington, S. , Peterson, C. , & Seligman, M. E. (2006). Character strengths in the United Kingdom: The VIA inventory of strengths. *Personality and Individual Differences*, 43(2), 341 - 351.

81. Linley, P. A. , Woolston, L. , & Biswas-Diener, R. (2009). Strengths coaching with leaders. *International Coaching Psychology Review*, 4(1), 37 - 48.

82. Mitchell, J. , Stanimirovic, R. , Klein, B. , & Vella-Brodrick, D. (2009). A randomised controlled trial of a self-guided internet intervention promoting well-being. *Computers in Human Behavior*, 25(3), 749 - 760.

83. Otake, K. , Shimai, S. , Tanaka-Matsumi, J. , Otsui, K. , & Fredrickson, B. L. (2006). Happy people become happier through kindness: A counting kindnesses intervention. *Journal of Happiness Studies*, 7(3), 361 - 375.

84. Park, N. , Peterson, C. , & Seligman, M. E. (2004). Strengths of character and well-being. *Journal of Social and Clinical Psychology*, 23(5), 603 - 619.

85. Proctor, C. , Tsukayama, E. , Wood, A. M. , Maltby, J. , Eades, J. F. , & Linley, P. A. (2011). Strengths gym: The impact of a character strengths-based intervention on the life satisfaction and well-being of adolescents. *Journal of Positive Psychology*, 6(5), 377 - 388.

86. Proyer, R. T. , Ruch, W. , & Buschor, C. (2013). Testing strengths-based interventions: A preliminary study on the effectiveness of a program targeting curiosity, gratitude, hope, humor, and zest for enhancing life satisfaction. *Journal of Happiness Studies*, 14(1), 275 - 292.

87. Proyer, R. T. , Gander, F. , Wellenzohn, S. , & Ruch, W. (2014). Positive psychology interventions in people aged 50 - 79 years: long-term effects of placebo-controlled online interventions

on well-being and depression. *Aging & Mental Health*, (ahead-of-print),18(8), 1 - 9.

88. Quinlan, D., Swain, N., & Vella-Brodrick, D. A. (2012). Character strengths interventions: Building on what we know for improved outcomes. *Journal of Happiness Studies*, 13(6), 1145 - 1163.

89. Rashid, T. (2003). Enhancing strengths through the teaching of positive psychology. Doctoral dissertation, Fairleigh Dickinson University.

90. Rust, T., Diessner, R., & Reade, L. (2009). Strengths only or strengths and relative weaknesses? A preliminary study. *The Journal of psychology*, 143(5), 465 - 476.

91. Seligman, M. E., Steen, T. A., Park, N., & Peterson, C. (2005). Positive psychology progress: empirical validation of interventions. The *American Psychologist*, 60 (5), 410.

92. Seligman, M. E., Ernst, R. M., Gillham, J., Reivich, K., & Linkins, M. (2009). Positive education: Positive psychology and classroom interventions. *Oxford Review of Education*, 35(3), 293 - 311.

93. Shimai, S., Otake, K., Park, N., Peterson, C., & Seligman, M. E. (2006). Convergence of character strengths in American and Japanese young adults. *Journal of Happiness Studies*, 7(3),311 - 322.

94. Sin, N. L., & Lyubomirsky, S. (2009). Enhancing well-being and alleviating depressive symptoms with positive psychology interventions: A practice-friendly meta-analysis. *Journal of Clinical Psychology*, 65(5), 467 - 487.

95. Proctor,C., Tsukayama, E., Wood, A. M., Maltby, J., Eades, J. F., & Linley, P. A. (2011). Strengths gym: The impact of a character strengths-based intervention on the life satisfaction and well-being of adolescents. *Journal of Positive Psychology*, 6(5), 377 - 388.

96. Harris A H S, Luskin F, Norman S B, et al. (2006). Effects of a group forgiveness intervention on forgiveness, perceived stress, and trait-anger. *Journal of Clinical Psychology*, 2006, 62(6).

97. Ong, A. D., Bergeman, C. S., Bisconti, T. L., & Wallace, K. A. (2006). Psychological resilience, positive emotions, and successful adaptation to stress in later life. *J Pers Soc Psychol*, 91(4), 730 - 749.

98. Wood, A. M., Froh, J. J., & Geraghty, A. . (2010). Gratitude and well-being: A review and theoretical integration. *Clinical Psychology Review*, 30(7), 0 - 905.

99. Seligman, M. E. P., Rashid, T., and Parks, A. (2006). C. Positive psychotherapy. *American Psychologist*, 61 (8): 774 - 788.